高知大学経済学会研究叢書 第12号

科学訴訟と司法審査

裁判所は科学問題にどのように向き合うべきか

赤間 聡 [著]

成 文 堂

はしがき

　青山学院大学法学部の学部生であった頃、「世の中の問題には唯一正しい答えがある。少なくとも法的には」といったことを、割合、まじめに信じていた。おそらく、初学年の民法総論あたりで叩き込まれた考え方だったと思う。もっとも、3年次で履修した行政法において効果裁量でもちゃんと勉強していれば、そんな考えから解放されていたかもしれない。しかし、当時、私があまりにも不真面目な学生であったのか、あるいは担当教員が私に行政法総論をしっかりと教えなかったからか、どちらかの理由で、私は「唯一正しい答え」という信念をもったまま、修士課程に進んで、当たり前のように基礎法の研究を始めた。この問題は法学方法論という法哲学の一部門に属する問題だからである。その後、時代背景もあり、現代型訴訟である科学訴訟に関心を抱くようになり、「科学訴訟において、唯一正しい答えはあるのか」という問題意識に変わっていった。これが本書『科学訴訟と司法審査』の発端である。

　こうした問題意識事体、今考えても悪くはないと思うのだが、その研究は私の能力をはるかに超えるものであり、多くの挫折と多くの遠回りを私に強いた。それでも何とか、研究を始めてから30年を超える年月が過ぎた今、やっとこのような形で自分なりの答えを出せたのは、自分の力以外に負うところが大きいと実感できる。それは、ひとえに、これまで御指導いただいた法哲学の先生方及び行政法学の先生方の温かい御支援があったからに他ならない。章構成に関わることでもあるので、ここで本書の背景事情を述べておきたい。

　私が故佐藤節子先生（青山学院大学法学部名誉教授）の下で上の通り、法哲学研究を始めた1990年代初頭、日本の法哲学会においてはまだ政治哲学の傾向はあまり強くはなく、法学方法論の議論が盛んに行われていた。当時、京都大学の田中成明先生門下を中心にドイツの論証理論（議論理論）と呼ばれる法学方法論がしばしば議論の対象とされ、我が国では重要な法理論とし

て位置づけられていた。それは実定法学者、特に法解釈学方法論に敏感であった民法学者の間でも注目されるものであった。私はもともと、指導教授の下で、法学方法論でも法解釈学方法論というよりは、カール・ラーレンツがいう、より基礎的な議論、法律学の学問性についてまずは検討を始め、修士論文もこれをテーマにしていたが、青学に非常勤講師としていらっしゃっていた服部高宏先生（京都大学名誉教授、現追手門学院大学教授）の手引きでドイツの論証理論、特にロベルト・アレクシーの議論に触れるようになった。

しかし、アレクシーに関する議論は、我が国においては、1990年代中盤頃までには、一通り、出揃っていた状況で、私には研究の余地があまり残されてはいないように感じられた。そこで、正確には論証理論──ラーレンツは一括りにしているが──ではないが、類似の法的議論を展開するハンス＝ヨアヒム・コッホの研究に傾倒していくようになった。なお、本書で扱う伊方原発訴訟については法学雑誌等で知ってはいたが、私がこうした基礎法の研究を始めた当初、行政法学の世界が原発訴訟の議論で紛糾していたことなどはまったく知らなかった。

さて、コッホにはアレクシーにない難しさがあった。それは、今から思えば当たり前のことだが、行政法学の知識がないと、コッホはよく分からないという点である。アレクシーは実定法の知識があまりなくとも、あるいは憲法の基礎的な理解があれば、後はラーレンツの基本書で学説史を抑えつつ、論理学、分析哲学の素養で読める。一方で、コッホの方は、同様の知識だけではとても歯が立たない。法学方法論の題材として、環境法や都市計画法がふんだんに取り入れられており、しかも、方法論は行政裁量の本格的な議論も踏まえた理論展開であった。したがって、こちらはハードルが高く、法哲学者としてコッホを書くとき、当初は法概念論や国法学批判といったそうした側面からしか書けなかった。これが第1章の法適用理論の大元で、私の論証理論への当初のアプローチであった。

たしかに、行政法学者のコッホ研究を読めば、もう少しましなものが書けたのかもしれないが、高橋滋先生のようにコッホを読む行政法学者がいるということや、岡田正則先生がコッホの研究をなさっているということを知ったのは随分と後になってからである。言い訳になるが、当時は今日ほど、法

律文献データベースが充実してはおらず、法哲学者は——少なくとも私は——学会誌や法律雑誌を頼りに、自分の狭い領域に限って研究をしていたように思える。

　さて、本書のもう一つの柱となっている科学訴訟への関心は、研究当初の時代背景による。1980年代後半以降、ジュリスト等の法学雑誌でしばしば特集が組まれたが、田中成明先生らが、これを現代型訴訟として問題提起されていた。それは司法の現代的な役割を問うというとても興味がひかれる議論であった。が、私が科学訴訟について本格的な研究に着手したのは、むしろ、亀本洋先生（元京都大学教授、現明治大学教授）が書かれたリチャード・ガスキンズの証明責任論に関する論文（亀本洋『法的思考』有斐閣（2006）所収）によるところが大きい。

　亀本先生は、おそらく、我が国にアレクシーを最初に紹介した方であるが、1990年代には早々とアレクシーに見切りをつけて、独自の路線を進んでおられたように思える。そんな亀本先生を服部先生から紹介されて、当時早稲田大学で教鞭をとっておられた亀本先生の研究会に参加させていただき、いろいろと議論させていただいた。その中でガスキンズの証明責任論の重要性を御教授いただいた。

　ガスキンズを参考にしながら、亀本先生が書かれたこの論文の概要は、端的にいえば、法廷での合理的対話や議論などというものは幻想で、決定は最終的に立証責任の操作で決まる、といったものだったと記憶している。独特な懐疑主義的雰囲気を漂わせる亀本先生らしい論文であったが、私も原書でガスキンズを読んでみて、科学訴訟についての濃厚な議論に興味をひかれた。しかし、それはガスキンズ自身の見解というよりも、彼が引用していたアメリカの公法学者デイヴィッド・オブライエンの見解であった。そこで、すぐさまオブライエンを読んで私なりに科学訴訟と法学方法論との関係について書いたのが第2章の元になった論文である。

　ただし、その後は方法論の研究についてはコッホの研究が進まず行き詰まり、かつ科学訴訟についてもそれ以上の研究のきっかけをつかめず、停滞する状態がしばらく続いた。が、たまたまコッホの規範具体化行政規則論についての論文をみつけて突破口を見出した。これは科学訴訟についての法学方

法論的な問題を議論するものだったので、夢中になった。と同時に、これまで避けてきた行政法研究からもはや逃げることはできないと思い直し、そこから行政法へと深入りするようになった。その第一歩が第4章の行政規則論で元はもう少し法哲学的な研究であった。

　これを契機にさらに行政法研究を続けていく中で、指導教授から交告尚史先生（東京大学名誉教授、現法政大学教授）を御紹介いただいたのがさらに研究の転機になった。指導教授の佐藤先生はスウェーデンのリアリズム法学の専門家であったが、スウェーデン行政法学の専門家の交告尚史先生とお知り合いであったのが幸いした。私は、交告先生の取り計らいで、東京大学で行われていた行政法学古典の読書会や行政判例研究会に参加させていただくことになった。そこで、判例研究も何本かやらせていただき、本格的な行政法研究を開始した。そのおかげで判断余地と専門技術的裁量論についてはじめて純粋な？行政法学の論文を仕上げることができた。これが第6章の元になっている。そして、当然の流れとして、科学訴訟と専門技術的裁量論の題材は原発訴訟になり、日独比較の原発訴訟論を自分なりに書き上げた。これが第7章の元になっている。これにより、本書における流れ、法適用基礎理論、科学訴訟、そして行政裁量、原発訴訟は一直線に結びつく流れが一応できた。

　しかし、それまで、発表した個々の論文については仮によくとも、体系性という点からみると大いに問題があった。基本構想は、法学方法論及び科学訴訟論を基礎理論として、それを行政法の基礎理論、行政法総論、行政法各論に反映させながら、原発訴訟論に挑むというものであった。しかし、基礎理論と行政法学の間にはまだまだ溝があり、かつ行政法総論である裁量論及び裁量審査論が各論である原発訴訟論にどのようにつながるのかという点についても必ずしも明らかにできてはいなかった。本書の当初出版計画は2013年頃であったが、コッホの研究者であり、かつ行政法学者である、いわば私の研究の先輩にあたる岡田正則先生に原稿を御覧いただいたとき、この点をずばり指摘された。

　基礎理論と行政法学の間の溝については、特に、「包摂」及び「衡量」という概念について、基礎法と行政法学の間に存する概念理解の隔たりを埋め

る必要があった。それは、結局、ドイツ行政法学における行政法学方法論の議論、1990 年代後半以降の「行政法学における法学的方法批判」に対する検討を必要としていた。ここにはコッホの方法論に対する批判——特に、W. ホフマン-リームによる——というものも含まれていたので、なおさら無視できなくなった。誤解をおそれず、端的にいえば、二つの世界の溝とは次のようになる。

　1980 年代後半、法哲学の世界では論証理論で盛り上がっていたその頃、一方の行政法学の世界ではすでに一部でニクラス・ルーマンの議論を持ち出し、いってみれば「論証」などは行政行為のごく一部にすぎないと、この新しい法学世界での流れを冷めた目でみていたということである。コッホ自身には、これに対する反論があったが、我が国の法哲学の世界では、まさか行政法学の側で自分たちの議論を無効にするような議論、都市計画法における法適用のような議論があるとは誰も知らなかったのではないか。こうした溝を埋めるために、行政法学方法論の議論、そして都市計画法関連判例を研究して別の論文を仕上げた。この作業に 4 年近くかかってしまった。

　とはいえ、この作業は思わぬ副産物ももたらしてくれた。原発訴訟に関する我が国の議論においてもしばしば登場する実体瑕疵か手続瑕疵かという区分はドイツ都市計画法の判例法理をみるとよく理解できるのであるが——これにはすでに山田洋先生の研究があった——、ドイツの原発訴訟判例ではこの区分論がかなり特殊な形で変容を受けているという点が分かったことである。そこで、こうした視点に立つと、我が国の原発訴訟における司法審査はどのような区分、どのような見方ができるのか、改めて検討して、原発訴訟論を修正した。

　2013 年以降のこうした遠回りで最初の法学方法論の部分は都市計画法の議論をも考慮しながら、修正し——特に消極審査論——、それに対応する形で、最後の原発訴訟論における判例の分析・検討も修正した。同時に、同都市計画法の議論は行政法総論である裁量論及び裁量審査論と各論である原発訴訟論とをうまく媒介してくれた。

　以上の本書の成立経緯が示す通り、この研究はすでに名前を出させていただいた先生方はもちろん、その他の方々からの様々な御指導・御支援による

ものである。下で改めて謝辞を述べたい。

　指導教授であった故佐藤節子先生に、まず、自分なりの道を示せたことを報告したい。先生は法哲学者でありながら、抽象的な議論を非常に嫌う方であった。常に、具体例を示すようにいつも御指導いただいた。この点で、やや行政法学に寄り過ぎた感はあるが、私なりの法哲学を行政法の領域で具体的に示せたと思う。法哲学者としては、特に上で挙げた服部高宏先生及び亀本洋先生にお礼を申し上げたい。特に、第1章はお二人に負うところが大きい。

　加えて、行政法の世界に私を導いてくれた交告尚史先生には感謝の言葉もない。交告先生が原発訴訟の専門家で、かつ基礎法のよき理解者であったことも私にとって幸運であった。行政判例研究会では小早川光郎先生、宇賀克也先生、山田洋先生をはじめとする先生方――その他個別の名前は控えさせていただく――に大変お世話になった。どなたも私の行政法に関する無知を笑わず、行政法学のいろはを研究会の内外で丁寧に御指導くださった。また、この研究会にて、岡田正則先生を御紹介いただき、私は自分のさらなる無知を恥じることになったが、岡田先生もまた寛容で、早稲田大学の研究会での報告機会を与えてくださった上、本書への発端を作っていただいた。もちろん、上で述べたように、本書の内容についても実質的な指導をいただいた次第である。成文堂の飯村晃弘氏には当初計画から10年以上遅れたにもかかわらず、快く再開作業を進めていただき、こちらも感謝の言葉がみつからない。

　最後に、本書は高知大学経済学会の出版助成（「高知大学経済学会研究叢書」としての助成）を受けている。大学の同僚も出版のこの日を楽しみにしてくれているはずである。

　　　　　　　　　　　　　　　　　　　　2024年12月20日　赤間聡

目　　次

はしがき　i
外国語文献・判例集・法令集略語表　xiii
初出一覧　xiv

序　章 …………………………………………………………………… 1

第1章 行政法上の不確定法概念とその適用について
──現代ドイツ論証理論の視点からみて── ……………… 9
　序 ……………………………………………………………………… 9
　1. はじめに ………………………………………………………… 12
　2. 法概念の不確定性一般論 ……………………………………… 15
　　2.1　ケルゼン ………………………………………………… 15
　　2.2　ラーレンツとエンギッシュ …………………………… 16
　3. 行政法上の不確定法概念について
　　──W. イェリネックとそれ以降 ………………………… 19
　　3.1　W. イェリネック ………………………………………… 20
　　3.2　ウレ、バッホフ、ヴォルフ、エームケ ……………… 21
　4. 現代ドイツ論証理論 …………………………………………… 25
　5. コッホの行政法における不確定法概念論 …………………… 27
　　5.1　コッホの法的推論形式 ………………………………… 27
　　5.2　多義性問題 ……………………………………………… 29
　　5.3　W. イェリネックにおける限界領域と曖昧性の特徴 … 30
　　5.4　1971年有害図書判決と予測概念 ……………………… 32

  5.5 価値概念・規範概念について ················· 37
  5.6 小　括 ····································· 39
 6. アレクシーの法理論における法解釈、衡量、行政裁量 ······· 40
  6.1 法解釈・法適用と価値判断 ····················· 42
  6.2 価値判断一般の合理化 ························· 43
  6.3 法解釈における合理性と不確定法概念 ············· 45
  6.4 アレクシーの衡量論 ··························· 49
  6.5 レーバッハ判決とアレクシーの分析 ··············· 57
 7. 裁量瑕疵と裁量審査の論理形式 ······················· 64
  7.1 アレクシーの裁量瑕疵分類論 ··················· 67
  7.2 消極審査としての司法審査について ··············· 75
 第 1 章総括 ·· 81

第 2 章　科学的判断と法的判断 ···························· 85
 序 ··· 85
 1. はじめに ··· 85
 2. 法的判断における科学的判断の位置づけ ··············· 87
 3. 法的判断に科学的判断を取り込む際の問題点 ··········· 92
  3.1 科学的判断について ··························· 92
  3.2 法的判断に科学的判断を取り込む際の問題点 ········ 94
 4. スペリオル湖汚染裁判 ······························· 101
 第 2 章総括 ··· 106

第 3 章　科学的判断と行政過程 ···························· 109
 序 ··· 109
 1. はじめに ··· 110

2. 政策と科学との目的手段モデル及びその問題点 ……………113
    2.1 政策と科学との目的手段モデルの問題点1 ……………115
    2.2 政策と科学との目的手段モデルの問題点2 ……………117
  3. 科学技術規制における行政の役割 ……………………………119
    3.1 政策と科学をめぐる問題に関する法律学からのアプローチ
     ………………………………………………………………120
    3.2 リスク行政の法理論 ………………………………………122
  4. 行政過程におけるデモクラシー要請 …………………………126
  5. 行政過程でなされる科学的判断の性質
     ——食品医薬品局（FDA）の事例—— ………………………130
  6. リスク決定に対する司法の対応——アメリカ、ドイツ、日本の
     判例にみる司法審査抑制傾向—— ……………………………136
    6.1 アメリカ ……………………………………………………136
    6.2 ドイツ ………………………………………………………139
    6.3 日本及び小括 ………………………………………………140
  第3章総括 …………………………………………………………142

第4章 環境基準としての規範具体化行政規則
   ——判例及び「規範具体化」の意味を中心に—— ………147
序 ……………………………………………………………………147
1. はじめに ……………………………………………………………148
2. 行政規則一般論 ……………………………………………………153
3. 判例の流れ …………………………………………………………158
    3.1 フェルデ判決 ………………………………………………158
    3.2 ヴィール判決 ………………………………………………161
    3.3 その後の判例の展開 ………………………………………164
4. 行政規則分類論と規範具体化行政規則 …………………………169

        4.1　オッセンビュールの行政規則分類論ㆍㆍㆍㆍㆍㆍㆍㆍㆍㆍㆍㆍㆍㆍㆍㆍㆍㆍㆍ 170
        4.2　不確定法概念と解釈行政規則ㆍㆍㆍㆍㆍㆍㆍㆍㆍㆍㆍㆍㆍㆍㆍㆍㆍㆍㆍㆍㆍ 173
    5.　規範具体化の意味ㆍㆍㆍㆍㆍㆍㆍㆍㆍㆍㆍㆍㆍㆍㆍㆍㆍㆍㆍㆍㆍㆍㆍㆍㆍㆍㆍㆍㆍㆍㆍㆍㆍㆍㆍㆍ 175
        5.1　ラーレンツにおける具体化ㆍㆍㆍㆍㆍㆍㆍㆍㆍㆍㆍㆍㆍㆍㆍㆍㆍㆍㆍㆍㆍㆍㆍ 177
        5.2　エンギッシュにおける具体化ㆍㆍㆍㆍㆍㆍㆍㆍㆍㆍㆍㆍㆍㆍㆍㆍㆍㆍㆍㆍㆍ 178
        5.3　ウレにおける具体化ㆍㆍㆍㆍㆍㆍㆍㆍㆍㆍㆍㆍㆍㆍㆍㆍㆍㆍㆍㆍㆍㆍㆍㆍㆍㆍㆍㆍ 180
        5.4　「規範具体化」概念の検討ㆍㆍㆍㆍㆍㆍㆍㆍㆍㆍㆍㆍㆍㆍㆍㆍㆍㆍㆍㆍㆍㆍㆍ 181
    第4章総括ㆍㆍㆍ 184

第5章　科学技術関連法領域における法律の留保ㆍㆍㆍㆍㆍㆍㆍㆍ 189
    序ㆍㆍ 189
    1.　はじめにㆍㆍ 190
    2.　伝統的法律の留保論ㆍㆍㆍㆍㆍㆍㆍㆍㆍㆍㆍㆍㆍㆍㆍㆍㆍㆍㆍㆍㆍㆍㆍㆍㆍㆍㆍㆍㆍㆍㆍㆍㆍ 192
    3.　本質性理論ㆍㆍㆍ 196
    4.　ヴィール判決とカルカー決定の関係ㆍㆍㆍㆍㆍㆍㆍㆍㆍㆍㆍㆍㆍㆍ 198
    5.　行政の機能領域論ㆍㆍㆍㆍㆍㆍㆍㆍㆍㆍㆍㆍㆍㆍㆍㆍㆍㆍㆍㆍㆍㆍㆍㆍㆍㆍㆍㆍㆍㆍㆍㆍㆍㆍㆍㆍ 203
        5.1　オッセンビュールの法源論ㆍㆍㆍㆍㆍㆍㆍㆍㆍㆍㆍㆍㆍㆍㆍㆍㆍㆍㆍㆍㆍㆍ 205
        5.2　オッセンビュールの法律の留保論ㆍㆍㆍㆍㆍㆍㆍㆍㆍㆍㆍㆍㆍㆍ 207
    6.　若干の検討ㆍㆍ 210
    第5章総括ㆍㆍㆍ 214

第6章　専門技術的裁量と科学技術的判断に関する行政の
            優先的判断権の論理ㆍㆍㆍㆍㆍㆍㆍㆍㆍㆍㆍㆍㆍㆍㆍㆍㆍㆍㆍㆍㆍㆍㆍㆍㆍㆍㆍㆍㆍㆍ 217
    序ㆍㆍ 217
    1.　はじめにㆍㆍ 218

2. ドイツにおける科学技術的判断に関する判断余地論の展開
   220
    2.1 初期の判断余地論 221
    2.2 判断余地に関する現代の見解 225
    2.3 リスク行政における裁量の所在 226
  3. 我が国における裁量論の展開 229
    3.1 戦前の行政裁量論 231
    3.2 戦後の行政裁量論 234
    3.3 裁量審査論への重心の移行 237
  4. 我が国における科学技術的判断に関する裁量論の展開 1
     ——阿部説と原田説を中心に—— 241
  5. 我が国における科学技術的判断に関する裁量論の展開 2
     ——ドイツの議論導入以降—— 247
  6. 若干の考察 251
    6.1 要件裁量について 251
    6.2 原発の安全性判断の性質 253
    6.3 判断過程の審査について 256
  第 6 章総括 259

第 7 章 行政の判断過程における過誤、欠落
    ——第一、第三ミュルハイム・ケルリッヒ判決及びもんじゅ
     判決を中心に—— 263
 序 263
 1. はじめに 264
 2. ヴィール判決とそれ以降の展開 266
    2.1 ヴィール判決における司法審査論 266
    2.2 ヴィール判決以降の調査欠落審査 268

3. 第一、第三ミュルハイム・ケルリッヒ判決 ……………… 270
　　　　3.1 判例の概要 ……………………………………………… 270
　　　　3.2 調査欠落とは何か ……………………………………… 273
　　　　3.3 第一 M 判決及び第三 M 判決における調査欠落 …… 276
　　4. 原発の安全性に関する二つのアプローチ ………………… 279
　　　　4.1 行政側の要件判断とそれに対する司法の視点 ……… 280
　　　　4.2 全体としての安全性判断の具体化の論理 …………… 282
　　　　4.3 調査欠落と取消事由 …………………………………… 283
　　5. もんじゅ差戻後控訴審判決における過誤、欠落問題 …… 286
　　　　5.1 判例の概要 ……………………………………………… 287
　　　　5.2 判決の論理分析 1——「総論」と大枠判断 ………… 289
　　　　5.3 判決の論理分析 2——安全性判断と結論 …………… 293
　　　　5.4 検　討 …………………………………………………… 297
　第 7 章総括 ……………………………………………………………… 306

終　章 ……………………………………………………………………… 309
　1. 司法審査総論 …………………………………………………… 309
　2. 科学的判断と行政の優先的判断権 …………………………… 312
　3. 原発訴訟における司法審査 …………………………………… 317

参考文献一覧 …………………………………………………………… 323
事項索引 ………………………………………………………………… 335

外国語文献・判例集・法令集略語表

【ドイツ文献】
AcP : Archiv für die civilistische Praxis
AöR : Archiv des öffentlichen Rechts
ARSP : Archiv für Rechts- und Sozialphilosophie
BB : Betriebs-Berater
DÖV : Die öffentliche Verwaltung
DVBl : Deutsches Verwaltungsblatt
HdbDStR : Handbuch des Deutschen Staatsrechts
HStR : Handbuch des Staatsrechts
Jura : Juristische Ausbildung
JuS : Juristische Schulung
JZ : Juristenzeitung
NJW : Neue Juristische Wochenschrift
NVwZ : Neue Zeitschrift für Verwaltungsrecht
UPR : Umwelt- und Planungsrecht
Verw : Die Verwaltung
VVDStRL : Veröffentlichungen der Vereinigung der Deutschen Staatsrechtslehrer
ZUR : Zeitschrift für Umweltrecht

【ドイツ判例集】
BVerfGE : Entscheidungen des Bundesverfassungsgerichts
BverwGE : Entscheidungen des Bundesverwaltungsgerichts

【アメリカ判例集及び法令集】
ELR : Environmental Law Reporter
F. : Federal Reporter
F. Supp. : Federal Supplement
N. W. : North Western Reporter
U. S. : U.S. Reports
U. S. C. : United States Code

初出一覧

本書のもとになった論文は下の通りである。本書にまとめるにあたり、大幅な加筆・修正を行った。

序章　書き下ろし。

第1章　「公法上の不確定な法概念とその適用の合理化（1〜2）」——H.J. コッホ及び R. アレクシーの公法理論を中心に——」青山法学論集 38 巻第 2 号（1996）1〜30 頁、第 38 巻第 3・4 合併号（1997）31〜61 頁。

第2章　「法的決定における科学的知識使用に関する問題点」青山法学論集第 39 巻第 3・4 合併号（1998）1〜29 頁。

第3章　「科学技術的判断と行政裁量の交錯点——新薬承認、大気汚染規制、原発設置許可等をめぐって」青山法学論集第 53 巻第 4 号（2012）301〜326 頁。

第4章　「環境基準としての規範具体化行政規則——判例及び「規範具体化」の意味を中心に——」青山法学論集第 46 巻第 3 号（2004）92〜55 頁。

第5章　「科学技術法領域における法律の留保——規範具体化行政規則を中心に——」青山法学論集第 51 巻第 3・4 合併号（2010）291〜317 頁。

第6章　「専門技術的裁量と科学技術の判断に関する行政の優先的判断権の論理」青山法学論集第 53 巻第 2 号（2011）69〜111 頁。

第7章　「行政の判断過程における過誤欠落に関する一考察——ヴィール判決以降、第一、第三ミュルハイム・ケルリッヒ判決及びもんじゅ判決を題材に——」高知論叢第 108 巻（2013）45〜76 頁。

終章　書き下ろし。

序　章

1. 本書のテーマ

　産業革命以降、我々の科学技術の進歩は人々の生活水準を向上させてきたが、その半面、地球温暖化等の問題もひき起こしてきた。ただ、そのことでもちろん科学技術そのものが否定されるわけではない。既存の科学技術がもたらす問題は別の新しい科学技術によって克服することが求められるのが現代社会である。電気自動車や洋上風力発電、あるいは核融合エネルギーの研究開発等がそのことを示している。

　ところで、新しい科学技術は、例えば新薬や原発に代表されるように、事前に治験や解析等の厳格な調査によって安全性が確認され、許認可等のいわば公的な保証の下で、利用されるのが通常ではある。しかし、そうした安全性判断は常に適切に行われているとは限らないことは、薬害問題や原発事故が示唆するところであろう。こうしたことから、そうした科学技術の利用に脅威を感じる者はより厳しい規制を政策論として提唱するし、身近な危険に対しては、司法救済として、危険な科学技術の利用の差し止めを、あるいは許認可の取消しを求める訴えを提起することになる。いわゆる科学訴訟である[1]。

　法廷で科学的判断が争点にされること自体は、科学技術をめぐる訴訟に限定されるわけではないが――第2章においては、科学的判断がどのような議

---

[1] 科学裁判ともいわれる。厳格な定義はなく、基礎法学では、現代型訴訟といわれる政策形成訴訟と一部重なり、また科学的不確実性の下での法的判断が求められるケース一般が念頭に置かれている。一方で、行政法学の視点からは科学技術利用に伴うリスクをめぐって特に許認可が争われる行政訴訟を指す。本書では「科学訴訟」という語で、行政法学からの視点を中心にしつつ、科学的不確実な事項が争点となる事例（特に第2章）をも考慮して、一部で議論の対象を広げている。

論において法律家に利用されるのかについて論じる——、特に科学技術をめぐる科学訴訟は現代型訴訟として、司法の伝統的な役割に再考を促すきっかけになる。すなわち、そのような事件が民事訴訟として提起された場合、伝統的な法益侵害パターンを前提とした民法や民事訴訟法あるいは民事保全法の考え方が通用しづらい。また、行政事件として提起された場合にも、同様のことがいえるだろう。伝統的な行政法の解釈手法や行政事件訴訟法のこれまでの運用の仕方は科学訴訟においては通用しないことが多い。違法判断基準時や立証責任の考え方等はその典型であろう。

　本書は、このような科学技術をめぐる科学訴訟を念頭に、「科学技術のリスクに関する判断（純粋な科学的判断及び技術的判断も含む）を内包する行政行為に対して司法審査はどのように行なわれるべきか」というテーマに一つの答えを出す試みである。このテーマが行政行為を問題にする限りで、本書は行政法の領域、特に環境法や科学技術規制関連法（いわゆるリスク行政法——第3章——）に関する著作である。が、科学技術のリスクに関する判断について分析的、哲学的に論じる点、かつ、司法審査について「法学方法論」（Juristische Methodenlehre）の立場から基礎的考察を展開させている点において、基礎法学、特に法哲学の領域に属する著作であるともいえる。本書がなぜ、このテーマを扱う際に、行政法学以外の議論を積極的に導入しているのかについて、以下では章構成に触れながら、説明していきたい。

2. 法学方法論への言及

　原発の設置許可等、科学技術のリスクに関する判断を含む行政行為には、通常、裁量性が認められる。しかし、それはかなり特殊な裁量であり、その根拠、そしてそれに対する司法審査の在り方も含めて、現在でもこのタイプの裁量については、学説は議論の一致をみない。さらに、司法実務においても裁量審査のあり方について判断が分かれるところである。その原因は、それがすべてではないが、学説上の概念整理の不十分さやこの問題に対する行政法総論の未整備さが挙げられる（第6章）。たとえば、裁量行為の基準として挙げられる「包摂と衡量」という区分論にしても、「判断代置」という

概念にしても、「判断過程」というものにしても、定義がしっかりなされないまま議論が進められている感がある。これらの概念は行政法総論、あるいは行政法基礎理論に属するもので、それは基礎法、特に法学方法論と共有される議論であるが、この点を、学説及び判例は十分意識しているとはいい難い。

こうしたことから、本書は第1章にて、それ以降の章での議論展開のために必要になる三つの法理論的な主軸を確保している。(1) 裁量の所在論を論じるために、不確定法概念に関して、伝統的な議論を踏まえつつ、現代の法理論からの分析を提示する。加えて、行政のリスク判断に対する裁量審査はかなり特殊な司法審査であるので、まず、(2) 基本的な司法審査の論理を、現代の法学方法論の立場から、精緻化する。また、(3) 裁量審査自体複雑なので、裁量瑕疵論の総論的な議論を批判的に検討する。以下、各々の概要を述べる。

(1) については、いわゆる我が国においては要件裁量、また本書が基本的に比較法として設定しているドイツ行政法においては、判断余地と呼ばれる議論に関わる。科学技術のリスクに関する行政裁量は、通常、科学技術関連施設等の許可要件として定められている不確定法概念の解釈・適用権限問題、要件部分の優先的判断権の問題になるからである（第6章）。行政法学におけるこの議論は、特にドイツにおいては、多分に法学方法論の議論と重なる。裁量の所在の有無はしばしば法概念の分類論に依拠するが、法概念分類論は行政法学を超えた一般法学の議論になるからである。また、行政規則分類論も法概念分類論と連動する（第4章）。加えて、法概念分析は行政の「判断過程」をガラス張りにし、司法審査に資する役割がある（第7章「もんじゅ裁判」における予測概念論）。この点で行政のリスク判断に対する裁量を議論する上で、こうした法概念の分類及びその適用に関する基礎理論は欠かせない。

(2) の司法審査の論理は、行政法総論において当然の前提となっている事柄、法律による行政の基本部分に属する事柄である。法律に基づく行政行為、典型的な覊束行為は通常の法的三段論法によって導き出され、それに対する抗告訴訟では裁判所は同じ法的三段論法によって審査を行う。しかしな

がら、リスク判断や科学的判断はこの法的三段論法のどこに関わるのか、あるいはまったく関わらないのか（第2章及び第3章）、この点は我が国ではあまりはっきりとは論じられてはこなかった。上で挙げた「包摂と衡量」や「判断代置」の概念定義も結局は法的三段論法の理解に関わる。そこで、本書はこの法的三段論法を法論理学によって細かく分解していくこれもまた法学方法論の議論を用いて、行政側の法適用及びそれに対する司法審査に共通する法論理の精緻化を行う。その手法は原発訴訟における多重防護の論理、及びそこでの司法審査の論理分析（第7章もんじゅ裁判における高裁判決分析）にも活かされることになる。

　(3)については、(2)での議論を前提とした上で、その例外として、裁量行為に対する審査の法論理を検討する必要がある。裁量行為に対する司法審査は裁量瑕疵を取消事由にするので、行政法総論として裁量瑕疵論、特に裁量瑕疵分類論が必要になる。が、裁量瑕疵分類論はどのような指導原理に基づいているのか、という基礎的な考察がなければ、裁量瑕疵論は行政のリスク判断に対する裁量審査に応用できない（第6章及び第7章）。この点でも基礎法的な考察は欠かせない。

3. 科学的判断とリスク行政論

　2で挙げた科学技術のリスクに関する行政判断に裁量性が認められる理由は自明ではない。原発や医薬品等が我々に与えるリスクとはそれら人工物がもたらす害悪なので、そうした因果関係や予測は当然のことながら、科学的判断といえる。科学的判断は一般的には客観的な判断とみなされる。一方で、行政裁量は、典型的に効果裁量にみられるように、複数の法的に等価値の判断がある中からの選択の自由を意味する。そうすると、客観的判断になぜ選択の余地、つまり裁量性が認められるのかという疑問が生ずる。

　そこで、こうした特殊な裁量を理解する（第4章及び第6章）ためには、そして科学的判断に関する司法審査の可能性と限界を見極める（第7章）ためにも、そもそも科学的判断とは何か、なぜ、そしてどのような場合に科学的判断は訴訟で争われるのか、という基本的な問題に答える必要がある（第

2章及び第3章)。これは行政法学の問題ではなく、科学哲学、科学技術社会論、基礎法学の問題であり、これらの領域では、遅くとも1970年代以降、科学訴訟や科学的判断の性質について議論されてきた。が、行政法学の側でも、1990年代以降、その議論の一部はリスク行政論という考え方で共有されてきた。したがって、本書も、科学技術リスクに関する行政法学の議論は、リスク行政論を中心にしている（第3章及び第6章）。

　もっとも、本書は、リスク行政論の議論に完全に依拠しているわけではなく、むしろその問題点あるいは不明な点を、再度、行政法総論、行政法基礎理論、基礎法の理論に基づいて、検証し、それを最終的に司法審査論に活かすことを試みている。こうしたリスク行政論との対峙の一つが(1) 行政規則についてであり、もう一つが(2) 行政の判断過程に対する「追試」(Nachvollziehung) という考え方に対してである。

　(1) 従来、たとえば、営業許可の要件の一部に営業に際して使用される建築物や機材に関する規格や条件が技術上の基準として定められている場合、それが省令等の法令で定められているときは、そこには法的拘束力があり、行政規則での場合は拘束力が否定される。この区分が伝統的行政法総論からの帰結であった。しかし、リスク行政論は、行政過程においては、法規以外の行政規則、民間基準を含めた多元的法源に依拠してリスク決定がなされることを理由にこうした行政法総論への疑義を述べるものである。この問題は、科学訴訟で行政処分が争われる際の裁判規範は何かという問題に関わり、判決に重大な影響を及ぼす。そこで、本書では行政法総論における行政法の法源論、及び基礎法の法源論、そして法学方法論における規範の具体化論に言及しながら、科学訴訟における裁判規範とは何かを論じている（第4章及び第5章）。

　(2)「追試」概念は、科学訴訟における司法審査論の根幹に関わる部分である。リスク行政論は──これはリスク行政論者に限ったことではないが──科学技術のリスクに関する判断に裁量性が認められることから、そうした判断に対する取消訴訟では、判断代置審査を否定し、その代わりに、判断過程を追試することによって瑕疵を見出す審査を提唱する。しかし、そうした追試による審査は容易に判断代置審査に様変わりする。

たとえば、原発の設置許可が取消訴訟で争われる場合、許可処分は事故蓋然性の排除を意味するので、判断過程の追試とは行政側の事故蓋然性の排除に関する論証の過程を追試することになる。が、事故蓋然性の排除の論証は複数の科学的判断の連結であるので、追試は個々の科学的判断の推論過程へと入り込むことになる。つまり、追試することには常に科学技術的事項に関する実体判断が伴うが、裁判所は行政側の安全性判断を実体判断代置することはできないという矛盾が発生する（第6章）。この矛盾は、司法実務では、行政の判断過程を追試して瑕疵を見出した判決理由において、事故蓋然性が明記されるという事態として現れる（第7章もんじゅ裁判）。

こうした裁判所の追試行為について、本書は第1章で行った（上の2の(3)）法学方法論からの裁量審査の論理分析、第2章でなした科学的判断の分析的、哲学的検討の成果を活かして——かつドイツの原発訴訟判例の分析も含め——、行政がなした科学的判断への追試の全面修正を試みている（第6章及び第7章）。

4. 本書の構成

以上述べてきた通り、科学技術のリスクに関する判断における司法審査の問題そのものは、行政法総論、及び環境法や科学技術規制関連法といった行政法各論の問題のようにもみえるが、科学技術のリスク判断の性質論にしても、裁量の所在論にしても、そして裁量に対する特殊な司法審査の論理にしても、いずれも行政法学の枠内で収まる問題ではない。そこで、本書はこの問題に対するアプローチとして、随時、哲学や基礎法の議論に立ち返りながら、上で述べた趣旨に基づき、順に検討を進めるものである。

第1章では、不確定法概念の問題を中心に、司法審査における基本的な法論理はどのようなものかという問いに、現代の法学方法論の視点から答える。そのことで、その後の司法審査に関する議論の基礎を構築する。また、裁量瑕疵及び裁量審査に関して、これも基礎的な考察を行うことで、特に、第6章以降で行う原発訴訟における司法審査論のための理論的基礎を提供する。第2章では科学技術のリスクに関する判断の性質とその法廷での取り扱

いを、アメリカの憲法学、法哲学及び哲学文献を中心素材にして論じている。そこでの科学訴訟の問題点は第3章において、特にリスク行政論の視点から検討されることになる。

こうした基礎的考察を受け、第4章以降は抗告訴訟を中心に科学訴訟における司法審査について本格的な検討を行っていく。第4章及び第5章においては、まず科学訴訟における裁判規範論を中心に論じる。それは、第3章で述べたリスク行政論が主張する多元的法源の問題を、ドイツの規範具体化行政規則論を素材にして、批判的に検討するものである。そこでは法規概念及び規範具体化の検討において、行政法総論における行政規則論はもちろんのこと、国法学、基礎法学からの視点を導入している。その後、第6章以降においては、我が国における学説及び判例を検討しながら、原発訴訟における司法審査論を論じる。その際、原発の安全性判断における科学的判断の要素については、特に第2章における科学的判断の哲学的分析が活かされている。また、判例分析については、第1章の法学方法論の分析ツールが活用されている。

なお、本書の最後、「終章」にて、本書の結論と総括を行っているが、各章間の関係については、各々の章の「序」にて、各章のまとめは、章の「総括」にて別途行っている。本書の理解の補助としていただきたい。

第1章　行政法上の不確定法概念と
その適用について
――現代ドイツ論証理論の視点からみて――

序

　本書のテーマである科学訴訟における特殊な司法審査の問題を検討するにあたって、まずは、不確定法概念と呼ばれる曖昧な法概念、特に行政法におけるそうした概念の解釈と解釈の後の事実への当てはめの論理に関する基礎的考察を行う。こうした法解釈・法適用の問題は基礎法の側では「法学方法論」（Juristische Methodenlehre）と呼ばれる領域に属する問題であるが、行政法学はこの問題をさらに解釈の権限をめぐる問題と連関させて議論してきた経緯がある。この不確定法概念の問題を第1章で扱う理由は二点ほどある。

　まず、科学訴訟は、しばしば、科学技術施設の設置や稼働の許可取消しあるいは無効を求める行政訴訟として現れるが、その際、基本的な争点とされるのは、「環境への有害な影響がない」や「災害の防止上支障がない」等の不確定法概念の解釈とその適用の問題だからである。さらに、こうした許可要件解釈の問題は、実は行政訴訟に留まらない。たとえば原発訴訟においては、原発の民事差止請求においても、行政事件と同様に許可要件解釈の問題が争点となっているのが現状である[1]。以上の点を踏まえ、本書は不確定法概念の解釈一般論、そして特に行政法における不確定法概念の問題を議論の出発点にした次第である。

　次に、法解釈・法適用の基礎的考察を行う第二の理由は、法適用に含まれる「包摂」（Subsumierung）と「衡量」（Abwägung）という二つの思考様式

1　赤間聡「原子力発電所の基準地震動策定とそれに対する司法審査――判例分析を中心に――」青山法学論集63巻4号（2022）140頁において、近時の民事原発訴訟下級審の判断枠組みを整理している。

について、概念整理しておくことが、科学訴訟における司法審査論を論じるにあたって必要になるからである。上の不確定法概念の解釈問題一般は、法律要件への事実の「包摂」の問題であることは明らかであるが、なぜ「衡量」が科学訴訟で問題になるのかについては説明が必要であろう。それは科学訴訟で争われる行政行為が「包摂」によってではなく、「衡量」によって導き出されると考えられる部分があるからである。この点、以下、若干長くなるが説明を施したい。

　法解釈・法適用といっても、行政法については、法適用機関は行政庁と裁判所の二つが存在する。それでも、通常は法適用で伝統的「包摂」が考えられるときは——不確定法概念の問題をさしあたり除外して——、誰がそれを行っても論理的に同じ答えが導き出されるはずであるとの観念が働くので、あえてこの二つの機関の区分を考える必要がない。ところが、行政法のある法領域については、行政庁は裁判所とは異なる法適用を行っている、と考える余地がある。計画法の領域がそうで、たとえば都市計画に関わる各種行政決定は、与えられた事実を都市計画法の条文に「包摂」して導き出されているわけではなく、各種利益の「衡量」によるとしばしば指摘されてきた[2]。したがって、そうした行政決定が行政訴訟で争われる場合にも、「衡量に対する司法審査」[3]という特殊な法適用があることになる。このようなことは環境法・科学技術規制に関する法の領域についても妥当するとされるのである。

　たとえば、警察許可の要件充足が争点になる取消訴訟のように、申請案件が許可要件に該当するか否かが問題になる場合、包摂行為の妥当性が決め手になることにあまり異論はないであろう。そこでは、司法審査は、事前になされた行政庁による包摂行為と事後になされる裁判所によるそれとを比較す

2　この議論はさらに、行政法の参照領域論及び包摂・衡量二元論につながる。この点の詳細な検討については、赤間聡「行政法学における法学的方法批判について法律学方法論の側から考える——制御学、参照領域論、法規中心主義批判及び学際的方法に対する若干の疑問（2・完）——」高知論叢119巻（2020）16〜19頁を参照。

3　ドイツ都市計画法における裁量審査については、文献を含め、赤間聡「効果裁量、計画裁量、及び裁量瑕疵に関する基礎的考察（1）——「判断の過程」と「判断の帰結」をめぐって——」高知論叢111巻（2015）88〜98頁を参照。

ることで遂行される（詳細は7.2）。ところが、科学技術のリスクに関する判断が技術利用の許可要件に内包されている場合、たとえば科学技術に関連する危険物の管理手法や施設の事故対策の適切性が要件充足の判断となる事例においては、警察許可の場合とは事情が異なってくる。科学技術がもたらすリスクに関する判断においては、行政庁は事実の認定とその概念への当てはめを行っているのではなく、将来の事実、発生を予防されるべき事実の想定とその対策の十分さを判断することになる。しかもあまりに厳しい対策を要求すると、かえって科学技術そのものの利用を否定することになるので、いわば「さじ加減」が必要になる──それが行政処分の段階であるのか、指針やガイド等の行政規則の定立段階であるのかはここでは問わない。この点、利益の衡量という点で先の計画法の議論と通じるのである。ただし、ここで留意すべき点として、逆に、環境法、そして科学技術規制に関する法の領域において衡量ということを強調しすぎると、適切な司法審査が実施できないおそれがあるということがある。下で述べていく通り、行政法における法適用に含まれる衡量は行政裁量の根拠の一つになるが、特に、科学技術規制に関する法の領域における裁量はかなり特殊な裁量であり、それに対する司法審査も衡量に対する裁量審査一般論からはかなり離れているからである（第7章）。

　いずれにしても、衡量に対する司法審査は包摂に対するそれとどのような違いがあるのか、そもそも、衡量という法適用はどのようなものであるのか、という基本的な問題を明確にすることなしには、環境法・科学技術規制に関する法の領域における行政裁量の性質についても（第3章及び第6章）、またそれに対する司法審査についても（第7章）十分な議論をすることができない。このような理由から、本書は第1章の特に後半において、包摂と衡量について基礎的な考察を行っている。以上、総括すれば、第1章においては、不確定法概念の問題を論じ、かつ包摂と衡量の関係を明確化することを目指している。そして、それによって、それ以降の議論、特に科学技術訴訟における司法審査をめぐる判例及び行政法学説の検討──そこには衡量に対する司法審査として提唱される判断過程の審査とは何かという問題を含む──における重要な基礎を提示するものである。

1. はじめに

　行政法学において、不確定法概念をめぐる問題は伝統的な難問の一つである、ということは争い得ないところであろう。塩野宏の行政法教科書においては、この問題、とりわけ、不確定法概念の適用権限に関しては、現在までに説得力ある説明はないと指摘されている[4]。こうした事情は我が国ばかりでなく、ドイツにおいても同様のようである。たとえば、ハルトムート・マウラーの行政法教科書では、1955 年にカール・ヘルマン・ウレが提示した不確定法概念と行政裁判権の問題を解決済みであるとはせずに、同じ例を使ってむしろ蒸し返して議論しているようにすらみえる[5]。たしかに、不確定法概念の問題を難問にしているのは適用権限の問題が大きい。行政法の法適用においては行政と司法という二つの適用機関が併存することから、行政裁判所制度創設以来、容易には決着し難い裁判所の権限問題という実践的な問題が不確定法概念の問題について回ってきた[6]。だが、こうした事情に間接的には関わるが、一応独立した理由、不確定法概念の問題を難問にしているもう一つの理由として、法律による行政、特に法律の優位という一見自明な原則を保持することの難しさが指摘され得る。

　法律の優位の独自的意義は、通常、行政法における法源論とその歴史的背景で説明される。歴史的に法規概念は立法権限の留保を意味する。したがって、立法権限が及ぶ領域での行政による独自立法は否定されると同時に、規範衝突の際の優先原理として機能するのが法律の優位に他ならない[7]。これに対して、行政立法ではない個別行政行為に対する法律の優位は行政法学においては説明の必要がない自明の前提となる。というのは、この意味での法律の優位は、

4 　塩野宏『行政法Ⅰ［第 5 版］』有斐閣（2009）128〜131 頁。
5 　Hartmut Maurer, Allgemeines Verwaltungsrecht, 16. Aufl., 2006, § 7 Rdn. 27-30.
6 　田中二郎「行政裁判所の権限より観たる自由裁量問題（1）〜（2）」國家學會雑誌 45 巻 3 号（1931）、45 巻 4 号（1931）――同・『行政争訟の法理』有斐閣（1954）所収 205 頁以下。
7 　小早川光郎『行政法（上）』弘文堂（1999）84〜85 頁。また、Fritz Ossenbühl, Rechtsquellen und Rechtsbindungen der Verwaltung, in: Hans-Uwe Erichsen und Dirk Ehlers (Hrsg.), Allgemeines Verwaltungsrecht, 14. Aufl., 2010, § 9 Rdn. 7 も参照。なお、法律の留保と各種行政規則との関係については、第 5 章で触れる。

「行政は法律を適用しなければならない」(「適用命令」(Anwendungsgebot))[8]、といった当たり前のことをいっているに過ぎず、行政法に限らず民法、刑法といった他の法分野にも共通の原理となる法律学の初歩・入門に属する問題と観念されるからである。したがって、行政法学でのこの部分の説明は、基本的にいわゆる法的三段論法の説明を超えるものではない[9]。

さて、不確定法概念の適用はこの法的三段論法が自明な答えを導き出さない、ということが問題になるので、それ自体行政法学固有の問題ではない。しかしながら、法概念の適用というものは、そこに困難があっても、唯一の正しい答えがあらかじめあって、それを見出す作業である等、何らかの一般的法観念をもつとき、行政法学ではこれは法一般論の見解以上のことを意味することになる。というのは、そうした法適用営為は伝統的に司法権に属するという見解から、これは先の権限問題に結びつくからである[10]。こうした重大な帰結が伴うこともあって、行政法学はある意味で自己の学問領域を超えて、法適用とはどのようなものか、といった基礎法学、とりわけ法学方法論[11]の問題へと関心を移すことになる。とりわけ、ドイツにおいてはウレが

---

8 Ossenbühl（前掲注7）, §9 Rdn. 7. オッセンビュールは法律の優位の下で、この他に、「法律から逸れてはならない」(「逸脱禁止」(Abweichungsverbot))、法律に違反してはならないを挙げているが、これらは全て、法理論上、法律を適用しなければならないことに含意される。この点については4以降のドイツ論証理論のところで触れていく。

9 塩野（前掲注4）125頁、小早川光郎「行政法講義（下Ⅰ）」弘文堂（2002）18〜19頁、またMaurer（前掲注5）, §7 Rdn. 1-8を参照。日独の行政法総論を比較すれば、この部分の特徴がより明らかになる。なお、覊束行為と裁量行為が法的三段論法にどのように関わるのかという法理論上の問題については、6のアレクシーの法理論のところで触れる。

10 下で述べるW. イエリネック、そして第6章で扱うロイスの議論等が典型であろう。

11 法学方法論とは法哲学のうち、法価値論、法思想史とならぶ一部門として考えられるのが通常である。とりわけドイツでは19世紀後半以降、「法律学」（Rechtswissenschaft）も学問である以上、固有の問題とそれに応えるための固有の方法があるという発想から、法律学の学としての性質が法学方法論の問題として議論されるようになった（その背景には新カント派西南学派の学問論の影響が大きい）。この点については、Karl Larenz, Methodenlehre der Rechtswissenschaft, 6. Aufl., 1991, Einleitung. 一方で、狭義の意味ではこの語は法適用の理論、法解釈学——RechtswissenschaftではなくJurisprudence——の理論として理解されている（Larenz同書 S. 189 ff.）。本書では、この語は後者の狭い意味で使用する。なお、広義・狭義の法学方法論の関係、そしてさらに、それらと行政法学における法学的方法との入り組んだ関係については、赤間聡「行政法学における法学

カール・エンギッシュの法理論に、ヴェルナー・ホッペがニクラス・ルーマンの法理論に、またフリッツ・オッセンビュールがアルフ・ロスの法理論に言及する等しているのにはこうした理由がある[12]。この意味で法律の優位、すなわち行政の側が法律を適用するという自明にみえるこの原理をどのように理論化するのか、という基本問題はまさに各々の行政法学者による信念の闘技場の様相を呈する。ここでの信念のあり方は、必然的に後続する論点である行政裁量とは何かという問題、行政行為の分類論及び行政行為の瑕疵論、司法審査論に反映されるからである[13]。

　もちろん、各々の行政法学者には法適用に関する信念や哲学がまずあって、そこから各々の裁量論等が導き出されている、というように単純には考えることはできない。先のウレにしても具体的な許認可問題をめぐる法律家としての評価がまずあって、その究極的正当化として法適用の信念を作り上げているという面も当然にあろう。もともと法学方法論はそれに従えば、正しい結論が導き出されるようなマニュアルではなく、むしろ司法実務と学説から一般原則を抽出する作業であるといえなくもない。しかしながら、その一方で、法適用の一般原則や法概念というものに関する独自の批判的洞察――後述するヴァルター・イエリネック（以下、「W. イエリネック」とする）の概念論等――は、自身の学説形成に大きな影響を与えているという側面もまた否定できないであろう。ここには相互循環関係があるとみるべきである。いずれにしても、行政法学が法学方法論と結びつきながら、行政法における法適用というものを、特に不確定法概念の法適用というものを真剣に議論すること自体、行政法学のよき伝統であり、学としての健全性の表れとして肯定的に評価されるべきである。我が国においても不確定法概念をめぐっ

　　的方法批判について法律学方法論の側から考える――制御学、参照領域論、法規中心主義批判及び学際的方法に対する若干の疑問（1）――」高知論叢118巻（2020）91頁以下参照。
12　とりわけ、ウレとエンギッシュの関係については第4章、オッセンビュールとロスの関係については第5章を参照。ホッペによるルーマンへの依拠については Werner Hoppe, Zur Struktur von Normen des Planungsrechts, DVBL 1974, S. 641以下によく表れている。
13　第5章で見るマウラーとオッセンビュールの議論対立は行政法哲学ともいうべき信念の部分が大きいように思われる。

ては、美濃部達吉、田中二郎、佐佐木惣一、柳瀬良幹らの偉大な先人たちによって戦前より議論が積み重ねられてきた伝統がある。本章の内容は、こうしたよき伝統を意識して、現代の法学方法論の立場、特にドイツ論証理論の立場から行政法上の不確定法概念の問題を総論的に論じるものである。そしてこれにより第4章から第7章での環境法及び科学技術規制に関する法の領域における法律の留保論、行政裁量論及び司法審査論の基礎を提供するものである。以下、2では法学方法論からみた不確定法概念論を論じ、3ではW. イエリネックの不確定法概念論を中心に、これに対する戦後の行政法学者の応答を概観し、4から6では、現代ドイツ論証理論からみた行政法上の不確定法概念論を、コッホ及びアレクシーの議論を中心に、検討することにする。

2. 法概念の不確定性一般論

　行政法上の不確定法概念の問題に触れる前に、法概念の不確定性一般についてドイツではどのように考えられてきたかをハンス・ケルゼン、カール・ラーレンツ、そして前述のエンギッシュという代表的な法学方法論者の見解に、みていくことにしたい。行政法学者の見解は多かれ少なかれ、こうしたベーシックな見解に影響を受けているからである。

2.1　ケルゼン

　まず、事実を法概念に当てはめる、すなわち包摂するにあたって、原理的に複数の選択が正当化される、という点を強調したケルゼンの見解はよく知られたものであろう。この見解は後に示す1971年連邦行政裁判所有害図書判決にも通じており、かつ第5章でみるオッセンビュールの執行概念を理解する上でも重要である。ケルゼンは法段階説の立場から、憲法、法律、命令、処分・判決という一連の国家行為を具体化されていく法定立と考える。議会立法は憲法の適用という面と議会自身での法定立という面をもつ。そして行政と司法における法適用機関もまた同時に、議会立法を「法適用する」（Rechtsanwendung）という面と個別事例での「規範定立」（Normerzeugung）という両面をもつ[14]。

この国家機関による法適用には、法解釈という認識行為と決定という意欲行為の双方が必要になる。もし、法規範が確定的な意味内容をもっていれば、認識行為がすなわち決定行為になろう。しかし、法は意図的に法適用機関に選択の幅を与えたり、非意図的に、概念・言語の多義性という性質から、複数の意味を許容してしまう。したがって、法規範の認識行為は枠の確定以上ではなく、唯一の決定を導き出さない。枠内での複数の法適用行為はどれも「法適合的」、すなわち「合法」（rechtsmäßig）であるからである[15]。このように、法の解釈が複数の決定を許容する以上、法適用行為には枠内での「選択」（Wahl）という意欲作用が必要になる。立法機関が憲法の適用という法律制定において政治的な意欲行為を必要とするのと同様に、程度の差はあれ、行政機関及び司法機関もまた法律の適用において意欲行為を必要とする。意欲行為の性質は裁量であり、その根底には、倫理規範、正義感覚、社会的価値判断がある[16]。こうしたケルゼンの見解からは、一般法理論として法概念の適用に伴う（1）認識行為、（2）意味の枠、（3）及びそこから始まる価値判断による意味の確定という思考過程が示されているといえよう。

2.2　ラーレンツとエンギッシュ

ケルゼンの法概念の枠という点を、概念の性質と法解釈という法学方法論の見地から明確に述べているのが、ラーレンツである。ラーレンツによれば、法の解釈はまず「言葉の意味」（Wortsinn）から始まるとされ、言葉の意味が必ずしも一義的に決まってはいない、ということが解釈必要性の根拠になっている。ラーレンツは以下のようにいう。「そもそも条文の意味が繰り返し問題になるのは、次のような事情による。すなわち法律というものは、数学的な論理学や科学言語と違って、正確に確定された概念を使用しているわけではなく、多かれ少なかれ柔軟な表現を使用しているわけであるから、広い範囲で「可能な意味」（mögliche Bedeutung）が揺らいでいる…」と[17]。ラーレンツはまた別な個所で「可能な意味」を複数形で使うとともに

14　Hans Kelsen, Reine Rechtslehre : mit einem Anhang : das Problem der Gerechtigkeit, 2. Aufl., 1967, S. 193 ff.
15　Kelsen（前掲注14）, S. 348.
16　Kelsen（前掲注14）, S. 350 f.

「意味のバリエーション」[18]（Bedeutungsvarianten）、「言語上可能な言葉の意味」[19]（sprachlich mögliche Wortsinn）という表現も使っている。

このような法言語の性質から解釈の必要が生じるのであるが、解釈活動は、それが言葉の意味から始まる限りにおいて、上述の可能な意味の範囲内でしか活動ができない。このことをラーレンツは以下のようにいう。「文言というのは二重の課題をもつ。まず、文言は裁判官が意味を知る（Sinnesermittlung）ための出発点であり、第二に、それは解釈活動の限界を定めている」（傍点は筆者による）と[20]。それでは、こうした「可能な言葉の意味」の範囲内では妥当と思われる判決が引き出せない場合には、それは条文の解釈とはいえないのであろうか。ラーレンツはこの点についてはっきりと明言している。「裁判官が「条文の意味及び目的は文言によって制限されない」とか、「解釈は言葉の意味によって制限されない」等という場合には、実のところ自分の決定が言語上可能な言葉の意味から引き出せない場合である。そこでは解釈が問題になるのではなく、法の欠缺、類推あるいは目的論的縮小が問題になっているのだ」と[21]。ラーレンツによれば、「可能な言葉の意味」の範囲を越えることはもはや解釈ではなく、「意味の変更」（Umdeutung）に当たる。

上のような法概念適用の幅、すなわち法概念の不確定性を言語固有の問題としてのみならず、概念が規範に関わることから生ずる規範性の問題として考察するのがエンギッシュである[22]。エンギッシュは法概念を「記述概念」

17　Larenz（前掲注11), S. 312.
18　Larenz（前掲注11), S. 321.
19　Larenz（前掲注11), S. 322.
20　Larenz（前掲注11), S. 322. ラーレンツ自身が民法学者メイアー・ヘイオツからこの言葉を引用している。
21　Larenz（前掲注11), S. 322. 欠缺の解消、類推、縮小は正式な意味での解釈ではないとされる（Larenz 同書 S. 366 ff.）。なお、解釈技法の体系については6のアレクシーのところで触れる。
22　エンギッシュの規範概念に関しては次の二つの著作から引用する。Karl Engisch, Die normativen Tatbestandselemente im Strafrecht, in: Karl Engisch (Hrsg.), Festschrift für Edmund Mezger, 1954, S. 127（なお、同書は、以下「Tatbestandselemente」と称する); ders., Einführung in das juristische Denken, 8. Aufl., 1983（以下では「Einführung」と称する). ただし、後者 Einführung は1950年代後半以降の版では、行

(deskriptive Begriffe）と「規範概念」（normative Begriffe）とに分けた上で、各々の概念の不確定性の違いを論じている。記述概念とは知覚可能な経験的な客体を指し示す概念で、「人間」、「暗闇」、「静寂」、「騒音」等がこれに該当する[23]。一方、規範概念とは価値や規範に関わる概念で、「窃盗」、「未成年」、「婚姻」、「わいせつ」、「破廉恥な」等がこれに該当する。この二つの概念区分は人間精神が向かう対象の違いと精神作用の違いで説明される。概念適用において「存在世界を認識する行為」（Seinserkenntnis）が前提となるのが記述概念で、「価値・規範世界」（Welt der Werte und Normen）に「精神が向かう」（geistiger Zugang）のが規範概念である[24]。ここから概念の不確定性は人間の各々の精神作用の不確定性に求められる。すなわち、記述概念の場合には、認識作用の不確かさに、規範概念の場合には価値・規範に向かう精神の、すなわち評価行為の不確かさに概念不確定性の原因がある。ただこのような説明は、（1）記述概念も法概念である以上、規範に関わるという点や、（2）評価行為を強調する規範概念は法秩序の客観性とどのように整合性があるのか、という問題を生じさせる。

　これらの問題に対して、エンギッシュはまず、（1）については、記述概念もまた規範に関わる以上、「価値に関わる」（wertbezogen）ことになると認めた上で、規範概念の特徴をその意味内容の理解が論理的に価値・規範を前提とする、という点に求める。たとえば、「暗闇」等の記述概念は刑法で登場しても、日常の事象を指し示すことに変わりがない。これに対して、「窃盗」という規範概念は「他人の所有物」の区分を前提とし、それはさらに民法上の所有権秩序を前提とする。このように、法概念を理解する上で、その法概念が属する規範体系、あるいは別の規範、秩序、価値体系を前提にするものを、厳格な意味での規範概念とするのである[25]。

　　政法学での裁量議論から多大なる影響を受けており、規範概念に関する見解は概念論としての純粋な形をとどめていない。そこで本書では、前者を基本とし、その補足としてのみ後者を引用する。なお、エンギッシュの法思想については、青井秀夫『法思考とパタン：法における類型へのアプローチ』創文社（2000）を参照。

23　Engisch, Einführung, S. 110 f.
24　Engisch, Tatbestandselemente, S. 153.
25　Engisch, Tatbestandselemente, S. 154; ders., Einführung, S. 110.

一方で、仮に規範概念がそうした価値等を前提とするとしても、その概念の適用が専ら法適用者の評価行為に依存するとすれば、法秩序の客観性というものは担保されない。これが（2）の問題である。これについて、エンギッシュは客観的評価が問題になる規範概念と主観的評価が問題になる規範概念とを分けて議論する。「未成年」のような規範概念は、元来評価を必要とするが、これがすでに法律上定義されている場合には、記述概念同様に客観的な基準を提示することができる。このことは「わいせつ」等のように、法律が客観的な社会の風紀秩序という価値体系を意図している場合にも同様である。これら規範概念においては、そこに少なくとも「法適用者自身の評価」が入ることはない[26]。一方で、「著しく静穏を害する騒音」等の規範概念の場合には、当該社会で妥当する一般的評価基準を模索しても、複数の評価が存立することになる。すなわち、このタイプの規範概念は一義的な意味を求めることができず、「規範的に多義的」であることになる[27]。このような場合、法適用者自身の評価が最終的に正しい評価となることは認めざるを得ない[28]。つまり、価値概念の中には、評価が分かれるという点において記述概念とは異なる意味で多義性をもち、それゆえ不確定性をもつものがあることになる。

3. 行政法上の不確定法概念について —— W. イエリネックとそれ以降

　さて、上で述べた法学方法論における法概念、不確定法概念の説明と比較して、行政法学ではこの概念をどのように捉えているのであろうか。この点につき、まず、ドイツ行政法学での不確定法概念の古典とも呼ぶべき W. イエリネックの見解[29]をはじめとして、戦後の何人かの行政法学者の主張を概

26　Engisch, Einführung, S. 124.
27　Engisch, Tatbestandselemente, S. 154.
28　Engisch, Einführung, S. 127.
29　Walter Jellinek, Gesetz, Gesetzesanwendung und Zweckmässigkeitserwägung : zugleich ein System der Ungültigkeitsgründe von Polizeiverordnungen und -Verfügungen. eine staats- und verwaltungsrechtliche Untersuchung, 1913 （以下では「Gesetz」と称する）; ders., Verwaltungsrecht, 3., durchgesehene Aufl., 1931 （以下では

観してみたい。

3.1 W. イェリネック

W. イェリネックが不確定法概念に向ける視点は明らかに行政法学者のそれではなく、論理学者、言語学者の視点である。不確定法概念は正確な論理分析が必要とされる、という出発点から、W. イェリネックは次のような概念分析を始める。概念は概念である以上、「境界」（Grenzen）をもつ。これがなければそもそも概念ではない[30]。確定法概念は対象を概念に帰属させるか否かを決定する一つの境界線をもつ。これに対して不確定法概念は二つの境界線をもつ。ここで W. イェリネックがいう二つの境界線とは概念がある対象に帰属することを肯定できる基準及び否定できる基準のことである。これを W. イェリネックが挙げるプロイセン警察令の例にみてみよう。プロイセン警察令ではジプシーの集団移動は禁止されていたが、ここで用いられている「集団」概念は不確定法概念に他ならない。ここでは確実に対象がこの概念に帰属しない例を挙げることはできるし、また確実に帰属する例も挙げることができる。たとえば一人のジプシーに集団概念を帰属させることは明らかに否定される。また、50人のジプシーにこの概念を帰属させることは明らかに肯定される。したがって、明らかに「集団」概念を帰属させる対象と帰属させない対象があることから、境界線も二つあるはずである。そしてこの境界線と境界線の間に判断不明の「限界領域」（Grenzengebiet）があることになる。結果、論理的な領域は (1) 否定領域、(2) 肯定領域、(3) 否定も肯定も可能な領域という三領域が成立する[31]。こうした三つの判断を許す概念の性質を W. イェリネックは概念の「多義性」（Mehrdeutigkeit）と呼ぶ。しかし、こうした多義性にもかかわらず、不確定法概念は実際の実務では「一義的な」（eindeutig）性質に変えられなければならない。これは「社

「Verwaltungsrecht」と称する). また本書は、我が国のイェリネック研究として、人見剛『近代法治国家の行政法学：ヴァルター・イェリネック行政法学の研究』成文堂 (1993)、須藤陽子『比例原則の現代的意義と機能』法律文化社 (2010) を参照した。

30　Jellinek, Gesetz, S. 37. こうした法概念に対する分析的思考は概念法学的と呼べなくはない。W. イェリネックの法理論における法実証主義的、概念法学的側面については、人見（前掲注29）23～29頁参照。

31　Jellinek, Gesetz, S. 37 f.

会通念」(gesellschaftliche Anschauungen)、言語の使用規則、法規範の目的等の解釈によって十分可能である、と主張される[32]。

　上記の考えは、W. イエリネックが行政裁量の根拠とする警察法上の「合目的的」(zweckmäßig)や公務員法上の「公務上必要」(dienstliche Bedürfnis)等の「価値概念」(Wertbegriff)の場合には、修正を受ける。ここでの多義性は解釈によって一義性に還元できず、終局的に行政に判断の余地が残される。なぜか。W. イエリネックによれば、価値概念の多義性は、人間の認識行為ではなく、評価行為の不確実性に由来するとされるからである。たとえば、警察措置の合目的性等は行政行為の内的な価値に関わる。ここでは行政は「法律によって意図された多義性」(vom Gesetze gewollte Mehrdeutigkeit)[33]を有権的に「概念構成」(Begriffsbildung)することが許される[34]。この点がW. イエリネックにおける価値概念の特異性である。もっとも、この特異性はW. イエリネックの概念論そのものに変更を加えるものではない。すなわち二つの境界線と論理的三領域という基本思考は価値概念においても貫かれる。たとえば、ある建物が「景観を害する」か否かの判断は評価行為を必要とするが、評価行為の不確定性は、社会における平均的な美的感覚を知ることによって、一定程度解消される。すなわち、価値概念もまた概念の帰属を明白に肯定できる領域、否定できる領域をもつことになり、行政に与えられる判断の余地は第三の限界領域に限られることになる[35]。

3.2　ウレ、バッホフ、ヴォルフ、エームケ

　こうしたW. イエリネックの説明のうち、価値概念をエンギッシュの規範概念と関連させて理論展開するのがウレである[36]。ウレは、上述のエンギッ

32　Jellinek, Verwaltungsrecht, S. 31.
33　Jellinek, Verwaltungsrecht, S. 30. この多義性について、裁判所の解釈権限はないという点については、人見（前掲注29）69〜71頁参照。
34　Jellinek, Gesetz, S. 36; ders., Verwaltungsrecht, S. 30.
35　Jellinek, Verwaltungsrecht, S. 32 f. この点はイエリネックが裁量問題を限定して考える点と関連している。須藤（前掲注29）64頁以下を参照。
36　Carl Hermann Ule, Zur Anwendung unbestimmter Rechtsbegriffe im Verwaltungsrecht, Forschungen und Berichte aus dem öffentlichen Recht, in: Festschrift für Walter Jellinek, 1955, S. 309. ウレとエンギッシュの規範概念については、第4章で触れるので、ここでは

シュに依拠しながら、行政法上の不確定法概念を記述概念と規範概念に分類する。記述概念と規範概念とを区分する基準は価値判断の有無である。「夜間」等の記述概念の場合、これが不確定法概念であっても、その適用には価値判断は含まれない。解釈で不確定法概念の意味を知り、事実認定をすることで包摂が可能になる[37]。一方、営業許可要件である「信頼できない」等の規範概念の場合、概念と事実認定の間に中間命題を入れる必要がある[38]。たとえば、窃盗前科がある申請者に対して営業許可が与えられるべきか否かの判断は、「窃盗前科」事実が「信頼できない」概念に包摂されるか否かが問われる。その際、「窃盗前科」に関する中間命題として (1)「あらゆる窃盗前科者は信頼できない」のか、あるいは (2)「あらゆる自由刑の窃盗前科者は信頼できない」のか、それとも (3)「ここ数年以内に前科があるあらゆる窃盗前科者は信頼できない」等が考えられる。このような中間命題の複数候補があることから明らかなように、規範概念の場合には概念の意味は多義的である。そして、その際、このうちどれを選択するかは、法適用者「自身の価値判断」（Eigenwertung）に任される。この主観性にウレは裁量の所在を見出す[39]。

　ウレと同様に、評価行為の主観性に裁量（正確には「判断余地」（Beurteilungsspielraum）のこと、以降、ウレとバッホフについて触れるときは、「判断余地」という語を使うことがある）の根拠を見出すばかりでなく、知覚・観察に基づく経験的概念においても、裁量を認めるのがオットー・バッホフである。後者をバッホフは予測が関わる判断に見出す。まず、バッホフは、一般論として、法適用は (1) 解釈、(2) 事実認定、(3) 包摂という三つの精神作用からなり、このうち (1) 解釈、(2) 事実認定はどのような概念であっても、それを法的判断の問題とし、司法権限に服するという立場をとる。しかしながら、(3) 包摂に関しては、あらゆる法概念についてこれが司法権限に服するとまではいえないとし、包摂行為を行政の判断特権とする

ウレの不確定法概念とその適用に関する一般的見解を述べるにとどめたい。
37　Ule（前掲注36), S. 318.
38　Ule（前掲注36), S. 319.
39　Ule（前掲注36), S. 326.

3. 行政法上の不確定法概念について――W. イエリネックとそれ以降　23

例外を認める[40]。この例外として、バッホフはまずウレと同様に「景観を害する」等、主観的な評価を必要とする概念（バッホフは「価値概念」という語を使う）を挙げる。そして、さらに、この包摂の特権は特殊な経験的概念、「交通上の公益」（バッホフのこの例が経験的概念に該当するかは、疑問だが）等、法適用に際して予測が必要になる場合にも認められている。そこでは、評価作用は伴わないものの、専門的な知見が必要になることゆえに、裁判所による判断の代置が疑問視されるからである[41]。

　こうしたW. イエリネックの見解を発展・継承させる学説がある一方で、W. イエリネックが挙げた不確定法概念の「多義性」を否定する見解や「概念」、「概念の意味」から出発することを否定する見解もある。前者としてハンス＝ユリウス・ヴォルフを、後者としてホルスト・エームケを挙げることができる。まず、ヴォルフによれば多義性は不確定法概念の特徴ではない[42]。たとえば「団体」等の概念は多義的ではあるが、それは法人か権利能力なき機関かのどちらかの意味に限定される。したがって、多義性は言葉の使用法が複数あるだけで概念の意味内容自体は明確である。多義性の代わりに、ヴォルフが不確定法概念の特性を見出すのが「タイプ概念」（Typenbegriffe）と呼ばれるものである[43]。ここには「重大な事由」や「公益」等が含まれる。従来、法概念は基準（内包）と対象（外延）という点から捉えられてきたが、タイプ概念は対象の判別基準を規定するものではなく、類似の事象の領域、利益、価値等の領域の輪郭を示すものである、と理解される。その役割は、ヴォルフによれば、法の具体的妥当性要請に応えるものである。該当する対

40　これがいわゆる判断余地論――詳しくは第6章――である。Otto Bachof, Beurteilungsspielraum, Ermessen und unbestimmter Rechtsbegriff im Verwaltungsrecht, JZ 1955, S. 97 (98 f.). こうした見解は解釈と包摂との関係の不可分性を強調する立場からは批判される。たとえば、Dietrich Jesch, Unbestimmter Rechtsbegriff und Ermessen in rechtstheoretischer und verfassungsrechtlicher Sicht, AöR 82 (1957), S. 163 (221 f.). 本書では概念論を中心におくので、イエッシュの議論については触れないが、現代の法学方法論とりわけ法論理学――下で述べるコッホ及びアレクシーの法的推論――からみて、解釈から包摂に至る過程に特別な用語をふりあてるイエッシュの議論（178-203）は問題が多いようにみえる。
41　Bachof（前掲注40), S. 100.
42　Hans J. Wolff / Otto Bachof, Verwaltungsrecht Ⅰ; 12. Aufl., 2007, § 31 Rdn. 8.
43　Wolff / Bachof（前掲注42), § 31 Rdn. 11.

象が固定されずに、様々な関係、様々な事情において、様々な事実を包摂できるからである。

　以上挙げてきたような概念中心主義的な説明と一線を画す行政法学説もある。エームケの見解だ。エームケは、概念の意味はそれが置かれている規範の意味から導き出されるのであって、概念から規範の意味が導き出されるのではない、という立場をとる。ここでいう規範の意味とは規範の種別、そしてそれゆえ裁判規範性の有無を含意している。つまり、エームケは行政裁判権を前提に、不確定法概念の解釈・分類論から始めて、ある特定法概念を、その例外として、裁判規範性から排除するような思考法を批判しているのである[44]。裁量の所在論は概念論に依拠すべきではなく、法規範の種類や行政法上の法関係の種類に依拠すべきだとするのが彼の見解である。エームケはまず、行政法規範を「事案処理規範」（Sachentscheidungsnormen）と「行為規範」（Handlungsnormen）とに分類する。事案処理規範は、市民と行政との間の権利義務という行政法上の法関係を規定するもので、ここでは従来の法解釈・法適用モデルが妥当する。すなわち、このタイプの規範には裁判規範性がある。一方で、行為規範とは伝統的に行政の裁量・権限領域であったものを19世紀後半以降の法治国家要請からそれを形式的に法の中に取り込んだものをいう。それゆえ、こちらは必ずしも市民と行政間の権利義務関係を規定するものではない。また、規定するものであったとしても、従前の行政権限領域を抹消することを意図する法規範ではない。それゆえ、行為規範の場合、概念の解釈と適用によって行政行為の違法性を認定することは常に問題となるわけではない。このような、法規範の性質、あるいは「行政関係」（Verwaltungsverhaltnis）を無視して、裁量問題を法概念論からスタートする立場をエームケは「誤った法適用ドクトリン」と批判するのである[45]。

44　Horst Ehmke,"Ermessen" und "unbestimmter Rechtsbegriff" im Verwaltungsrecht, Recht und Staat in Geschichte und Gegenwart Heft 230/231（1960), S. 29-31.
45　Ehmke（前掲注44), S. 40. エームケは規範分類を税法学者ヴェルナー・フリュームに負っているが、裁量行為決定の基準のために、この分類に独自の意味を加えている。

4. 現代ドイツ論証理論

　上の2及び3でみた不確定法概念をめぐる議論は、網羅的ではないものの、ドイツにおける現在までの代表的な考えを示しているように思われる。そこでの論点をあえて総括すると三つほど挙げられよう。(1) 概念の多義性問題（ケルゼン、ラーレンツ、エンギッシュ、W. イエリネック、ヴォルフ）、(2) 法概念適用における価値判断、あるいは予測判断の主観性問題と裁量の所在論（エンギッシュ、W. イエリネック、ウレ、バッホフ）、(3) 不確定法概念における法解釈・法適用の存否問題（エンギッシュ、W. イエリネック、ウレ、エームケ）である。こうした問題をここではすべて議論し尽くすことはできないが、現代の法学方法論、とりわけドイツの論証理論からみて、これら問題群にどのような示唆が与えられ得るのかを、以下で検討していくことにする。

　まず、ドイツ論証理論についての簡単な紹介から始めることにしたい[46]。ドイツの論証理論はコッホ及びアレクシーに代表される現代ドイツ法学方法論で、かつ公法理論——行政法における不確定法概念論、行政裁量論、人権論、比較衡量論が含まれる点で——でもある。戦後ドイツの法理論としては、1960年頃までが自然法回帰の時代と呼ばれる。そこではナチスドイツの反省から正しい法への探求が必要とされた。しかし、これはかえって法理論がイデオロギーに陥りがちになったこと、国際的な科学的・分析的学問傾向と相容れないこと等から、1960年代以降、法学方法論への回帰、法理論

---

[46] 以下の戦後ドイツ法思想史及び現代ドイツ論証理論についての説明は、次の文献を参考にした。Larenz（前掲注11), S. 145 ff.; Ralf Dreier, Deutsche Rechtsphilosophie in der zweiten Hälfte des 20. Jahrhunderts, in: Robert Alexy (Hrsg.), Integratives Verstehen, 2005, S. 215; Matthias Klatt, Contemporary Legal Philosophy in Germany, ARSP 2007, S. 519. また和文献としては、ウルフリット・ノイマン著；亀本洋［ほか］訳『法的議論の理論』法律文化社 (1997)、亀本洋『法的思考』有斐閣 (2006) を参照。なお、本書では Begründung に「論証」という訳語を、Arugementation には「議論」、Diskur には「討議」を各々あてる。コッホとアレクシーの理論は現代ドイツにおける法的決定の論証理論であるが、特にアレクシーの理論は決定を討議という手続によって正当化する理論なので、議論理論、あるいは討議理論と呼ばれる。

における方法や論理への指向が強まったといわれる。この時期、戦後ドイツの法学方法論としてトピック論、ヘルメノイティク（解釈学的方法）がまず台頭する。この二つの潮流の共通点は伝統的な法的三段論法の図式を拒否する、という点にある。周知のように、法的三段論法とは大前提に条文を、小前提に事実を置き、結論として判決を引き出す思考様式であるが、サヴィニー以来の多くの伝統的な立場は、解釈技術としてどのようなものを挙げるにせよ、大前提である条文を小前提、結論とは独立したものとして扱ってきた。こうした伝統的な立場に対して、トピック論は紛争の法律的解決をまず前提にして、その解決のための問題解決論拠（トポス）を様々な法律の条文に求めようとするものであり、「まず条文ありき」という発想をとらない。ヘルメノイティクは、条文の理解は解釈主観が言語的、論理的な知識の他に何らかの法規範に関する前理解を前提として初めて成り立つ、ということを主張し、法規範がそれ自体で意味をもっているという発想をとらない。

以上のようないわばアンチ形式主義の流れに対して、特に1970年代後半以降、従来の法的三段論法に帰るのではないにしても、その形式性を再評価し、決定の正当化としてこれを再構築しようとするのがハンス＝ヨアヒム・コッホ及びロベルト・アレクシーの法学方法論である。彼らが用いる法的三段論法は、下でみていくように、従来の条文、事実、結論からなる単純な三段論法ではなく、解釈技術や比較衡量論までもが組み込まれている。このことで、その法学方法論は、条文を何段階かに渡って具体化する総合的な推論モデルを提示している。その利点は、とりわけアレクシーによれば、様々な判決において必要になるかもしれない法外的な諸前提が条文の名の下に密輸入されることを妨げる、という点にある[47]。これは行政法上の不確定法概念の解明にとっても利点となろう。というのは、上でみてきたように、不確定法概念をめぐる議論では、概念の分類論、法適用論、そして裁量の所在論が混然一体として議論され、不確定法概念の法適用について透明感がある議論がなされてきたとはいい難いからである。

もちろん、下でみていくように、コッホやアレクシーの論証理論はあくま

---

47 Robert Alexy, Juristische Interpretation, in: Recht, Vernunft, Diskurs : Studien zur Rechtsphilosophie, 1995, S. 71（81）.

で方法論モデルであって、各種の不確定法概念において、各々の正しい法適用方法を示したり、または個々の事例における司法権限の範囲及び具体的司法審査基準を提示するようなものではない。しかしながら、第7章で行う原発訴訟の判例分析にみるように、論証理論は、特にこれを判決の分析として用いる場合には、通常の判例評釈では明らかにされない法適用の部分をあぶり出せる可能性を秘めている[48]。このような立場に立って、以下では5でコッホが提示する不確定法概念の適用に関する分析的論証モデルをまず扱う。その後6において、コッホ同様に分析的論証モデルを使いつつ、さらに不確定法概念の解釈において必要となる価値判断を合理化する手法、比較衡量の手法を展開するアレクシーの法理論について解説していく。そして、7でその比較衡量の手法が司法審査、特に裁量審査においてどのように活かされるのかという点をアレクシーの裁量瑕疵論にみていくことにしよう。

5. コッホの行政法における不確定法概念論

まず、不確定法概念の分類や適用問題に触れる前に、コッホが法適用をどのようなものと捉えているのかをみていきたい。この点はアレクシーの法理論とかなりの共通点があり、以降の理解にとっても有益である。

5.1 コッホの法的推論形式

措置法を除けば、立法者は個別事例を大量かつ同一に処理するように規範策定をするのが通例であるから、大前提となる規範は小前提である個別事例を包摂することができる程度に一般的な法概念を使用することになる。これをコッホは以下のような論理式で表す。大前提である条文は、個別事例に対応するように変項xおよびそれに対応する一般的法概念（ここでは「J」とする）を要件部分に置き、効果概念（ここでは「S」とする）に結びつけるように、全称命題∧x（Jx→Sx）で表記される（∧は「あらゆる」を、→は「場合には」を示す。以下、同様）。次に小前提については、個別事例をaとしてそれが、要件としての法概念すなわち、述語Jに該当するか否かが判断され

---

[48] ノイマン著、亀本訳（前掲注46）120頁以下にもこの点の指摘がある。

る。該当する場合の論理式はJaで表記される。そしてこの二つが確定される限りにおいて、大前提∧x（Jx→Sx）と小前提Jaから、Ja→Saにより、結論Saが導き出される[49]。これを単純な刑法傷害罪の事例でみると、傷害罪の条文は大前提になり、そこにおいてはxは主体＝人を、Jが身体傷害行為を、Sが刑罰を表す。そして、aには人物の固有名が該当し、その人物の行為が身体傷害である述語Jによって示される場合がJaとなる。ここから、固有人物aに対する法的帰結である刑罰帰属Saが導き出されることになる。

　もっとも、コッホも認めているように、こうした単純ないわゆる法的三段論法が使われる例は極めてまれで、多かれ少なかれ、大前提と小前提の間には溝がある。とりわけ要件部分と事実との間の論理的溝は戦前より多くの法学者によって認識されてきたところで、この克服こそ法律学一般、あるいは法学方法論にとって最大の課題であったといっても過言ではない。これは上の論理式のJxとJaに関わる問題である。述語Jは身体傷害であるが、現実の行為は具体的な手であり、足であり、内臓に対する傷害である。したがって、厳密にみると、Jaという認定は直接的な判断ではなく、よりプリミティブには、たとえば内蔵に対する傷害や足に対する傷害等であり得る。この足に対する傷をKと仮にした場合、我々には日常言語の使用法から、足は身体であることは明白であるので、足に対する傷害行為は身体傷害であるKx→Jxにより、Ka→Jaが導き出される。すなわち、プリミティブな事実に対応する概念・述語Kと法的概念Jは日常言語の規則、意味論のルールである中間命題Kx→Jxによって媒介され、法的推論を基礎づけること

49　以下の説明はHans-Joachim Koch / Helmut Rüßmann, Juristische Begründungslehre, Eine Einführung in Grundprobleme der Rechtswissenschaft, 1982, S. 31-57の要点だけをまとめたものである。コッホの主張を理解する上ではさらに次の点は留意されたい。(1)「解釈」という語は多義的であるが、条文の意味に迷った場合に、初めて解釈行為が必要になるわけではなく、疑わしくない法律要件の当てはめの場合でも暗に解釈はなされている（24）。(2) 述語論理で要件部分を表記する場合、多項∧x∧y∧z…の命題になるのが一般的であるが（48 ff.）、本章では∧xのみの単項で表してある。(3) コッホが重点に論じているのは旧ドイツ刑法典224条の危険傷害罪の事例である。そこでは「腎臓」が「身体の重要部分」に該当するかをめぐって、判例との関係で論じられているが、本章では単に身体と手足の関係だけを挙げておく。

になる。すなわち∧x（Jx → Sx），∧x（Kx → Jx）（中間命題），Ka → Ja,
Ja → Sa, Sa である。

　このように、ある法的な決定が導き出されるためには、我々は言語学上の意味論のルールを前提にしている。これがいわゆる文理解釈の手法である[50]。先のラーレンツが主張した言葉の意味の問題は、厳格にいえば、意味論規則の問題となる。ここからいえることは、少なくともエンギッシュ、W. イエリネック、ウレ、バッホフ等が不確定法概念の分類として挙げてきた経験的概念や記述概念と呼ばれるものの大部分については、直接的に意味論規則の問題に関わる、ということである。この点からコッホは行政法学者によって主張されてきた不確定法概念における多義性問題、予測問題、価値判断の問題にアプローチをしている。

5.2　多義性問題

　多義性は、ヴォルフが正当にも指摘した通り、語の使用規則すなわち意味論規則それ自体は明確ではあるが、規則が複数存在することを意味する。この点、コッホが挙げる日常語の例が分かりやすい[51]。ドイツ語の"Star"という語は視覚の病気である「白内障」、「人気俳優」、「ホシムクドリ（鳥）」という三つの異なる意味をもっている。この場合、各意味論規則が、すなわち白内障の認定基準、人気俳優の認定基準、ホシムクドリの認定基準が各々明確であっても、"Star"という概念で——発話者あるいは立法者が——「どの Star」のことを意図しているのかが分からなければ、ある対象がこの概念に帰属するのか否かを決定することはできない。こうした多義性ゆえの概念帰属判断の不確定性については、通常、語が使用される文脈によって——まずは文、そしてそれで不可能な場合にはその文が置かれている全体での位置づけによって——、解消されるケースが多い。しかし、これは常にと

50　文理解釈の技法が現代公法学においてもつ意義については、赤間聡「文理解釈の可能性——条文への意味論的アプローチ」青山法学論集 40 巻 3・4 合併号（1999）327 頁以下参照。そこでは言語学における意味論規則と統語論規則が法解釈にどのように関わるのか、をアメリカの憲法判例を用いて示しておいた。

51　Hans-Joachim Koch, Über juristisch-dogmatisches Argumentation im Staatsrecht, in: Seminar „Die juristische Methode im Staatsrecht": über Grenzen von Verfassungs- u. Gesetzesbindung, 1977, S. 41.

いうわけではない。この点をコッホは医師資格再試験の例で説明を加えている[52]。

ドイツにおいては、医師資格試験において不合格であった者は再試験を受けることができるが、再試験は試験委員会の委員長の「出席」（Anwesenheit）の下でなされなければならない。しかしこの"Anwesenheit"という概念は多義的で三つの意味論規則がある。まず、(1) 民法では、意思表示が成立する条件として両当事者の"Anwesenheit"が必要とされる。ここでの"Anwesenheit"の意味は、当事者は実際にその場にいる場合ばかりでなく、電話を使って意思表示した場合も含まれる。(2) 基本法は、連邦議会の議員の"Anwesenheit"について言及している。この場合には"Anwesenheit"は議員の身体が議場にあることを意味している。(3) この語は (2) よりもさらに強く、精神的にあることに集中し、参加している状態を意味する。こうした三つの意味の中から、医者資格再試験での委員長の"Anwesenheit"の意味を決定する上で、文脈は (1) の排除は決定づける。試験が問題となっているので、委員長が試験会場にいることは当然と考えられるからである。しかしながら、文脈からはここまでで、(2) 及び (3) のうち、委員長の"Anwesenheit"がどちらの意味であるのかを決定づけない。(2) であるならば、委員長がただそこに在席していればよいということになるが、(3) であるならば、委員長は受験者を注意深く見ることが必要とされ、それ相応の試験会場、日程、受験者数等を配慮する必要がある。コッホはこの不確定性に真の意味での多義性の問題を見出す。

5.3　W. イエリネックにおける限界領域と曖昧性の特徴

多義性を上のように考えるとき、「(ジプシー) 集団」や「暗闇」等の例で、W. イエリネック、ウレ等が議論してきた問題は多義性の問題ではないことが分かる。彼らが意図していたことは、語の意味がいくつかあることではなく、語の意味は単一もしくは特定できるが、その上でその意味からは対象が語に当てはまるか否かが判断しかねる、という事態である。これをコッホは曖昧性の問題として議論を進める。

52　Koch（前掲注 51), S. 42.

3.1 の W. イエリネックの著作で示された通り、不確定法概念は二つの境界線をもつことから、論理的な領域としては（1）否定領域、（2）肯定領域、（3）否定も肯定も可能な領域という三領域が成立する[53]。これをコッホは「三領域モデル」(Drei-Bereiche-Modell) と呼んで次のような論理的な整理を行う[54]。確定法概念は限界が一つであるという W. イエリネックの見解は、論理的には、概念の意味論規則が対象の必要かつ十分な条件を挙げている場合をいう。これを論理式で表すと、仮に、集団概念（H）が確定法概念ならば、意味論規則（R）は一つだけ存在することになる。$R \rightarrow H$, かつ $H \rightarrow R$, すなわち $R \Leftrightarrow H$（もしある対象がRの条件を満たした場合、かつその場合に限り、ある対象は集団である）である。この場合、世界のあらゆる対象、事象は集団概念に対して「肯定候補」(positiven Kandidate) 及び「否定候補」(negativen Kandidate) に二分されることになる。

これに対して、W. イエリネックの不確定法概念の定義、概念には二つの境界線があるという定義は、概念帰属のルール（R1）と概念非帰属のルール（R2）という二つの十分条件を表す意味論規則が存在することを意味する。これは $R1 \rightarrow H$（もしある対象がR1の条件を満たした場合には、ある対象は集団である）、及び $R2 \rightarrow \neg H$（もしある対象がR2の条件を満たした場合には、ある対象は集団ではない。$\neg$ は「否定」を示す。以下、同様）からなる。そしてこちらの場合には、世界にある対象、事象は、肯定候補及び否定候補に加えて、R1 及び R2 の条件どちらも満たさないものが考えられるので、「中立候補」(neutralen Kandidate) もまた存在することになる。この三領域モデルの具体例を、コッホはエンギッシュが挙げる不確定法概念「人間」で説明している[55]。まず、「人間」概念の第一意味論規則（R1）として、「ある対象が人間の母親の母体から完全に分離した子の場合には人間である」が、第二意味論規則（R2）として「ある対象が初めての陣痛前の人間の胎児である場合には人間ではない」が挙げられる。この場合、第一規則を充足する対象にはす

---

53 Jellinek（前掲注31）.
54 Hans-Joachim Koch, Unbestimmte Rechtsbegriffe und Ermessensermächtigungen im Verwaltungsrecht, 1979, S. 33-40. 以下で示す論理式は同書注97でコッホが用いている形式論理を使って、コッホの集団概念分析（33 f.）を定式化したものである。
55 Koch / Rüßmann（前掲注49), S. 198.

べて「人間」概念が帰属する。逆に、第二規則を充足する対象にはすべて「人間」概念が帰属しない。そして出産の過程にはこの二つの意味論規則には該当しない対象があるのは明らかであるので、そうした対象は中立候補となる。中立候補は人間であるとも人間でないともいえない。

問題はこうした中立候補について、「法律上での定義」(legal definition)を与えていない場合、それを解釈によって肯定候補あるいは否定候補に振り分けることができるか否か、という点である。W. イエリネックやウレは、少なくとも経験的概念・記述概念については、この問いに対して肯定的に答えるが、コッホは否定的である。たしかに、こうした文理解釈が限界に至る場合でも、その他の解釈手法、とりわけ立法者意思に依拠する解釈や立法目的に依拠する解釈によって、意味は確定されることはある。しかし、立法者意思を特定することにはしばしば困難が伴うし、また、立法目的が解釈に有用であるためには、当該法律の具体的な目的が見出される必要がある。しかし、法令の冒頭に置かれている立法目的の条文が示す通り、実際には、法は抽象的な目的しか挙げられていなかったり、また、対立する複数の目的が列挙されている場合がしばしばであり、到底、意味の確定には至らない[56]。コッホはこうした理由から、経験的概念・記述概念といえども、曖昧性はかならず解釈で解消されるとの見解は誤りであると論ずるのである。このようなコッホの基本的な理論枠組み、(1) 不確定法概念における三領域モデル、(2) 曖昧性、(3) 曖昧性の領域での解釈行為とその限界という枠組みは、以下みる予測概念及び価値概念・規範概念においても維持されることになる。

5.4 1971年有害図書判決と予測概念

価値概念・規範概念の問題に触れる前に、バッホフが経験的な概念の包摂においても例外的に行政側に判断余地を認めた「予測」(Prognose)に関するコッホの見解をみていくことにする。

---

56 Koch（前掲注54), S. 89-95; Koch / Rüßmann（前掲注49), S. 211-227. ここでのコッホの見解は後述するアレクシーの立場と同様で、不確定法概念の解釈問題は比較衡量論の議論につながっていく。なお、戦前の佐佐木説における不確定法概念と中間目的の関係については上のような視点から再考できる可能性がある。佐佐木説については第6章で触れる。

上でみたように、バッホフは「交通上の公益」等、専門的な知見を必要とする予測判断について、この包摂作用に行政特権を見出すのであるが、この見解は、ある意味で、ドイツ警察法上の危険概念についての伝統的な理解と衝突しかねないものであった。というのも、プロイセン上級行政裁判所の伝統からいって、予測判断、危険の予測を伴う判断には行政裁量を認めない立場が一般的であったからである[57]。しかし、このバッホフの1955年の見解は奇しくも16年後の連邦行政裁判所有害図書判決（以下、「71年判決」とする）[58]によって表面上は基礎づけられることになる。コッホは、この判決を分析することで、不確定法概念と予測の関係を論じている[59]ので、まずは判決からみていこう。

事例は、雑誌 "Stern" に掲載された「罪と息子」という連載小説を有害図書指定リストに登録した有害図書連邦審査会の決定が争われたものである。青少年有害図書規制法によれば[60]、図書は1条にある「青少年にとって道徳上危険」（Eignung zur sittlichen Jugendgefährdung）に該当すると審査会によって判断され、有害図書指定リストに登録された場合、同法3条から6条に基づいて、販売場所や販売方法において制限を受ける。問題はここでの「青少年にとって道徳上危険」という不確定法概念の性質である。71年判決は、これまでの連邦行政裁判所の判例を覆してこの不確定法概念にバッホフらが主張してきた判断余地を認めた。判決においては、判断余地の正当化として、法概念や法適用に関する見解だけでなく、これに「多元的な」（pluralisch）な組織による行政決定という手続的正当化論が加わり、双方が混じり合っている。したがって、前者だけを抜粋するのは誤解を生じさせるおそれがないわけではないが、以下では判決において採用されている法概念に関する見解をまとめることにする。

判決は「青少年にとって道徳上危険」という不確定法概念の適用に際し

57　この点は後の原発訴訟でも繰り返し主張されていることである。BVerwGE 72, 300 (315).
58　BVerwGE 39, 197.
59　Koch（前掲注54), S. 16-21.
60　ドイツ青少年有害図書規制法については、安部哲夫「ドイツにおける青少年有害図書規制と連邦審査会」獨協法学55号（2001）79頁以下を参照。

て、唯一の正しい答えがあるとする従来の判例の立場をフィクションに過ぎないと否定し、複数の決定が成立する余地を認める。理由はこの概念の適用においては事実認定と包摂ばかりではなく、「将来の予測」(eine Voraussage für die Zukunft) を必要とするからである。青少年への影響は複数の予測、どれも等価値・「代替可能」(vertretbar) な予測を成立させてしまう。ここから判決は、ウレの見解を引用して、権限問題に答える。行政決定は、その核心部においては、裁判所によって代替されることはできない、と[61]。最後に、こうした司法審査の抑制はドイツ基本法に反しないという点が加えられる。複数の決定が「合法的」(rechtmäßig) である場合には、基本法19条4項は裁判所に、複数の合法な決定から一つを導き出すことを要求しているわけではない、と[62]。

　さて、71年判決に対して、コッホが問題視する点は、「青少年にとって道徳上危険」という不確定法概念に判断余地が認められるか否か、という点ではなく、その前提となる予測には複数の正しい答えが成立するという論理の不明確さにある。しかも、私見を追加すれば、判決はバッホフではなく、ウレの論文を引用している点でさらなる混乱がみられる。というのも、すでにみたように、ここでウレはバッホフとは異なり予測が問題になる経験的概念には判断余地を認めていないからである。これらの点を留意しながらコッホの見解をみていくことにする。

　「青少年にとって道徳上危険」という不確定法概念をコッホは「予測概念」(Dispositionsbegriff, Prognosebegriff) と捉える[63]。これは通常の「暗闇」や「人間」等の経験的概念・記述概念とは次の点で異なる。予測概念の場合、概念の適用基準が対象の直接観察できる属性に関わるのではなく、ある状況、あるいはあるテストの結果として、対象が示す反応に関わる。たとえば「信頼できる」という概念は、直接観察できる人の外観に見出されるのではなく、ある人がある状況の下である反応(振舞い)を示す場合に、その人に帰属される概念である。同様に、「青少年にとって道徳上危険」という概念

61　BVerwGE 39, 197 (203).
62　BVerwGE 39, 197 (205).
63　Koch / Rüßmann (前掲注49), S. 206-210; Koch (前掲注54), S. 16-21.

もまたある図書において直接観察できる属性ではなく、それが読まれる状況を前提に、読んだ後の結果から、判断される概念に他ならない。こうした予測概念一般をコッホは次の論理式で表記する[64]。∧ x［Tx → (Rx → Dx)］（もしある対象がTテストを受け、あるいはTの条件下でR反応を示した場合、ある対象はD予測概念に帰属する）。ここから明らかになることは、「青少年にとって道徳上危険」という不確定法概念の意味の特定、すなわちこの概念の解釈には少なくとも2項目を埋める必要がある、ということである。T（テストまたは条件）とR（帰結）である。したがって、予測概念といえども、TとRが法解釈によって確定されれば、不確定法概念ではないし、仮に不確定法概念であっても、曖昧性の説明でみたように、対象が中立候補でなければ、答えは一つに限定されることになる。すなわち、有害図書認定判断において唯一正しい答えが成立する可能性は否定できない。71年判決にはこうした分析的な視点が欠如している、というのがコッホの批判の趣旨である。

　まず、判決は「青少年にとって道徳上危険」の解釈において、T（テスト）は「対象＝図書が青少年に読まれる場合」を前提にしていることは明らかである。これは正しい。しかし、R（帰結）について、判決は道徳的な発達を阻害された状態、社会教育上好ましくない状態を想定するようであるが、具体的にどのような青少年の状態を法が予定する害悪であるとするのかについては、明らかにされてはいない[65]。加えて、青少年への悪影響の蓋然性について、判決はそれまでの判例を覆し、「確実な蓋然性において」（mit einer an Sicherheit grenzenden Wahrscheinlichkeit）から、「単純な蓋然性」（die einfache Wahrscheinlichkeit）で十分とする[66]ことで、この概念の適用をますます不透明なものにしてしまっている、とコッホは指摘する[67]。

　もちろん、コッホもこの「青少年にとって道徳上危険」という概念が常に唯一の答えを導き出す確定法概念であると考えているわけではない。まず、

64　Koch（前掲注54), S. 18.
65　Koch（前掲注54), S. 18 f.
66　BVerwGE 39, 197 (205).
67　Koch（前掲注54), S. 37.

Rの特定、すなわち法が予定する害悪について、W. イエリネックの二つの限界が成立する余地、曖昧性が成立する余地を認めている。ここでは二つの意味論規則である概念帰属のルール及び概念非帰属のルールが存在し得る。概念帰属のルールとしては、「ある図書が読まれた場合（T_1）、青少年が暴力主義的な徴候を示す（R_1）ようになる場合には、ある図書は青少年にとって道徳上危険である——$\wedge x [T_1 x \rightarrow (R_1 x \rightarrow Dx)]$——を、概念非帰属のルールとしては「ある図書が読まれた場合、青少年が協力的な徴候を示す（R_2）ようになる場合には、ある図書は青少年にとって道徳上危険ではない——$\wedge x [T_1 x \rightarrow (R_2 x \rightarrow \neg Dx)]$——」を挙げることができるとする[68]。ここでは二つのルールに当てはまらない対象、平たくいえば図書によってもたらされる青少年への変化——たとえば社会的な無関心等——があるので、これをひき起す図書は「青少年にとって道徳上危険」という概念の中立候補、すなわち、どちらともいえないとなる。

さらに、有害図書においてのように、T（テストまたは条件）とR（帰結）の関係が、実験で確証を得た自然科学法則によってではなく、社会心理学等の人文社会科学上の法則による場合には、蓋然性の問題が重要になる。この場合、仮にある程度のデータが揃っていたとしても、統計的数量的な曖昧さは依然残される。たとえばあるタイプの図書の影響が100人中1人の場合、これに因果関係を認めるか否かは不明な場合があり得る。すなわちここにも中立候補は存在することになる[69]。

重要なことはこれら二つの曖昧性は「法概念の解釈の曖昧性」である、という点である。害悪は法的な害悪の特定であり、蓋然性は「法的な蓋然性」（rechtlich relevante Wahrscheinlichkeit）に他ならない[70]。したがって、この二点の曖昧性から、法を離れて安易に政策的決断主義に至ることはもちろん許されない。文理解釈で決まらない場合には、価値判断を要するとしても、それは生の価値判断ではなく、先に挙げたように立法者意思や立法目的に依拠するという解釈技法の型を通して導入される必要がある。こうしたコッホの

---

68 Koch（前掲注54）, S. 36.
69 Koch（前掲注54）, S. 37.
70 Koch / Rüßmann（前掲注49）, S. 209.

説明は、予測概念の分析において哲学・論理学の知見を活用している点や法学方法論で詰めて議論する点では、現代的ではあるが、その趣旨は不確定法概念における裁量の余地を限定づけるというW. イエリネックの基本思考とそれほど距離がある考え方ではないであろう。

5.5　価値概念・規範概念について

　上の予測概念において示されたような概念分析を、コッホは価値概念・規範概念——以降価値概念だけを使う——の問題についても用いている。なお、価値概念に関する議論はW. イエリネックが提起した古典的な問題ではあるが、第4章から第7章で触れる環境法・科学技術規制に関する法の領域での議論にも関わる現代的な問題である。

　W. イエリネックやウレ、あるいはエンギッシュが強調したように、価値概念に裁量の所在をみる見解は価値判断の主観性を論拠としている。すなわち、単純に図式化すれば、経験的概念・記述概念＝客観的判断、価値概念＝主観的判断である[71]。ウレはこれを「信頼できない」という不確定法概念適用における判断の主観性で例示した。営業免許申請者がどの程度の前科者であれば、「信頼できない」に該当するかは主観的な価値判断が必要になる、と。ここには評価行為の価値相対性の考えが根底にある。こうした見解に対して、コッホは「経験的概念」と「価値概念」とを過度に対比する見解は誤っていると批判する。彼はすでに述べた意味論の規則を「価値概念」にも見出すことによって、ここにも三領域モデルの適用可能性を模索するのである。コッホはこの議論をメタ倫理学における道徳命題の分析に負っている[72]。

　かつて、ルドルフ・カルナップは「この車はすばらしい」という命題を例にとり、「すばらしい」という述語について以下のように述べた。人が「この車はすばらしい」と語るときには「この車はすばらしい」のための十分な基準が示されなければならない。もしそうした基準が述べられない場合には、この種の命題の発話は単なる雑音にすぎない。これに対して、発話者

71　ここではさしあたり、エンギッシュの主観的規範概念を念頭に置く。
72　Koch（前掲注51）, S. 48 ff.

が、「車がすばらしい」というための基準、馬力数、安全性等の基準を提示した場合には「この車はすばらしい」は経験的な主張になる、と[73]。コッホによれば、カルナップが挙げたこうした評価に関わる述語の議論は、リチャード・マーヴィン・ヘアによってさらに精緻化され、「価値概念」を「記述概念」に接近させる道が開かれた。

　ヘアは評価の述語、すなわち価値概念がもつ意味を「評価的意味」(evaluative meaning) と「記述的意味」(descriptive meaning) に分ける。評価的意味とは、対象がどのようなものであれ、発話者が聴き手にあるものを勧める、あるいは思いとどまらせる「指令」(prescriptive) としての役割をもつ。これは場面に左右されない恒常的な意味である[74]。これに対して、記述的意味は、それぞれの対象に応じて様々な基準をもつ。たとえば、「すばらしい」という述語はそれだけでは基準をもつことができないが、車や馬等の対象を修飾するとき、各々の基準をもつことができる[75]。このようなヘアの見解からすると、価値概念＝主観的評価とする行政法学の伝統は疑問視される。むしろ、ヘアが「赤」と「良い」という二つの語がともに記述的特徴をもち、同様に曖昧性の問題が発生するということ、二つの語の曖昧性の違いは程度問題に過ぎないと指摘するとき[76]、価値概念と経験的概念・記述概念との共通性は哲学・論理学的に裏づけられるようにみえる。こうした分析的な議論をベースに、コッホは価値概念においても意味論規則及び三領域モデルでの説明が妥当する、と主張するのである。

　先のウレが指摘した「信頼できない」という価値概念は、各種対人処分において使用される場合、一方で「申請者に許可は与えられるべきではない」という共通の指令的役割をもつ、これが評価的意味の部分である。他方で、ヘアとともにいえば、「信頼できない」はレストラン営業許可や旅客運送許

73　Rudolf Carnap, Überwindung der Metaphysik durch logische Analyse der Sprache, Erkenntnis Bd. 2 (1931), S. 219 (220).
74　Richard Mervyn Hare, The Language of morals, 1964, pp. 79-93.「よい」という語が何かを「叙述する」(state) のではなく、話者があることを「薦める」(commend)、という評価的態度を表すということである。
75　Hare (前掲注74), pp. 111-126.
76　Hare (前掲注74), pp. 114 f.

可等で場面が特定されるとき、個別化した記述的意味をもつ。ここにコッホは許可要件の基準としての価値概念の意味を見出す[77]。もちろん、ウレの主張はこの記述的意味の特定に主観的評価が入るという点であった。しかし、この主張は、価値概念適用のあらゆる事例において主観的評価が入るとの主張だとすると、それは価値概念の誤った理解に基づいている、というのがコッホの見解である。たとえば、旅客運送許可申請者が「信頼できない」に該当するか否かを判断するにあたって、すべての場合で——ここではさしあたり行政規則の適用の問題は無視する——、行政の主観的評価が入ると考えることはできない。主観的評価なしに明らかに、申請者が「信頼できない」に該当する場合、あるいは該当しない場合はある。そして、同時に不明な場合も残される[78]。すなわち、経験的概念・記述概念での三領域モデルは価値概念でも当てはまることになる。そして、不明な場合、すなわち意味の曖昧な領域では評価・価値判断が入り得るということは経験的概念・記述概念であっても、価値概念であっても変わるところではない、ということになる[79]。したがって、ただ単に価値概念であるということをもって、司法による法適用を否定することは許されない。

5.6 小 括

以上みてきた行政法上の不確定法概念に関するコッホの理論の特徴は、三点にまとめることができる。第一として、法解釈・法適用というものを、現代論理学及び言語学の成果を活かして、演繹モデルとして提示していることである。これにより、ケルゼンが主張した枠の確定という認識行為から裁量という意欲行為に至る流れを透明化している。第二に、W. イエリネックの不確定法概念の特徴を、三領域モデルとして精緻化し、これを種類を問わずあらゆる不確定法概念の適用場面で利用できるように一般化している点である。これにより、少なくとも現代の判断余地論は概念の種類ではなく、法解釈による意味内容の特定の限界との関連で議論されるべきことが示唆され

77　Koch（前掲注54), S. 26.
78　Koch（前掲注54), S. 35.
79　Koch / Rüßmann（前掲注49), S. 202.

る。第三に、第一の点と連関するが、予測概念分析にみられるように、一つの不確定法概念をいくつかの判断に分解することで、個々の判断の性質を明らかにしている点である。これは第4章以降で述べる行政規則の分類やそれに対する司法審査のあり方に重要な示唆を与えている。

こうしたコッホの議論においては、不確定法概念における法適用者の価値判断は、概念の種類を問わず、曖昧性の領域で発生し得る。しかしそれでも、予測概念のところで示された通り、この価値判断は「法的な価値判断」であって、生身の、むき出しの政策決定ではない。すなわち、それは解釈の型を通して導入される必要がある。それではその結果、ウレが主張したような、価値判断の主観性は終局的に消えてなくなるのであろうか。この問題はコッホではなく、むしろアレクシーが精力的に取り組んできた価値判断の合理化問題である。

6. アレクシーの法理論における法解釈、衡量、行政裁量

ある特定の不確定法概念に判断余地、あるいは行政裁量を認める根拠は、W. イエリネック、ウレ、エンギッシュにおいては、法適用者による固有の価値判断の必要性にあった。こうした価値判断の必要性という点は、それが唯一の基準ではないにしても、判断余地や裁量の根拠として現代においても、いくつかの学説で採用されている[80]。そしてこれはまた第4章でみる規範具体化行政規則の論拠にもなっているという点で、環境法・科学技術規制に関する法の領域においても影響力がある見解である。ところで、判断余地あるいは裁量の根拠として法適用における価値判断を挙げることの実践的意義は、羈束行為と裁量行為——判断余地も含め——は価値判断の有無で区分され、その後二つの——あるいは判断余地を含めるとすると三つの——行政行為は異なる司法審査基準に服するという点にある。たしかに、我が国の行政事件訴訟法30条やドイツ行政裁判所法114条は裁量行為に対する独自の

---

[80] たとえば、Eberhard Schmidt-Aßmann, in: Maunz / Dürig (Hrsg.), Grundgesetz, Art. 19 Abs. 4 (2003), Rdn. 197. また山本隆司「日本における裁量論の変容〈報告〉(日本におけるドイツ年記念——日独行政法シンポジウム 行政裁量とその裁判的統制(2))」判例時報1933号（2006）11頁以下。

審査方式を明記しているので、単純に考えれば、行政が行った価値判断を含む行政行為に対する司法審査には独自の方式があるとの考えもあり得る。しかしながら、上でコッホが指摘した通り、従来、覊束行為の下で議論されてきた経験的な不確定法概念の場合であっても、価値判断が必要なケースはあるし、裁量概念とされてきた価値概念についても、「法解釈と包摂」という通常の司法審査の可能性を否定することはできない。重要なことは、価値判断は法解釈においてどのような位置づけにあるのか、その合理性はどのようにチェックされ得るのか、そして、価値判断の合理性チェックは覊束行為と裁量行為ではどのような違いがあるのか、という点である。

以上のような問題に対して、一つの示唆を与える見解としてアレクシーの議論理論がある[81]。アレクシーの理論においては、行政が行う価値判断に対する司法審査の問題は裁量瑕疵の問題として扱われているが（以下の7で扱う）、そもそも裁量瑕疵は衡量論及び原理論における規範違反として位置づ

---

[81] 本書で主に扱うアレクシーの著作は以下の通りである。Robert Alexy, Theorie der Grundrechte, 1985（以下では「Grundrechte」と称する）; ders., Ermessensfehler, JZ 1986, S. 701（以下では「Ermessensfehler」と称する）; ders., Theorie der juristischen Argumentation, 2. Aufl., 1991（以下では「Argumentation」と称する）; ders., Die logische Analyse juristischer Entscheidung, in: Recht, Vernunft, Diskurs : Studien zur Rechtsphilosophie, 1995（以下では「Analyse」と称する）; ders., On the Structure of Legal Principles, Ratio Juris Vol. 13 (2000), p. 294（以下では「Legal Principles」と称する）; ders., Die Abwägung in der Rechtsanwendung, in: Jahresbericht des Instututs für Rechtswissenschaft an der Meijigakuin Universität Tokio Bd. 17 (2001), S. 69（以下では「Abwägung」と称する）; ders., Verfassungsrecht und einfaches Recht : Verfassungsgerichtsbarkeit und Fachgerichtsbarkeit, VVDStRL Bd. 61 (2002), S. 8（以下では「Verfassungsrecht」と称する）; ders., On Balancing and Subsumption. A Structural Comparison, Ratio Juris Vol. 16 (2003), p. 433（以下では「Balancing」と称する）．なお、アレクシーについては、法哲学、憲法、行政法の側から多くの文献があるが、本書が特に依拠したものとして、以下のものを挙げておく。亀本（前掲注46）、山下義昭「「比例原則」は法的コントロールの基準たりうるか？――ドイツにおける「比例原則」論の検討を通して――（1）～（3完）」福岡大学法学論叢36巻1・2・3号（1991）139頁以下、38巻2・3・5号（1994）189頁以下、39巻2号（1995）243頁以下、同「裁量瑕疵の体系について――ドイツにおける裁量瑕疵論の一局面（1）～（2完）」福岡大学法学論叢39巻3・4号（1995）451頁以下、40巻2号（1995）223頁以下、松原光宏「ドメスティック・グローバルモデルとしての比例性原則――R．アレクシー基本権理論をめぐる現代の論争――」『法哲学年報2010』有斐閣（2011）所収176頁以下。

けられており（6.4〜6.5で扱う）、さらに衡量及び原理問題への発端は法解釈における価値判断の問題にある（6.3で扱う）、そしてそれは終局的には、そもそも価値判断は合理化されるか、という一般的な哲学的な問題につながっている（6.1〜6.2で扱う）。そこで、以下では価値判断の合理化という根源的な問題からスタートして、法解釈論、原理・衡量論、そして最後に裁量瑕疵論という順で彼の見解をみていくことにする。

6.1 法解釈・法適用と価値判断

コッホは不確定法概念の問題を文理解釈――意味論規則――の可能性という視点から取り組んだ。そこでの視点は法解釈の「認識行為の可能性」を追求することにより、不確定法概念適用における客観性の可能性、そこから帰結する安易な裁量所在論の否定を試みたとみることができる。一方、これとは対照的に、アレクシーにとって法解釈の問題は認識の問題ではなく、実践的な正当化の問題として捉えられ、価値判断の問題が正面から取り組まれている。

法解釈の実践性は戦後ドイツにおいて様々な論者によって強調されてきたところであるが[82]、とりわけ、アレクシーは法解釈が最終的に手に入れる帰結の内容にその実践性を見出す。法解釈が手に入れる帰結とは人に対する支払命令、営業許可等に代表される個別的な規範命題である[83]。個別的な規範命題の提示は「何が命じられるべきなのか」あるいは「何が許されるべきなのか」という実践的な問いに対する答えである限りで、実践的な判断、義務づけの判断あるいは価値判断と呼べる（以下、「価値判断」だけを使う）[84]。価値判断は、常に自己の主張は正しいという「正当性への要求」（Anspruch auf Richtigkeit）を含んでいる。したがって、アレクシーによれば、価値判断の一つである法解釈もまた、常に「正しさ」に訴えるということなしに済ま

---

[82] Alexy, Argumentation, S. 24 ff; Larenz（前掲注11), S. 224 ff. とりわけ、クラウス・ヴィルヘルム・カナーリス、マルチン・クリーレ、ヘルマン・ヘラー、ヨゼフ・エッサーらを挙げることができる。このうち、クリーレ及びエッサーの法解釈論については、赤間（前掲注11）104〜110頁を参照。

[83] Alexy, Argumentation, S. 22.

[84] このように理解される価値判断は行政法学でいうところの価値判断・評価という語より広い意味であることは注意を要する。

すことはできない。ここにアレクシーは法解釈とその他の規範的主張、たとえば倫理的主張との接点を見出す。

　もちろん、「正しさ」といっても、法解釈における「正しさ」は倫理問題一般におけるそれとは異なり、そこでは「法的な正しさ」が問題となる。「法的な正しさ」が問われるところでは、人は実践的な問題に直面した場合、その答えを自由な評価に基づいて答えることは許されない。「法的な正しさ」の特徴は実践的な問題の答えを法体系内に見出さなければならない、という点にある。アレクシーはこの説明としてドイツ基本法20条3項に言及し、法的な決定、基礎づけの「法律及び法への拘束」という制約を挙げる[85]。しかし、こうした拘束はコッホが主張したような条文の論理的な制約でも、意味論的な制約でもない。アレクシーによれば、それは各種法解釈技術及びそれらを組み込んだ判例、学説の緩やかな秩序の中での制約なのであり、それはある部分では、依然として実践的な評価に開かれている。場合によっては、法律の意味するところに反して結論を出したとしても、その結論は「法的な正しさ」たり得る。したがって、法的な決定は価値判断一般の正当化論という問題を避けて通ることができない。こうしたことから、アレクシーはまずは価値判断の正当化一般論を論じ、その後にその特殊な各論としての法解釈・法適用のあり方が示される（これは「特殊事例テーゼ」(Sonderfallthese) と呼ばれる）。とすると、総論において価値判断の合理化手法が示され、それとの関連で法解釈・法適用のあり方が示されれば、それに合致する限り、法的決定——判決及び行政処分——は主観的ではなく、合理的に正当化されることになる。

6.2　価値判断一般の合理化

　法解釈における価値判断であれ、立法過程におけるそれであれ、それら価値判断の合理化の鍵をアレクシーは合理化がなされる過程に見出す。長らく、欧米では価値相対主義の哲学が優勢を誇ってきたが、戦後の実践哲学の復権において主張された価値判断の根拠づけの理論及び対話・討議による合意可能性の理論に依拠しつつ、アレクシーは価値判断は根拠づけルールと討

85　Alexy, Argumentation, S. 34, 265 f.

議ルールに適合する限り、合理化され得る、と主張するのである。アレクシーはこうした自己の見解を「手続理論」、「討議理論」と呼ぶ。それは、実質的な価値をあらかじめ定めず、主張の過程、あるいは討論の過程を統制することで、価値判断を正当化しようとする理論である。アレクシーの構想は、この理論を法解釈にも適用する試みに他ならない[86]。すなわち、判決を含む法的な決定は、その性質からみて、価値判断に他ならないのであるから、その正当性はそれが適切な過程を踏まえてなされた点に求められる、とするのがアレクシーの基本的な立場なのである。

　価値判断正当化のために、踏まえるべき過程には一般的なモデルがある。それを、アレクシーは「一般的実践的討議」(der allgemeine praktische Diskurs)と呼ぶ。一般的実践的討議は固有の規則に従った主張及び反論からなる実践的言語活動であり、そうした活動の帰結として受け入れられた価値判断は合理的なものとなる。これは上で挙げた判断根拠づけの理論と合意可能性の理論の成果を取り入れた22規則と6議論形式からなる。その項目は論理則の遵守から始まり、討議に参加する主体の誠実性、主張の普遍化可能性、論証責任等で、内容を端的にいえば、議論がオープンで、明確で、一貫しかつ論理的で、公平になされるための規則となっている[87]。たとえば、「発話能力があるあらゆる人は討議への参加が許される」という規則はオープンな討議を[88]、「あらゆる発話者は、彼が将来、当該事例と同一の事例に直面した場合、同一の判断をなすような、そのような価値判断・義務づけの判断だけを主張することが許される」という普遍化可能性と呼ばれる規則は立場の公平を[89]、「あらゆる発話者は矛盾してはならない」という規則は理論的な討議を[90]、保障する等である。ここから、規則及び形式の内容は、討議の手続的なルールに過ぎず、実体的な価値判断を含んではいない、ということが分かる。

　ところで、この中には法解釈技術に通じるものがいくつか含まれている。

86　Alexy, Argumentation, S. 32 f.
87　Alexy, Argumentation, S. 233 ff.
88　Alexy, Argumentation, S. 240 f.
89　Alexy, Argumentation, S. 237 f.
90　Alexy, Argumentation, S. 234-236.

その一つとしていわゆる法解釈における「結果論法」(Folgenargument) が一般的実践的討議の議論形式から派生している、という点が挙げられる[91]。結果論法とは理想的な状態を立法目的と考え、そこからある法解釈を正当化する論法であるが、アレクシーはこれを、法を離れて、実践的な論証で用いられる一般形式である、とするのである[92]。たとえば、「嘘をつくことは悪い」という倫理的な判断においても、この価値判断を正当化するために、この判断に従った場合に実現されるであろう理想的な状態に言及することがある。これは本質的に法解釈の結果論法と違いがない。重要なことはこの結果に依拠する論証方法を使用する者が遵守しなければならない論証形式である。まず、第一に帰結である理想的な状態はそのものが価値を帯びている、すなわちある状態をよしとする価値判断が前提となっているので、結局、この論法は正当化されるべき「嘘をつくことは悪い」という「価値判断1」を別の「価値判断2」によって論証していることになる。したがって、嘘をつかないことによって生ずる状態が理想的である、ということを別途正当化する必要があるのである。第二に、理想的な状態が正当化されても、「価値判断1」に従うことでその状態が実現し得ることが別に示されなければならない。これは、結果に依拠する論法は行為と事態の事実的連関に関する論証、経験的な論証を提示する必要があることを意味している。このように、とりわけ論証形式論は法的議論が一般的実践的討議の延長線上にあることを裏づけると同時に、それまで必ずしも明確にされてこなかった法解釈技法の論理的な型を明らかにすることに貢献している。

6.3 法解釈における合理性と不確定法概念

　上に挙げた討議のルール及び議論形式は、一般的な価値判断正当化のルー

91　Alexy, Argumentation, S. 353.
92　Alexy, Argumentation, S. 245-247. なお、行政法学においては近時、行政行為の執行不全問題を解消する目的もあり、結果論法を評価する動きがある。これについては、ドイツの文献も含め、筆者は、赤間（前掲注2）20〜21頁で検討しておいた。行政法学における結果論法の好意的評価は、それ自体、さしあたり問題はないが、結果論法があたかも法学的方法には含まれないかのような議論が目立つことは容認できない。下で述べていく通り、結果論法はれっきとした法解釈技法であると当時に、この論法を使用する者は遵守すべき点がいくつかあることも見逃してはならない。

ルかつ基準であるが、これは社会的、実践的な問題を解決する上では必ずしも有用ではない。というのは、討議の手続においても、論証の方法にしても、実体的な価値を何も前提にせず、自由な討議参加と個々人の自由な評価を保障するので、このような討議によって排除されるのは人間の議論参加そのものを否定する奴隷制度ぐらいだからである。逆にいうと、一般的実践的討議ではたいがいの主張及び結論は許容され、急を要する社会問題に直接答える役割を担うことができない。そこで、議論に終局的結論を出すために、代表民主制や多数決ルールを採用し、一般的な立法を通して問題を一義的に解決することは必要であり、かつそれは「理性的」(vernuftig) である[93]。このようにして、一般的実践的討議は法を前提とする制約付きの討議、法的な討議、「法的議論」(die juristische Argumentation) へと移行することになる。

　以上のことから、一般的実践的討議の弱点を克服する法的議論の特徴は一般的な法定立とそれに基づいた問題解決であるといえる。それは類型的な事案処理——一般的な要件と効果の結びつきによって——に向かう点で、一般的実践的討議の規則である普遍化可能性要請にかなうものでもある。これをアレクシーは、コッホと同様に、まずは中間命題のない法的三段論法として次のような論理式で表記する。(1) (x) (Tx → ORx), (2) Ta, (3) ORa である（T は法律要件、R は法律効果としての「なされるべき行為内容」、O は「べき」を指す。その他に関しては、5.1 で述べたコッホの論理式と基本的に同様）。このように結論である (3) 個別的規範命題を (1) 一般的ルールから形式論理で導き出す論証をアレクシーは「内的正当化」(die interne Rechtfertigung) と呼んでいる[94]。そしてコッホ同様に、T が複数の解釈を許すという点に法的議論としての解釈の意義を認めるのである。まずは、T は数段階の中間命題の挿入によって所与 a を包摂できる状態になる、という内的正当化としての解釈の形式が確認された後に[95]、中間命題それ自体の実質的な正当化の問題が議論される。この実質的正当化の部分をアレクシーは「外的正当化」(die externe Rechtfertigung) と呼ぶ[96]。コッホのいう意味論規則は、下で述

93　Alexy, Argumentation, S. 255-257.
94　Alexy, Argumentation, S. 273.
95　Alexy, Argumentation, S. 277-279.

べるように、重要で優越的地位をもつものではあるが、これは外的正当化の一つに過ぎない、とまずは理解される。

　中間命題の実質的正当化のパターン、すなわち解釈の種類をアレクシーは「解釈技法集」(die canones der Auslegung) と呼び、そこに「意味論的論拠」、「発生論的論拠」、「歴史的論拠」、「比較的論拠」、「体系的論拠」、「目的論的論拠」の計六つを挙げている[97]。意味論的論拠は言語の使用規則に訴える論拠である。発生論的論拠は立法者が意図した解釈あるいは目的に訴える論拠である。歴史的論拠は、過去に一度実践された解釈の帰結を考慮し、当該事例における同一解釈の採用あるいは不採用を根拠づける。比較的論拠とは、歴史的論拠と類似しているものであるが、それは他国で実践された解釈の帰結を考慮し、同一の解釈の採用あるいは不採用を根拠づける。体系的論拠とはある規範の解釈がその他の規範と衝突しないということを拠り所とする。目的論的論拠は、発生論的論拠でみた立法目的を使用する代わりに、それ以外の目的に訴える論拠である。このうち、理論的・経験的に法を確認する論拠である意味論的論拠、及び発生論的論拠がその他の論拠に優越する。アレクシーはいう。「法律の文言及び現実の立法者の意思を挙げる論拠はその他の論拠に優先する。但し、他の論拠を優先する合理的な理由が提示される場合には、この限りではない」と[98]。こうした優先関係は法的議論が「法の実定性」を前提にすることから必然的に導き出されるものである。

　さて、不確定法概念の問題は優先原理である意味論的論拠が使えないことに根本的な原因がある。そうすると、この問題の解決のための優先的論拠としては発生論的論拠だけになる。発生論的論拠にはある特定解釈を直接立法者の意思とみる論証と、ある特定解釈を立法者の目的から推論する論証とがある[99]。どちらも立法者の意思や目的をまず特定することが必要であり、特に後者においては目的と解釈結果との合目的性の論証が別に必要になる。このように考えると、発生論的論拠の実践的な有効性は決して大きくないとす

96　Alexy, Argumentation, S. 283.
97　Alexy, Argumentation, S. 289 ff.
98　Alexy, Argumentation, S. 305.
99　Alexy, Argumentation, S. 291-294.

るのがアレクシーの見解である[100]。というのは、立法者で誰を考えるのか、立法府の議員全体か、あるいは多数か、法案作成者か、といった確定困難な問題がある。また、合目的性の論証のためには、目的を具体的に確定する必要があるが、コッホ同様に、これは容易ではないとアレクシーもまた考えるからである。

歴史的論拠、比較的論拠は過去のケースや外国のケースに訴える方法であるが、この論拠を使用する者は、法律から引き出せない規範的前提を必要とする、とアレクシーは主張する。先に挙げた一般的実践的討議における結果論法の問題、価値判断を価値判断で正当化することの問題点である。すなわち、これら論拠ではある解釈の正当化のために、過去のケースや外国のケースに言及するのであるが、そもそもそうしたケースでとられた解決策が「望ましいあるいは望ましくない」とする価値判断を別に正当化する必要がある[101]。

体系的論拠は規範間の矛盾を回避する論拠である。したがって、ここでは論理則だけが問題となる[102]。アレクシーはこの論拠を用いて意味を確定できる事例はほとんどない、と主張する。というのは、ある規範の解釈がその他すべての規範と矛盾する、ということがいえなければならないからである。

目的論的論拠は現実の人間の意図、目的に言及するのではなくて、それ以外の目的に訴え、手段である解釈を基礎づける。それ以外の目的とは何か。アレクシーはラーレンツの客観的目的論的解釈を引用し、そうした目的とは理性あるいは法秩序の客観的目的である、とする[103]。しかしこのことは、発生論の論拠以上の問題を生じさせる。法解釈にとって有益な目的とは抽象的な目的ではなく、具体的な目的、望まれる「状態」（Zustand）の確定である。すでに述べたようにこれを現実の人の意思に求めることですら困難があ

---

100 Alexy, Argumentation, S. 292 f.
101 Alexy, Argumentation, S. 294 f.
102 Alexy, Argumentation, S. 295.「体系」（System）という概念には曖昧さがつきまとう、という点をアレクシーは指摘している。ここで、法目的や理念を考慮に入れる場合には、これは目的論的論拠の問題になり、法解釈者は下で述べる複雑な問題に入り込むことになる。
103 Alexy, Argumentation, S. 296; Larenz（前掲注11), S. 333-339.

るのに、理性あるいは法秩序といった抽象性が高いものから導き出すことにはさらなる困難が付きまとう[104]。

　以上挙げたアレクシーのいわば法解釈論では、不確定法概念の問題への直接の言及はない。しかし、法解釈が一般的実践的討議に開かれている点を除けば、結論においてコッホの不確定法概念適用論とそれほど距離があるようにはみえない。すなわち、二人に共通することは、論理則及び意味論への信頼と立法者意思や法目的に言及する解釈一般への不信感である。ただし、アレクシーの法目的に関する不信感は、発生論的論拠や目的論的論拠で指摘されているように、人の具体的な意思や特定の具体的目的に言及し、そこから解釈へと直結することに対する不信である。これに対して、規範あるいは規範グループから複数の抽象的な目的を抽出することまではむしろ肯定されている[105]。ただこの場合、相互に両立し得ない複数の目的が導き出されるのが通常であるので、ある目的を選択するためには目的の優先順位の決定自体を正当化する必要がある。この正当化論証の部分が法解釈問題から衡量問題への連結部分になっている。これは行政法学及び憲法学でいう比例原則の問題に関わってくる。

6.4　アレクシーの衡量論

　行政法の解釈において、法律上予定されている対立する利益の比較衡量が必要になることがしばしばある。これは行政法学では争いのないところであろう。とりわけ、都市計画法や環境法の領域でこのことは指摘されることであるが[106]、伝統的な警察法の領域でも早くから比例原則の名の下で同様の指摘がなされてきた[107]。ところで、こうした比較衡量は不確定法概念の解釈とどのような論理関係に立つのか、という点については学説で十分に説明されてきてはいないようにみえる。この点を、3で挙げたウレの中間命題論と上で示してきたアレクシーの議論理論とを比較することで、明らかにすることから始めたい。

104　Alexy, Argumentation, S. 297 f.
105　Alexy, Argumentation, S. 298.
106　Schmidt-Aßmann（前掲注80）, Rdn. 208-216.
107　須藤（前掲注29）50〜55頁。

すでにみたように、ウレは営業許可要件である「信頼できない」の解釈には限界があるので、概念と事実認定の間に中間命題を入れる必要がある、とする。そこでは中間命題としては三つの候補が挙げられていた。(1)「あらゆる窃盗前科者は信頼できない」、(2)「あらゆる自由刑の窃盗前科者は信頼できない」、(3)「ここ数年以内に前科があるあらゆる窃盗前科者は信頼できない」である。こうしたウレの主張は、中間命題として全称命題を置く点で、アレクシーのいう一般的実践的討議における普遍化要請に、そして法的議論における内的正当化の要請にかなうもので、法律家が行う論理構成として正しい。しかし、三候補の中からの選択は評価の主観性に依存するというウレの見解は正しいであろうか。アレクシーの議論理論では、中間命題の選択の正当化こそが法的議論の実質的な部分であるので、むしろここからが「法律家の腕の見せ所」ということになろう。ここでは法規制の趣旨・目的が問われ、対立する利益があれば比較衡量の問題は避けられない。重要なことはこの衡量が論理的に透明化され、かつ合理化されることである。

比較衡量の合理化問題は、アレクシーにとって、まず比較される対象の性質論である原理論から始まる。この「原理」(Prinzipien) という語でアレクシーがまず挙げているのは基本権であり、比較衡量の議論の題材も憲法訴訟に求められている。ただ、原理は行政法学でいうところの、法律上の「目的」(Zweck)、「利益」(Interesse)、「考慮要素」(Belange) をも広く含む概念であり、その比較衡量のあり方は 7 でみるアレクシーの裁量瑕疵論の対象になっている[108]。こうしたことから、原理論は一般的公法理論の性質を有するものであるといえる。これは比較衡量の手法である比例原則が憲法原則であると同時に、行政法原則でもあるという点を考えてもある程度納得がいくことであろう[109]。そこで、下では直接行政法の問題ではないが、アレクシー

---

[108] Alexy, Ermessensfehler, S. 710 f.; Alexy, Abwägung, S. 74. また、この点についてはコッホも参照、Hans-Joachim Koch, Methoden zum Recht, 2010, S. 131 ff. なお、本書では触れる余裕はないが、原理が行政法総論において、どのような位置づけになるのかは、行政法上の法関係及び主観的公権をどのように捉えるのか、という基本問題にかかっているように思われる。

[109] 山下（前掲注 78）「「比例原則」は法的コントロールの基準たりうるか (1)」139～149頁、同「「比例原則」は法的コントロールの基準たりうるか (2)」189頁以下を参照。

の基本権論及び比較衡量論を公法上の比較衡量総論と捉え、議論を進めていくことにしたい。

6.4.1 原理論

法規範にはルールと原理という二種類の規範がある、との説明——反論も含め——は基礎法学では常識に属する[110]。ドイツではヨゼフ・エッサーが様々な法原理の種類分けをし、ルールとの違いに言及したことはしばしば指摘されることではあるが、英米法系の法理論でも同様の区分がされてきたことはよく知られている。いわゆるロナルド・ドゥオーキンによるハーバート・ライオネル・アドルファス・ハートに対する法実証主義批判がその典型である。ここでドゥオーキンはルールに基づくルールの生産、及びその機械的な法適用に関するハートの見解を批判する際、原理の存在に言及している。アレクシーはとりわけドゥオーキンの原理論を法学方法論として発展させ、原理の特徴をルールとの違いで説明する[111]。

まず、法規範としてルールはその内容が「正確に」(genau) 実現されることを命じる規範である。ルールは、その充足の事実上及び法的な可能性について、確定的な内容を含んでいるので、ルールという法規範の充足については、完全に充足されるか、あるいはされないかの二通りしかない。この意味でルールは「確定的な命令」(definitive Gebote) である[112]。これに対して、原理はあることが事実上及び法的に最大限に達成されることを命じる規範である。すなわち、原理の法規範としての特徴は「最適化命令」(Optimierungsgebot) という点にある。ここから規範の充足についてもルールのようにゼロか百かではなく、「程度」(Grade) の問題となる[113]。

---

110 以下の説明及び原理論の詳細な解説としては、亀本（前掲注46）125頁以下を参照。
111 Alexy, Legal Principles, S. 294 f. なお、本書ではこうしたアレクシーのルールと原理の区分論が現時点でどの程度正当化されるかについては守備範囲を超えるので触れないが、アレクシーに対するいくつかの批判は、筆者の目からすると、「法論理学」(deontische Logik) 上の構成の問題が大きいように思われる。たとえば、Jan-Reinard Sieckmann, Regelmodelle und Prinzipienmodelle des Rechtssystems, 1990; Ralf Poscher, Insights, Errors and Self-Misconceptions of the Theory of Principles, Ratio Juris Vol. 22 (2009), p. 425 以下を参照されたい。
112 Alexy, Legal Principles, p. 295; ders., Abwägung, S. 70.

ここで、アレクシーがいう「事実上及び法的な可能性」（die rechtliche und tatsächliche Möglichkeiten）や規範の「充足」（erfüllen）については若干の説明が必要であろう。上でみてきた通り、アレクシーの法的議論においては、ルールの問題が主題的に議論された。ルールの解釈・適用においては中間命題が挿入されることによって、一義的な要件効果のルールが獲得される。したがって、事実認定がなされれば、特定の効果付与――ここでは行政法上の効果裁量を基礎づける Kann 規定、いわゆる「できる規定」の問題は考えない――は確実になる。そうすると、ルールの場合には、事実認定を前提に、私人もしくは、国家（行政機関等）の行為の義務は――権利も同様――、確定されるので、たとえば許可等の行政処分を出すことの事実上の可能性――したがって、ここでいう「事実」とは物理的な事実をいっているわけではない――は法が確定的に命じていることになる。その結果、ルールに適合した行政処分はルールが充足されたことを意味し、適合しないすなわち違法な行政処分はルールが充足されていない、ということを意味する。この間、合法と違法の間には、「中間項はない」（Tertium non datur）[114] という点で、法的な可能性も確定的となる。

　一方、原理の場合、事実上及び法的な可能性は特定できないし、中間項を排除するような規範の充足についても語ることができない、というのがアレクシーの趣旨である。たとえば出版の自由のような基本権としての原理の場合、この法規範だけが妥当するのであれば、これを抑制するあらゆる国家規制は禁じられるが、対抗原理の存在はこれを許さない。したがって、状況に応じた程度での充足が事実上及び法的な可能性であり、かつ法規範の充足状況である。この対抗原理の問題は規範衝突に際してのルールと原理の差異の問題につながる。

6.4.2　規範衝突論

　法規範は紛争解決のためのものであり、ルールも原理も具体的な法律効果

113　Alexy, Grundrechte, S. 75-77; ders., Legal Principles, p. 295 f.
114　まさにこのことを、1971 年有害図書判決の評釈としてオッセンビュールが指摘している。Fritz Ossenbühl, Zur Renaissance der administrativen Beurteilungsermächtigung,

を導き出すという点では差異がない。したがって、二つのルールが衝突した場合と二つの原理が衝突した場合では、どちらも矛盾する二つの法的帰結が対立する、という点では違いがない[115]。上でみたように、出版の自由は、それだけで考えれば、侵害程度の有無にかかわらずこれを規制するあらゆる法律及び個別処分を禁止する、という法律効果を導き出す。この点でルールとの違いはなく、二つの違いはその衝突の解消の仕方にある[116]。

　ルールの場合、二つのルールのどちらかに、ルール適用の除外規定を設けるか、またはルール間の上下優先関係を定め、上位ルールに反する下位ルールを無効とすることで規範衝突は解消される。後者はたとえばドイツでは連邦法と州法の関係にみてとれる[117]。これに対して、原理の場合、例外規定や上下優先関係を一般に定めることはできず、優先関係は状況に応じて決めざるを得ない[118]。したがって、法的帰結はその都度の優先関係に依存する。このことをアレクシーは原理を P_i、対抗原理を P_j、状況を C、法的帰結を R として以下のように表記する[119]。$(P_i \,\mathsf{P}\, P_j)\, C,\ C \rightarrow R$。このうち、$(P_i \,\mathsf{P}\, P_j)\, C$ の法理論的意味は、原理 P_i と原理 P_j では $P_i \,\mathsf{P}\, P_j$（P_i は常に P_j に優先する）あるいは $P_j \,\mathsf{P}\, P_i$（P_j は常に P_i に優先する）のような一般的定式は許されず、必ず C が必要になるということである。そして状況 C に限って原理 P_i が優先し、その限りで P_i 元来の法律効果 R が帰結するという衝突解決の一般的ルールの形式が示されている。そうすると、原理間衝突にとって重要なことは命題 $(P_i \,\mathsf{P}\, P_j)\, C$ もしくは $(P_j \,\mathsf{P}\, P_i)\, C$ の実質的正当化——外的正当化——の問題になる。これが比較衡量の法則の問題である。

　　DÖV 1972, S. 401（402）.
115　Alexy, Abwägung, S. 70.
116　Alexy, Grundrechte, S. 79-84; ders., Legal Principles, pp. 295-297.
117　Alexy, Grundrechte, S. 78.
118　Alexy, Grundrechte, S. 79 f.　アレクシーは連邦憲法裁判所判決（BverfGE 51, 324）を引用して、原理間の一般的「緊張関係」（Spannungsverhältnis）をこのように表現する。
119　Alexy, Grundrechte, S. 85 f.; ders., Abwägung, S. 71. なお、アレクシーは原理間の表記方法を著作によって、N_1-N_2, P_1-P_2 等にしているが、本書では記述を一貫させるために、P_i-P_j で統一する。

6.4.3　衡量法則

　原理間の優先関係を決定する比較衡量の法則は憲法学でいう狭義の比例原則に他ならないが、なぜ、狭義の比例原則が原理間衝突における衡量の法則と同一視されるのか、という点を知るためには、広義の比例原則と原理論との関係からみていくことが必要になる[120]。

　すでにみた通り、アレクシーは原理という法規範を最適化命令とみる。そうすると、基本権規定が原理であるとすると、それは国家に対して「事実上及び法的な可能性」において、自由や権利を最適化するよう命じる規範であることになる。ここで「事実上の可能性」を最適化する要請という点から引き出されるのが広義の比例原則のうち、「適合性」(Geeignetheit) 原則と「必要性」(Erforderlichkeit) 原則である[121]。まず、適合性原則においては、人権（＝原理）侵害行為を前提に、それが目的である公益促進の手段として有用であるか否かが審査される。ここで侵害行為＝「手段」(Mittel) を M として、「原理」(Prinzip) を P としたとき、一方の公益という原理 P_j は許可制等の何らかの規制手段 M によって、人権という被侵害原理 P_i を犠牲にして成り立つ。ここで、適合性原則について考えると、M による被侵害原理 P_i の侵害度＝非充足度は所与とした場合、M が実行される前よりも P_j が促進されることが証明されなければ、手段行使によって原理の事実上の充足度は手段行使前よりも相対的に低下したことになる。平たくいえば、状況の変化で利益の増加分は何もなく、不利益だけが発生することになる。したがって、そうした手段 M は、P_j と P_i との直接の比較なしに、原理の最適化命令に違反することになる。ここから適合性原則は原理論から論理的に引き出される、とアレクシーは説明する[122]。

　必要性原則の説明も上の延長線上にある。必要性原則においては、公益等の目的達成のためにとられた手段が他の手段と比較して、個人に負担の軽いものであるか否かが審査される。ここで、司法審査の対象になっている手段を M_1 として、代替手段 M_2 とした場合、今度は促進されるべき原理 P_j の充

120　Alexy, Grundrechte, S. 98-101.
121　Alexy, Grundrechte, S. 101-103; ders., Abwägung, S. 72 f.
122　Alexy, Grundrechte, S. 103.

足度は M_1 及び M_2 では同程度の所与とされる。この場合、M_1 選択と M_2 選択の場合を比較して、前者においての方が、被侵害原理 P_i の非充足度が高いとすれば、この場合も原理の事実上の充足度は、現実的な選択肢の中で低下することになる。したがって、そうした手段 M_1 は最適化命令に違反することになる。ここから必要性原則もまた原理論から論理的に引き出される[123]。

このように一方において、適合性原則は、被侵害原理の事実上の非充足度を所与としている点、他方において、必要性原則は促進されるべき原理の充足度を所与として考える点で、双方とも手段によって二つの原理の事実上の可能性がともに変化した場合には対応できないという欠点がある。すなわち、手段 M は促進されるべき原理 P_j の充足度を上げ、かつそれが唯一の手段であるとして、それが被侵害原理 P_i の事実上の非充足度に見合うものであるか否か、という原理間の直接の比較の問題、対抗原理に直面した場合の原理の「法的可能性」の問題を審査する別の原則が必要になる。これが狭義の比例原則（以下、単に「比例原則」とする）である。これをアレクシーは「衡量法則」（Abwägungsgesetz）と呼び、次のように定式化する。「一方の原理への侵害あるいは非充足度が高ければ高いほど、他方の原理の充足の重要度がその分大きくなければならない」と[124]。これは原理の侵害度と対抗原理の充足重要度の比例関係を一般的に定式化したものであり、先の原理間衡突解消法則 $(P_i \mathbf{P} P_j) C$ の一歩目の具体化になる。すなわち、法的決定として手段 M が選ばれた場合が C に該当し、その際 P_i が P_j に対して優先するのは、P_j の「侵害度あるいは非充足度」（Intensität、以下「I」は原理侵害度あるいは非充足度を指す）に見合うぐらいに、P_i の充足の重要度（Wichtigkeit、以下「W」は原理充足重要度を指す）が高いということがいえる場合である、となる。この「見合うぐらい」という比例性を、アレクシーは数字をつかってさらに明確にしている。

$(P_i \mathbf{P} P_j) C$ は状況 C での P_i の P_j に対する優先であるので、この定式は、P_i は状況 C で P_j に対して相対的な「重み」（Gewicht、以下「G」は重みを指

123　Alexy, Grundrechte, S. 102.
124　Alexy, Grundrechte, S. 146.

す）をもつことを意味する。注意すべきことは、この重みは当該憲法秩序でアプリオリに決められた P_i の重さと P_j の重さとの比較ではないということである[125]。上で述べたように、アプリオリには原理間で重みの差はなく、比較されるのは特定状況での原理双方の充足度の重要度と非充足度である。そうすると、状況 C における P_i の P_j に対する重さは原理の非充足度及び充足の重要度の比で表すことができる。すなわち、$G\ P_{i,j}\ C$（状況 C での P_i の P_j に対する重みづけ）は $W\ P_j\ C$（状況 C での原理 P_j の充足の重要度）に対する $I\ P_i\ C$（状況 C での原理 P_i の侵害あるいは非充足度）の比で表示されるので、$G\ P_{i,j}\ C = \frac{I P_i C}{W P_j C}$ となる[126]。

さて原理の侵害あるいは非充足度及び重要度を軽度（l = leicht）、中度（m = mittel）、重度（s = schwer）の3段階で評価し、そこに、$l = 1$、$m = 2$、$s = 4$ という数値をあてておく。そうすると、上記の $I P_i C$ 及び $W P_j C$ はともに数値で表現でき、結果 $GP_{i,j} C$ も算出できる。これが1であれば比例的であることになる。すなわち、比例性は3通りで成立することになる。$GP_{i,j} C = \frac{I P_i C}{W P_j C}$ が①$l\ /\ l\ \frac{1}{1} = 1$ の場合、②$m\ /\ m\ \frac{2}{2} = 1$ の場合、③$s\ /\ s\ \frac{4}{4} = 1$ の場合である。ここで、1を超えた場合、C すなわち手段 M は原理 P_i を不当に侵害することになる。また、逆に1に満たない場合には、P_i の侵害は正当化されるが、原理 P_j が正当に評価されていないことになる[127]。

以上のようなアレクシーの比例性の説明は一般論としては、反論の余地はないようにみえるが、批判も当然にある。それはこの定式自体あまりにも抽象的すぎて実際の訴訟実務においては有用ではない、特に、原理の非充足度、重要度等の認定についてはその客観性が疑問視されるという見解[128]や、あるいはまた逆にこれを裁判所が徹底的にやってしまったら裁判国家に陥る

---

125 Alexy, Grundrechte, S. 138-143.
126 Alexy, Abwägung, S. 77; ders., Balancing, p. 446.
127 Alexy, Abwägung, S. 78-80; ders., Balancing, p. 444 f.
128 Jürgen Habermas, Between facts and norms : contributions to a discourse theory of law and democracy. translated by William Rehg, 1996, p. 259; Bernhard Schlink, Der Grundsatz der Verhältnismäßigkeit, in: Peter Badura / Horst Dreier (Hrsg.), Festschrift 50 Jahre Bundesverfassungsgericht, Bd. 2, 2001, S. 445 (460). 前者からはまた比較衡量によって人権が格下げされるとの批判もある（pp. 256-259）。

との批判である[129]。たしかに、衡量法則が自動計算機のように観念されるならば、上の批判は正しいが、アレクシーの意図はそうではない。衡量法則はあくまでも遵守されるべき議論形式であって、原理の侵害度や充足の重要度という実体的内容が状況 C で自動的に決まるとアレクシーは考えているわけではない。そうではなく、原理の侵害度や重要度の認定、すなわち IP_iC 及び WP_jC が、l、m、s のどれに該当するかという判断は、具体的な事例における法的議論という動態的な論証で決せられる、というのがアレクシーの見解である[130]。この具体例をアレクシーは連邦憲法裁判所レーバッハ判決を例にとり示しているので、以下ではこの判決に衡量法則の実質的適用過程を見出すアレクシーの議論をみていくことにしよう。

6.5 レーバッハ判決とアレクシーの分析

アレクシーは自身の法理論、特に原理論を正当化するために、これまでいくつかの連邦憲法裁判所判決に言及してきたが、その中でももっとも詳細な判例分析を施しているのがレーバッハ判決である。そこでは放送禁止という具体的決定が抽象的な原理からどのように導き出されるのか、また衡量法則の実質化の側面はどのようなものであるのかが明確に示されている。そこで、以降まず 6.5.1 ではレーバッハ判決の概要を紹介し、その後 6.5.2 でアレクシーの判例分析をみていくことにする。

6.5.1 レーバッハ判決[131]

【事案の概要】

憲法異議申立人 A(以後「A」とする)は 1969 年 1 月にレーバッハで起き

---

129 Ernst-Wolfgang Böckenförde, Grundrechte als Grundsatznormen in: ders., Staat, Verfassung, Demokratie, 1991, S. 196 f. 以上のようなベルンハルト・シュリンク、ユルゲン・ハーバーマス、エルンスト＝ヴォルフガング・ベッケンフェルデらの批判に対するアレクシーの応答としては、Alexy, Verfassungsrecht, S. 20 ff.; ders., Balancing, p. 436 ff. また松原(前掲注 81)179〜180 頁も参照。
130 Alexy, Grundrechte, S. 150 f.
131 BVerfGE 35, 202. レーバッハ判決の紹介としては、石村善治「西ドイツにおけるマスコミ法研究の現状と課題(1)」福岡大学法学論叢 21 巻 3・4 号(1977)425 頁以下を参照。

た兵士殺害、武器弾薬略奪事件に幇助犯として関与した。A は 1970 年 8 月に禁固刑の有罪判決を受けたが、1973 年 7 月には仮釈放され、故郷に帰る予定であった。一方、ドイツ第二テレビ（ZDF）は 1972 年春にこの事件に関して「レーバッハの兵士殺害事件」という名でドキュメンタリー番組を作成した。番組においては幇助犯を含む犯人グループ（三人）が役者によって演じられ、番組中三人の実名が何度も繰り返されることになっていた。近くこの番組が放映されることを知った A はこれが放映されれば、自分の社会復帰が困難になるので、放映禁止の仮処分を求めたが、マインツ州裁判所及びコブレンツ上級裁判所はともに仮処分を認めなかった。その理由づけは州裁判所と上級裁判所では若干異なるが、簡略化していえば A は世間を騒がせた犯罪者であり、ドキュメンタリー番組はそれを忠実に再現するものであるから、人格権保護を具体的に規定した著作権法（Kunsturhebergesetz）によっては保護されない、というものである。かくして A は連邦裁判所に憲法異議を申し立てた。

なお、著作権法 22 条は肖像権一般を保護した規定であり、判例・学説によれば、この肖像権の中にはテレビや映画に登場する人物の権利も入るとされる。同法 23 条は保護の例外を定めた規定である。当該事件で問題となったのは 23 条 2 項で、そこには保護対象の例外として、世間の一般的関心を集める「時の人」(Person der Zeitgeschichte) が挙げられている。

【連邦憲法裁判所の判決の概要】

判決は著作権法と基本法との関係、対立する憲法価値とその比較衡量について以下の通り述べている。「人格権と報道の自由の調整として定められた法律として著作権法 22 条及び 23 条がある。肖像権保護の例外規定 23 条は対立する憲法価値の比較衡量を反映させるという仕方で柔軟に解釈されなければならない」(224 f.)。「当該事件において対立する憲法価値は基本法 2 条 1 項の人格権と 5 条 1 項の報道の自由である。憲法制定者の意思によれば、この二つの憲法価値の間には原則的な優越関係は存在しない。したがって個々の事例に配慮しながら、どちらの利益が退けられるのか、を決定しなければならない」(225)。「個別事例の配慮の際、指針となるのは比例原則であ

6. アレクシーの法理論における法解釈、衡量、行政裁量　　59

る。当該事件において比例原則は以下の通りに定式化されるであろう。すなわち人格の領域への侵害は情報提供がもたらす必要な限度を越えてはならない、と」(226, 232)。

判決は、上のような人権間調整方法の総論を述べた後に、当該事例での具体的な審査、すなわち比例原則の適用について続けて述べている。比例原則の適用には、[1] ドイツ第二テレビによる犯罪のドキュメンタリー番組放映がもたらすであろう憲法異議申立人 A の人格への侵害の程度はどのくらいか、[2] 番組放映によって充足される情報提供の利益はどのぐらいか、[3] 侵害される分の人格権は充足される情報提供の利益で正当化されるか、の三点が問われなければならない、と (226)。

[1] についての概要は以下の通りである (226-230)。犯罪報道一般は犯罪者のマイナスの面を公にするものであるから、犯罪者の人格権を常に重く侵害する。とりわけテレビによる放映は画像の力、人々のテレビによる信頼度等を考えれば、言語や文字による報道よりも人格権をより重く侵害する。さらに当該事件で問題とされているのはドキュメンタリー番組である、ということが注意されなければならない。犯罪者のドキュメンタリー番組は、従来の統計からして、非常に高い視聴率を期待できる。しかも当該番組は実在する人名を用い、役者の演技を入れるので、視聴者の追体験は印象深いものになり、犯罪者に対する消極的イメージや印象も深いものになるであろう。したがって当該ドキュメンタリー番組のように実名を使うドキュメンタリー番組をテレビ放映することは、人格権を非常に重く侵害することになるであろう。

[2] について。「犯罪行為は法秩序を破るものであるから、人々が世俗的な好奇心とは別に犯罪行為の全容に真面目な関心をもつことは当然といえる。犯罪報道がそうした関心を充足するのに有用であることはいうまでもない」(231)。「しかしながら、人々の犯罪事件に対する真面目な関心が犯罪報道によって一度充足されてしまうと、その後は情報の利益は限界をもつようになる」(233)。

[3] について。「犯罪報道一般に関していえば、情報の利益は犯罪者の人格権に優先する。犯罪者はマスメディアが彼に関する情報を提供し、人々が

これを得ることを甘受しなければならない」(231)。「しかしながら、犯罪事件に関する人々の真面目な関心が充足された後は、再び同犯罪について報道することは情報の利益をもたらすという役割がないと同時に、新たに追加的な人格権侵害をもたらす。とりわけ仮出所に近い時期において再び過去の犯罪を報道することは、受刑者の社会復帰を危うくし、新たな社会的サンクションを加えるものである。こうした追加的な人格権侵害は情報の利益によっては正当化できない」(234)。「したがって、時事的関心を満たすのでない重大犯罪に関する再報道は、それが受刑者の社会復帰を危険にさらす場合には、常に許されない」(237)。以上の点から、連邦憲法裁判所は、当該ドイツ第二テレビのドキュメンタリー番組はこうした状況に該当するゆえに放映は禁じられる、と結論づける。

6.5.2 アレクシーによるレーバッハ判決の分析

　上でみたように判決は結論として、放映の禁止の仮処分を認めたのであるが、そこに至る論証においては抽象的な人権間調整に関する言明から始まり、社会復帰への危険等具体的な言明を経て結論に至っている。こうした判決の論理をアレクシーは6.4で挙げた原理論、衡量法則及びその適用、そしてそこから具体化された規範命題、すなわち「要件効果命題」（Wenn-Dann命題）の獲得という一連の経過として捉える。

　まず、憲法訴訟であっても、それは具体的な事例、紛争を解決するものであるから、具体的規範命題獲得が究極の目標であることはその他の訴訟と変わりがない。6.3の法的議論のところで示した通り、アレクシーは普遍化要請、内的正当化の要請を法的決定に必要不可欠な基本形式として強調しているが、この見解はここ憲法訴訟でも貫かれる[132]。こうした法的議論の基本的要請を満たす上記判決の箇所は「時事的関心を満たすのでない重大犯罪に関する再報道は、それが犯罪者の社会復帰を危険にさらす場合には、常に許されない」(237)である。この箇所は、アレクシーによって、簡略化、分析・分解され、個々に記号が割り当てられた後、以下のように論理式で表記される[133]。

132　Alexy, Analyse, S. 33.

- R_G（ある人に関する報道によってある人の社会復帰が困難になる）
- W（ある人が関わった重大犯罪事件はすでに報道済みである）
- A（ある人が関わった重大犯罪事件は時事的関心を満たす）
- F（禁じられる）
- F_N（ある人が関わった重大犯罪事件の報道番組で、ある人は実名でかつ役者によって演じられる）

ここから判決の上記部分は、(1) (x) $(R_G x \land W x \land \neg A x \to F F_N x)$（「あらゆる人について、その人に関する報道によってその人の社会復帰が困難になり、かつその人が関わった重大犯罪事件はすでに報道済みであり、かつその人が関わった重大犯罪事件はもはや時事的関心を満たすものとはいえない場合、その人が関わった重大犯罪事件の報道番組で、その人が実名でかつ役者によって演じられるような報道は禁じられる」）で表すことができる（$\land$ は「かつ」を、その他は5.1で述べたコッホの論理式と同様）。法的議論のところで述べたように、x から始まる論理式は全称命題を表すので、その限りで、判決は法的議論として必要となる内的正当化の要請を満たしているといえる。

以上のような詳細なルールとしてドイツ基本法が具体化されれば、憲法異議申立人 A の状況に関する事実認定aがなされれば、それは直ちに包摂可能になり、法的帰結である $F F_N x$ すなわち報道禁止の仮処分の是非は容易に導き出される。判決は規範命題 (x) $(R_G x \land W x \land \neg A x \to F F_N x)$ 及び三つの事実認定 $R_G a$（A は報道によって社会復帰が困難になる）、Wa（A が関わった重大犯罪事件はすでに報道済みである）、$\neg Aa$（A が関わった重大犯罪事件は時事的関心を満たさない）から、$FF_N a$（A が実名でかつ役者によって演じられるような報道は禁じられる）を導き出した、というのがアレクシーの理解である[134]。

さて、上記の命題 (1) (x) $(R_G x \land W x \land \neg A x \to F F_N x)$ はただの論理記号の組み合わせであり、なぜ三要件 $R_G x$、Wx、$\neg A x$ が満たされれば、報道は禁止されるのか、という実質的な理由づけ、法的議論における外的正当化が必

---

133 Alexy, Analyse, S. 35-37. 以下の論理式はアレクシーに従っているが、本書の目的のために必要な論理式だけを抜粋してある。また、既述の通り、原理の表記は P_i と P_j で置き換えている。

134 Alexy, Analyse, S. 40.

要となる。この部分が上で挙げた原理論及び衡量法則の適用に該当し、判決は、こうした視点から、分析される。まず、判決が二つの憲法価値の間には原則的な優越関係は存在しない、とし、個別事情での比較考慮を必要とする、とした点（225 f.）が、原理論に該当すると解釈され、その後の犯罪報道による具体的な利益・不利益に関する判決部分が衡量法則の実質的適用として理解される[135]。

　当該事例では衝突する憲法価値は人格権（P_i）と報道の自由（P_j）であり、これを原理とみると、判決の上記個別事情での比較衡量は原理論での条件付き原理優先関係として捉えることができる。これをアレクシーは (2) (P_j P P_i) C（状況 C で報道の自由が人格権に優先する）及び (3) (P_i P P_j) C（状況 C で人格権が報道の自由に優先する）で表記する。判決が最初に手がけた優先順位決定は命題 (2) (P_j P P_i) C である。「犯罪報道一般に関していえば、情報の利益は犯罪者の人格権に優先する。犯罪者はマスメディアが彼に関する情報を提供し、人々がこれを得ることを甘受しなければならない」（231）との判決部分がそうである。とすると、命題 (2) における C は「一般的な犯罪報道」となるが、C の部分の詳細をアレクシーは以下のように論理化する。(4) Ax（ある人が関わった重大犯罪事件は時事的話題である）∧ Gx（報道を抑制すべき特別な事情がない場合）と。(4) の条件が満たされる状況下では、報道の自由（P_j）が優先することになるので、ここでは法的帰結として命題 (1) とは正反対、すなわち、¬FF_Nx（報道は禁止されない）が導き出されることになる。以上、命題 (2) 及び (4) からの帰結は (5) (P_j P P_i) C, (P_j P P_i) $Ax \wedge Gx, P_j \rightarrow $ ¬FF_Nx で表記される[136]。ここではなぜ $Ax \wedge Gx$ の下で P_j が優先されるのか、という点を比例原則によって実質的に正当化しなければならない。この点、判決によると、犯罪行為は重要な時事ニュースに属し、法秩序侵害の実態を市民が知りたいと望むことは、充足されるべき利益であること、再犯防止という刑事政策の点からも事実を公にすることは重要な意義がある、ということによって、正当化されている（230 f.）。

　続けて判決は、一方で、人格権が優先する場合、すなわち命題 (3) (P_i P

135　Alexy, Analyse, S. 44.
136　以上は Alexy, Analyse, S. 43-46 をまとめたものである。

P_j) C を定式化した、というのがアレクシーの見解である[137]。この命題（3）における状況 C は事件当初の報道ではなく、再報道という状況である。これについて判決は「犯罪事件に関する人々の真面目な関心の充足後、再び同犯罪について報道することは情報の利益をもたらすという役割がないと同時に、新たに追加的な人格権侵害をもたらす」（234）と述べている。このように述べられた状況 C をアレクシーは以下の通り論理化する。(6) $I_B x$（報道によってその人の利益が深刻に害される）$\wedge W x$（ある人が関わった重大犯罪事件はすでに報道済みである）$\wedge \neg A x$（ある人が関わった重大犯罪事件は時事的関心を満たすものではない）と。この命題（6）は人格権（P_i）が優先する場合の状況 C であるから、その法的帰結は $FF_N x$（報道は禁止される）である。以上から (7) $(P_i \mathrel{\mathsf{P}} P_j) C, (P_i \mathrel{\mathsf{P}} P_j) I_B x \wedge W x \wedge \neg A x \to FF_N x$（ある人が犯した重大犯罪事件に関して、それがすでに報道済みであり、かつ現時点での時事的関心を満たすのではない再報道の場合には、人格権が優先する。よってそうした報道は禁止される）と構成される[138]。ここでは状況 C の内容は衡量法則の具体的内容を示している。それは報道による人格権侵害は一般に重大であり、報道の自由は、時事的な関心を満たすのではない犯罪事件の再報道においては、それほど高い充足要請がない、となろう。

判決はさらに $I_B x$（報道によってその人の利益が深刻に害される）の具体的例として $R_G x$（社会復帰の困難）を挙げているので、(8) $R_G x \to I_B x$（ある人に関する報道によってある人の社会復帰が困難になる場合には、その人の利益が深刻に害される）が媒体となり、命題（7）の後半部は最初の命題（1）$R_G x \wedge W x \wedge \neg A x \to FF_N x$ に還元される。よって (9) $(P_i \mathrel{\mathsf{P}} P_j) C, (P_i \mathrel{\mathsf{P}} P_j) R_G x \wedge W x \wedge \neg A x \to FF_N x$ が得られる[139]。要するに、内的正当化の命題（1）は衡量法則の命題（3）、（7）、（8）から論理的に導き出されたことになる。これがアレクシーの衡量法則の適用過程である。

以上みたアレクシーの判例分析から、原理の侵害度や重要度の認定は自動的、機械的になされるのではない、ということが示されよう。報道の自由の

137　Alexy, Analyse, S. 46 ff.
138　Alexy, Analyse, S. 47.
139　Alexy, Analyse, S. 47.

重要度すなわち衡量法則のところで示した WP_jC（状況 C での原理 P_j の充足の重要度）の認定は、報道の自由というきわめて抽象度が高いレベルから犯罪報道という「詳細化」（Präziserung）を受けた上で、それが初めての報道か否か、実名表示の有無という具体的な状況での「事例タイプ」（Fallgruppe）ごとに l（軽度）、m（中度）、s（重度）の評価を受けることになる。これは人格権の侵害度、すなわち IP_iC（状況 C での原理 P_i の侵害あるいは非充足度）の認定においても同様で、判決は特に社会復帰への影響を侵害度の認定要因としている。そしてこれらの判断の根底には、上の論理式には出てこないが、様々な報道に関する分類及び役割、あるいは報道による社会的影響、または犯罪者の社会復帰に関するデータ等経験的判断や価値判断が存している、という点で、衡量法則の実質化は動態的な論証に開かれている、といえよう。そうすると、この論証過程が合理的になされる限りで、比較衡量が主観的であるとか、恣意的であるとか、という批判は当たらない。また、原理の重要度及び侵害度認定が軽度、中度、重度という「目の粗い」（grobe）三段階であることを加味すれば、この認定はそれほど社会的に合意をみないような緻密な分類作業を要求しているわけではないといえる。そうすると、その限りで、アレクシーの原理論及び比較衡量論は客観性の幻想にとらわれているとか、また裁判国家につながるとの批判は当たらないように思われる[140]。

7. 裁量瑕疵と裁量審査の論理形式

上の 6.4 で述べた原理論及び 6.5 で示した原理間調整の法論理は、4 及び 5 で示した不確定法概念の解釈の法論理にはめ込むことができる。たとえば、6.4 でのウレの例、営業許可要件である「信頼できない」の解釈として、「あらゆる窃盗前科者」がこれに該当するのか否かという点を考えてみよう。ここで、「どのような窃盗前科者」を不許可にするかについては、レーバッハ

---

140 Alexy, Verfassungsrecht, S. 25 ff. 要するに、衡量法則の適用においては余地があるということがアレクシーの主張である。これをアレクシーは構造上の衡量余地（strukturelle Abwägungsspielräume）と呼んでいる。立法裁量と司法審査との調和点ということであろう。なお、アレクシーの「構造上の」という言葉は下の裁量瑕疵論でも出てくる要注意概念である。

7. 裁量瑕疵と裁量審査の論理形式　65

判決での原理間調整と同様に、法目的である公益と営業の自由とを衡量にかけて、営業内容の種類と態様という特定状況 C での優先関係 $(P_i\ \mathrm{P}\ P_j)\ C$ を決定し、許可要件を具体化していくことができるといえる。このように考えると、少なくとも法律要件部分の法解釈問題については、行政法に固有で特殊な問題はなく、その他の民法、刑法、憲法といった法領域における解釈問題と何も変わるところがない、よって、行政訴訟においても、民事訴訟、刑事訴訟、あるいは 6.5 で示した憲法訴訟においてと同様に、4 及び 5 で示してきた伝統的三段論法モデルが妥当するということに一見なりそうである。しかし、実際にはそうは単純にはならない。二つの理由がある。

　まず、第一に、行政訴訟は一般に抗告訴訟であり、実体法上の法律効果を主文で目指すものではないという法論理形式上の理由が挙げられる[141]。民事訴訟や刑事訴訟においては、基本的に、実体法を大前提とし、実体法上の要件充足の判断を小前提で行い、結論として実体法上の法律効果、「金銭支払い」や「懲役」等の責任・義務の有無について主文で明示する。しかし、行政法の場合には許認可等の法律効果については、第一次的に決定するのは行政庁であり、行政訴訟はその行政庁の判断の妥当性をさらに判断するという「判断の二重構造」を有する。このことは、抗告訴訟の典型である取消訴訟における判決が行政法における法律効果である許可等の行政行為を命ずるものではなく、たとえば「許可の取消しの取消し」という一旦なされた行政行為に対する二次的な判断になる点を考えれば明らかであろう。

　上の点に加えて、行政訴訟において、三段論法モデルを単純に使用できない実質的な理由としては、司法審査として「積極審査」ではなく、「消極審査」が求められるケースがあるという点がある（詳細は 7.2）。積極審査とは法の適用が唯一の正しい決定を想定しているケースで、典型的には行政行為が覊束行為の場合の審査をいう。この場合、裁判所は「自ら行政の立場に立

141　もちろん、抗告訴訟でも義務付け訴訟や差止め訴訟においては、実体法上の法律効果である行政行為を判決が直接命じたり、禁止したりすることもできる。しかし、これらの訴えは、不確定法概念の適用が裁量行為とみなされる場面――本書のテーマ領域である環境法・科学技術規制に関する法の領域は特にその傾向が強い――ではその有効性は限られるので、行政法における不確定法概念の三段論法モデルは取消訴訟や無効確認訴訟を前提としたものにする必要がある。

って」、大前提において行政法の条文解釈をなし、小前提では事案の要件規定充足性の判断を行い、結論として行政行為を導き出してみる。そして、その結論と当該事案でなされた実際の行政行為とを比較して、行政行為の取消しや義務付け等を主文において導き出す手法をいう。すなわち、いわゆる実体判断代置審査が積極審査に該当する。ここでは第一の点に挙げた抗告訴訟における法律効果という形式的な点は別にして、実質的には、三段論法モデルが使用される。

しかしながら、積極審査は、法論理的にみて、少なくとも効果裁量が認められるケースでは許されない。たとえば、法令違反に対する措置命令として、法が法律効果として改善命令、営業停止、免許取消等の複数の選択肢を挙げている場合、その範囲内で——7.1 で述べるが、範囲外であれば別——行政庁の選択はどれも法論理としては合法となる。この場合、裁判所は小前提として法令違反の有無については判断できても、法律効果を行政の立場に立って判断することはできない。それでもなお、裁判所が行政行為の違法を判断しようとすれば、「選択の際の考え方」や「判断の過程」に瑕疵がないか否かをみるしかない。これが消極審査である。

もちろん、不確定法概念の問題は効果裁量の問題ではないが、第6章でみていく通り、一部の不確定法概念では要件裁量や判断余地が認められ、判例学説では、結論として、消極審査が妥当するとの考えが一般的である。実際、本書のテーマである科学訴訟において通常求められる判断過程の審査と呼ばれるものも、科学技術リスクに関する行政の判断過程に瑕疵がないかをみる消極審査に他ならない。とすると、瑕疵がないかをみる消極審査というものは4から6まででみてきた法的三段論法モデルとどのような関係にあるのか、より詳細にいうと、行政の判断に瑕疵を見出す際、すでにみた内的正当化の論理、解釈技法、そして比較衡量の手法は有益であるのか否か、という点を考察する必要がある。

以上の二つの点、抗告訴訟及び消極審査が6までで論じてきた法的三段論法モデルと各々どのような関係に立つのかという点を、ここ7では、アレクシーの裁量瑕疵論[142]を手掛かりに議論を進めていくことにする。ただ、議論の前にアレクシーの裁量瑕疵論に対する本書のアプローチについて、若干

の前置きをしておきたい。しばしば行政法学説でも引用されるこのアレクシーの瑕疵論は裁量瑕疵に関する用語の整理と裁量瑕疵分類の体系化を目指したものである。下でみていくように、消極審査に関する議論もそこには含まれてはいるが、それを主題にしたものではない。また、この裁量瑕疵論は4から6でみた彼の法的議論や原理論を前提とするものではあるが、それらとの関連が明示的に示されてはいない部分もある。そこで、ここでは、裁量瑕疵論をそのまま紹介するのではなく、そこで明示されてはいない事柄を、法的議論や原理論でのアレクシーの議論で補いつつ[143]、理解した上で（7.1）、そこからの示唆を踏まえて、消極審査の法論理に関する筆者の試論（7.2）を展開させてみたい。

7.1 アレクシーの裁量瑕疵分類論

　ドイツにおける行政裁量の瑕疵論は、行政裁量に対する司法統制の条文上の根拠である行政裁判所法114条及び行政手続法40条をめぐって議論される。どちらも、裁量が認められる行政行為が違法になるケースとして、個別行政法の裁量規定の授権目的違反及び裁量の限界の踰越を挙げており、学説はこれをめぐって議論がなされてきた。裁量瑕疵論では、アレクシーはこうした裁量瑕疵に関する学説を「裁量踰越」、「裁量不行使」、「裁量濫用」の三つに分類する三分説、「裁量踰越」、「裁量濫用」とする二分説、「裁量濫用」一つにする一分説に分類した上で、各々に批判的検討を加える[144]。そしてその後、体系的な裁量瑕疵分類論にとって必要となる四つの視点を提示するという構成になっている。さて、ここでは、各々の学説に対するアレクシーの批判については立ち入って検討することなしに、学説が提唱する「裁量踰越」と「裁量濫用」という二つの概念は、アレクシーの法的議論及び比較衡

142　Alexy, Ermessensfehler（前掲注81参照）.
143　彼の分類論を文頭から忠実に読んでいくと、ほとんどが定義からの演繹的操作というだけの冗長な議論にみえるが、下でみていくように、覊束行為と裁量行為に対する司法審査基準の対比という視点（714 f.）からみると——筆者はそれがアレクシーの真意であると考える——、司法審査基準論や比例原則論につながり、示唆に富む議論にみえてくる。
144　アレクシーが批判する学説の詳細については、山下（前掲注81）「裁量瑕疵の体系について（1）」455～457頁を参照。

量論からみるとどのように整理されるのか、そしてそれら二つの概念は司法審査にとって有益なのか、有益ではないとすれば、それに代わりどのような視点から裁量の瑕疵を見出すべきかという点をアレクシーの瑕疵論から読みとっていきたい。

　まず、「裁量踰越」についてのアレクシーの批判的検討からみていこう。出発点として、アレクシーが検討するのはマウラーの効果裁量の例である[145]。マウラーは裁量踰越として、個別行政法の効果規定の部分に、複数の法的帰結が用意されている場合や上限がある過料を定めている場合を挙げ、上限を超えて過料を課す等の効果部分を超える行政行為を裁量踰越として捉える。このような意味での裁量踰越は「裁量瑕疵」の名に値するのか、裁量審査として有益な審査基準を提示しているのか、という点をアレクシーは問題にしている。ただ、この点のアレクシーの説明は裁量踰越の概念とその論理分析を中心になされており、抽象度が高い上、行政法総論からの視点がやや欠けている。そこで、以下では、捕捉として覊束行為の瑕疵の例を挙げ、それと比較しながらアレクシーの見解について説明していきたい。

　まず、覊束行為の瑕疵についてみると、たとえば、許可が覊束行為の場合、許可要件に関する条文と事実（申請案件）が確定されれば、裁判所は法的三段論法を用いて、実際になされた許可あるいは不許可という行政行為の瑕疵を判断できる。許可要件該当が肯定されるにもかかわらず、不許可という行政処分が行われていれば、行政庁は瑕疵ある三段論法をしたことになるからである。これに対して、効果裁量のケース、たとえば、法令違反の営業行為に対するサンクションとして、法律が「改善命令」、「営業の停止」、「許可の取消し」の三つを挙げている場合ではどうであろうか。ここでは行政庁には、事実の要件該当性が確認された場合、「処分なし」を含めると、四つの法的三段論法が許されることになる。そうすると、裁判所は自身の法的三段論法を用いても、直ちには行政行為の瑕疵を判定することはできない。しかし、仮に上記ケースで行政庁が「過料」を選択した場合にはこの行政行為の瑕疵は明白に分かる。四つの法的三段論法以外に属するからである。結局

145　Alexy, Ermessensfehler, S. 702; Maurer（前掲注2）, § 7 Rdn. 7 und 20.

は、マウラーが提示する裁量踰越はこうしたことを指摘しているに過ぎない。

　以上のことから、裁量踰越の特徴は行政庁が選択した決定が単に条文の文言に違反していること、条文からは絶対に導き出せない決定であるということ、すなわち単純に三段論法違反ということになる。これは同じように三段論法を用いて結論を出す覊束行為についても当てはまる行政行為一般の瑕疵であるばかりか、民法や刑法の適用の場面でも起こり得る法的三段論法違反ということになる。つまり、アレクシーにとってこのような瑕疵は法適用一般の瑕疵、6.3 で述べた法的議論における内的正当化のレベルの瑕疵ということになる。これが裁量踰越についてのアレクシーの結論である[146]。

　では「裁量濫用」については何が問題になるのであろうか。「裁量濫用」は、通常、個別行政法の裁量規定の授権目的違反とされている。しかしながら、この点もすでに法的議論及び比較衡量論でみたように、アレクシーは目的論を使用する解釈一般には懐疑的である。結果、これを複数原理間の衝突問題として捉える、ということが 6.4 で示された。したがって、こうした原理論を視野に入れない裁量濫用の概念は裁量審査として有益な基準を提示し得ないことになる。以上のことから、既存の「裁量踰越」、「裁量濫用」概念を体系的な基準の下で再構築・再定義し、司法審査として意味ある基準にする必要がある。その体系的基準としてアレクシーが挙げているのが（1）瑕疵の対象、（2）瑕疵判断の法的基準、（3）法適用の構造、（4）瑕疵の形式という四つの基準である[147]。以下、各々みていこう。

　（1）瑕疵の対象は帰結と過程とに分類され、この視点からは裁量瑕疵として（1-1）「帰結の瑕疵」と（1-2）「過程の瑕疵」が成立する[148]。「過程の瑕疵」はさらに、（1-2-1）「論証瑕疵」と（1-2-2）「動機の瑕疵」とに分類される。したがって、（1）の視点からは、（1-1）「帰結の瑕疵」、（1-2-1）「論証瑕疵」、（1-2-2）「動機の瑕疵」の三つが成立するが、このうち、裁量行為に対

146　Alexy, Ermessensfehler, S. 713. 以上のことは、覊束行為と裁量行為の共通点の指摘という形で間接的に述べられている。
147　Alexy, Ermessensfehler, S. 707 ff.
148　Alexy, Ermessensfehler, S. 707.

する司法審査で一番重要になるのが (1-2-1)「論証瑕疵」である。このことはあらゆる法的決定 (=帰結) の正当性を正当化手続にみる彼の議論理論からは自明の結論である。まず、(1-1)「帰結の瑕疵」は上で挙げた「裁量踰越」に該当する。行政決定の「結論部分」と条文との比較だけで瑕疵が分かる、という点で「帰結の瑕疵」と理解されるのである。具体例は上の効果裁量の例で示した通りで、「過料」が効果裁量の根拠規定で明記されていなければ、「過料」という行政庁の「帰結」は、処分理由、判断の過程を一切考慮するまでもなく、それだけで、行政行為の瑕疵が判明する。ただし、これも同一の事例で示した通り、厳格にいえば、「裁量踰越」はすべての三段論法の可能性が排除されることを意味する。とすると、これは内的正当化という「過程」を問題にしていることになる。ここから、アレクシーは、帰結の瑕疵は「いかなる論理の過程を経ても正当化ができない」ことと同義になり、結果、(1-1)「帰結の瑕疵」は (1-2)「過程の瑕疵」に還元できると考える[149]。次に、過程の瑕疵の中では、(1-2-2)「動機の瑕疵」よりも (1-2-1)「論証瑕疵」の方が重要度が高い。動機はそれが言語化・表面化された時点で論証の一部になること、また、動機を知ることは司法実務上困難な場合が多いことがその理由である。それゆえ、帰結と過程という基準からみると、(1-2-1)「論証瑕疵」こそが裁量瑕疵の「核心的範疇」(zentrale Kategorie) であることになる[150]。

　(2) 瑕疵判断の法的基準としては個別行政法と憲法がある。この視点からは (2-1)「個別行政法上の瑕疵」と (2-2)「憲法上の瑕疵」が成立する[151]。前者としては (2-1-1)「裁量授権規定の文言違反」、(2-1-2)「裁量授権規定の目的違反」、(2-1-3)「裁量授権規定以外の文言違反」、(2-1-4)「裁量授権規定以外の目的違反」に分類される。(2-1-1) と (2-1-3) が重要でないことは (1-1)「帰結の瑕疵」が重要でないことと同様の理由による。文言から裁量の瑕疵が判明する場合等は、単純な三段論法の違反に限られるからであ

149　Alexy, Ermessensfehler, S. 709. もっとも、このような考え方に対して行政法学者から批判がないわけではない。参照、高橋滋『現代型訴訟と行政裁量』弘文堂 (1990) 112～114頁。
150　Alexy, Ermessensfehler, S. 708 f.
151　Alexy, Ermessensfehler, S. 709 f.

る。(2-1-2) と (2-1-4) は、6.3「解釈技法集」のところで述べた通り、「発生論的論拠」、「歴史的論拠」、「比較的論拠」、「体系的論拠」、「目的論的論拠」という五つの解釈手法に関連する重大な問題を生じさせる。そしてこれもすでに述べたことだが、この問題は原理論への道を開くことになる。よって、個別行政法の目的違反が裁量瑕疵になる場合であっても、原理間衝突を解消する比較衡量においてはしばしば憲法価値が考慮されるので、瑕疵判断の法的基準は流動的になる。すなわち、個別行政法の解釈問題はそこを超えて、容易に憲法問題へと移行することになる。

　(3)「法適用の構造」として、挙げられているのは、「包摂」と「衡量」である。この視点からは (3-1)「包摂瑕疵」と (3-2)「衡量瑕疵」が成立することになる[152]。これもすでに述べた法的議論と原理論の視点が直接反映されたものである。法規範にはルールと原理があり、そうすると規範違反も二種類成立することになるからである。ルール違反が包摂瑕疵で、原理違反が衡量瑕疵に他ならない。ただし、レーバッハ判決の分析、「ある人が犯した重大犯罪事件に関して、それがすでに報道済みであり、かつ現時点での時事的関心を満たすのではない再報道の場合には、人格権が優先する。よってそうした報道は禁止される」という原理間衝突の終局的具体化においてみたように、「衡量の結果」は、終局的に、「汎用性がある包摂可能な要件効果命題」に変換される。したがって、あらゆる裁量瑕疵は、結果として、「包摂瑕疵」に至る。こうしたことから、アレクシーはあえて行政法学用に原理間の比較衡量を経由しない狭義の意味での包摂概念を用意する[153]。先に挙げた行政行為の結論部分を条文と単純比較するという意味での内的正当化のことである。ここから包摂瑕疵とは法的三段論法違反が明白な裁量踰越、すなわち (1-1)「帰結の瑕疵」のことを意味することになる[154]。その限りで (3-1)「包摂瑕疵」は裁量瑕疵としては重要ではない。

　一方、裁量問題の多くは単純な法的三段論法の問題ではないので、(3-2)「衡量瑕疵」こそが本質的な裁量瑕疵となる[155]。そして「衡量瑕疵」はさら

152　Alexy, Ermessensfehler, S. 710 f.
153　Alexy, Ermessensfehler, S. 710.
154　Alexy, Ermessensfehler, S. 711.

に「その構造」からいくつかの瑕疵に分類されるのであるが、そもそも衡量に「構造」を与えているのは、6.4.3で示された原理間衝突解消の手法である狭義の比例原則、すなわち「衡量法則」に他ならない[156]。したがって、衡量が法則の下に論理としてガラス張りにされる局面——$(P_j \ \mathbf{P} \ P_i) \ C$ からの展開のように——をみれば、おのずと、瑕疵のポイントも判明するというのがアレクシーの考えである。ただし、ここから先の具体的な瑕疵の分類については、アレクシーは行政法の計画裁量における瑕疵の分類論、「衡量原則」（Abwägungsgebot）から導き出される瑕疵分類論に従っている。なぜ基礎法あるいは憲法における衡量の問題が行政法の計画裁量の問題とリンクするのであろうか。衡量瑕疵の分類に言及する前に、この点を少し説明したい。

　まず、「衡量原則」はドイツ建設法典1条7項に規定されている原則で、計画裁量を前提として都市計画策定者に対して様々な私益・公益を正しく衡量することを命ずる裁量統制原理として位置づけられる[157]。そして、この「正しい衡量」の達成のために、判例は三つの「要請」（Anforderungen）を挙げてきた。すぐ下でみるが、そのうち、中心にあるのが狭義の比例原則の要請であり、残り二つはこの比例原則使用のための前段階での要請という構成になっている。こうした衡量原則に対する違反は行政裁判所法114条からみると、裁量瑕疵となるので、学説は、上の三つの要請に違反することをそれぞれ三つのタイプの瑕疵とみなしてきたのである。もっとも、それらは計画裁量という特殊な行政裁量における瑕疵であって、あらゆるタイプの行政裁量に通用するモデルとして一般化するアレクシーの見解には論理の飛躍があるようにみえる。しかし、実際に判例及び行政法学説において「衡量原則」はしばしば裁量統制原理として汎用性があるものと考えられていること、加えて、憲法上の狭義の比例原則と計画裁量における比例原則は基本的な思考様式を共有していること、こうしたことを根拠に、アレクシーは自身の「衡量法則」と行政法の「衡量原則」を同一視するのである。以下ではこ

155　Alexy, Ermessensfehler, S. 711.
156　Alexy, Ermessensfehler, S. 711.
157　ドイツ建設法典をめぐる以下の議論の詳細については、赤間（前掲注3）88〜98頁を参照。

の三つのタイプの瑕疵をみていこう。

　衡量原則違反として通常挙げられるのは、(3-2-1)「衡量不行使」（Abwägungsausfall）、(3-2-2)「衡量欠落」（Abwägungsdefitiz）、(3-2-3)「衡量不比例」（Abwägungsdisproportionalität）である。したがって、これら三つをアレクシーは「衡量瑕疵」の内訳としている。(3-2-1)「衡量不行使」はそもそも衡量自体がなされてはいないという瑕疵で、これは原理論から必然的に導き出される。6.2で見た通りアレクシーからみると、原理は最適化の「命令」（Gebot）という法規範であるから、行政が衡量を行うことはそもそもの義務であり、これに違反する衡量の不作為が「衡量不行使」に他ならない。他方、(3-2-2)「衡量欠落」及び(3-2-3)「衡量不比例」は最適化の命令に対する実質的違反といえる。まず、衡量においては、衡量されるべき各種利益（＝私益・公益を含む原理、価値のこと）が欠けることなく思考過程に導入されていることが必要であり、かつその利益を体現する現実の素材もまた瑕疵なく導入されている必要がある。たとえば、都市計画においては、「自然保護」という利益が、そして同時にその利益を代表する素材の一つとして実際の「緑地」等が欠けることなく考慮されることが求められよう。そうした各種利益及びそれに対応する素材を導入する段階において瑕疵があれば、それは(3-2-2)「衡量欠落」に該当する。そして、そうした欠落がないことを前提に、最終的に適切な比較衡量がなされる必要がある。こちらは狭義の比例原則であるので、これに対する違反は(3-2-3)「衡量不比例」となる。

　最後に、(4)瑕疵の形式としては、(4-1)「内容上の瑕疵」と(4-2)「構造上の瑕疵」が挙げられている[158]。「内容上の瑕疵」が行政庁の実体判断における「判断内容」に関する瑕疵であるのに対して、「構造上の瑕疵」は「裁量権行使の過程における判断の形式」に関する瑕疵とされる。アレクシーのこの説明は非常に分かりにくいが――「内容」と「構造」は対概念ではないので――、司法審査という点から少し単純化すると以下のようにいえるだろう。「内容上の瑕疵」は裁判所が行政庁の判断内容にかなり踏み込むことで

158　Alexy, Ermessensfehler, S. 711 f.

判明する瑕疵であり、一方の「構造上の瑕疵」は「形式的な瑕疵」であるので、裁判所があまりそこには深くは踏み込まないで判明する瑕疵である──ただし、行政法学でいう「手続瑕疵」は除く──、と。以下がその内訳である。

　(4-1)「内容上の瑕疵」については、明示的に列挙はなされてはいないが、アレクシーは少なくとも (1-1)「帰結の瑕疵」及び (3-2-3)「衡量不比例」を挙げている。上に挙げたように内容的な実体判断をして初めて判明する瑕疵だからである。これに対して、(4-2)「構造上の瑕疵」としては、(4-2-1)「論証と動機の不一致」、(4-2-2)「帰結と過程の不一致」、(4-2-3)「裁量不行使」（Ermessensunterschreitung）、さらにすでに挙げた (3-2-1)「衡量不行使」、(3-2-2)「衡量欠落」が挙げられている。このうち、(4-2-3)「裁量不行使」は裁量行為と知っていながら、意図的に衡量をしない特殊な場合を除けば、通常は (3-2-1)「衡量不行使」と重なる。加えて、(4-2-1) と (4-2-2) は論証、動機、帰結という三要素の論理的な可能性に言及しているだけである上、すでに述べたように、論証にアレクシーは重点を置いているので、裁量瑕疵としての重要度は高いとはいえない。そうすると、論証の瑕疵という点からみて重要なのは、内容上の瑕疵としては (3-2-3)「衡量不比例」──「帰結の瑕疵」が裁量瑕疵として重要でないことは繰り返し述べた──、そして構造上の瑕疵としては (3-2-1)「衡量不行使」、(3-2-2)「衡量欠落」である。

　以上、アレクシーの四つの視点からの分類をみた。そこでは各視点の下で細かい分類がなされている上、そのカテゴリーが重複するという複雑な構造を有している。これは特に裁量踰越の捉え方にいえることである。ある行政行為が効果裁量の枠外であるケースを考えると、それは「帰結の瑕疵」であり、かつ「個別行政法の瑕疵」でもあり、「包摂瑕疵」であると同時に、「内容上の瑕疵」にも該当する。

　ところで、こうした分類は裁量瑕疵に関する講学上の議論と一般にはみなされるが、司法審査にとって、どのような示唆があるといえるであろうか。次の7.2で述べる積極審査と消極審査との関連で以下の四点を指摘しておきたい。第一に、裁量行為の瑕疵を見出す上では、行政決定の結論（帰結）部

分をみてもあまり意味がなく、結論に至る過程こそが瑕疵を見出す重要ポイントである。第二に、過程においては「論証過程」が中心にチェックされるべきである。第三に裁量行為における論証過程とは原理や利益の比較衡量の過程のことである。ここでは計画裁量における三つの瑕疵、すなわち「衡量不行使」、「衡量欠落」、「衡量不比例」が主役になる。第四に、司法審査密度という点からみると、「構造上の瑕疵」を見出すより「内容上の瑕疵」を見出す方が審査密度が高い。したがって、裁量瑕疵の審査としては「衡量不比例」の審査がもっとも司法審査密度が高くなる。以上の四点である。最後の点は計画裁量に関する行政法学説の考え方とほぼ一致しており、アレクシーの瑕疵論はそれを理論的に基礎づけるものであるといえる。

7.2 消極審査としての司法審査について

7の冒頭で触れたように、6まででみてきたドイツ論証理論が精緻化させた伝統的な法的三段論法モデルは、正しい判決を生み出す推論形式として民事訴訟や刑事訴訟においてばかりでなく、行政訴訟のうち、覊束行為の審査においても基本的に妥当する。たとえば典型的な「すべし規定」（Muß規定）の場合、要件認定が客観的になされ得ることを前提にすると、行政行為をするか否かは法が確定的に命じていることになる。そうすると、行政庁にとっても裁判所にとってもここでは一つの答えのみが法的結論として正しいと観念されるので、裁判所は行政庁に代わって法的三段論法を行って正しい帰結を導き出すことに何の問題もないことになる。この法的三段論法を用いた、いわゆる判断代置審査方式をアレクシーは「積極審査」（positive Kontrolle）という[159]。これに対して、7.1の裁量瑕疵論では、効果裁量に代表されるように法的三段論法からはいわば複数の正しい答えが導き出されてしまう場合、すなわち唯一の正しい答えを積極審査からは導き出せない場合の瑕疵の見つけ方の議論であった。そこでの裁判所の作業は、行政庁の判断には瑕疵がないか否かをチェックするものなので、こちらをアレクシーは「消極審査」（negative Kontrolle）と呼ぶ。そして、この消極審査の中心にあ

---

[159] 積極審査と消極審査については、Alexy, Ermessensfehler, S. 715 f. なお、筆者は文脈から、ここでのKontrolleを「審査」と訳すことにした。

るのは三つの衡量瑕疵の審査であった。

さて、「衡量の法論理」については、6で述べてきた通り、当該事例における原理の優先関係を決定し、かつそのような優先関係を当該事例ばかりではなく、その他の事例においても適用できるように、「汎用性がある包摂可能な要件効果命題」へと変換させることであるとアレクシーは論じていた。その実例はレーバッハ判決の分析で示された通りである。しかし、それは裁判所自らが衡量をする際の法論理であって、行政庁によってすでになされた「衡量の瑕疵を審査する法論理」ではない。この法論理については、アレクシーは何も触れてはいない。すなわち、アレクシーの法理論においては、裁量瑕疵論はあるが、それに基づく消極審査の法論理が欠けているのである。そこでここでは彼の裁量瑕疵論と比較衡量論とを比較しながら、筆者なりに消極審査に関する法論理を模索してみたい。この作業は第6章以降で扱う専門技術的裁量に対する司法審査のあり方を検討する上で必要となる。

7.2.1 積極審査の法論理と消極審査の問題点

まず手始めに、羈束処分に対する取消訴訟の場合、積極審査の実体はどのような論理になるのかという点について確認する。取消訴訟は抗告訴訟である。それはすでに述べたように、行政庁の判断に対する裁判所の判断という二重の判断構造をもつが、この点をもう少し詳細にみると、裁判所の判断は行政の決定ばかりでなく、それを含む論証にまで及んでいることが分かる。取消訴訟では、裁判所は行政行為の取消しの要件として、行政行為の違法を判断するが、ここでいう行政行為の違法とは処分理由の違法まで含むからである。これは取消訴訟の既判力が処分理由にまで及ぶ点を考えれば明らかであろう。そうすると、裁判所は行政庁がなす「結論と理由」という論証の違法を判断することになる。つまり、7.1の「論証瑕疵」のところで述べたが、裁量行為であろうとなかろうと、行政の論証は司法審査の中心的な対象に他ならない。ただし、論証の違法性の見出し方が羈束行為と裁量行為では異なる。これは同じ7.1で述べた「包摂瑕疵」と「衡量瑕疵」の区分に対応する。各々検討していこう。

たとえば、申請拒否処分が羈束行為の場合で、その取消訴訟において、法

定の欠格事由が争点になっているケースを考えてみよう。この場合、裁判所は欠格事由の条文を大前提に申請案件を小前提にして、行政庁に代わって三段論法を試みる。そして、その後、実際になされた処分と自身の論理を比較して、結論が異なれば、行政処分を違法とし、取消しがなされる。さらに違法の認定は裁判所がなした法的三段論法とは食い違う行政庁の論証部分すべてに及ぶ。その結果、取消しの効果としては同じ処分を同じ理由で繰り返してはならない、という反復禁止効果が発生する[160]。これは積極審査においては、裁判所は結論ばかりでなく、「論証のお手本」、「包摂のお手本」をみせていることを意味する。

　これに対して、裁量審査においては、裁判所は「論証のお手本」を示すことができない。公務員の懲戒処分の取消訴訟において、理想的な処分や理想的な処分理由等を裁判所は示すことができないのは明らかである。同様のことは、法令違反に対する監督処分や公物の使用許可等が争われる場合にもいえる。そのような場合、7.1でみたように、論証のミスを探して、それを理由に結論を取り消すのが消極審査である。これは行政法学ではしばしば「判断過程の審査」、「追試」と呼ばれる作業であり、そこにおいて見つけ出されるべき瑕疵の中心になるのが、「衡量瑕疵」の三つのタイプであることはすでに見た通りである。

　しかし、衡量瑕疵を見つけ出すといっても、そこには二つの問題がある。まず、第一に司法審査の対象になる行政庁の衡量とは何か、それはどのように言語化されるのかという問題がある。行政庁が行う衡量のミスを見出すためには、行政庁の衡量がそもそも明示化されている必要がある。上記の羈束行為における「包摂」の場合には、行政庁の処分理由等において、通常、要件該当性判断が、すなわち行政側の包摂の過程が示されている。しかし、衡量の場合、衡量瑕疵を見出すための情報、どのような利益をどの程度の重みとして衡量したのか、ある事柄がどのような利益を代表すると判断したのか等の重要な情報は、処分理由等で常に明確にされているというわけではない。また、訴訟審理の過程においても行政庁は衡量の全過程を開示するとは

160　塩野宏『行政法 II［第5版］』有斐閣（2010）87頁。

限らない。仮に行政庁が裁量指針に従ったことを処分理由等（ここでは訴訟審理中における行政側の主張を含む。以下同様）で挙げている場合には、裁量指針自体が衡量の産物なので、そのような理由は衡量そのものを示しているわけでもない。第二に、仮に行政庁による衡量の全容が明らかになっているとしても、裁判所側で「衡量のお手本」を示すことなしに、どのようにして「衡量瑕疵」を見出すことができるのかという根本的な問題がある。以下、この点を検討していこう。

7.2.2 消極審査の法論理

　行政側の結論に至るまでの衡量をどのように明示化するのか、という点については、6.5 で述べたアレクシーのレーバッハ判決分析が参考になる。判決は比較衡量の対象になる利益については言及しているが、衡量の優先関係、各利益の重みづけやその論拠、あるいは放送差止めの要件命題化等について、必ずしも明確にしているわけでなく (6.5.1)、それを衡量法則の適用として論理記号で「論理的再構成」しているのはアレクシー自身である (6.5.2)。このように法学者が裁判所の比較衡量を評釈する場合には——アレクシーの判例分析は通常の判例評釈とはいえないが——、判決の理由において仮にそのような明示がなくとも、衡量という形の下で再構成して理解するのが通常である。つまり、判例評釈とは、判例を衡量やその他講学上の概念を使って「論理的再構成」をしながら、それに評価を加える作業に他ならない。この判例と判例評釈との関係は行政行為と抗告訴訟との関係についても当てはまるだろう。7.1 でアレクシーが主張した通り、衡量は「形式」を与えられないと論理化できない。そして衡量に形式を与えるのは衡量法則に他ならない。つまり、$(P_i \text{ P } P_j) \, C$ という比例原則の論理の型に処分理由等で示されている行政側の主張を押し込めることで、衡量過程を評価可能な形で論理化、かつ言語化するのである。以下ではこの点を、裁量瑕疵を認めた我が国の二つの最高裁判決、神戸高専剣道実技拒否事件[161]及び呉市学校施設使用不許可事件[162]を題材にして、示してみたい。

161　最判平成 8 年 3 月 8 日民集 50 巻 3 号 469 頁。

7.2.3　最高裁判決にみる衡量の論理的再構成

　神戸高専剣道実技拒否事件は信仰上の理由により剣道実技の履修を拒否した学生に対し、退学等の処分がなされたことが争われた事例である（以下、「平成 8 年最判」という）。一方の呉市学校施設使用不許可事件は、学校施設の使用許可申請をした教職員組合に対してなされた申請拒否処分が国賠の違法要件として争われた事例である（以下、「平成 18 年最判」という）。さて、まずは衡量瑕疵の第一段階は衡量自体がなされていないという瑕疵、「衡量不行使」の審査である。この点、平成 18 年最判でいえば、「（行政庁の）判断が裁量権の行使としてされたことを前提とした上で」とする部分がこの審査に該当するだろう。

　次に、「衡量欠落」審査であるが、これは行政庁が対立する利益を意識して、かつその優先関係決定のために対立利益に関する素材を収集している（いた）か否かという衡量の形式的チェックである。この審査のためには、裁判所は時系列整理ではなく、衡量法則という形式に沿って、事案を論理的に再構成する必要がある。まず、両事件では行政庁は不利益処分を正当化する論証になるので、それは（1）$(P_i \, \mathsf{P} \, P_j) \, C$（$P_i$ は公益、P_j は原告利益）という型を裁判所自身が構成し、対立する利益のモデルを提示する。さらに、(2) 状況 C は公益が優先される状況を指し、それは比例原則によって実質的に正当化されなければならないので、この原則が妥当するか否かを決定する際に必要な（1）で示した利益に関するさらに詳細な関連項目の一覧を提示する。すなわち、ここで比例原則は「P_j 原告利益の損失、あるいは侵害度が高ければ、その分、当該行政処分が資する公益 P_i の重要性が高く、かつ行政処分によって得られる公益の充足度も高くなければならない」であるので、対立する利益 $P_i \, \mathsf{P} \, P_j$ の目録ばかりでなく、各々の利益を体現する手段や現実に関する項目の収集までも $(P_i \, \mathsf{P} \, P_j) \, C$ の関連素材（行政法学的には考慮要素のこと）として含まれるのである。この収集作業とそのモデルの提示は裁判所による「形成的」作業であり、高い論理構成力が求められる。裁判所は事案に関する当事者の主張と法令との間で視線を往復させながら、関

162　最判平成 18 年 2 月 7 日民集 60 巻 2 号 401 頁。なお、この事案における衡量の論理分析に関しては、文献を含め、赤間（前掲注 3）76〜83 頁も参照。

連項目を抽出していく必要がある。

　上記の作業に該当する部分として、平成8年最判は「本件各処分は、…剣道実技の履修という自己の信仰上の教義に反する行動を採ることを余儀なくさせられるという性質を有するものであったことは明白である」とし、平成18年最判では「管理者の裁量判断は、許可申請に係る使用の日時、場所、目的及び態様、使用者の範囲、使用の必要性の程度、許可をするに当たっての支障又は許可をした場合の弊害若しくは影響の内容及び程度、代替施設確保の困難性等許可をしないことによる申請者側の不都合又は影響の内容及び程度等の諸般の事情を総合考慮してされるもの」としている。

　こうした対立する利益及びそれらに関する素材の特定をした後、これに対応する行政庁の衡量の過程、すなわち判断過程を処分理由等から抽出していくと、欠落している利益、あるいはその利益を体現する手段や現実への考慮の欠如が指摘できることになる。平成8年最判は信仰上の理由により剣道実技の履修を拒否した学生に対して、「本件各処分に至るまでに何らかの代替措置を採ることの是非、その方法、態様等について十分に考慮するべきであった」として、平成18年最判は学校施設利用の目的である教育研究集会が教師の自主的で自律的な研修にとって必要なものである点を「当然考慮すべき事項を十分考慮しておらず」としている。

　そして、最後に、衡量法則に関する実質的な瑕疵、7.1でみた内容上の瑕疵である「衡量不比例」で終結する。これは裁判所自らが当該事例において「P_j原告利益の損失、あるいは侵害度が高ければ、その分、当該行政処分が資する公益P_iの重要性が高く、かつ行政処分によって得られる公益の充足度も高くなければならない」を充足しているかを判断していく作業である。これについては、平成8年最判は原告利益の侵害度について「その学生に与える不利益の大きさに照らして、…慎重な配慮が要求されるものというべきである」とし、それに対立する公益については「教育秩序を維持することができないとか、学校全体の運営に看過することができない重大な支障を生ずるおそれがあったとは認められない」とし、比例性を否定していると捉えられよう。同様に、平成18年最判においては原告利益である教師の自主的で自律的な研修を「大きな考慮要素となる」とする一方で、集会による学校教

育への支障度合という公益侵害度を過剰に評価したとし「重視すべきでない考慮要素を重視する」として、こちらも比例性を否定しているといえる。

最後に、状況 C での比例原則適用結果を「汎用性がある包摂可能な要件効果命題」へと変換させるという点については、最高裁は明確に示しているわけではないが、とりわけ平成 8 年最判は退学要件を定めた学校教育法施行規則 13 条 3 項（現行 26 条 3 項）の適用除外を追加立法したと捉えることもできよう。すなわち、「履修が必須ではない科目に対して児童等が信仰の核心部分と密接に関連することを理由にこれを拒否する場合には、同条 3 項は適用しない。ただし、代替措置を採るにつき学校側に実際的な障害がある場合にはこの限りではない。」と。

以上の通り、行政庁の包摂瑕疵を審査する場合には、裁判所は行政庁と同様に法的三段論法で結論を導き出す。一方で、衡量瑕疵を審査する場合には、裁判所は、まず、衡量の型を満たすために、当該事案から対立する利益及びそれらに関する詳細な関連項目を抽出していくという形成的な作業を行う。その後、それと比較できるように、行政庁の判断過程を組み立てていく中で、瑕疵の発見を行う。このように考えると、先に挙げた「追試」と呼ばれる裁判所による裁量瑕疵の発見手法は、「構成」という表現の方がふさわしいようにみえる。裁量審査は、行政庁の主張をただ消極的、受け身の姿勢で審査するものではないのであるから。

第 1 章総括

不確定法概念が解釈を困難にさせる理由として、伝統的には言語・認識の曖昧さが挙げられてきた。これは特に行政法に限ったことではなく、刑法や民法上の法概念についても当てはまる事柄であった。ケルゼンにせよ、ラーレンツにせよ、意味の枠を想定し、その枠内での選択の余地を認めている。こうした議論に追加して概念の分類として、規範概念というものを挙げて、認識ではなく、評価の曖昧さを主張したのがエンギッシュであった。「著しく静穏を害する騒音」等の規範概念の場合には、当該社会で妥当する一般的評価基準を模索しても、複数の評価が存立するので、法適用者自身の評価が

最終的に正しい評価となる、とされる。同一の点を行政法において、主張し、さらに発展させているのがW. イエリネックであった。W. イエリネックもまた評価行為の不確実性については、それが社会一般での評価からみて解消されない場合には、第一次的解釈主体である行政に有権的な解釈権限があるとする。そうした評価は行政行為の内的な価値に関わるからである、と。こうした不確定法概念に関する行政の解釈権限という主張は、戦後、ウレやバッホフによって「判断余地」の名で受け継がれた。バッホフに至っては価値判断を必要としない経験的概念にまで、この判断余地を認めている。

　その後、学説で定着していった判断余地の詳細については、第6章で触れるが、こうした概念の曖昧性から行政の解釈権限を安易に引き出すことに批判的なのが、コッホの理論であった。彼の不確定法概念論の特徴は、従来の法的三段論法を精緻化させ、事実認定の手前で不確定法概念を何段階かに分けて分節・具体化している点にある。これは事案の「包摂」の可能性を高めることになる。バッホフがいう予測を必要とする法概念であっても、エンギッシュやW. イエリネックがいう評価を必要とする規範概念・価値概念であっても概念分析によって、評価主体である行政の主観的な評価に依存することなく、客観的に事実を概念に包摂できる部分が明白になるからである。

　コッホ同様に、法的三段論法を重視し、それを使った決定正当化を「法的議論」、「論証」と捉えるのがアレクシーであった。彼は法的議論の形式、包摂という演繹の形式を「内的正当化」と呼び、それを法的決定の遵守すべき基本的な型と考える。ただし、アレクシーの場合には概念の解釈における解釈者の評価行為を否定せず、それを正面から認めた上で、(1) その評価行為を可能な限りガラス張りにして、論理的に合理化する、そしてそのあと (2) 先の「内的正当化」すなわち包摂という形式の下に落とし込む理論を展開させている。(1) については「衡量法則」すなわち比例原則の論理形式に、利益・価値を割り当てて、その優先関係を事例ごとに合理的に調整する論理を展開させる。(2) については、衡量の結果を、当該事例を含め他の事例においても「包摂できるように」ある程度汎用性がある要件効果命題に還元する方法を提示する。

　なお、衡量法則の議論は (1) の役割、すなわち法適用者の価値判断を透

明化して合理化するという役割の他に、行政裁量に対する司法審査における「裁量瑕疵発見の役割」をも併せもつ。衡量法則は行政法の計画裁量を統制する「衡量原則」と結びつけられることで、行政の行為規範となる。この行為規範に反する三つの瑕疵である「衡量不行使」、「衡量欠落」、「衡量不比例」が裁量統制の中心になるというのがアレクシーの主張であった。さらに、こうした衡量が伴う行政行為に対する司法審査は、行政行為に瑕疵がないことをチェックする審査なので消極審査であるとされる。これに対して、衡量が伴わない、すなわち「純粋な包摂」によって結論を導き出す覊束行為は「唯一の正しい答え」というものを想定できるので、行政行為を判決において代替することができる積極審査が妥当するとされた。

　以上の二つの消極審査と積極審査のうち、積極審査においては、基本的に民事訴訟や刑事訴訟における判決のプロセスと同様の法論理が採用される。すなわち、アレクシーが法的議論で示した法的三段論法という演繹モデルである。ところが、上記の裁量審査、消極審査についての法論理はどのようなものになるのか、という点についてはアレクシーの議論では触れられていない。すなわち、レーバッハ判決分析でアレクシーが示した憲法訴訟における法論理に対応するような行政訴訟での消極審査の法論理がアレクシーの理論では欠けているのである。そこで、消極審査の法論理について、アレクシーの理論を参考にしながら、以下の概要の自説を展開した。

　衡量法則・衡量原則は裁量行為における行政庁の行為規範だとしても、処分理由等において、その遵守の態様が明示されているとは限らない。そもそも、行政庁は実際の行政過程において、予算や目的合理性については検討しても、衡量法則に基づいて決定を下しているとは必ずしもいえないからである。衡量法則は衡量に「形式」を与えるものであるので、衡量法則を前提に処分理由等が構成されていなければ、衡量は言語化・論理化されることはない。とすれば、衡量の瑕疵を裁判所が審査する際は、処分理由等を素材として、裁判所自身が行政の判断過程を衡量として──そもそも衡量自体がなされているのか否かも含め──「論理的に再構成」しながら瑕疵を見出すしかない。

　そのためには、裁判所は行政側の論証を、たとえば不利益処分の論証を衡

量法則に基づき正当化する論証として再構成することが必要になる。すなわち「原告利益の損失、あるいは侵害度が高ければ、その分、当該行政処分が資する公益の重要性が高く、かつ行政処分によって得られる公益の充足度も高くなければならない」という法則が、当該不利益処分において当てはまると行政側が主張するものとして、処分理由等を再構成する。この論理的な再構成には、対立する利益の目録ばかりでなく、各々の利益を体現する手段や現実に関する項目も含まれるので、まずは行政庁が対立する利益を意識して、かつその優先関係決定のために対立する利益に関する素材を収集している（いた）か否かという瑕疵が判明する。すなわち、上の三つの裁量瑕疵の審査のうち、「衡量不行使」及び「衡量欠落」の審査が可能になる。そして最後に、衡量法則に関する実質的な瑕疵、内容上の瑕疵である「衡量不比例」の審査に至る。これは裁判所自らが当該事例において原告利益の損失、あるいは侵害度の程度、公益の重要性及びその充足度の程度を判断していく作業である。

　以上みてきた第1章の内容に関して、最後に、以降の章との関係で強調したい点が二つある。まず、「包摂」と「衡量」は法適用過程において不可分一体の関係にあるという点である。不確定法概念の解釈・適用はまずは包摂のための形式、すなわち演繹モデルからスタートする。そして、概念の解釈、具体化の過程において衡量が必要になる部分においては、一旦、衡量法則に基づき各種利益の優先関係を決定し、それを包摂可能な命題へと変換する。そして、最後はこうして獲得された規範、直ちに適用可能な規範に当該事案を包摂し結論を導く。これが包摂と衡量の連続した関係である。

　第二に、裁量行為に対する司法審査は消極審査ではあるが、それでもその審査は裁判所の「積極的な論理構成」を必要とするという点である。裁量瑕疵の中心は衡量瑕疵にあるが、行政庁の衡量は形式を与えられないと、言語化・論理化されることはない。したがって、裁判所は衡量法則に基づき、処分理由等から行政の衡量過程を積極的に構成する必要がある。この裁判所の形成的な論理構成作業という役割は、やや特殊な形ではあるが、科学訴訟においても当てはまる。

第2章　科学的判断と法的判断

序

　第1章においては科学訴訟における司法審査の方法について、不確定法概念の解釈・適用という視点から、総論的なアプローチを試みた。続けて第2章及び第3章においてはそうした司法審査の実質的対象の問題——したがって、訴訟物ということではない——、すなわち訴訟で争われる科学的判断あるいは科学問題とはそもそも何か、科学者の判断は中立的・客観的であり得るのか、なぜそれは争われるのか、という点を中心に検討を進めていく。なお、科学的判断の中立性や客観性が問題になる典型例は科学技術規制に関するリスク判断であることから、科学問題は、法的にみると、行政過程における科学者の判断及び行政機関の判断の問題になる（第3章）。したがって、こうした議論は行政の専門技術的な判断の過程をみるということにもなるので、第4章以降で行う科学訴訟——抗告訴訟が中心——についての行政法学的考察の基礎となる作業という意味合いもある。このうち、ここ第2章においては、科学的判断として典型的ともいえる科学的因果関係に関する判断の基本構造を分析し、科学的判断とはいったい何を指すのか、それは第1章で明確にした法適用過程のどこで必要とされるのかという点について言及する。そしてその後、そうした科学的判断自体が争われる事例をアメリカでの科学訴訟のいわば黎明期、1970年代のスペリオル湖汚染裁判に見出し、司法判断の限界について考察する。

1. はじめに

　科学訴訟に限ったことではなく、裁判において因果関係は判決の重要な前提になる。証拠から事実を認定する場合においても、また、第1章で述べた

通り、予測概念の適用や衡量における各種利益の重みづけ判断においても因果関係は決定的な役割を演じる。もっとも、科学訴訟を除けば裁判で必要になるそうした因果関係とはすべてが「科学的な因果関係」であるというわけではなく、それは経験則や相関関係等も広く含むものである。しかし、法理論の視点からは、判決あるいは行政行為といった法適用を正当化するためには、科学的因果関係が可能な限り求められる、ということはいえる。従来の概念法学流の考え方においては、判決や行政行為は概念と事実から自動的に引き出されるかのようにみなされ、そこにおける科学的判断の意義は意識されてはこなかった。しかし、今日では、法律家の判断は経験科学の成果を取り入れることによって、より合理的、科学的な判断になることが求められる。この点は第1章で述べた有害図書判決に対するコッホの批判的検討でも示されるところである。そして、それは近時主張されている行政法学の学際性要請[1]とも基本的に同一の方向を行くものである。

　もっとも、上のような判決や行政行為における科学的判断の尊重は、そうした法的判断（以下では、「法的判断」で判決及び行政行為を含むものとする）の過程において、科学的判断を無造作に導入せよということを要求しているわけではない。公害訴訟や原爆症認定集団訴訟のように、科学的因果関係が法律要件として明白になっている場合を別にすれば、まず、判決や行政行為をなす際に、どの点についてどのような科学的判断、科学的因果関係についての判断（以下、煩雑になるので「科学的判断」で「科学的因果関係についての判断」を含意するものとする）を利用できるかという点が前提問題として問われる。そして、その上で、法的判断をなす上で必要とされるそうした科学的判断が実際に利用可能か、それは信頼できるものであるのかという問題が次に問われる。そこで、ここ第2章においては、まず、法的判断を下す際に、科学的判断はどのような場面で利用可能であるのか、という一般的類型論を検討する（2）。その後、法的判断において必要とされる科学的判断の実際の

---

[1] 行政法学の学際性要請については、それに対する批判を含め、赤間聡「行政法学における法学的方法批判について法律学方法論の側から考える——制御学、参照領域論、法規中心主義批判及び学際的方法に対する若干の疑問（2・完）——」高知論叢119巻（2020）21～24頁を参照。

利用可能性及び信頼性の問題に移る (3)。そして、最後に、必要とされる科学的判断が見当たらない場合、法的判断、特に司法判断はどのような事態に直面するのかという問題を、アメリカにおける初期の環境訴訟であるスペリオル湖汚染裁判にみていく (4)。

2. 法的判断における科学的判断の位置づけ

　科学的判断、科学的因果関係は、上記の通り、公害訴訟のような損害発生の原因が争われたり、あるいはある化学物質の放出等の可能性やそれによる将来の被害可能性が争われる科学訴訟においては、その重要性は明白になる。しかし、科学的判断の役割はそうした科学技術が関わる特殊な訴訟に限られるわけではない。科学という語で自然科学ばかりでなく、心理学や経済学等の人文社会科学をも考え入れれば、そうした科学的判断はある場合には明白な形で、ある場合には暗黙の内に、法的判断の重要な根拠となっている場合が多々ある。法的判断は科学的判断に言及することで、その説得力は増す。とはいえ、そうした法的判断、すなわち判決や行政行為はあくまでも法の適用であるので、立法過程の場合とは異なり、その判断過程で自由に科学的判断に言及できるというわけではない。そこには判断の形式的な制約が存する。

　第1章、特に内的正当化のところでみた通り、紛争を法律に基づいて解決する法的推論は、いうまでもなく、要件効果を規定する条文を大前提におき、小前提である個別的事実を包摂することで、結論である効果の付与を正当化する思考様式である。こうした形式的な決定正当化の方法からはそれがもつ科学的判断との関わりはすぐにはみえてこない。むしろ、科学的判断の利用は政策的判断の過程とりわけ立法過程において、重要だといわれてきた[2]。政策的判断では政策目的とそれを達成するための手段とが重要な思考要素となる。そこで使用される思考様式は包摂ではなく、目的手段思考であ

---

[2] 法的思考を政策的思考と対比することで、その特徴を明らかにしようとする見解として、平井宜雄『法政策学』有斐閣 (1987) 54〜67頁、田中成明『法的思考とはどのようなものか』有斐閣 (1989) 11〜15頁。

るので、手段の目的合理性を判断するとき、経験的判断が決め手になる。独禁法等の経済法の領域での立法あるいは改正において、経済学等の経験科学が必要となることは当然である。このように目的の確定と手段の選択を主とする決定においては、既存の規範から出発するという足かせはないので[3]、科学的判断は必要に応じて自由に活用できる、と説明される。しかし法的判断と政策的判断とのこうした単純な対比は、判決や行政行為の過程において科学的判断がもつ意義を見誤らせるおそれがある。

　たしかに、上記の通り、法解釈学を概念法学とみなす立場からみれば、包摂は事実を概念へと当てはめる純粋論理的な操作となるので、そうした論理的な操作の中に科学的判断が入り込む余地はないことになる[4]。しかし、冒頭で述べたように、包摂であっても予測概念等の解釈・適用においては科学的因果関係が前提とされることがある。また、事実の方も、多くの場合、直接観察することはできず、後から証拠によって間接的に裏づける方法を取らざるを得ない。その際、科学的因果関係は、証拠物から過去の事実を推論するために必要になる場合がある。このように考えると、包摂といえども、それは何重にも積み重ねられた推論の成果であり、その推論過程には科学的判断の利用が前提とされている。とすれば、特に科学訴訟に限らず、科学的な判断は常に争点になり得るものである。そこで、科学訴訟の特殊性を理解する上でも、まずは総論的に法的判断にとって必要となる科学的判断はどのようなものか、それはどのような場面で求められるのかという点を整理することが有益であろう。この点に重要な示唆を与えるものとして、カール-ディーター・オプの見解がある。オプは社会科学を念頭においてではあるが、科学的判断が法律問題解決に如何に有用かを説いているので、以下これについてみていくことにする。

　オプは法律問題解決――ここでは紛争解決という意味――に貢献できる科学とはどのようなものかを検討し、その後にそれがどのような場面で問題解

3　もちろん、決定が憲法適合的であること、あるいはすでにある法体系と調和的であること等の制約はある。
4　概念法学批判においては、法解釈学における科学的判断の必要性という点は考慮されてこなかった、ということを公法学史の視点から述べるものとして、Christian Starck, Empirie in der Rechtsdogmatik, JZ 1972, S. 609 がある。

決に貢献するのかを類型化している。まず、「科学」と呼ばれる学問あるいは理論には様々なものがあるが、オプは法律問題解決に貢献し得る科学としては、以下の五つの基準を満たす経験科学でなければならない、とする。(1) その判断が間主観的にテスト可能であること、(2) 正確であること、(3) 判断が真理であること、(4) 具体的な情報内容をもつこと、(5) 厳格な批判にさらされ得ること、である。(3) の基準である真理に関してはどのような科学もしくは社会理論（たとえばマルクス主義等をオプは考えている）も主張することであるから、科学の特徴はその他の四つにある[5]。

　こうした基準を満たす科学は事実を説明することをその課題とするが、この「説明」ということで、オプが考えているのは「初期条件」、「法則」、「説明命題」からなるいわゆるヘンペル・オッペンハイムモデル＝演繹的法則的モデルである。これは、第7章における原発訴訟分析でも再度触れるが、「説明項」(explanans) に法則及び初期条件を置き、「被説明項」(explanandum) である事実——それは過去でも将来でも構わない——を導き出す推論形式である。たとえば「この遺体は死亡から5日経過している。」という被説明項である命題は、説明項である二つの命題、医学・生理学の法則に関する命題及び遺体の状態という初期条件に関する命題から論理的に引き出されることになる。すなわち、「この遺体…」という個別的事実は、死亡後の人体がどのような変化を遂げるのかという「医学・生理学の一般法則」を前提にして、「現在の遺体の変化」という初期条件を与えられることで、死亡後の日数が演繹的に導き出されることになる。オプによれば、こうした初期条件、法則、説明によって秩序づけられる知見こそ、法律問題の解決に寄与し得る科学的判断といえる。それではその科学的判断はどのような法律問題解決に貢献するのであろうか。オプは法律家の問題を「説明問題」、「予測問題」、「措置問題」、「記述問題」、「価値問題」の五つに分類した上で、刑法の適用を例として挙げながら、各々の問題解決における科学的判断活用の可能性を説明する[6]。

　「説明問題」とは刑事事件において犯人の動機を探る場面、あるいは不法

5　Karl-Dieter Opp, Soziologie im Recht, 1973, S. 65-78.
6　Opp（前掲注5), S. 16-37.

行為法における損害の因果関係を探る場面等に関わる。そこでは犯罪という事象或いは損害という事象に関する法則が前提とされ、現実に起きた出来事が初期条件（以下、記述が煩雑になるので「初期条件」という語は控える）として法則の帰結部分に挿入される。そしてそのことによって条件節である犯罪の動機あるいは損害の原因が推論される。「予測問題」は刑罰の執行猶予の要件となる「刑罰なくしては再犯の見込みなし」が当該被告人に適用可能か、等の問題である。そこではこれまでの被告人の諸行為から将来の行為を推論する。すなわち、人間行為に関する法則を前提として過去の行為に関する命題を条件節に入れ、帰結である将来の行為を推論する思考法がとられる。「措置問題」は、法律家が目的手段モデルを前提として科学的判断を活用することで答えられる問題である。オプはこの例として裁判官による刑の量定を挙げる。そこではどれぐらいの刑が犯人を再犯なき状態に至らしめるか、が問われるのである。その推論方法は法則の帰結部分に犯人の再犯なき状態をいれることで、条件節を獲得する方法である。「記述問題」とは主に事実認定の場面に関わる。人は過去の事実をそのまま再現することはできないので、証拠の集積から事実を推論する道がとられる。例を挙げれば、「被告人は被害者のポケットから財布を引き抜いた」、「被告人には毎月決まった収入がある」、「被告人には前科がある」等の証拠もしくは事実から窃盗の事実を認定する場合がそうである。ここでは法則の条件節に証拠を入れることによって、起きたであろう現実を推論する思考法がとられる[7]。最後の「価値問題」に関しては、オプは妊娠中絶行為の可罰性の是非を争う場面を想定している。妊娠中絶反対論の理由の中には「それを認めると風紀が乱れる」との論拠があるが、そうした論拠の正当性は「予測問題」の答えにかかっている。というのは、風紀が乱れるか否かは経験的な問いだからである。そこでは、法則の条件節に妊娠中絶を入れ、それがもたらすであろう帰結を法則から取り出すという推論が用いられる。その限りで、妊娠中絶行為の可罰性の是非という価値判断を要する問題は「予測問題」の推論を使って経験的に解かれ得る。

7　Opp（前掲注5), S. 83-126. オプはこの問題を司法過程における経験社会科学の使用例として詳細な検討を加えている。

以上、オプによって示された法律問題解決における科学的判断の活用は、主に刑事法が念頭におかれていることもあり、人文社会科学的判断、とりわけ社会心理学の知識を連想させる。けれども、オプが提示した上記ヘンペル・オッペンハイムモデルはもともと自然科学を想定したモデルであるし、また、五つの法律問題は刑事法に限らず、どの法分野でも生ずる問題であることを考えると、オプの定式は法的判断一般における科学的判断の活用法だといってもよいだろう。特に「措置問題」として、法律家が目的手段モデルを前提として科学的判断を活用するという点は、いわゆる目的論的解釈――第1章で触れたアレクシーの法理論では、立法者意思から解釈を導き出す「発生論的論拠」――一般にいえることである。そしてこの点を行政法についてみると、そこにおける立法目的は経済、福祉、環境等の広範な法領域に及ぶ点を考えれば、様々な社会科学及び自然科学上の知見がその都度の法解釈及び事実認定で、活用というよりは、むしろ必要になるといえる。そうすると、厳密にいえば、科学訴訟とは、科学的判断が争点になる限りにおいて、どの法分野・法領域においても起き得る事件といえる。

　とはいえ、それでも、次章以降で述べていく通り、科学訴訟における「科学」とは一般に自然科学、しかも不確実性が伴う自然科学的な判断が問題になるケースが通常考えられている。これは用語の定義の問題ではあるが、科学訴訟、あるいは科学裁判としばしばいわれるものは、従来の裁判との異なる特徴、裁判に高度な専門的知見を要する事件、科学技術が生命や健康といった重大な法益侵害をもたらす事件といった現代型訴訟をいうからである。そして、こうした事件の科学的判断の特徴としては、仮に鑑定という手段を用いたとしても裁判所が能力的に近づき難い知見であること、そしてその科学的判断の中には、科学技術がもたらすリスクの管理に関する特殊な価値判断が含まれる、という点が挙げられる。だからこそ、第1章で述べた通り、このような訴訟では積極審査ではなく、消極審査が求められるのである。にもかかわらず、裁判所が積極審査を行った場合、どのような問題に直面するのか、この点を中心に、3以下では科学的判断の問題を「自然科学的な判断」に限定した上で、そうした判断が実際に法実務でどの程度有効に活用できるのかという問いに答えていきたい。

3. 法的判断に科学的判断を取り込む際の問題点

　環境、食品、医療等の分野での民事損害賠償請求事件、あるいは許認可の取消し等をめぐる行政事件においては、論証が科学的判断に大きく依存するので、両当事者は証人として、裁判官は専門鑑定人として科学者を法廷へと招き入れる。けれども、最終的に、判決において科学的判断に頼ることができない場合も少なくない。オプの図式に従えば、法的判断が科学的判断を取り込むためには、法的判断を根拠づけるために必要な科学的判断が現に存在し、かつその判断が信頼できるものであることが必要であるが、実際にはそういうケースは多くはないからである。これはいわば法律と現実の科学との間に存する溝、法的判断が求めるものと実際の科学的判断との間の隔たりの問題ともいい得る。こうした問題を検討するために、まずは、科学的判断はどのように確立していくのかを、そしてその後にそうして確立した実際の科学的判断は法的判断の求めに応えられるものであるのか、という点を、実際の紛争例にみていきたい。

3.1 科学的判断について

　2でみたように、オプは法律問題を解決へと導く科学的判断をヘンペル・オッペンハイムモデルを使って定式化した。すなわち、法則を前提とし、事実に関する命題を初期条件として与え、それによって原因あるいは帰結のいずれかを推論する仕方である。そこでは信頼できる法則が確保されて初めて、推論は可能になる。それでは法則はいかに確保されるのであろうか。答えはこのモデルがすでに示している。初期条件が生じた場合、常に帰結に該当する事実が確認できれば、法則は確証される。もっとも、かつてカール・ライムント・ポパーが述べたように、法則は常に仮説としての立場を甘受する。というのも、法則は決して実証されることはなく、反証されるだけであるからである。これは、法則が無限に妥当することを要求していることと、それを確認する我々の経験は常に個別的であることとのギャップから生ずる帰結である。常に新しい経験は普遍を主張する法則を脅かし続けるので、法則と経験が矛盾しない場合でも、法則は当面の間、「裏づけられる」（bewähren, corroborate）という以上を越えることができない[8]。

　ところで、法則が仮説とはいえ、より確からしくなるためには実験が繰り返され、初期条件と帰結に該当する事実がしっかりと確認されることが必要である。たとえば、鉛は372℃で溶解する、という法則を確証するためには、熱せられている物質が確実に鉛であること、溶解が生じていること及び温度計の数値に間違いがないことがしっかりと確認されなければならないことはいうまでもない。さらに、化学物質に関する法則などは法則自体が直接観察できない原子、電子等の用語を含んでいたり、また速度や重さという用語であっても日常の測定とは全く異なる場合が多い[9]。そこでは実験結果に関する言明と法則言明との間を埋める厳格な推論の過程が必要となる。それは確立した法則や、実験結果に関する解釈規則等を含む科学の厳格なカノンを前提としている。科学法則が日常の経験則と信頼度において異なるのは、そうした整備された実験方法と実験結果の厳格な解釈に由来する、といわれる[10]。

　さて、繰り返される実験及びそうした実験を意味あるものにする規則体系は信頼できる科学法則獲得の条件となる一方で、現実のすべての科学がこうした条件を満たしているわけではない。科学者たちは限られた実験コストや時間的制約のなかで理論構築を強いられるのが実情である。したがって、現実の法則はポパーが示した仮説よりもさらに弱い意味での仮説にすぎない。あるいはある領域には仮説すらない場合もあるだろう。すなわち、法的判断が依拠しようとしても、信頼できる科学的判断は常に存在するとは限らない。こうしたこともあり、また下で挙げる別の理由からも、科学訴訟におい

8　Karl Raimund Popper, The Logic of Scientific Discovery, 1959, pp. 32-34. カール・R. ポパー、大内義一・森博訳『科学的発見の論理（上）』恒星社厚生閣（1971）37〜38頁。また、以下の科学的判断の説明に関してはポパーの他に Ernest Nagel, The Structure of Science: Problems in the Logic of Scientific Explanation, 2d ed., 1979 を参照した。

9　Nagel（前掲注8), pp. 79-105. アーネスト・ナーゲルは、実験及び観察から直接得られる法則を「実験法則」と呼ぶ。それに対して、実験及び観察の結果をさらに複雑な推論過程に入れることによって、間接的に得られる法則を「理論」と呼んで両者を区別する。

10　Nagel（前掲注8), pp. 1-14.

ては、しばしば、法的判断が求めるものと実際の科学的判断の間には隔たりが発生し、オプが理想とした科学的判断の法的判断への取り込みは困難に直面する。この問題は科学訴訟に特徴的な現代的な問題ではあるが、実はアメリカにおいては、とりわけ1960年代及び70年代の有害物質をめぐる訴訟や社会的対立をきっかけにすでに活発に議論されてきた問題でもある。以下では、そうした議論の発端となったアメリカの事例を三つほど取り上げて、科学的判断を法的判断に取り込む上での問題点を整理してみたい[11]。

3.2 法的判断に科学的判断を取り込む際の問題点

　法的判断の過程に科学的判断を取り込む際の問題点として、まず第一に、法的判断に必要な科学的判断がそもそも見当たらないという場合がある。科学者はあらゆる対象に実験を行うわけではないので、法律問題が生じて初めて、ある対象に対する実験の必要性に迫られる、という事態が生じ得る。これはいい換えれば、科学者の問題意識が法律紛争等の社会問題の発生によって喚起される側面をもつ、という事であり、したがって法的判断が為される時点ではまだ参考になるような知識は存在しない、という事でもある。こうした事態の一例としてアメリカのラエトリル訴訟を引合いに出すことができる[12]。

　ラエトリルはその正式名をアミグダリンといい、それはアンズ、バラの実、アオイマメ等に含まれる物質である。1920年代頃からアメリカではラエトリルはガンの治療薬として服用されてきたが、「食品、薬品及び化粧品に関する連邦法（1938）」（Food, Drug and Cosmetic Act (1938)）の1962年改正（Kefauver-Harris Amendments）[13]によって規制を受けることとなった。

11　以下の議論及び事例を多く、Hugo Tristram Engelhardt Jr., and Arthur L. Caplan eds., Scientific Controversies: Case Studies in the Resolution and Closure of Disputes in Science and Technology, 1987（以下では「Scientific Controversies」と称する）に負っている。

12　以下のラエトリル訴訟についてはRobert L. Schwartz, Judical deflection of scientific question: pushing the Laetrile controversy toward medical closure, in: Engelhardt and Caplan eds., Scientific Controversies, p. 355以下が詳しい。

13　サリドマイド事件の衝撃から、FDA（食品医薬局）には新薬の事前チェック強化が求められ、この改正が行われた。改正により、それ以降、製薬会社は新薬許可申請に

この改正法によれば、改正の時点において経験のある専門家によってその安全性が認められている薬を除いて、あらゆる薬は所轄の食品医薬品局の許可を得ることなくしては、その流通が禁じられることとなった[14]。1970年、ラエトリルについて許可申請がなされたが、審査の結果、不許可処分が下された。このことで、その後ラエトリルを扱うことは違法行為とみなされ、既存の患者たちはラエトリルを手に入れることができなくなったので、これに不満を抱いた患者たちは、ラエトリル規制は違法として、1976年、規制の取消しを求めて訴訟を提起したのである。一審ではラエトリルは安全である、という実質的な判断が下され、行政規制は違法なものとされた[15]。しかし、控訴審はラエトリルの薬としての評価を避け、論点を許認可の例外条項に該当するか、という点に移した。すなわち、ラエトリルが許可申請の例外条項である1962年の時点で専門家によって安全性が認められたものに該当するか否か、が問われたのである。控訴審はこの点について、ラエトリルを例外条項から外すに十分な科学的根拠を行政側が提示していない、としたものの、規制そのものは合法なものとし、例外条項に該当するか否かをさらに調査するよう行政庁に命じた[16]。

　この裁判は科学者たちにラエトリルの効果について真剣に研究を始めるきっかけを与えた、といわれる。ラエトリルはアメリカでは医師の偏見もあり、それまでは十分な研究の対象とされてこなかったが、訴訟を契機に1978年頃になって本格的なラエトリル研究は始まった。この事例が教えることは、法的問題は既存の科学的判断によって答えられるものではなく、むしろ問題を提起するに過ぎない場合もある、ということである。その場合、訴訟の中心問題が科学問題であるにもかかわらず、法的判断の基礎に科学的判断を置けないという事態が生ずる。

　　おいてその実質的な医学的効果を証明しなければならなくなった。この経緯についてはFDAの以下のサイトを参照。https://www.fda.gov/regulatory-information/laws-enforced-fda（最終検索日：2023年6月1日）
14　21 U. S. C. Sec. 321 (g), (p). これは連邦管轄上、州間の流通だけを禁ずるものであるが、多くの州は州法で新薬の製造販売を禁止した。
15　Rutherford v. United States 399 F. Supp., 1212 (W. D. Okla 1976).
16　542 F. 2d. 1137 (10th Cir. 1976).

法的判断の過程に科学的判断を取り込む際の問題点の第二として、利用できる科学的判断は存在するが、その実験方法に問題があるゆえに、判断の確実性に懐疑が生ずる、という場合がある。先に述べた科学の体系的カノンがしっかりとした形であるのは、物質の動きや反応を対象とする伝統的な物理学、化学の領域についてである。これに対して、物質と人体との影響を探るような病理学や環境学等の新しい学問は、いまだ試案的な方法論で理論構築が為されるので、科学的判断を支える理論自体が科学者集団の間でコンセンサスが得られにくい、とされる[17]。皮肉なことに、法的判断のために必要となる科学的判断の多くは、人文社会科学の領域を除けば、むしろ、そうした新しい学問の成果なので、司法にせよ、行政にせよ、そうした新しい学問の成果に言及する場合には、その決定の正当性・信頼性は揺らぐことになる。このことは発ガン性物質等の有害物質の法的規制の是非が問題となる場合に顕著に現れる[18]。事例を紹介する前に有害物質の判定方法について少し触れておこう。

有害物質規制には人体に有害な物質を特定し、さらにその物質の危険な摂取量を確定するという科学的作業が必要となるが、そうした作業の基礎となる実験あるいは観察は以下のような問題点をもつ。通常、疑われる物質の人体に対する影響を知る上で、人間からデータをとる方法と、動物からデータをとる方法がある。人間からデータをとる場合には、道義上の理由で、人体実験をするわけにはいかないので、(1) 疑われる物質にさらされた人々を、その程度の大小によっていくつかにグループ化し、その病状の有無をみる方法、(2) 疑われる物質にさらされている特定業種の労働者グループ等を取り上げ、他のグループとの対比で発病率、死亡率の程度を比較する。さらに、性別、人種、生活習慣等のその他の因子を加えつつ、統計をとる方法がある[19]。まず (1) の方法は膨大なデータを必要とするのでそもそもサンプル

---

17 戦後アメリカにおける新しい科学、及びそうした科学の価値判断へのコミットについては、Loren R. Graham, Between Science and Values, 1981 を参照。
18 以下述べる、有害物質に関する実験方法の問題点及びそれに絡む政策紛争に関してはDavid M. O'Brien, What Process Is Due? Courts and Science-Policy Dispute, 1987, pp. 14-32 を参照。デイヴィッド・M. オブライエンの司法論については 4 で触れる。
19 これはいわゆる疫学的方法である。この方法についての問題点として、Marvin S.

がそろわないという問題がある。(2)の方法は(1)よりもデータの量は少なくて済むけれども、最初のグループ設定が恣意的になされる懸念がある、潜伏期間を考慮に入れていない、疑われる物質に少量だけさらされているグループについては物質の影響は不明である等の問題点をもつ。いずれにしても、人間からデータをとる方法はサンプルを必要とするため、死者や病人が多数出て初めて研究がスタートするので、予防には向かない、という批判がある。それでは動物実験はどうか。

　動物実験は整備された実験室で動物（特にネズミ）に特定物質だけを投与し、発病から死に至るまでの効果を観察する方法であるが、これにも問題がある。まず、かなりの量の物質を投与するので、少量での反応が分からない、ということ[20]、そして、そもそも動物実験の成果を人間に適用することの是非が問題になる。というのも、ネズミと人間では器官の構造が違うので、たとえば、ネズミには発ガン性がある物質でも人間にはそうではない、ということはあり得るからである。

　以上のように理論を確認する実験がどれも問題点をもっているにもかかわらず、行政が特定の実験方法を採用する場合には、当然に異論を呼ぶ。1977年、食品医薬品局が上記の食品、薬品及び化粧品に関する連邦法に基づいて甘味料であるサッカリンを食品添加物から外し、禁止したとき、その判断は動物実験に基づいていた[21]。同法は1958年改正において、食品添加物の安全性審査基準を、「人間もしくは動物が摂取した場合の」（when ingested by man or animal. 傍点は筆者による）影響とすることで、動物実験の有効性を認

Legator, The successful experiment that failed, in: Engelhardt and Caplan, eds., Scientific Controversies, p. 465; O'Brien（前掲注18), pp. 24 f. わが国の不法行為法におけるこの方法の使用可能性とその限界を論じたものとして瀬川信久「裁判例における因果関係の疫学的証明」星野英一・森島昭夫編『現代社会と民法学の動向　上　不法行為』有斐閣（1992）所収153頁以下を参照。

20　O'Brien（前掲注18), p. 29. もちろん、少量での実験も可能だが、正確なデータを出すためには2年近くかかって、数10万匹というネズミの犠牲を強いることになるので、現実的ではないといわれている。

21　O'Brien（前掲注18), p. 8. これは発案者の名前をとりディレイニー条項と呼ばれ、議論を呼んだ。当時の状況を知る上で以下の記事も参照。ここには公平に賛否両論が記されている。Karen De Witt, Food Law and the Carcinogen Problem, New York Times, May 9, 1981.

めた上で、さらに実験以外の要素（たとえば企業利益等）を食品医薬品局が考慮することを禁じた。結果、産業側及びいく人かの科学者から行政決定及び改正規定に対する不服が相次いだ。というのも、上で挙げた動物実験の根本的な問題点に加え、実際の実験では次のような問題点があったからである。それは、実験の結果として腫瘍をもったネズミはその母親がかなりの程度でサッカリンをすでに服用していた、ということ、雄のネズミだけにしか腫瘍はみられなかった、という点である。動物実験の批判者は行政のサッカリン規制を攻撃し、禁止に対し18カ月以上もの猶予期間を勝ち得たけれども、論争は解決に至らなかった[22]。この事例では科学的判断の欠陥はそのまま法的判断の欠陥へと転化するということを示している。

法的判断の過程に科学的判断を取り込む際の第三の問題点として、「複合決定」・「複合政策」（mixed decision, mixed policy. 以下「複合決定」だけを使う）の問題がある。これは、決定が一見したところ、科学的判断によって正当化されるようにみえるが、実のところ、別の判断が必要となる場合である。上に挙げた食品添加物規制においては、動物実験による科学的判断を決定的なものとし、その他の考慮要素を判断過程から排除するものであった。しかし、有害物質規制に関する法律の中には第1章で議論した不確定法概念を用いて、科学的判断に加え、その他の事情も考慮することを認めているものもある。その場合、科学的判断が信頼できるものであったとしても、それに依拠したという理由だけでは、行政決定や判決は正当化されない。

ニクソン時代、1970年に制定された「労働安全衛生に関する連邦法」（Occupational Safety and Health Act（1970））に基づいて策定されたアスベストの規制基準は上記複合決定の一例として挙げることができる[23]。アメリカでは、アスベスト被害をめぐって、すでに戦前から事業者を被告とする労働者からの損害賠償請求の事例は存在していたが、戦後の医学的知見の進展及

22　O'Brien（前掲注18）, p. 11. 議会で18カ月以上の審議の後、改正条項を維持しつつ、行政に許認可の裁量を与えるという一貫性のない方針がとられた。
23　以下で触れるアスベスト訴訟、またその他、立法、行政、司法において繰り広げられた職場の安全性基準をめぐる科学論争については、Gilbert S. Omenn, The debate over workplace and health, in: Engelhardt and Caplan, eds., Scientific Controversies, p. 437 以下を参照。

び集団訴訟を容易にする連邦民事訴訟法規則の改正により、訴訟件数が増大したといわれる。そうした中で、新たに制定されたこの労働安全衛生に関する連邦法は職場における労働者の健康と安全を確保するための連邦機関として労働安全衛生局を設置し、アスベストに対する行政規制を開始したというのが、この複合決定をめぐる科学訴訟の背景にある。同法は労働安全衛生局がアスベスト、ベンジン等の有害物質の規制基準値を策定する際に、以下のように命じている。「あらゆる労働者が一生の就業期間を通して恒常的にある物質にさらされていたとしても、健康を損なう、もしくは機能障害に陥ることがないような基準を、そしてそれが職場で現実に実現可能であるような基準を定めなければならない」と[24]。

この規定に基づいて、労働安全衛生局が策定したアスベストの基準値は、アスベスト集団訴訟にある変化をもたらした。過失の認定や因果関係の判断において、事業者側の基準値順守の有無や基準値そのものの合理性が争点とされるようになったのである。とりわけ、基準値の合理性については、法廷で科学的な議論が展開されるようになる。しかし、上の複合決定で述べた通り、上記連邦法における基準値策定規定は科学的判断だけを要求しているのではない、ということは容易にみてとれる。というのは、ある物質が仮に実験等から労働者に有害性があると判断された場合であっても、その物質を全く排除するような設備を工場に強いれば、ある産業は経営上成り立たない場合もある。そのような場合、その物質の排除はこの条文から正当化されるか否かは容易には判断できないからである。この条文の適用にあたっては、二つの判断が必要となる。一つは物質の有害性の有無に関する判断である「リスク評価」（risk assessment）であり、もう一つはその有害性をどのように処理するのかに関する判断である「リスク管理」（risk management）である。法則や理論という意味での科学的判断は前者の問題にだけ関わり、後者は経営側のコスト及び利益を念頭において、どの程度の危険が甘受されるべきか、という価値判断を含む。このような場合には、科学的判断は法的判断にとって重要な考慮要素ではあるけれども、基準値策定においても、損害賠償

24　29 U.S.C. § 655 (b) (5). 傍点は筆者による。

訴訟においても必ずしも決め手とはならない[25]。

　以上の問題点を整理すれば、最初の二つの問題は理論と実験に関わる科学問題、最後は理論と規範的判断に関わる問題と分類できよう。前者の問題は元来、科学者集団によって解決されることが期待される問題であり、後者は、科学的判断を参考にしつつ、利害関係者によって妥協的に、たとえば、上の労働安全衛生に関するリスク管理の問題は、事業者及び労働者、そして連邦政府の三者間で妥協的に解決されるべきものであろう。そうすると、いずれの問題についても、法を適用するという意味での行政決定や判決にはなじまない問題であるともいえる。行政裁量が認められるとしても行政機関が単独で決定できる問題ではないし、ましてや伝統的な市民法秩序の維持を念頭においた司法機関が紛争解決として、決着をつけることができるような問題でもないからである。

　しかし、行政裁量を伴う行政決定についてはここでは置くとして（第3章で中心問題として扱う）、司法判断はそうした問題を独自な仕方で解決するよう期待されている、とする見解もある。アメリカの公法学者デイヴィッド・M. オブライエンによれば、ある問題に対して、政治の側が妥協を経て政策決定をなし、それに応える形で科学が確実な理論を提示する、という理想がうまく機能しない場合には、科学理論に関する論争も政策に関する論争も司法へとなだれ込む。そしてそれを解決するのは司法の役割だ、とする[26]。ただし、彼は、そこでの司法判断は多くの困難に直面し、きわどい価値判断を要求されることも認めている。オブライエンはその例としてスペリオル湖汚染裁判を挙げ、明解な説明を加えている。そこで、以下4では、科学訴訟としては比較的初期の事例に属するスペリオル湖汚染裁判を概観し、オブライエンが指摘する科学問題を法的に処理するあり方とその問題点をみていくことにしよう。

25　O'Brien（前掲注18), pp. 7 f. オブライエンは、しかし、この二つの判断は現実には分離不可能であるとし、それゆえ、科学者は政治、法律問題にまで入り込むと考える。現代における科学者の社会的役割とその問題については第3章で扱う。

26　O'Brien（前掲注18), pp. 1-5.

4. スペリオル湖汚染裁判 [27]

　1970年にミネソタ州裁判所で始まり、連邦裁判所をも巻き込み1980年に決着を見たスペリオル湖汚染裁判は、鉄鉱業会社のスペリオル湖への廃水及び排気の是非が問題となった裁判である。問題となったのはタコナイト岩石から鉄を取り出すことを業務とする鉄鉱業会社である。タコナイト岩石はその鉄含有率があまり高くないので、第二次大戦前にはあまり、注目されてこなかった。しかし、高い鉄含有率をもつ鉄鉱石が減少し、また、鉄精製技術が進歩するにつれて、この岩石は注目を集めるようになった。

　タコナイト岩石から鉄を取り出す過程においては大量の水が必要になる。というのは、タコナイト岩石を、鉄と残骸とに分ける媒体として水を使うからである。岩石は砕かれ、水に沈められた後、鉄だけが磁石で拾われ、溶解の過程へと移る。大量の水を必要とするゆえに、鉄鉱業会社はスペリオル湖岸に工場を設置し、1953年から操業を開始した。こうして鉄鉱業会社はスペリオル湖から大量の水をくみ上げ、作業工程の過程で発生する廃水を湖に流すようになったのである。鉄鉱業会社は経済的な成功をみ、1960年代半ばまでには、従業員3500人以上を有し、鉄の生産量も年1000万トンを記録した。それと同時にスペリオル湖の一日当たりの水使用量も膨大な量に及んだ[28]。

　一方、アメリカにおいては1960年代頃から環境問題意識が高まり、スペリオル湖近辺の水質の低下を懸念する声が生じるようになった。当初、ミネソタ州政府では経済的利益優先の立場から、工場の廃水を黙認してきたが、連邦政府の圧力もあり水質規制を厳格化し、鉄鉱業会社の廃水規制へと乗り出した。これに対して鉄鉱業会社は水質規制の強化は科学的な根拠がなく、非合理的な規制であるとし、それを工場に適用することは違法に財産権を侵害するものである、と主張した。この争いに対して、1970年にミネソタ州

27　以下の裁判経過に関しては United States v. Reserve Mining Company, 380 F. Supp. 11 (D. Minn. 1974) で記されている事件経過、及び O'Brien（前掲注18）, pp. 80-106 を参照。

28　United States v. Reserve Mining Company, 380 F. Supp. 11, 29-31 (1974).

地方裁判所でエックマン裁判官によって下された判決は以下のようなものであった。州の水質規制は合法であるが、それを直ちに当該工場に適用することは違法である。両当事者は解決案のために交渉し、1971年3月15日までに廃棄方法変更案を州政府に提示しなければならない、と[29]。州政府はこの判決を不服とし、上訴した。州最高裁判所は一審決定のうち、州の水質規制の合法性及びそれを工場に適用することの違法性だけを確認し、交渉義務づけ判決を裁判所の権限外と批判した。問題は結局振り出しへと戻ったのである[30]。

州裁判所によるこうした妥協的な判決がなされる中で、今度は連邦政府が鉄鉱業会社の操業規制に乗り出した。連邦側は州における紛争処理とは別に、スペリオル湖環境について1970年ごろから独自に調査を行なっていた。その調査結果として、州裁判所で問題となった工場廃水による水質汚染という論点の他に、残渣であるタコナイト繊維が発ガン性物質であるアスベストに類似しており、近辺住民の健康に危険を及ぼすおそれがある、という点が新たに浮上してきた。1973年8月1日に始まった連邦政府対鉄鉱業会社の訴訟は実に100人以上の証人、1600以上の証拠物、18000頁を超過する裁判所記録を伴い、139日続く大がかりなものとなった[31]。争点はいくつかあるが、本章のテーマである司法判断が如何にして科学的判断の抱える問題を処理するか、をみる上で、先に挙げたタコナイト繊維の人体に及ぼす影響という点だけを取り上げることにする。

職場の安全性基準としてアスベストはすでに連邦法で規制を受けていたが、同じ鉱物であるタコナイトにも規制を及ぼし得るかがここでの争点である。連邦側の科学者たちは顕微鏡観察によって双方の繊維が類似の構造をもっていることを指摘した。これに対して、会社側は大学の研究者を多数動員し、類似性を認めつつも以下のように反論した。物質の有害性は繊維の長さ

---

29 Reserve Mining Company v. Minnesota PCA, 1 ELR 20073 (1971).
30 Reserve Mining Company v. Minnesota PCA, 294 MINN. 300, 200 N. W. 2D 142 (1972).
31 United States v. Reserve Mining Company, 380 F. Supp. 11 (D. Minn. 1974). 15頁以下に詳しい経緯がある。

によって決まる。アスベスト繊維は5ミクロン以上なので有害であるが、タコナイト繊維の長さは5ミクロンに満たない。短い繊維は有害ではない、と[32]。連邦側はこの反論に対して、アスベスト規制の根拠である5ミクロンという基準は顕微鏡が5ミクロン以下の鉱物繊維を発見するのが困難である、という技術的な理由からであり、医学的な根拠からではない、とした[33]。工場側は、また、連邦側がタコナイト排気の吸入による影響とタコナイト廃水の摂取による影響とを同一視していることを批判した。当時アスベスト繊維の摂取による人体の影響は不明だったからである[34]。

　上で挙げた連邦規制の根拠である二つの理論、すなわち短い繊維をもつタコナイトもアスベスト同様、人体に有害であるという理論及び繊維の摂取も吸入と同様に危険であるという理論は確たる実験によって裏づけられたわけではなかった。また、工場側の主張である5ミクロン未満の繊維は病理学的に問題はない、という理論も同様にあまり根拠がなかった。裁判所が指名した専門鑑定人であるブラウン博士はタコナイト繊維に関するどの科学的判断も不確実だとしながらも、実践者としての医師の立場から以下のように述べた。「医師の立場からは、スペリオル湖環境にどんな微量であれ発ガン性物質がある、という事実を冷静に受け止めることなどできません。もし、発ガン性物質について、また水質の安全性基準についてもっと私の知識があれば、確かな結論を出し、裁判官に正確なアドバイスをすることができるのですが。既存の情報は私、いや誰にとっても確実な結論を引き出すのに十分ではありません。将来、医学者共同体に受け入れられる優れた諸技術が編み出され、発ガン性物質に関する知識がより充実するであろうその時まで、私の見解は以下のようなものであります。それは、発ガン性物質は取り除かれるべきである、ということです。」[35]。

　最終的に、連邦地方裁判所ロード裁判官はこの鑑定人の意見を尊重し、工場の廃棄処分を違法とした上で、会社に対して廃棄行為を判決当日（1974年

32　Id. at 39-42.
33　Id. at 42-45.
34　Id. at 51-53.
35　Id. at 51.

4月20日）をもって禁止すると命じた。

　会社側はこの差止判決を不服とし、連邦控訴裁判所に上訴すると同時に、判決の効力の一時停止を控訴裁に求めた。控訴裁はこれを認め差止めの効力を70日間停止させた[36]。控訴裁は停止決定の理由として立証責任の原則の立場から前審の判断を次のように批判している。廃棄規制の正当性を立証する連邦側は証拠なき医学上の仮説に基づいている。前審のロード裁判官は証拠法を踏み越えている。というのも、証人が現在の医学的知識の欠如から、リスク評価は不可能だ、といっているにもかかわらず、「不確実性は健康に有利に」という判断を為しているからである。これは「司法判断ではなく、立法政策的な判断である」（a legislative policy judgment, not a judicial one）と[37]。控訴裁のこの停止決定は廃棄処分禁止をめぐる本案にも影響するように思われた。しかし、長引く審議の末、結局、控訴裁は前審の決定を基本的に支持した上で、会社側に廃棄代替手段の選定のために合理的な時間の猶予を与えた[38]。

　さて、スペリオル湖汚染裁判は、確実な科学理論や科学的判断が不在である場合、及び複合決定が問題となる場合、それに司法判断が如何に対応するのか、をみる上で有益である。科学的判断の問題点は、とりわけタコナイト繊維が人体に及ぼす影響であった。連邦側の科学者は、タコナイト繊維の危険性を分子構造がアスベストに類似しているという点をもって論証したのに対して、会社側は繊維の長さが5ミクロン未満の鉱物は安全という独自の理論を提示した。裁判所の専門鑑定人は結局、理論や科学的判断が不在であることを宣言しただけであった。また、タコナイト繊維の危険性の有無と結びついて、工場の廃水及び排気の差止めの開始時期が問題となった。これが複合決定の問題である。鉄鉱業会社はアメリカのタコナイト鉄鉱石の15％を生産し、3000人を越える従業員を抱えていたので、即座の操業差止めは深刻な鉄供給問題と失業問題を生み出す。連邦控訴裁判所がなした前審判決の

36　Reserve Mining Co. v. United States, 498 F. 2d 1073 (8th Cir. 1974).
37　Id. at 1083-1084.
38　Reserve Mining Company v. ENVIRONMENTAL PROTECTION AGENCY, 514 F. 2d. 492 (8th Cir. 1975).

効力一時停止、差止め判決に対する効力一時停止はこうした問題を考慮した規範的判断であったことはいうまでもない。

こうした科学的不確実性及び価値判断の問題に対して司法がどのように対応したのか、を振り返ってみよう。この裁判において、オブライエンは二つの対応の仕方をみる[39]。それは州地方裁判所と連邦地方裁判所の判決である。まず、州地裁は科学的判断の不確実性、そしてそれと結びついた環境保護の利益と経済社会的利益の調整の難しさに圧倒された。その結果、裁判所は州の水質規制の強化を合法と確認したものの、そこから何らかの実質的な帰結を導き出すこと、すなわち工場の廃棄行為禁止もしくは容認という具体的判断を避け、州政府と会社側が交渉によって合意するよう義務づけた。もう一方の連邦地裁の判決はそれとは対比的である。こちらは、確実な科学的判断の不存在にもかかわらず、あり得るリスクの重大性を大きく評価することで、即時の廃棄行為禁止を決定した。これは経験的知識の不確実性を微妙な価値判断によって乗り越えようとするものである。

注意されるべきことは、どちらの判断も上級裁判所から手厳しい批判を受けた、ということである。まず、州地裁判決は規制の違法性をめぐる法律紛争解決を越え、交渉を義務づけるものであり、そうした判断は裁判所の権限を越えるものである、とされ、連邦地裁判決の方は、証拠法上のルールを無視した政策的な判断である、と批判された。こうした両上級裁判所の批判の是非はともかくとして、二つの地裁判決の問題点だけは指摘できよう。それはどちらも法的に正当化することは困難であるということである。科学的な不確実性と規範的判断の必要性に迫られ、州地裁のように、問題を回避すれば、そうした司法判断は法適用そのものを放棄することを意味する。また、連邦地裁のように科学的不確実性をものともせず、独自の価値判断で法適用を行えば、それは、今度は、法的論拠が怪しくなる。

科学訴訟が司法判断を困難にしているのは、元来、政治的議論や科学的議論で解決をみるべき問題が法律問題として争われることに起因する部分がある。したがって、問題を適切な議論の場に移すということは妥当な解決策と

---

39 O'Brien（前掲注18）, pp. 102-106.

してある。スペリオル湖汚染裁判では裁判官が何度も政府と工場との間の和解を促したし、ラエトリル裁判の控訴審では科学的議論にはあまり触れず、科学者集団に問題を投げ返した形になった。しかし、仮に法律家が根本的な問題の解決を他の議論の場に委ねるとしても、ミネソタ州地裁がしたように、それを法的に強制すれば、それはもはや司法判断の枠を越えるものといわざるを得ない。また、問題を他の場に移すにしても、議論が決着をみるまでの間には期間がある。その間、問題となる行為、たとえば汚染物質の廃棄行為や疑わしい薬の販売行為を当面、認めるのか否かは司法が逃げることができない問題である。そこでは、オブライエンが指摘した、微妙な価値判断が必要になる。

第2章総括

　薬事、衛生、環境、科学技術等の行政法の法領域において、判決や行政決定（行政行為以外の行政活動をも含む）の判断過程において科学的判断を取り込むことは、もちろん必須である。が、科学的判断は、行政法のその他の法領域においても、また行政法以外の法分野においても、一般に法的判断をより説得力あるものにする。特に、オプが示した通り、ヘンペル・オッペンハイムモデルが妥当するような科学的判断、すなわち「法則」を前提に「初期条件」が与えられることで、何らかの事実を導き出す科学的判断は、様々な法適用に際して有用である。それは、損害の因果関係を探る場面、刑の選択の場面、複数の証拠から事実を導き出す場面等において、法的判断に重要な論拠を提供し得る。

　もっとも、こうした科学的判断を活用するためには条件がある。特に上記の行政法の法領域での判決や行政決定が科学的判断を取り込む場合には、そうした科学的判断が現に利用可能であることが前提であり、かつ科学者集団で十分な一致をみているものでなくてはならない。その上さらに、判決や行政決定が専ら科学的判断に依拠できるのは、リスク管理等の価値判断が不要な場合に限られる。これらの条件が欠いているにもかかわらず、科学的関連事項について強引な決定がなされれば、それは信頼性に欠け、問題を解決し

ないばかりか、かえって科学的な紛争を助長する。このことを、アメリカでの「食品、薬品及び化粧品に関する連邦法」及び「労働安全衛生に関する連邦法」に関する事例で示した。

　ガンの治療薬と考えられていたラエトリルに対する不許可処分をめぐる訴訟では、行政行為や判決の前提とされるべきラエトリルの十分な研究が欠落していた。また、サッカリンを食品添加物から外す決定については、サッカリンの有害性に関する判断を導き出す手法、動物実験という手法について、科学者集団で十分な一致がみられていなかった。アスベスト、ベンジン等の職場に有害な物質の規制については、法律は経営者側のコストをも考慮要素として挙げているので、有害物質の基準値策定においても、損害賠償訴訟においても科学的判断は決定的な論拠とはならない。

　上記ラエトリルやサッカリンに関する科学問題は、元来、科学者集団によって解決されることが期待される問題であり、アスベスト等の規制基準値策定のように価値判断が含まれるリスク管理の問題は、利害関係者である事業者及び労働者、そして連邦政府の三者間で妥協的に解決されるべき問題である。そうすると、いずれの問題についても、法を適用するという意味での行政決定や判決にはなじまない問題であるともいえる。しかし、特に現代の司法は、そうした問題を避けることができず、困難を伴いながらも独自の仕方でそれを解決するよう求められているとの見方もある。これをオブライエンの見解及び彼が挙げるスペリオル湖汚染裁判の例にみた。

　1970年にミネソタ州裁判所で始まり、連邦裁判所をも巻き込み1980年に決着を見たスペリオル湖汚染裁判は、タコナイト岩石から鉄を取り出すことを業務とする鉄鉱業会社がその過程でスペリオル湖へ廃水及び排気をすることの是非が問題となった裁判であった。まず、ミネソタ州政府による水質規制の強化を会社側が争った裁判において、ミネソタ州地方裁判所は州の水質規制は合法であるが、それを直ちに当該工場に適用することは違法であり、当事者は解決案のために交渉するように義務づける、という中途半端な判決を下した。また、連邦等が原告となり操業差止めを求めた連邦地方裁判所判決においては、タコナイト繊維に関するどの科学的判断も不確実だとしながらも、差止めを認める判決を下した。

どちらの判断も上級裁判所から手厳しい批判を受けた。州地裁の判決はそもそも当事者の請求を無視して、和解を義務づけるものであったし、連邦地裁の方は手続法を無視した判決であったからである。とはいえ、上級裁判所も科学的判断が不確実な場合の結論から逃れることはできず、結果として下級審の判決を維持している点は見逃してはならない。いずれにしても、科学訴訟において司法には司法固有の微妙な価値判断が必要となる、というのがオブライエンの結論である。この指摘は第1章との関係でいえば、積極審査の問題に関わる。スペリオル湖汚染裁判の事例は科学訴訟で積極審査が行われた場合、どのような事態が発生するのかを示唆するものと捉えることができるからである。しかし、仮に、行政規制を追試する消極審査であっても、同様の微妙な価値判断が裁判所に求められることはあるだろう。この点は第7章及び終章で詳細に論じる。

第3章　科学的判断と行政過程

序

　第2章において述べた通り、科学訴訟が判決を難しくしている理由はそこで必要となる科学的知見がそもそも見当たらない、あるいは存在するが信頼性に欠けるという点にあった。しかし、そもそも司法や行政において、すなわち法適用の段階において生ずるそうした科学的判断の問題点は、すでに立法段階においても生じていることが多い。このことは食品、薬品及び化粧品に関する連邦法における1977年改正が科学的にみて問題があった点（第2章3）にみてとれる。現代社会においてはなんらかの損害の可能性、リスクについては、その予防として立法段階、すなわち政策決定の段階で考慮されることになるので、オブライエンが指摘した通り、科学が客観的な知識を提示し、政策がそれに基づいて民主的に決定されるという理想が実現していないことが科学訴訟の根本的な原因としてある。

　このような科学と政策との理想的な関係が実現できない理由としては、科学の側からは現代科学の性質や科学者の政治化――その一端はすでに第2章のスペリオル湖汚染裁判において対立する科学者の例にみた――の問題点が挙げられている。一方で、社会科学の側からはリスク社会の成立がこうした問題の一因として挙げられてきたが、その問題への対応としては、特に法律学の中で、リスク行政という行政法学の視点が注目に値する。というのは、科学をめぐる問題について、立法機関は機能不全で期待できないこと、司法機関はあくまでも、行政過程を前提にしていることから、行政過程での問題解決が期待されるからである。そこで、ここ第3章においては、科学と政策の根本問題を分析した後に、行政法学の視点を中心に行政過程での問題解決の有効性を検証する。そして、その後、瑕疵ある行政過程を経てなされる科

学技術的判断があり得ることを前提に、裁判所の能力の点からどの程度、司法は行政決定是正の役割を果たすことができるのか、これをアメリカ、ドイツそして日本の科学訴訟の実例において確認していく。

1. はじめに

　科学的判断とは、第2章で言及したヘンペル・オッペンハイムモデルによれば、「法則」を前提に「初期条件」が与えられることで、何らかの事実を導き出す判断であるといえる。そして、そうした判断が社会で活かされる理想的状況を、アメリカの公法学者オブライエンは、政策的な価値決定が合意に基づいてなされ、その政策の目的達成として科学が客観的知見を提供するという点に見出す。この理想は、下でみるマックス・ヴェーバーの学問観とも重なるものであるが、社会における科学技術の利用という点から再定式化すると以下の通りになるだろう。まず、「科学」(science)、特に物理学、化学、生物学等の基礎科学が、政治とは独立したアカデミーの領域において、知的営為として真理を探究し、一般法則を見出し、そして、「工学」(engineering) がそれを前提に、初期条件に手を加える人工物を開発することで、すなわち、発電施設等の「装置」(device) や遺伝子改良技術等のノウハウを開発することで、つまり「技術」(technology) を開発することで、自然界では通常生じない帰結を、たとえば発電や人工的な品種改良作物等の人間生活に有益な帰結を生み出す。そして、それらを今度は政治の世界が意欲的判断、価値判断としての政策決定を実現する合理的な手段として採用する――限定的採用や禁止の場合もある――というものである。たとえば、政策が「2050年カーボンニュートラル」等を決めれば、その判断自体は政治的価値判断ではあるが、物理学や電気工学における科学的判断自体は政治的に中立であり、カーボンニュートラルという政策目標達成のために、客観的な知識や技術を提供するといった例を挙げればよいだろう。

　しかし、こうした政策という人間の意欲の領域、価値判断を追求する領域と科学・工学（以下、煩雑になるので「工学」をあえて強調するとき以外には「科学」で「工学」を含意するものとする）といった真理あるいは認識の客観性

を探求する領域が目的手段関係において合理的に結びつくという理想、さらにいえば、政策と科学のそうした協働は社会に進歩をもたらす——典型的にはイノベーションによる経済成長や社会的課題の解決——といった素朴な考えは、現代では少なくともそのまま維持することはできない。このことは第2章で触れた化学物質をめぐるアメリカでの1970年代の各種紛争が示したところであるし、その他の環境問題や科学技術がもたらす災害等は、目的を達成する手段として、科学や工学はそれほど確実で客観的な知見を提供しているわけではなく、予期せぬ弊害や副作用をももたらし得るということを物語っている——いわゆるリスク社会の問題。また、科学が単なる手段の提供に尽きるのかという点についても、そんなことはなく、温暖化防止対策や肥満対策にみられるように、現代では目的・政策に科学者自身が関与する場合も少なくないであろう。さらに、ここ最近のChatGPTをめぐる議論にみられるように、政策目標それ自体は人間が意欲作用として行う価値判断であるという点ですら、AI技術の進歩によって疑わしくなる。場合によっては、将来、政策目標すら情報科学がもたらす技術によって決められる——それを科学的判断と呼べるか否かは別にして——ことも考えられよう。とすると、ますます政策と科学との間の価値判断と認識行為という分離、目的手段モデル、そして客観的で信頼できる科学的判断という観念は疑わしくなる。

　こうした政策と科学との厳格な分離や目的手段モデルへの懐疑、科学的判断の信頼性への懐疑（ここにはもちろん法適用における科学的判断の問題も含まれるが、以下、単純化して「政策と科学をめぐる諸問題」という）については、これまで様々な方面から議論されてきたところである。科学・科学哲学の側からは、すでに1970年代頃より、科学的な営為は科学者集団の内的論理によって展開されているわけではなく、最初から社会的要請に応えるものであるといった、科学的営為を社会との関わりという脈絡で捉える見解、現代のいわゆる「科学技術社会論」の視点が提示されてきた[1]。また、社会科学の

---

[1] 科学技術社会論の展開については、松本三和夫「テクノサイエンス・リスクを回避するために考えてほしいこと——科学と社会の微妙な断面——」思想1046号（2011）6頁以下、ハリー・コリンズ、訳・解題 和田慈「科学論の第三の波——その展開とポリティクス——」思想1046号（2011）27頁以下を参照。また、現代の科学技術社会論の基本的な考え方については、小林傳司『トランス・サイエンスの時代—科学技術と社会

側では[2]、社会学の視点から科学技術に依存する産業社会の負の側面として、目に見えないリスクが脅威になるリスク社会の成立が主張されてきたし、同様の状況について、法律学の立場からも、様々な議論提起がなされてきた。まず基礎法学の側は、1980年代後半頃より、オブライエンが指摘した科学問題の司法での取り扱いを、現代型訴訟、政策形成訴訟の名の下で議論してきた[3]。また、公法学の側は科学技術リスクの問題を、予防国家やリスク社会における民主主義という視点で考察してきたようにみえるが[4]、特に行政法学としては、これも1980年代後半頃より、原発訴訟を契機として、リスク行政及びそこでの行政裁量についての議論が盛んに行われてきた（この詳細は本章3以下）。

さて、第2章で触れた通り、科学問題の終局的な出口——実際に、そこで問題解決に至るか否かは別にして——は司法判断であることを考えると、上のような政策と科学をめぐる諸問題は、最後は、司法の場に持ち込まれる可能性がある[5]。一方で、これもアメリカのアスベスト訴訟における争点の変化でみた通り（第2章3）、科学的判断をめぐる問題は、一旦、行政規制という形で一応の決着をみ、裁判においてはその行政規制の正当性をめぐり争わ

をつなぐ』NTT出版ライブラリーレゾナント（2007）、特に第4章を参照。
2　岡田正則「災害・リスク対策法制の現状と課題（特集　災害・リスク対策の法的課題）」法律時報81巻9号（2009）4頁以下においては、科学技術をめぐる諸問題について、社会科学一般から法律学各部門に至る鳥瞰的な視野が提供されている。本章の構成もこれに負うところが多い。
3　たとえば、田中成明『現代日本法の構図——法の活性化のために——』筑摩書房（1987）、大沢秀介『現代型訴訟の日米比較』弘文堂（1988）等。
4　公法研究69号（2007）においては、リスク社会に対する公法からの対応としていくつかの論文が掲載されている。本章が参考にしたものとして、大沢秀介「現代社会の自由と安全」公法研究69号1頁以下、大石眞「「安全」をめぐる憲法理論上の諸問題」同21頁以下、白藤博行「「安全の中の自由」論と警察行政法」同45頁以下、山田洋「リスク管理と安全」同69頁以下、桑原勇進「環境と安全」同178頁以下。また、愛敬浩二「リスク社会における法と民主主義」『法哲学年報2009』有斐閣（2010）16頁以下も参照。
5　岡田（前掲注2）5頁も同趣旨。もちろん、司法は個別的紛争解決の場ではあるが、しかし、原発の基準地震動策定の信頼性等は、究極的には、地震学や地震工学の科学としての資格・性質に依拠することになる。その限りで、科学問題を司法は避けることができない。たとえば、賛否はあるが、平成28年高浜原発仮差止（一次）決定（大津地決平成28年3月9日判時2290号75頁）がその例として挙げられる。

れる点、そうすると、少なくとも大陸法系では基本的に抗告訴訟になる点——民事訴訟であっても、行政過程と行政決定が着目される——等を考えると、上記のような問題はまず行政過程——立法段階での解決は困難な点は後述3——で解決されるべき問題であり、科学訴訟は行政過程との関係で検討されるべき問題であるといえる。

そこで、ここ第3章においては、行政過程を科学問題解決のフォーラムと捉え、そこにおいて、科学的判断に内在する上記の諸問題、政策と科学をめぐる諸問題がどのような解決をみているのか、あるいはみていないのかという点を中心に検討していく。以下、まず、政策と科学との伝統的な分離モデル、目的手段モデルをヴェーバーの議論において確認した後、そうした伝統的なモデルに対する二つのタイプの批判を取り上げることで、現代社会における政策と科学をめぐる諸問題を確認する (2)。その後に、そうした問題を行政過程でどのように「解決するべきか」という規範論 (3及び4)、その後に「実質的に解決できるのか」という実態論 (5) を議論する。前者、規範論は行政法学、特にリスク行政の議論から、後者、実態論は行政過程での科学者の位置づけに関する科学技術社会論の立場から検討していく。そして、最後に、そうした議論を踏まえて、行政過程で解決できない問題を司法過程ではどのように扱われているのか、という点をアメリカ、ドイツ、我が国におけるいくつかの科学訴訟の判例をみながら整理していく (6)。

2. 政策と科学との目的手段モデル及びその問題点

冒頭で述べた通り、政策と科学の分離は、既に、20世紀初頭においてヴェーバーが学者・科学者の使命として、「学問論」(Wissenschaftslehre) において示したところである。人が世界を、ヘンペル・オッペンハイムモデルがいうところの（科学）法則に従うものとしてみなすとき、与えられた初期条件から帰結・将来を予測できるようになる。そしてさらに工学が提供する科学技術を通して意図的に将来を変化できるようになると、個人の側（特に「経営」(Betrieb) において）では利益増大のための合理的な手段として科学を利用するようになる。ヴェーバーは、目的手段モデルが個人の側におい

て、経済合理性と結びつき資本主義の発達を促すとしている[6]。

このような目的手段モデルによる個人の行為形式の変化に伴い、それを統治する国家行為もまた合理化されることになる。市民の予見可能性に資する形式的統治の必要と、財政の恒常的安定性をはかる目的から、大量の物的人的資源を統一的に処理することが国家の重要事項となる。これを達成するために、科学・技術——ここでヴェーバーはこの語を広く捉え、通信や交通技術の他に租税論や行政学のような知識をも含める——は統治の合理的な手段としても利用され、官僚制機構の進展を促す[7]。このように、目的手段モデルは社会全般に浸透し、社会・国家の近代化、合理化をもたらす。

ところで、科学技術（ここではヴェーバーがいうように「技術」に加えて、「科学」、「工学」における知識を含める）の性質は目的——それが収益であれ、統治であれ——に対しては有益なものであるが、それを創出する知識そのものは客観的な認識行為の所産である。これがいわゆる科学・学問の「価値中立」（Wertfreiheit）である[8]。科学・学問は事象の客観的な説明や予測を任務とするもので、ある特定目的を科学・学問が正当化するものではない[9]。実践的生活において、科学・学問ができることは、ある目的を所与とした場合、それを達成する合理的な手段は何か、そしてその手段を選択した場合、「付随する帰結」（Nebenfolge）はどのようなものがあり得るのかを確定することである[10]。このような客観的な知識を提供する科学によって、我々の世界は計算可能な、そして合理的にコントロール可能な世界に変わり、我々は古い「魔術から解放」（Entzauberung）される[11]。

---

6 Max Weber, Wirtschaft und Gesellschaft, 2. Aufl., 1. Halbbd., 1925, S. 48-53, 94 f. マックス・ヴェーバー、富永健一訳『経済行為の社会学的基礎範疇』中央公論社（1979）、『世界の名著61』所収337～348及び436～438頁。

7 Weber（前掲注6), S. 128-130. マックス・ヴェーバー、世良晃志郎訳『支配の諸類型』創文社（1970）26～32頁を参照。

8 ヴェーバーのいくつかの学問論で繰り返された主張であるが、ここではMax Weber, Wissenschaft als Beruf, in: Gesammelte Aufsätze zur Wissenschaftslehre, 1922, S. 524-555. ヴェーバー、出口勇蔵訳『職業としての学問』河出書房（1954）、『世界の大思想全集；社会・宗教・科学思想篇21』所収129～218頁のみから引用する。

9 Weber（前掲注8), S. 545 f. 出口訳同書151～152頁。

10 Weber（前掲注8), S. 549 f. 出口訳同書155～156頁。

11 Weber（前掲注8), S. 536. 出口訳同書141頁。ヴェーバーにおいて「計算する」

さて、以上簡単に示したヴェーバーの近代国家における手段としての科学技術の役割について、戦後二つの点で議論の継続あるいは批判的展開がなされた。まず、一つ目は科学技術が生産性や統治のために進歩し続けることに対するマイナス面の議論である。そして二つ目は科学技術の価値中立に関する批判である。

2.1 政策と科学との目的手段モデルの問題点1

まず、科学技術が進歩し続けることの負の側面としては、もちろん科学技術施設がもたらす危険や環境リスク等が挙げられるが、ここでは政策と科学という目的手段モデルそのものの問題点をヘルベルト・マルクーゼの議論にみていこう[12]。マルクーゼはいう。自然そして人間をも含め、事物を科学的、合理的な仕方で利用、コントロールをすれば、政治、経済社会諸活動の生産性は向上する。結果、生活水準の向上に至る。しかしその反面、同じ理由で人間精神にとって破壊的、抑圧的な営為を正当化してしまうことになる、と[13]。理由は科学の下で捉えられる数量化されコントロール可能な現実ばかりが重視され、倫理、宗教等の価値は現実的ではないゆえに格下げされるからである[14]。それらは科学的な生活様式にとっては邪魔者でしかない[15]。こうした科学的合理主義の落とし穴の根源をマルクーゼは科学そのものに内在する思考様式に見出す。自然科学というものは元来、技術が先行する。というのは、自然を理解するためには、それを装置やノウハウという技術の下に投げ入れることが必要だからである。その場合、自然は人間にとって支配される素材として、道具として捉えられることになる——自然の道具性。したがって、生産要素としての自然という考えは近代自然科学の利用ではなく、思考の延長線上にある[16]。こうした見解は基本的に技術と人間についても妥当する。技術まずありきで、人間は経済でも政治でもコントロールされ

  （berechnen）と「合理化する」（rationalisieren）は密接な関係を有する。
12 Herbert Marcuse, One-dimensional man: studies in the ideology of advanced industrial society, 1966.
13 Marcuse（前掲注12）, p. 146.
14 Marcuse（前掲注12）, p. 147.
15 Marcuse（前掲注12）, p. 148.
16 Marcuse（前掲注12）, p. 153.

る素材に過ぎない、と[17]。マルクーゼにとっては、政策と科学との目的手段モデルの行き着く先は、科学による人間統治であり、科学的思考様式は人格や個の尊厳を軽視することにもつながる、と警告している。

さて、上のような人間疎外とも呼べるマルクーゼの科学技術の本質論をさらに発展させ、科学技術に過度に依存する国家をコミュニケーション阻害として捉え直すのがユルゲン・ハーバーマスの議論である[18]。ハーバーマスの議論においては目的手段モデルという合理化の影響を受けるものとして個人の行為レベルと社会制度レベルが区別される。そして、個人の行為レベルでの合理化が社会制度を変容させる様態を伝統的な社会制度を崩壊させ、資本主義ベースに変容させる段階、そしてその資本主義制度がそれ自体純粋に維持できず、国家介入という修正が必要になる段階という二段階に分けて議論が進められている。

まず、個人の行為における合理化思考が資本主義に則って終わりなき生産性拡大を志向するとき、封建体制等の伝統的な社会制度は崩壊することになる。上からの神話的、魔術的な根拠によってではなく、合理性という下からの原理によって支配が正当化される必要に至るからである。ここにおいて、下からの原理に適合する新たな社会制度は市場制度、等価交換という観念——それ自体イデオロギーであるが——に適合的なブルジョア市民（私法）秩序であり、行為の予見可能性に貢献する成文法かつ、その平等適用が重要になる。さらに実体的公法関係としては生産関係が政治的力関係に反映される民主主義制度が求められる[19]。市民革命による民主主義立憲国家はこうした歴史的なメカニズムで成立する。ところで、マルクーゼの議論とは若干異なり、この段階では科学は必ずしも生産の道具としては観念されず、社会の合理化への寄与も間接的なものであった、とハーバーマスは考える。科学が技術と一体となり、社会の合理化推進をはかるのは19世紀後半、すなわち資本主義が行き詰まりをみせる段階においてである[20]。

17　Marcuse（前掲注12）, p. 154, 156, 168.
18　Jürgen Habermas, translated by Jeremy J. Shapiro, Toward a rational society: student protest, science, and politics, 1970.
19　Habermas（前掲注18）, pp. 98 f.

資本主義は現実に失業者と貧困を生み出し、等価交換のイデオロギーが暴露されるとき、資本主義システムの破綻防止のために、二つのことが必要になる。一つは階級対立を緩和させるために、経済政策や社会保障といった施策によるシステムの安定のための国家介入で、もう一つは生産増大のための科学技術の積極利用が国家レベルで推し進められること、すなわち科学技術促進の制度化である。この場面では制度目的それ自体が資本主義システムの破綻防止となる。そうなると、そこでの関心事は国家資本に依存する科学技術開発に基づく生産拡大と、そこで得られた富を社会保障の観点を加味して分配するといういずれも技術的な問題になる。したがって、公共問題から幸福な生活や価値に関する議論は消失して、問題は議論不要な技術問題に矮小化される[21]。その結果、テクノクラート支配が蔓延し、民主的なコミュニケーション行為は機能の場を失う。

2.2 政策と科学との目的手段モデルの問題点2

さて、マルクーゼとハーバーマスでは、社会の合理化経緯についての説明に相違はあるが、いずれも科学技術に依存する国家がもたらす「一元的な」(one-dimension) 思考様式に警告を発している、といえよう。それでは一方のヴェーバーの科学技術の価値中立についてはどのようにいえるであろうか。この点はすでに上に挙げた、道具的人間観や国家資本による科学技術の制度化という点からも批判され得るが、とりわけ戦後の国家による科学技術の政治利用という現実を指摘するペーター・ヴァインガルトの議論[22]を紹介してみたい。

ヴァインガルトによれば、ヴェーバー流の科学と政治（=価値判断）の関わりは3つの想定をもつ[23]。(1) 政治が社会問題を特定→科学者のアドバイス→政治による政策決定という直線的モデル、(2) 科学的知識の価値中立、(3) 科学者の政治的中立の3つである。しかし、どれも妥当しない、という

---

20 Habermas（前掲注18), p. 99.
21 Habermas（前掲注18), pp. 102-113.
22 Peter Weingart, Scientific expertise and political accountability: paradoxes of science in politics, 26 Science and Public Policy (1999), p. 151.
23 Weingart（前掲注22), pp. 154 f.

のが彼の主張である。(1) については、温暖化問題や食品の発がん性物質の問題は科学者が問題提起をしたのであって、政治家が問題提起をしているわけではない。またハイテク技術にはしばしばリスクが伴うので、導入とリスク計算は科学者主導で問題提起がなされる[24]。次に (2) について。ヴェーバーがいうように、科学は手段としての合理性を保証するので、たとえばエネルギー需要を大幅に満たすという政策目的が確定される限り、原発の導入という手段が合理性を持つか否かは科学が答えうるところではある――さしあたり、付随効果は考えない。その限りで、科学には内在的に政策を正当化する機能がある。ところで、原発もそうであるが、遺伝子改良、二酸化炭素排出、BSEの人間への感染等、現代の科学技術は議論が分かれる不確実な判断が伴い、その点で科学的に議論が分かれることがしばしばである。それゆえに、そこにおいては科学的知識は各々の政治的立場を正当化する根拠として引き合いに出されることになる。現代においては、科学はハードな客観的な知識を提供するものではなく、そこにメディア、市民、政治家が関心を寄せ、その利用によって特定の政治的主張に根拠を提供するものである。したがって、科学的知識は中立なものではなく、公共問題に入る限りで、それは支持し得るものであったり、危険なものであったり、真理ではなく、評価の対象となる[25]。最後に (3) について。科学者の政治的中立というのは幻想以外の何ものでもない。二酸化炭素排出によるオゾン層破壊が問題になった当初、この理論及び排出規制を支持する科学者は消費者、環境保護主義者側であったし、これに反対する科学者は研究資金ほしさにこの理論にあえて疑いを挟む者、あるいは産業側の科学者であった。また、科学者が政府の諮問機関のメンバーとしてリクルートされるとき、政治はあらかじめ、科学者をある特定政策を擁護するようなプレッシャーの下に置く。こうしたことから、「科学者の政治化」(politicisation of scientist) は現代では必然的である、と[26]。

24　Weingart（前掲注22), p. 155.
25　Weingart（前掲注22), p. 156.
26　Weingart（前掲注22), p. 156.

3. 科学技術規制における行政の役割

　さて、以上みたように、科学的判断・科学技術は価値中立的な手段としての位置づけにあったものが、社会が科学技術に依存するようになるにつれて、政策決定という、人間の意欲作用である価値判断に影響を与えるようになったこと、このことが現代社会における政策と科学との関係についての第一の側面として指摘できる。政策の議題設定の段階で科学技術振興が当然視されたり、科学者主導で議論が誘導されたり等によって、いわば、民主的議論が科学によって浸食されているという側面である。しかも、そこでの科学者の見解、特に高度な科学技術に関する科学的判断は、科学者間で議論が分かれるもの、不確実なものも少なくなく、政策実現の手段としての科学の客観性、それゆえ信頼性の側面においても問題をひき起こす。これが第二の側面である。そして、第二の側面、科学的判断は議論が分かれる不確実なものであるという側面は、第一の側面を加速し、科学者が各々の特定政策を正当化する役割を担い、科学者を政治化させる。そして、さらにこれに加えて、不確実な科学的知見という点は、リスク社会を成立させるという別の問題をも生み出す。

　このような政策と科学をめぐる複雑な諸問題は、科学と法をめぐる問題にも反映し、その解決が法律学に求められている。たとえば、科学訴訟の場面でいえば、科学的判断の不確実性の問題、科学者の非中立の問題、あるいはテクノクラシーの問題等は、法廷において、事実認定問題であったり、規制権限不行使の違法性問題であったり、または適正手続問題等の形で、争点化していくのであり、現代司法論としてその解決が求められる。とはいえ、本来は科学と法をめぐる諸問題は、司法の問題ではなく、立法あるいは行政の問題として扱われるべき問題である。このことは、科学訴訟が政策形成訴訟の側面があると指摘されることからも分かることであるが、下で述べるように司法での問題解決には様々な制約がある点からもいえることである。以下ではこうした事情を含めて、法律学の立場から、政策と科学をめぐる諸問題はどのように議論され、どのようにその問題の克服が検討されているのか、

三権のうち、どこでの問題解決が求められるのか、これについてみていく。

3.1 政策と科学をめぐる問題に関する法律学からのアプローチ

ハーバーマスの議論にせよ、ヴァインガルトの議論にせよ、科学技術に依存する国家の体制を問題視している点を考慮すると、科学と政策との問題は、法律学の問題としては、国家論や憲法学の視点からの検討が、立法段階での問題解決やその際注意すべき人権への配慮等がまず議論されるべきであるということになる。もっとも、実際の学説の傾向としては、科学技術に依存する社会における国家権力のあり方、三権分立のあり方や科学技術のリスクに対する具体的対応等の重要な議論は、憲法学の議論というよりも、行政法学の議論、特にリスク行政の議論に多くを見出すことができる。それは立法過程よりも、そして司法過程よりも、行政過程においてこの問題の克服をみるのが妥当とされるからである。それはなぜか。

科学技術に依存する現代社会における諸問題への対処として、冒頭で少し触れた通り、憲法学の立場からいくつかの議論がある。科学技術のリスクに対する予防国家論や基本権保護義務論がその例であるが[27]、それはヴェーバーの近代国家の弊害、ハーバーマスの科学技術に依存する国家への対応の一つとしてみることもできるだろう[28]。予防国家論は確実な危険を規制するのではなく、環境法の予防原則の考えを取り入れ、不明な科学技術のリスクを積極的に国家が規制する見解である。また、基本権保護義務論はリスク社会における人権の位置づけとして、特に事業者側（私人）が用いる科学技術が一般市民にもたらすリスクを事前に回避するよう国家に請求する権利を提唱

---

[27] 予防国家論については、大石（前掲注4）33頁以下、白藤（前掲注4）52頁以下を、基本権保護義務論については、白藤（前掲注4）50〜52頁、桑原（前掲注4）178頁以下を参照。

[28] ただし、これらの議論はリスク社会への対応に焦点があり、我々の判断自体が科学技術に侵食されるというマルクーゼやハーバーマスの懸念に直接応えるものではない。むしろ、こうした懸念は、法律学においては、科学技術をめぐる新しい問題として議論が始まったばかりのようにみえる。岡田正則「先端技術のガバナンス法制をめぐる国内外の動向——企画の趣旨と概要（小特集　先端技術のガバナンス法制をめぐる国内外の動向）」法律時報91巻6号（2019）56頁は現代のAIと個人の自由意思の問題を議論にしているが、これは社会的な決定における自由意思の問題についてもいえるだろう。

する。しかし、予防国家という考え方は、ヴァインガルトが指摘した通り、客観的・中立的な科学的判断という観念が疑われている以上、そうした不確実な知見の下で民主主義国家がどのように科学技術規制について合意形成をすべきか、という点については問題が残るし[29]、基本権保護義務論にしても、科学技術のリスクに対する人権保護の実質が技術開発等の利益との「衡量」、すなわち第1章で述べた比例原則に依存する限りで[30]、やはり同様の問題を抱えるものである。そうすると、立法機関がこうした政策と科学をめぐる問題を一般的な立法という形で答えを出すよりも、他の国家機関に任せるという選択肢がある。すなわち、立法を前提としないで、あるいは前提としつつ、そうした政策と科学の非独立の問題——特にリスク管理の問題——や科学的判断の客観性や中立性の問題を、専門性が高い行政や司法に委ねるという選択肢が考えられる[31]。

ところが、少なくとも司法での問題解決、すなわち科学訴訟のような現代型訴訟における司法の役割に関しては、我が国の議論において、積極論から慎重論まで各法律分野で温度差、ないし開きがある[32]。特に、行政訴訟に限っていえば、司法の場でのこうした科学問題解決以前に、原告適格や処分性といった訴訟要件のハードルが高いし[33]、冒頭で述べたように、抗告訴訟に

---

29 山田（前掲注4）76～77頁を参照。
30 桑原（前掲注4）178頁は、本書第1章6.4でみたアレクシーと同様の原理論に言及している。が、既にみた通り、衡量論は経験則や科学法則に依存する。したがって、ここでも、山田（前掲注4）の批判が妥当する。
31 愛敬（前掲注4）22～23頁では議会の限界をどのように、行政と司法で補うかが論じられている。大沢（前掲注4）12～13頁も同様。なお、動態的基本権保護という概念によって、原発のリスク管理についての立法の限界、そして行政・司法の役割を強調するドイツ連邦憲法裁判所カルカー決定については第5章で触れる。
32 田中（前掲注3）等、基礎法学者の見解は積極論が多いように見受けられるが、一方で、原発訴訟における司法の役割についての議論にみられるように、個別事件については、環境法学者や行政法学者の間で相当程度の意見の開きがある。詳細は第6章以降で触れる。
33 科学訴訟や環境訴訟のような現代型訴訟が行政訴訟として議論される時には、テーマが、しばしば、訴訟要件論に終始する傾向があるようにみえる。たとえば、塩野宏・園部逸夫・小早川光郎・高木光・宍戸達徳・時岡泰・鈴木康之「現代型行政訴訟の検討課題」（座談会）ジュリスト925号（1989）3頁以下。また、現代型訴訟についての公法学会シンポジウムについても同様（公法研究52号（1990）138頁以下）。

おける司法審査は行政過程との関係で考えられるべきである。そうすると、結局は立法との関係でも司法との関係でもこうした政策と科学をめぐる諸問題は行政過程での議論、すなわち行政法の視点[34]がもっとも重要となるといえるだろう。そこで、下では行政法及び行政法学からの視点に限定して、政策と科学をめぐる諸問題に対してこれらの視点がどの程度有効な解決を提示できるのかについて検討していこう。

3.2 リスク行政の法理論

　政策と科学との目的手段モデルの問題点のうち、特に科学的判断の不確実性の問題は環境法や科学技術規制に関する法分野で問題になる。これらの法は各種の科学技術リスクを行政が主導してコントロールしていくという共通点をもつので、リスク行政法と呼ばれることがあり、そこでの行政活動、科学的判断の不確実性を前提に、科学技術がもたらすリスクを評価し、対処する行政活動はしばしばリスク行政と呼ばれる[35]。ところで、このリスク行政という概念は単なる行政活動の種類の一つを指すものではなく、それ以上を含意するという点が留意されるべきである。行政活動の分類としては、伝統的に、侵害行政や給付行政、計画行政等が挙げられてきたが、リスク行政は

34　科学技術リスクについての行政法理論について、我が国の学説はドイツの行政法理論に負うところが多い。本書が特に参照したものとして、ドイツ文献としては、Udo Di Fabio, Risikoentscheidungen im Rechtsstaat : zum Wandel der Dogmatik im öffentlichen Recht, insbesondere am Beispiel der Arzneimittelüberwachung, 1994; Arno Scherzberg, Wissen, Nichtwissen und Ungewissheit im Recht, in: Christoph Engel, Jost Halfmann, Martin Schulte (Hrsg.), Wissen - Nichtwissen - unsicheres Wissen, 2002, S. 113; Hans-Heinrich Trute, Democratizing Science: Expertise and Participation in Administrative Decision-Making, in: Helga Nowotny, Dominique Pestre, Eberhard Schmidt-Aßmann, Helmuth Schulze-Fielitz, Hans-Heinrich Trute (Hrsg.), The Public Nature of Science under Assault: Politics, Markets, Science and the Law, 2005, p. 87 を、我が国の文献としては、山田（前掲注4）、山本隆司「リスク行政の手続法構造」城山英明、山本隆司編『環境と生命　融ける境　超える法 5)』東京大学出版会（2005）所収3頁以下、同「日本における裁量論の変容〈報告〉（日本におけるドイツ年記念――日独行政法シンポジウム　行政裁量とその裁判的統制 (2)）」判例時報 1933 号（2006、以下では「行政裁量とその裁判的統制 (2)」と称する）11 頁以下、下山憲治『リスク行政の法的構造――不確実性の条件下における行政決定の法的制御に関する研究――』敬文堂（2007）を挙げておく。

35　下山（前掲注 34）42〜51 頁参照。

そうした分類の一つというよりは、リスク社会という現代社会に適合した行政活動のあり方を述べるものであり、伝統的な行政法総論への批判的な意味も込められている[36]。この点は科学技術リスクに対する行政の対処の仕方とも密接に関わる。

　ドイツ及び我が国においては、オットー・マイヤー流の伝統的な行政法総論が行政法教科書で採用されてきたが、それは警察法をベースに蓋然性がある危険の防止を目指した行政行為とその法的正当化論にあったと概ねいえる[37]。法律による行政という原則、行政行為論や行政立法論、行政裁量論等の諸項目はこうした警察法をベースに構築されてきた。たとえば、侵害留保としての法律の留保は危険防止のために市民の自由と財産への介入する権限を議会に求めたもので、司法統制もそうした危険の有無についての最終判断を司法に委ねることで市民の権利救済に資するという考え方である[38]。

　しかし、こうした考えは科学技術に依存する現代国家における諸科学技術、原発や遺伝子改良食品、携帯電話電磁波等がもたらす危険の防止には役に立たない。確かな自然法則や経験則がなく、そもそも我々は「分からない」（Ungewissheit）ということから出発しなければならないからである[39]。ここにリスク行政という新しい行政活動の必要性がある。したがって、リスク行政に適合的な行政法総論が、すなわち新しい法律の留保論、行政裁量論、司法統制論もまた必要になる。それはもちろん、既存の環境法等のリスク行政法の規定から共通事項を帰納的に導き出すことで獲得されるが、そればかりでは足りず、実定法から離れて、法源論や裁量論等の再構築を学説が

36　この点については、行政法の参照領域論に関わる。詳細については、赤間聡「行政法学における法学的方法批判について法律学方法論の側から考える――制御学、参照領域論、法規中心主義批判及び学際的方法に対する若干の疑問（2・完）――」高知論叢119巻（2020）23〜24頁参照。

37　マイヤーの行政法学は、警察法を素材として、民法パンデクテン法学をモデルにしながら、行政法総論を構築していたという点については、赤間聡「行政法学における法学的方法批判について法律学方法論の側から考える――制御学、参照領域論、法規中心主義批判及び学際的方法に対する若干の疑問（1）――」高知論叢118巻（2020）96〜97頁参照。

38　Fabio（前掲注34），S. 445 ff.

39　Scherzberg（前掲注34），S. 124 ff.

手掛けるものである。以下ではリスク行政の考え方のいくつかを挙げてみよう。

まず、法律の留保、すなわち議会と行政の権限分配問題は新たな定式化が必要となる。科学的知識が不確実である状況下では、政治と法は個別事例に適用できるほど具体的な規制をできないので、「法の脱実体法化・脱作用法化」(Entmaterialisierung des Rechts) が進む[40]。すなわち、立法は実質的な規制を行政過程にまで先延ばしする。ただ、行政過程で誤った判断が出ないように、外枠として組織・手続に関する規定を設け、審議や利害関係調整がフェアな形で行われるように確保する[41]。加えて、科学技術のリスクが分からないということを配慮すると、部分許可や容易な撤回等、暫定的規制手法が重要な法規定となる[42]。そしてこうしたことすべてから法定立権限の議会独占は緩和され、行政立法その他「多元的な法源」(polyzentrisches System der Rechterzeugung) が必要となる[43]。

次に行政過程では十分な予測根拠がないことを前提にしつつ、なおかつ決定を合理化する道が求められる。その際、現在の科学水準に依拠して、事故の蓋然性をどこまで実践的に排除できるか、という検討もさることながら、いわば技術の実験的な導入によってリスクを解明するという将来のための調査利益の配慮ということも重要な事柄になる[44]。こうした社会実験を含む判断は行政の専門委員会の諮問なしには不可能であり、終局的な決定はリスク分析の根底にある仮説の選択、各種法益の考慮を含み、社会文化的な価値判断抜きにはあり得ない。こうしたことから、科学技術規制に関する法の適用においては、従来司法の場でなされてきた十分知られている法益間の比較衡量は問題にならず、知られているものと知られていないものとの比較衡量、

40　Scherzberg（前掲注34), S. 126-128.
41　Scherzberg（前掲注34), S. 126 f. 下山（前掲注34) 82～88頁。山本（前掲注34)「リスク行政の手続法構造」33～48頁はこれを外的手続と呼ぶ。
42　Scherzberg（前掲注34), S. 125.
43　Scherzberg（前掲注34), S. 129.
44　Scherzberg（前掲注34), S. 136. トゥルーテはこれを second-order-risks と呼ぶ。Trute（前掲注34), pp. 92 f. 下山（前掲注34) 43頁、山本（前掲注34)「リスク行政の手続法構造」14～15頁も参照。

多くのリスクと多くの有用性との比較衡量が重要となる。これは形成行政に近い行為である。以上のことから、科学技術の規制について、法は行政を制御する力をあまりもたず、一般に組織や手続の構成への言及にとどまる。したがって、こうした組織・手続から導き出される決定は行政裁量に属することになる[45]。

　以上、ごく簡単にまとめたリスク行政の特徴は、論者によって多少のニュアンスの違いはあっても、一般的な見解であるように思われる。たしかに、従来の警察法上の危険と比較すれば、確定し得ない損害を法が取り扱う際には、実体的な規制基準は放棄せざるを得ないということ、組織・手続を完備し、あとは科学的専門的な判断に任せざるを得ないこと、決定内容には科学的な判断以外に複雑な利益の衡量があること、したがって、行政裁量は認められること、これらは説得力ある論理にみえる。しかし、こうした危険概念からリスク概念に重心を移したリスク行政法の規範構造、及びリスク行政に適合するような行政法総論・行政法理論はどの程度、政策と科学との相互依存という現代の基本的問題の解決に貢献しているといえるのだろうか。

　少なくとも、法律の留保、いわゆる議会留保の限界から、行政過程に問題の解決を委ねることは、(1) 官僚国家化以上に、ハーバーマスやヴァインガルトが懸念するような科学者・技術者という専門家による国家統治をすなわちテクノクラシーを促進あるいは正当化することにならないか。科学技術規制に関する実体法が内容空虚になる代償として、組織法、手続法を充実させるという一般論は妥当だとしても、審議手続に参加できる資格は誰に与えられるべきなのか——これは原告適格の問題にも関連する。このような政策決定における民主的正当化の問題がなお残る。加えて、(2) リスク行政で主張されるように、科学技術に関するリスク決定は行政の専門委員会による諸利益の衡量によってなされる必要があるという点は認めるとしても、ここでもヴァインガルトが懸念するように、その衡量は実際に適切になされ得るのか、という問題もある。(1) の問題はいわゆるリスク・コミュニケーション

45　Scherzberg（前掲注34），S. 143; Fabio（前掲注34），S. 78. 山本（前掲注34）「リスク行政の手続法構造」39〜40頁、同（前掲注34）「行政裁量とその裁判的統制 (2)」13〜14頁、下山（前掲注34) 87頁。

に関する問題を含む行政過程における民主的要請の問題として捉えることができるが、これについて実際の行政法、行政法学説、そして判例はどのようなスタンスを採用しているのかを検討する必要がある（以下4）。次に（2）の問題はリスク行政という理論の実効性の問題としてみることができるが、こちらについては科学技術社会論の議論、行政過程での科学者の位置づけについての実態論を参照しながら、現実的な立場から吟味されるべきだろう（以下5）。以上の二つの作業を通して、2で挙げた現代社会における政策と科学の諸問題に対して行政法、行政法学が十分答えを提示しているのか否かを検討していくことにする。

4. 行政過程におけるデモクラシー要請

　政策的判断と科学的判断の混合、判断の専門的、技術的性質、そしてさらに、判断の不確実性、これらは相まって科学技術をめぐる決定における市民・公衆（以下、「市民」だけを使う）の参加や意見の反映を難しくする。こうした科学技術をめぐる議論からの市民の疎外ともいうべき状況に対する対策として――それによっては問題のすべてが解消されないとしても――科学技術、特にそのリスクについて専門家と一般市民とがコミュニケーションをとることが提唱されてきた[46]。これは、しばしばリスク・コミュニケーションと呼ばれるが、実際の行政法規にもその例をみることができる。「特定化学物質の環境への排出量の把握等及び管理の改善の促進に関する法律」、いわゆる「PRTR法」がそうで、この法律は事業者が排出する化学物質に関する情報を届け出させ、それを行政が集約・公表することによって、化学物質のリスクに関して事業者、行政、市民間で情報を共有し、リスクに関する意思疎通を図ることを目指している（1条）。これにより事業者も訴訟リスクを回避することにもなるので、リスク・コミュニケーションがうまく機能する限りにおいて、行政過程において科学技術リスクの問題がいわば民主的に

46　山田（前掲注4）82〜83頁。なお、下山（前掲注34）77〜82頁、156〜163頁においては、リスク決定におけるリスク・コミュニケーションの詳細な位置づけが記されている。

解消されるということもできるだろう。

　もっとも、こうした特殊な法律を除けば、既存のリスク法は一般市民に、そして利害関係者にすら、リスク情報にアクセスする権利を十分に保障しておらず[47]、その限りで環境影響評価法や行手法等の一般法に依拠するしかないのが現状である。こうした現状、我が国の手続規範の現状は科学的技術をめぐる議論への市民参加という観点からみると、もちろん十分とはいえないことは、手続保障の問題が科学訴訟において、しばしば争点化されることからも明らかであろう。この点、学説、そして判例はどのように考えてきたのか。

　学説においては、行政過程の役割一般論として、事後的な司法過程での問題解決よりも、行政過程における市民参加によって、決定の合理性をはかろうとする考え方は――それがデュー・プロセスかデモクラシーかという問題はあるが――決して新しいものではない[48]。たとえば、計画法の領域では1970年代頃より、このことが強調されており、実際の我が国の手続法上も、都市計画や土地収用あるいは環境影響評価において、関係市民による意見書の提出が認められている。また消費者行政等においては、諮問機関としての審議会の中には、市民代表としての参加をみる規定もあるし、さらに、行手法にパブリック・コメント制度が導入されて以来、行政立法にも市民参加の可能性が認められている。しかしながら、科学技術規制におけるデモクラシー要請は通常の都市計画等におけるそれとは意味合いが少し異なる。科学技術的判断という性格上、決定における多様な意見の反映――いわゆる「多元主義」（pluralism）――というよりも、限定的な「専門性」（professionalism）が問題になるからである。

47　下山（前掲注34）97〜98頁参照。
48　原田尚彦『訴えの利益』弘文堂（1973）180〜182頁。ここでは、行政の実体判断が複雑になってきている現実を捉え、行政過程に民主的手続を求める主張が展開されている。なお、学説の中には、不利益処分前の聴聞等、先行する行政処分に関わる具体的権利保護のために市民に認められた手続参加を「主観的参加」と、パブリック・コメント等公益一般のための市民の手続参加を「客観的参加」と呼んで区別するものもある。藤田宙靖『行政組織法（新版）』良書普及会（2001）119〜121頁参照。前者はデュー・プロセス要請、後者はデモクラシー要請となろう。

この点、第5章で扱うドイツ連邦憲法裁判所カルカー決定に従えば、デモクラシーという概念は誤解されてはならず、議会の権限独占を意味しないし、また、行政それ自体が間接的に民主的正当化を受けた機関でもある。そして、行政の組織と専門家への諮問手続を考えれば、具体的な科学規制はここで十分になされ得る、ということになろう[49]。これを原発のケースでみると、デモクラシー要請は、原子力の平和利用の是非というエネルギー政策全般に関わる価値判断には及ぶが、その後の原子力発電のあり方という点に関しては、専門的、科学技術的な問題であるゆえに、専門家及び行政に委ねられるという論理になる。同様の主張は我が国の伊方原発最高裁判決（以下、「伊方最判」という）でもみられるところである。すなわち、原発の安全性判断は「高度の専門技術的判断」ゆえに、議会が基準を具体的詳細に定めることは困難であり、また行政過程での住民参加は必ずしも必要なく、各専門分野の学識経験者に任せるのが妥当とされる[50]。

　もちろん、このこととは別に、上記のパブリック・コメント制度——行手法に基づかない任意のものも含め——は科学的専門的な事柄であっても、市民の意見を行政過程において吸い上げる機能がある点で専門的決定へのデモクラシー要請を満たそうとするものである。が、原発設置に関する指針や設置許可に関する審査書案に対する反論意見等は、そのまま原発訴訟において原告（あるいは処分・仮処分申立ての債権者、以下、「原告」のみを使う）に引用される点をみると、特に専門的決定に対する科学的反論のようなパブリック・コメントは行政過程では反映されにくいということもいえるだろう[51]。こうした、専門的、科学技術的な問題にはデモクラシー要請は無縁とすることの根底には（1）市民及びその代表者である政治家もまた科学技術については分からないということ、（2）エネルギー政策等社会問題は市民の代表で

49　BVerfGE 49, 89 (124 f.).
50　最判平成4年10月29日民集46巻7号1174頁。
51　この点は、たとえば、川内原発1、2号機の審査書案と川内原発稼働等差止仮処分申立事件（鹿児島地決平成27年4月22日判時2290号90頁）との関係に当てはまる。審査書案に対する科学的反論については、石橋克彦「川内原発の審査書案は規則第5号に違反して違法だ——基準地震動策定の驚くべき手抜き」科学84巻9号（2014）942頁以下参照。

ある議会で、その後の技術問題は専門家及び行政で、という判断の分業体制論がある。

しかし、(1) に対しては、文化国家における市民の教養レベルは低く見積もり過ぎているきらいがある。市民の定義にもよるが、我が国の原発訴訟等では、住民と科学者が一体となって原告側の弁論を作成しているし、環境保護のための市民活動にも市民と科学者の一体的な活動がみられる。したがって、一般論ではあるが、科学的技術的判断を理由に、議会能力の限界を安易に見出したり——アメリカ連邦議会の役割については後述5——、市民参加を不要とする見解は妥当ではない[52]。

次に (2) については、再度ヴァインガルトの反論が妥当するが、補足すると次のようにまとめることができるだろう。社会問題解決・政策選択については政治過程＝立法でのデモクラシーによって、その後の技術問題については専門家及び行政過程によって、という判断の分業体制が健全に機能するためには、政治過程において政策論争の基礎となるデータがある程度明白になっていることが必要になる。しかし、しばしば原発や遺伝子改良等、新規科学技術の導入に関しては、リスク不明のまま議論が政治過程に入るので、政治過程での議論は結論をみず、悪い意味で決定を行政過程に先延ばししがちになる。「災害の防止上支障がない」や「有害な環境への影響」等の不確定法概念の使用は議会の認知的能力の限界という側面ばかりでなく、重要な価値判断を行政過程へ先送りするという「法の政治化」(politization of the law)[53] の側面をも有する。このようにみた場合、不確定法概念の採用の段階でデモクラシーは役割を終えたとは単純にはいえない[54]。

---

52 Trute（前掲注34), p. 96 f. また、科学的事項への大衆参加については Helga Nowotny, The Changing Nature of Public Science, in : Helga Nowotny, Dominique Pestre, Eberhard Schmidt-Aßmann, Helmuth Schulze-Fielitz, Hans-Heinrich Trute (Hrsg), The Public Nature of Science under Assault : Politics, Markets, Science and the Law, 2005, p. 7 以下も参照。

53 Trute（前掲注34), p. 97. ただし、本書はトゥルーテと同一の結論をみるものではない。

54 行政過程にハーバーマスが主張する民主的コミュニケーションの可能性を見いだすものとして、Julia Black, Proceduralizing Regulation: Part II, Oxford Journal of Legal Studies, Vol. 21 (2001), p. 33 (49 f.). 一方、これに批判的な見解として、Fabio（前掲注

さらに、この点は5の行政過程の実態論に属するが、原発のケースにみられるように、科学技術の導入は実験的に先端技術が使われている状態で、後追い的に継続してリスク調査がなされている面が否定できない[55]。それでも法規上は導入後の事故や故障の発覚でリスクが高すぎるとすれば、既に出された許認可を取消し、あるいは撤回や変更をなすことが予定されている。しかしながら、実質はそのように機能することは難しい、との指摘がある。現実には行政内の科学的専門家は既存の政策の正当化機能を負ってしまうので、科学者は政治化され、自身の能力を超えた命題の正当化に従事する傾向があるからである[56]。こうした場合、我が国のもんじゅ裁判でみられるように、市民は司法に是正の場を求めるが、上述した通り、司法では原告適格の問題や訴訟類型の問題——取消しか無効確認か、義務付けか等——が障害になり、公共のフォーラムとしては十分に機能しない。とすれば、その分、何らかの形で行政過程においてデモクラシー要請が働くとみることもできる[57]。

5. 行政過程でなされる科学的判断の性質——食品医薬品局（FDA）の事例——

3及び4では行政法及び行政法学が、規範及びそれを補足する解釈論・規範理論として政策と科学をめぐる基本的諸問題に対してどの程度有効な解決を提示できるのかについて検討してきた。続けて5においては、行政過程における専門家の立場及び専門家による科学的判断の実質を分析する科学技術社会論の議論を参考にして、リスク行政において期待される専門家による適正な科学的判断、科学技術リスクに関する合理的な衡量というものはどの程度実現可能かという点をみていこう。

3で述べた通り、科学技術規制に関する行政決定に行政裁量を認める根拠

---

34), S. 466-469.
55　Weingart（前掲注22), p. 158.
56　Weingart（前掲注22), pp. 155 f.
57　ただし、Trute（前掲注34）またBlack（前掲注54）では、そのあり方について多くの課題が指摘されている。

として、損害の蓋然性に関する特殊科学的判断の性質が、そしてさらに、市民の生命や健康に対する利益や科学の進歩等様々な利害関係調整という判断の性質が挙げられている。第2章のアスベスト規制の基準値設定において述べたが、損害の蓋然性の判断等はリスク評価と呼ばれる科学的判断であるのに対して、その判断を前提にして、基準値を下げると相関して損害の蓋然性も大きくなるので、どこまで損害の蓋然性あるいは損害の程度を許容するか、という価値判断が必要になる。こちらはリスク管理と呼ばれる。そうすると、帰結としての行政行為や規則定立の合理性は判断過程におけるリスク評価及びリスク管理の合理性に依存することになる[58]。この合理性判断には、リスク評価における事実認識の正しさやリスク管理における価値判断の合理性はもちろんのこと、リスク評価及びリスク管理の分離という判断構造の適切さも含まれるだろう。それでは実際のリスク評価及びリスク管理の実態はどのようなものであろうか。ここでは行政過程での科学者の役割についてしばしば引用されるシーラ・ジャサノフの事例研究[59]を取り上げてみたい。ジャサノフの研究はアメリカのEPA（環境保護庁）及びFDA（食品医薬品局）での科学的判断の形成過程を扱ったものであり、「規制文化」（regulatory culture）や法制度に違いがある我が国の議論にどのような示唆を与えるのかは直ちには明らかにならないが[60]、それでも法制度を離れて、少なくとも、リスク評価の性質や行政における科学者の役割について、この文献は示唆に富む指摘が多い。そこで以下ではとりわけジャサノフが挙げる食品医薬品局の行政過程の例をみながら、リスク評価及びリスク管理の実態とその問題点を検討してみることにする。

　ジャサノフは行政過程で規制のために使われる科学を「規制科学」（regulatory science）と呼んで、通常科学――これはresearch scienceと呼ばれる――といくつかの点で区別する。まず、規制科学は政策を導き出すために、技術、方法、実験結果を生み出すことを目的とするので、真理の探究が

58　山本（前掲注34）「リスク行政の手続法構造」20〜21頁。また、下山（前掲注34）76〜82頁はリスク決定過程における手続的合理性について詳細に論じている。
59　Sheila Jasanoff, The fifth branch: science advisers as policymakers, 1990.
60　もっとも、Weingart（前掲注22），p. 157では少なくともドイツとアメリカの類似した問題状況が指摘されている。

目的ではない。そして、その分、結論の正しさに至る証明の程度は、通常科学ほど厳格には求められない。また、通常科学は説明に力点が置かれるのに対して、規制科学は予測、特に問題となる技術のリスクの予測に力点が置かれる。そして、答えの導き出し方も、通常科学が科学者集団によって認められる基準に従ってなされるのに対して、規制科学は法令や行政規則等の法的な基準に沿うことが求められる[61]。このような規制科学は薬や食品添加物等の食品医薬品局の許可にとって不可欠であるが、規制科学と行政との関係は色々と問題が多い。

　行政機関としての食品医薬品局にはその付属機関として各種専門科学者諮問機関（ここではこれを「行政機関」とはみなさないことにする）がある。それらのいくつかは実体法上その設置が義務づけられているが、多くは任意、臨時の機関である。諮問から答申への一例を挙げると、まず、食品医薬品局と諮問委員会小委員会のメンバーでコンセンサスを要する議題が作成される。その後、その議題は小委員会で審議され、全体委員会で最終答申が出されることになる。こうしてなされる食品医薬品局の行政過程の中で、ここではジャサノフが分析を施している三つの事例を紹介してみたい。

　プロプラノロールは不整脈の処方薬として食品医薬品局の承認を受けていたが、1968年頃より喉頭炎にも効果があると一部で考えられるようになった。そこで、1973年食品医薬品局は科学者諮問委員会にプロプラノロールの新しい使用法に関する33の研究を検討するよう、そしてその結果、(1) ストレートに喉頭炎への使用を認める、(2) 現状維持、(3) 薬の注意書きを変更する、との選択肢を示して諮問にかけた。科学者諮問委員会は33の研究はどれも「食品、薬品及び化粧品に関する連邦法（1938）」及びその関連法規で定められる基準を満たしていないと考えた。結果、3つの選択肢では意見が分かれたが、だれもストレートな使用変更を認める者はいなかった。科学者の一人は現状維持を主張したが、残りの科学者は妥協的な選択、すなわち注意書きを変更し、「おそらく喉頭炎にも有効」とする案を採択した[62]。ところが、食品医薬品局はこの答申を無視して、喉頭炎への全面承認に踏み

61　Jasanoff（前掲注59），pp. 76-83.
62　Jasanoff（前掲注59），pp. 156 f.

きった。その後、連邦議会がこの食品医薬品局の決定を問題視して、調査に乗り出した。調査において、行政判断の妥当性を問われた食品医薬品局は答弁で次のように答えた、という。まず、プロプラノロール等の医薬品が実質的な証拠に基づいてその有効性を認定するのは法律家ではなく、資格とキャリアがある医師である。一方、薬の承認に関する最終的権限は法律上、食品医薬品局にある、と。ジャサノフはこの答弁には一方で、科学者諮問委員会は科学問題を取り扱うので法律の厳格な文言からは解放される、という論理が、そして他方で、行政機関は政策問題の担当者として、科学者諮問委員会の答申からは解放される、という論理が含まれている、と主張する[63]。

次は、二つの科学者諮問委員会が異なる答申を出したケースを挙げる。トリアザーは蕁麻疹の処方箋として有効性が認められていたが、その反面、ある患者には不整脈を引き起こす危険が指摘されていた。この薬の承認にあたって、食品医薬品局は二つの科学者諮問委員会に答申を求めた。皮膚科諮問委員会は4対1で承認に賛成意見を出した。一方、疫学の専門家からなる委員会は承認前に追加研究がなお必要である、とした。食品医薬品局は次のように主張し、前者の皮膚科諮問委員会に従った、という。皮膚科諮問委員会は薬の使用及び薬に関するデータの評価に関して見識がある医療専門家からなる、というのがその決定理由である。ここでジャサノフは、食品医薬品局はマーケットに有利な政策をカムフラージュするために、選択的に科学的見解を利用していると主張する[64]。

最後に、行政機関が出す諮問内容が問われる例を挙げる。一般に不整脈の処方薬には毒性があり、その有効性はあまり証明されてこなかった。そうした中で、1980年代になって多数の新薬の承認が求められるようになり、食品医薬品局はより有効な治験のガイドラインを作成する必要に迫られた。新しいガイドライン作成にあたって重要なことは、不整脈処方薬の毒性としての性質から、治験がなされる患者のカテゴリーを特定することであった。諮問を求められた科学者諮問委員会がこのガイドライン作成にあたって考慮したことは、不整脈処方薬の副作用をより少なくするためには、どのような治

---

63 Jasanoff（前掲注59）, p. 158.
64 Jasanoff（前掲注59）, p. 160.

験データの採取方法が有効か、ということだけではない。患者カテゴリーをより細分化すれば、より詳細なデータを得ることができるが、その反面、製薬会社には治験データ採取コストがかさみ、経営の負担になりかねない。したがって、科学者諮問委員会は、元来、食品医薬品局の政策決定でなされるべきことまで諮問されたことになる、とジャサノフは分析する[65]。

　以上挙げた事例及びジャサノフの分析が正しいとすれば次のことが指摘できよう。第一に、科学者が答えているのはリスク評価の問題ばかりでなく、利害関係調整を要するリスク管理問題まで含まれている、ということ。第二に、行政機関は政策決定の正当性をカムフラージュするために科学者諮問機関を利用する場合があること、そしてそのため、答申のための議題設定の段階でいわば根回しとして、諮問委員会と調整に入っていること。その限りで、科学者諮問委員会は独立性が損なわれ、ある程度、行政機関のプレッシャーの下に置かれること。第三に、行政機関が政策がらみの問題を一旦、諮問員会に出してしまう以上、答申の内容は事実上の拘束力をもってしまいがちであること——プロプラノロールの事例ではむしろこうならなかったことが議会で問題になったが。

　このようなリスク行政に関わる組織・手続、そして判断過程及び判断の帰結に関する問題は——そのある部分についてはわが国でも早くから指摘されてきたことではあるが[66]——リスク行政における行政決定の瑕疵という観点からみると、次のようにまとめることができるだろう。リスク評価とリスク

65　Jasanoff（前掲注59), p. 162.
66　我が国ではこれは、審議会行政の問題に関連する。参照、金子正史「審議会行政論」雄川一郎、塩野宏、園部逸夫編『現代行政法大系7 行政組織』有斐閣（1985）所収113頁以下。審議会の中にはいろいろなタイプがあるが、科学者諮問機関——学識経験者からなる審議会、たとえば中央薬事審議会等——とそれを統括する行政庁との理想的関係は、前者が独立性と専門性が保証され、科学的な見解を述べ、後者はこれを尊重しつつも、拘束されず、公益を配慮しつつ決定がなされる、ということになるであろう。ただし、科学者が入る委員会といっても、多元的な構成によって、最初から政策決定が期待されている審議会のケース、あるいは逆にいわゆる「隠れ蓑」としてこれが使われるケース等、我が国においても審議会をめぐって様々な問題点が指摘されてきた。また、こうした行政組織やそこでの審議のあり方の問題が、権利救済に際して手続瑕疵に該当するのか、否かという点も関連問題としてある。上記伊方原発訴訟において、原告側は原子力委員会での審議の形骸化や恣意性を争点としている。

5. 行政過程でなされる科学的判断の性質

管理が分離されず、リスク管理を諮問委員会の答申に任せる、もしくはそこに事実上の拘束力を付与するとなると、リスク管理における適切な衡量がなされないという問題が生ずる。科学者ではない行政機関が主導する利害関係調整が適正になされないからである。結果、科学者団体、医学界や薬学界の利益が偏重されるおそれがある——諮問委員会の科学者の各専門性にもよるが。治験のガイドラインの例はとりわけこのような危険を示唆しているといえる。次に、今度は逆に行政機関が主導となり、科学者諮問委員会を政策正当化のプレッシャーの下に置くとすると、別の問題が発生する。具体的な許認可や予定されたガイドライン策定が諮問前からすでに決定されており、科学者の論証はそれを正当化するための口実に過ぎなくなるという問題である。この場合には、いわば、リスク管理の結論が先行し、判断の過程で必要になるリスク評価を歪めるおそれがある。これは、瑕疵という点でいえば、価値判断にあたって、考慮すべき事実が考慮されない、という問題になろう。

つまり、ジャサノフの議論、科学技術社会論が示すところは、行政過程における科学的判断の信頼性やリスク判断における正しい衡量は、組織や決定手続を合理化することによって、十分確保されるというものではない、ということである[67]。そうすると、次の問題として、上のリスク決定の瑕疵は、取消し等によって司法で是正され得るのかが問われる。これは、リスク行政論が決定に行政裁量を認める限りにおいて、ドイツ及び我が国では、第1章で述べた通り、裁量瑕疵の問題として現れる。特に上の衡量の問題やリスク管理先行の問題は、「動機の瑕疵」を含む「過程の瑕疵」の問題として現れるだろう。

ただし、リスク決定に対する裁量瑕疵を、第1章で述べた伝統的な裁量瑕疵論で論じることにはいくつかの問題がある。(1) そもそも、第1章で述べた通り、裁量瑕疵論は元来、効果裁量の瑕疵論である。したがって、リスク決定については、規範構造等の関係から、行政裁量の根拠論、裁量の所在論がなお詳細に論じられる必要がある。(2) リスク決定に対して裁量瑕疵の審

---

[67] もっとも、この点はすでに行政法学者にも認識されている。山本（前掲注34）「リスク行政の手続法構造」34〜37頁。

査が総論として妥当するとしても、比例原則審査等の伝統的な瑕疵の審査方式はそのままでは使えない。リスク決定における衡量が専門的、技術的であり、かつ科学的に複雑な判断を含むからである。(3) 裁量行為であろうと、なかろうと、行政行為に対する司法審査は行政の論証に瑕疵を見出す審査である点は第１章で述べたが、行政過程における科学的論証について裁判所が瑕疵を見出す能力がそもそもあるのか、疑問となる。この裁判所の能力という点については、ドイツや我が国に限ったことではなく、ジャサノフの事例が問題になるアメリカにおいても同様であろう。

　以上の諸問題は、第６章以降で詳細に扱うが、ここ第３章においては、特に (3) の裁判所の能力の問題を中心に、リスク決定に対する上記各国の司法対応のあり方に概観を与えることで、科学訴訟総論の役割を果たしたい。

6. リスク決定に対する司法の対応──アメリカ、ドイツ、日本の判例にみる司法審査抑制傾向──

6.1 アメリカ

　まず、5でジャサノフによって挙げられた事例が問題になるアメリカの場合[68]、伝統的な「連邦行政手続法」(Administrative Procedure Act 以下、「APA」という) あるいは個別の議会立法に基づいて、規制庁が具体的規制基準を策定するにあたっては、利害関係者の参加や規制庁側の規則定立を正当化する文書の作成が求められる。さらに、APA は、基準設定の合理性に関して司法審査を用意しており、規制庁は後の司法審査でも耐えられ得るように、規制基準を科学的に根拠づけるよう要請され、裁判所にはその合理性をチェックする権限がある[69]。もっとも、5でみたように食品医薬品局等の

68　以下の説明はジャサノフが挙げている事例に限定して述べる。Sheila Jasanoff, Science at the bar : law, science, and technology in America, 1997, pp. 69-92. なお、アメリカ行政法一般については、宇賀克也『アメリカ行政法［第２版］』弘文堂 (1999) を参照した。また、下で挙げる核廃棄物処理施設を巡る裁判については、堀田牧太郎「放射性廃棄物と原子力発電所」早稲田法学62巻２号 (1984) 71頁以下、福士明「アメリカ原発訴訟における司法審査範囲論の一断面 (1)──ヴァーモント・ヤンキー事件を中心に〈資料〉」札幌法学３巻１号 (1991) 67頁以下が詳しい。

69　APA (5 U.S. Code § 706) によれば、規則に関する司法審査のあり方について、略

行政決定を支える論拠なり証拠には、高度に科学的判断が含まれている。そして各種規制法には予防原則もまた明記されており、通常科学では導き出せない独自の予測が必要になる点で行政裁量もまた否定できない。したがって、こうしたことから、消費者団体や産業側が行政規制を提訴する事件が頻発する1970年代以降、裁判所は訴訟対応に苦慮してきたといわれる。一般に三つの立場が唱えられた[70]。まず、行政の裁量権が合理的に行使されたかをみるためには、科学技術的な知識まで立ち入らなければならない、とする第一の立場、科学的判断に深入りせず、考慮事項がすべて議題にのせられたか、また多様な専門家が意見をする機会を与えられたか、等の手続事項に焦点をおく第二の立場、法規上の手続遵守のみをみる第三の立場である。このうち、第二の立場はある程度実体判断を前提にしないと、取られるべき手続が導き出せないので、使い方によっては第一の立場とそれほど遠くはなくなる——取り消されるべき許認可に影響を与えるであろう手続瑕疵が問題になるからである。1970年代及び1980年代当初は連邦裁判所において、立場の揺れが続いたようであるが、1983年の連邦最高裁判決 BALTIMORE GAS AND ELECTRIC CO. v. NATURAL RESOURCES DEFENSE COUNCIL[71] で流れが変わったといわれる[72]。

　事件は原発の廃棄物処理施設の建設許可及びその前提となった許可基準が

　　式手続で定立された規則の場合には緩やかな「恣意的専断的裁量濫用」（arbitrary, capricious, an abuse of discretion）審査が、正式手続により定立された規則の場合には厳格な「実質証拠」（substantial evidence）審査が妥当する。また、個別法の解釈から司法審査のあり方が導き出されることがある。たとえば、CPSC（消費者製品安全委員会）が定める建築資材の安全性基準が争われた事例（701 F. 2d 1137（5th Cir. 1983））での、"Congress put the substantial evidence test in the statute because it wanted the courts to scrutinize the Commission's actions more closely than an arbitrary and capricious"（Id. at 1142）等。しかし、双方の審査方法は相対的である上、裁判所は名目上前者をとっても、かなりの程度実体判断に踏み込んできたようである。William Pedersen, Formal Records and Informal Rulemaking, Yale law journal Vol. 85（1975）, p. 38（47 f.）、宇賀（前掲注68）4、76～77頁参照。

70　Jasanoff（前掲注68）, pp. 81-84. ただし、以下述べる第一と第二の立場を一つにして、二つの立場とする見解が一般的なようである。福士明（前掲注68）73～78頁、宇賀（前掲注68）76～77頁参照。
71　462 U.S. 87（1983）.
72　Jasanoff（前掲注68）, pp. 84-86.

環境保護団体によって争われたもので、周辺環境に与える影響に関する科学的議論が問題となった。先に挙げたように APA に基づいて、原子力規制庁が基準を設定するに際しては、その合理性が要求されるが[73]、その実体法上の基準は「国家環境政策法」(National Environmental Policy Act) 102 条 (2)(C) で規定されている「なされるであろう立法及びその他連邦の主要行為がもたらす環境への影響」の評価であった。規制庁はこの環境評価基準として、あらかじめ燃料サイクルの環境コスト表を策定し、それに基づいて建設計画に許可を与えた。争点はこの環境コスト表が核廃棄物が環境にもたらす「長期的な影響」について考慮していない——これを規制庁は科学的に不確実な事柄とした——ことの合理性であった[74]。この点で連邦控訴裁判所は合理性を否定したが、連邦最高裁は原判決を次のようにいって破棄した。規制庁が廃棄物の長期的な影響を考慮しなかったことは不合理とはいえない。国家環境政策法は規制庁が既存の環境コスト表等の法定手続以外の手続、すなわちより厳格な手続に従うように、義務づけているわけではない[75]。規制庁は科学の最前線でその予測をしているので、単純な事実認定とは異なり、この種の科学的な決定を審査する場合には、一般に司法は最大限抑制的でなければならない、と[76]。

この判決は科学的判断に関する司法審査抑制を改めて確認し、司法の権限で既存の法定手続以上の手続[77]を行政庁に義務づけることはできない、として第三の立場を明示したものとして捉えられる。これ以降、連邦裁判所では司法審査抑制の傾向が一般化しているとされる。ただし、下級審レベルでは、立法者意思の解釈から行政判断に対して実体判断にまで踏み込んでいるケースもなおみられるようである[78]。

---

73 ただし、この場合は正式規則定立ではないので、恣意的専断的裁量濫用審査が適用される。
74 462 U.S. 87 (1983), 89.
75 Id. at 100.
76 Id. at 103.
77 Id. at 92 では "hybrid" procedures と述べられている。これは「混成的手続」と呼ばれるようである。福士明（前掲注 68）73〜78 頁。宇賀（前掲注 68）77〜80 頁も参照。
78 Jasanoff（前掲注 68), pp. 87-91. 宇賀（前掲注 68）79〜80 頁も参照。

6.2 ドイツ

　さて、それでは3でみたようにリスク行政における行政裁量論が比較的共通の地盤の下で語られる傾向がある我が国とドイツの場合はどうであろうか。まずドイツにおいては行政がなした科学技術的判断に関する司法審査の問題は、大気汚染防止規制基準である「大気汚染防止技術指針」(Technische Anleitung zur Reinhaltung der Luft、以下「TA Luft」という）の科学的根拠をめぐって議論されたことがきっかけになったといわれている（詳細は第4章）。連邦インミッシオン防止法は人間、生態系、環境を有害物質による汚染から守ることを目的としており、汚染物質排出施設の設置・操業の許可要件としては「有害な環境への影響」という不確定法概念が使用されている。TA Luftはこの不確定法概念を具体化した行政規則であった。基本的に我が国と同様の法規概念を採用するドイツにおいては、行政規則は法規ではない、という伝統的な法源論、及び第1章のW. イエリネックやコッホの議論でみた通り、不確定法概念といえども、法解釈は裁判所の権限に属するとする司法の役割論から、「有害な環境への影響」とは何か、という科学技術的な問題に対して、司法審査抑制はあり得ない、ということが論理的に帰結する。

　実際、当初、裁判所は、TA Luftの基準が健康被害防止としては甘すぎるとして争われた裁判で、基準に関する科学技術的な問題について以下のように述べていた。有害な環境への影響という法概念は「行政裁量（判断余地）が認められない、裁判所が全面審査できる不確定法概念」(unbestimmte Rechtsbegriffe ohne Beurteilungsspielraum, die verwaltungsgerichtlich voll nachprüfbar sind) であり、TA Luftには「法規範性がなく」(keine Rechtsnormqualität)、裁判所や市民を「なんら拘束しない」(nicht verbunden)。したがって、裁判所は「法解釈上、行政が定めた数値の調査について裁判所の審査が抑制されるものではない」(nicht gehindert, bei der Interpretation des Gesetzes（BImschG）den Aussagewert der durch Verwaltungsvorschriften（TA-Luft）festgelegeten Immissionswerte zu ermitteln) と。そして大気汚染物質が人間や野性動物・植物に悪影響をもたらす限界値については、医学的、疫学的に不確実であるとの判断を示した後、裁判所は「個別事例ごとに環境への影響」(eine Einzelbewertung des in

Frage stehenden Vorhabens）を科学的に検討できる、と帰結するのである[79]。

しかしその後、判例は TA Luft には法規範性がない、という点を維持しつつも、ここで定められた基準値は行政があらかじめ独立性がある専門家、とりわけ自然科学の専門家の意見に基づいて定められた数値であり、「予めなされた専門鑑定」（antizipiertes Sachverständigengutachten）として裁判所にとって尊重に値する、と立場を変更する[80]。さらに、原発の安全性指針が争われたヴィール判決（詳細は第5章及び第7章）後、TA Luft の性質は健康に有害か無害かという純粋科学的な判断ではなく、危険性や安全性を相対化しつつ、事業経営への負担、防止措置設置の現実的可能性等を考慮して策定された、いわば利益衡量の産物だと考えられるようになり、ここに行政の裁量を見出すようになった[81]。ただし、行政規則の拘束力そのものについて、またこの種の基準が既に時代遅れとなった場合について、あるいは当該事例が行政規則の予定しない非典型的事例であった場合について等、このタイプの行政規則に関しては、学説で様々な議論がある[82]。

6.3　日本及び小括

一方、我が国の場合も、科学技術をめぐる司法審査は「災害の防止上支障がない」等、不確定法概念の問題になる。しかし、詳細は第6章でみるが、ドイツのような不確定法概念の解釈権限という議論から出発する学説はあまり一般的ではなく、むしろ機能主義的に法適用において専門技術的知見を要する判断という点から出発し、行政裁量と司法審査論に至る見解が一般的である。科学技術規制に関する司法審査のあり方が最高裁で問題になったのはすでに挙げた伊方最判である。最高裁では、「災害の防止上支障がない」か否かの科学的判断は「各専門分野の学識経験者等を擁する原子力委員会の科

79　BVerwG, 30.04.1976, NJW 1976, 2360.
80　BVerwGE 55, 250.
81　ヴィール判決以降も当初は行政が専門科学的審議を経て決めた基準は個々のケースで行われる調査値よりも信頼できる、という科学的認識に重点を置く立場であったが（BVerwG, 15.02.1988, NVwZ 1988, 824）、その後むしろ「評価」（Einschätzungen）に力点が置かれるようになった（BVerwGE 114, 342.）。
82　たとえば、Hans Jarass, Bindungswirkung von Verwaltungsvorschriften, Jus 1999, S. 105. 詳細は第5章。

学的、専門技術的知見に基づく意見を尊重して行う内閣総理大臣の合理的な判断にゆだね」られる、として、事実上、行政判断に裁量性を認めた。そして司法審査の役割は「行政庁の判断に不合理な点があるか否かという観点から行われるべきであって、現在の科学技術水準に照らし、右調査審議において用いられた具体的審査基準に不合理な点があり、あるいは当該原子炉施設が右の具体的審査基準に適合するとした原子力委員会若しくは原子炉安全専門審査会の調査審議及び判断の過程に看過し難い過誤、欠落があり、被告行政庁の判断がこれに依拠してされた」か否かの審査である、とした。

この判決は裁判所が科学的判断に対して、どの程度実質的に抑制しているかを必ずしも明示してはおらず、その後のもんじゅ最高裁判決では原発設計における安全性判断の具体的合理性にまで踏み込んで判断がなされているようにみえる[83]。一方、学説は一般論として科学問題に関する司法審査の抑制を支持してはいるが、どこまで司法が実体判断に踏み込めるか、という問題については必ずしも一致があるわけではない。

このように限定された範囲でみる限りではあるが、行政の科学技術的な判断が争われた場合の司法対応は、各国の実体法・手続法の規定、法文化や伝統の違いを反映しつつも、裁判所の能力の点から、実際的に抑制的傾向にあるといえる。とはいえ、リスク評価やリスク管理に関する実体的な判断は必ずしも否定されているわけでもない。こうした揺れは、素人裁判官には科学的事項は判断しかねるということが一方ではあるが、他方で行政が法定の形式的な手続を遵守していれば行政の実体判断は合法化されるとまでは割り切ることができないことに起因するのだろう。そこで、ある程度の実体判断に踏み込まざるを得ないが、その度合いが裁量論一般からも、問題となる個別法の解釈論からもなかなか導き出せないというのが実態であるように思われる。

ただ、理論的には、リスク評価とリスク管理を分離し、司法審査においてどちらかに焦点を当てるという考え方はある。ここで双方が比較的明確になるケースを挙げると、たとえば発がん性物質規制のために動物実験から人間

83　最判平成 17 年 5 月 30 日民集 59 巻 4 号 671 頁。詳細は第 7 章 5 で述べる。

への影響を推論する方法の妥当性が司法で争われる場合には[84]、リスク評価の問題であろう。それに対して、行政庁が疑われる発がん性物質を排出全面禁止から数量規制に変更し、それが司法審査の対象になった場合には[85]、リスク管理の問題であろう。前者は科学問題として、手続遵守がある限り、司法審査は抑制されるとする一方で、後者は考慮されるべきでない価値を考慮したか、または考慮すべき価値を不当に引き下げたか否かの問題として司法審査の後退はない、とする考えもある。しかし、逆に、事実問題についてはあくまで司法権限とする考え方からすると[86]、前者こそ司法審査の問題になる。ただ、いずれにせよ、5で挙げた食品医薬品局の事例が示す通り、行政過程の段階でリスク評価とリスク管理は明確に分離されてはいない、という実態をみる限り、渾然一体となった判断のどこに司法のメスを入れるのかは難しい問題として残るように思われる。

第3章総括

　科学訴訟において、司法判断を困難にしている問題、科学的判断の不確実性や科学者の中立性の問題等は、司法の場において生ずる問題というよりも、それよりも上流、立法や行政の場面ですでに発生している問題である。現代社会が科学技術に依存する以上、正確な科学的判断は産業・エネルギー・医療等、ほとんどの政策決定の基礎になるが、その時点で争いがあれば、問題はめぐって司法へと行き着くことにもなる。そもそも、政策と科学の理想的な関係は、科学が客観的な知識を提示し、政策がそれに基づいて民

---

[84] AMERICAN PETROLEUM INSTITUTE v. OSHA, 448 U.S. 607（1980）では、OSHA（労働安全衛生局）が行った（Id. at 632）、GULF SOUTH INSULATION Co v. CONSUMER PRODUCT SAFETY COMMISSION, 701 F. 2d 1137 (5th Cir. 1983) では、CPSC（消費者製品安全委員会）が行った（Id. at 1143）実験データの使用法が問われた。Jasanoff（前掲注68), pp. 82 f.

[85] NATURAL RESOURCES DEFENSE COUNCIL v. EPA, 824 F. 2d 1146 (D.C. Cir. 1987) においては、一旦締結された塩化ビニルのゼロ排出提案が撤回され、結局数量規制が維持されたことが争われた事例である。Jasanoff（前掲注68), pp. 87 f.

[86] 我が国及びドイツにおいては法解釈、事実認定という法の適用は司法権限であるとする原則論が採用されている。

主的に決定されるというもので、ヴェーバーが学者・科学者の使命と価値判断との関係について論じる「学問論」で示したモデル、政策と科学との目的手段モデルがその典型といえる。そのモデルが現代国家では成り立たないという事態が科学訴訟の根源にある。そこには三つの要因が挙げられる。

　第一に、社会が科学技術に依存するようになるにつれて、政策決定という、人間の意欲作用である価値判断に科学自体が影響を与えるようになったこと、いわば、民主的議論が科学によって浸食されているという点がある（ハーバーマス及びヴァインガルトの議論）。これが第一の要因である。しかも、そこでの科学者の見解、特に高度な科学技術に関する科学的判断は、科学者間で議論が分かれるもの、不確実なものも少なくなく、政策実現の手段としての科学の客観性、それゆえ信頼性の側面においても問題をひき起こす。これが第二の要因である。この点は同時に科学者が特定政策を正当化するという役割を担わされることにつながる（ヴァインガルト）。さらに、不確実な科学的知見という点は、リスク社会を成立させるという別の問題をも生み出す。これが第三の要因である。

　こうした、科学技術に依存する現代社会における諸問題への対処として、法律学からは行政法学の視点、リスク行政の視点が重要とみなされている。政策と科学の非独立の問題や科学的判断の客観性や中立性の問題への対処は、立法機関や司法機関ではなく、専門性が高い行政機関に委ねることが妥当とされるからである。そこで、本章3以降ではリスク行政の法理論を概観し、それが上記の政策と科学をめぐる諸問題の解決にどの程度有効な理論であるのかを検討していった。

　リスク行政の法理論の核としては、多元的な法源論、脱実体法思考、科学的判断における行政裁量の三つが挙げられる。まず、科学的知識が不確実である状況下では、政治と法は個別事例に適用できるほど具体的な規制をできない。そこで、広範な委任立法や行政規則、民間基準のような「多元的な法源」が認められる必要がある。第二に、実体規制が放棄される代わりに、組織・手続に関する規定を設け、審議や利害関係調整がフェアな形で行われるように確保することが妥当とされる。第三に、行政過程では科学者を取り込んで、十分な予測根拠がないことを前提にしつつ、なおかつ決定を合理化す

る道が求められる。その際、判断過程ではリスク分析の根底にある仮説の選択、各種利益の衡量という複雑な思考が必要になる。これは形成行政に近い行為であり、こうした組織・手続から導き出される決定は行政裁量に属する。これらがリスク行政論の主たる主張である。

　こうしたリスク行政論は説得力に富むが、それは（1）専門家による国家統治をすなわちテクノクラシーを促進するおそれはないか、（2）判断過程でなされる科学的判断及び各種利益の衡量は科学者と行政機関による協働で本当に適切になされ得るのか、という懸念がある。そこで、この二点について、（1）はリスク・コミュニケーションを含む行政過程でのデモクラシー要請の視点から、（2）は科学技術社会論の視点、行政過程での科学者の位置づけについての実態論を参照しながら、さらに検討を試みた。

　（1）行政過程でのデモクラシー要請については、一般論として、行政法学では以前より主張されてきたことであるが、科学技術に関するリスク決定における市民参加は、例外を除き、法令上も一般に認められていない。そして、判例もまた、市民の手続的な権利については、否定的である。学説では議論が分かれるところであるが、リスク決定における科学的「専門性」が市民の議論参加のネックになっているのが現状である。

　（2）行政過程での科学者と行政機関との関係については、科学技術社会論の側から悲観的な見方が提示されている。ジャサノフが挙げる食品医薬品局での行政過程に関する事例分析においては、科学者は利害関係調整を要するリスク管理問題まで答えるように期待されている場合があること、行政機関は政策決定の正当性をカムフラージュするために科学者諮問機関を利用し、科学者は行政機関のプレッシャーの下に置かれる場合があること等が指摘されている。つまり、科学技術リスクに関する実際の行政過程においては、リスク管理における適切な衡量がなされないという事態や、逆にリスク管理の結論が先行し、判断の過程で必要になるリスク評価を歪めるという事態が起こり得る。これらは法的には行政決定の瑕疵にもなり得るので、科学訴訟においても争点化されることになる。

　ただし、裁判所の能力の点からみて、行政過程におけるそうしたリスク評価やリスク管理の瑕疵を見出すことは決して容易ではない。この点につい

て、章の最後で、アメリカ、ドイツそして日本の判例の状況に照らして、リスク決定に対する各国の司法対応のあり方に概観を与えてみた。総じていえば、行政の科学技術的な判断が争われた場合の司法対応は、抑制的傾向にあるといえる。が、一方で、リスク評価やリスク管理に関する実体的な判断は必ずしも否定されているわけでもない。裁判所はある程度の実体判断に踏み込まざるを得ないが、その度合いが裁量論一般からも、問題となる個別法の解釈論からも導き出せないでいるというのが現状であるようにみえる。こうした現状を踏まえ、本書では第6章以降で原発訴訟を題材にして科学訴訟における司法審査論を試みている。

第4章　環境基準としての規範具体化行政規則
——判例及び「規範具体化」の意味を中心に——

序

　第1章から第3章までにおいて、科学訴訟における司法審査を論じる上で必要となる基礎的な考察を行ってきた。まず、科学訴訟は多くの場合、不確定法概念の適用問題になるので、不確定法概念の解釈・適用問題一般を現代の法理論を参考にしながら論じた（第1章）。次に、科学訴訟においては、科学的判断が争点になるが、通常は客観的、中立的と考えられる科学的判断がなぜ争われるのか、どのような科学的判断が争われるのか、これらについて、政策と科学との関係という基本的な視座に立って、問題の分析及び問題発生のメカニズムを論究した（第2章及び第3章）。そしてその問題解決を司法における科学訴訟という形に先立って、行政過程での解決の可能性をみるリスク行政の法理論に言及し、かつその理論の実効性を科学技術社会論による実態分析を通して検証した。その結果、リスク行政が抱える諸問題が判明した。そうした問題は、法的には行政行為の瑕疵として扱われるので、リスク行政に裁量性を認める限りで、それらは第1章で述べた裁量瑕疵に該当する。ここから、リスク行政の法理論を前提にする限り、科学訴訟は抗告訴訟が中心になること、そして裁量瑕疵の審査こそが科学訴訟における司法審査であることになる。

　さて、こうした基礎的考察を受け、第4章以降は抗告訴訟を中心に科学訴訟における司法審査について本格的な検討を行っていく。まず、(1) 司法審査は、第1章で述べた通り、法適用であるので、法的三段論法の前提となる裁判規範が必要になる。もちろん、その際、原則は第1章で触れた通り、裁判規範は法令であることに間違いない。一方で、第3章のリスク行政論及びTA Luft のところで触れたことだが、行政過程においては、いわゆる法規以

外の行政規則、民間基準を含めた多元的法源に依拠してリスク決定がなされており、そのこと自体が科学訴訟において争点化される。すなわち、科学訴訟における裁判規範とは何かが問われる（第4章）。この点は行政と司法との関係ではあるが、裁判規範が法令に限定されないとすると、今度は法律による行政という議会と行政との関係もまた問題になってくる。多元的法源という観念は議会立法の存在意義や伝統的な法律の法規創造力という考えと容易には調和できないからである。これはリスク行政と法律の留保、議会留保との関係で検討されるべき問題といえる（第5章）。

次に、(2) 科学訴訟における司法審査は裁量瑕疵の審査であるというためには、司法審査の対象になる行政行為、すなわちリスク決定は行政の裁量行為であるということが論証されなければならない。そこで、第6章において裁量一般論との関係でリスク行政の裁量所在論を論じる。これを経て (3) 裁量瑕疵の審査としての科学訴訟における司法審査論はどうあるべきかを、第7章で、原発訴訟を題材に論じていく。

1. はじめに

科学技術に関わるリスク行政は、科学的知識が不確実であるという点から出発するので、法令上、部分許可や一旦出した許可の容易な撤回等、暫定的な規制手法が重要になる、という点について第3章で述べた。こうした柔軟な行政行為には、それに対応する規制基準の柔軟性もまた必要になる。原発施設の耐震設計審査指針等にみてとれるように、施設の許可の時点では確かであるとされた耐震設計基準であっても、後の地震や地震学の進歩によって、不十分であると考えられるようになる規制基準の事例はいくらでもある。進歩し続ける科学における知見は容易に時代遅れになり得るので、基準の方も柔軟な変更が可能でなければならない。ただ、こうしたリスク行政における柔軟性の要請と法の安定性は両立しがたい関係にあることは明らかである。ドイツの公法学者リュディガー・ブロイヤーの言葉を借りれば、科学的知識は流動的であるのに対して、法秩序の本質は継続性・安定性にある[1]。

---

1 Rüdiger Breuer, Direkte und indirekte Rezeption technischer Regeln durch die

1. はじめに　149

したがって、流動的な科学的知識を法規制という形で法秩序の中に取り込む場合には常に矛盾を内包することになる。

　それでも、この矛盾を可能な限り解消しようとすれば、科学的知識の流動性を柔軟に法秩序に取り込める手法が必要になる。ここに、行政規則の意義がある。進歩の早い科学の知見を法規制に取り入れる際に、厳格な制定手続を要求される法律や法規命令では対応が遅れがちになる。そもそも、権力機能として議会は科学的専門知識にアクセスすることに適した機関ではない。そこで、注目されるのが行政機関内部で比較的容易に策定、変更できる行政規則である。通達、告示、指針等の行政規則は専門的な知見に基づいて策定され改変される限りにおいて、科学技術の流動性を適切に反映できるツールであるといえる。ただし、我が国の法体系そして伝統的な行政法学によれば、行政規則は法規ではなく、法的拘束力はないので、国民を拘束するものではないし、また科学訴訟においてもそれは裁判規範とはなりえない。が、一方で、上で挙げた原発の設置許可要件を定める指針のような行政規則は、同じ許可要件に関するものであっても、警察許可の法定要件を行政側が内部基準として明確にするような解釈基準としての行政規則と同一視はできない。というのは、科学的専門家が策定に関与した行政規則を無視して、裁判所は法律上の許可要件を独自に解釈して結論を導き出すことは、実際、不可能に近いからである。したがって、そうした行政規則はあたかも法規のようにその有効性を、一応、尊重せざるを得ないが、場合によっては行政規則に反して結論を導き出す可能性も残されていなければならない。こうした特殊な行政規則は、我が国の規範体系そして行政法学が多くを依拠するドイツにおいても同様に問題となっている。

　ドイツにおいても大規模施設の安全基準や環境基準は行政規則によるところが大きい。たしかに、各種規制立法は存在するが、そこには「科学技術水準からみて必要とされる災害に対する事前の配慮」、「環境への有害な影響」、「近隣への危険」等、不確定法概念が使用されており、それだけでは法執行機関である行政庁にとって基準となりえないからである。そこで第3章で挙

Rechtsordnug, AöR 101 (1976), S. 46 (46-49).

げた TA Luft（大気汚染防止技術指針）のような行政規則が必要になり、これが科学訴訟で争点になっていく。詳細は下の3でみていくが、事業者にとっては、たとえそうした基準は公にされていたとしても、法律の運用・適用として、不当に重い経済的な負担を強いるものに感じられたり、逆に住民にとっては、健康や環境保全の基準としては甘すぎると感じられる場合があるからである。ドイツ連邦行政裁判所は当初、科学的な知見に関わるこのような特殊な行政規則であっても、他の行政規則と同様に、市民や裁判所を拘束する力はないとし、伝統的な見解を維持していたが、少なくとも1980年代に入って一転し、科学技術に関する行政規則を特別の行政規則、「規範具体化行政規則」（Normkonkretisierende Verwaltungsvorschriften）と命名し、「重要である」（bedeutsam）を超えて、終局的に「拘束力ある」（verbindlich）ものとしてきた。一方、学説の中には規範具体化行政規則という名の下に行政規則に拘束力を与えることは、法規命令との差異を曖昧にする等の批判もある。加えて、EU 裁判所は規範具体化行政規則に該当する技術指針を法規範ではないとし、EU 指令の国内法への転換手段として認めないとの否定的な見解をとった。

　一方、我が国の場合はどうであろうか。科学技術規制に関する行政規則が問題になったのは、福島第二原発事件・伊方原発事件においてである。まず、福島第二原発最高裁判決[2]は原子炉設置許可要件を定める「核原料物質、核燃料物質および原子炉の規制に関する法律」（以下「旧炉規法」という）24条1項4号がほぼ白地規定で、実際には許可の審査基準が安全設計審査指針等の行政規則で決められていることの問題点について、原審を支持し、原発設置の許可要件を法律で定めることは困難で、かつ最新の科学技術水準への即応性の観点からみて適当でもない、としている。しかし、そうした審査基準は法規命令である必要があるか、あるいは行政規則で構わないか、あるいは行政規則すら必要なく、個別の行政行為によるその都度の対応でよいのか、という点について、すなわち、いわゆる行政の行為形式論については一切触れられてはいない。

2　最判平成4年10月29日集民166号509頁。

1. はじめに

一方で、伊方最判の方も、上記審査基準が法律又はその委任に基づいて定められたものではないという点について、問題視してはいない。旧炉規法24条1項4号に基づく審査は各専門分野の学識経験者等を擁する原子力委員会の専門的、科学技術的知見に基づく慎重な手続でなされるので、「安全審査は、その合理性を十分首肯し得る規制法24条1項4号の規定に基づいてされたもの」であるとする。これは、許可処分の合法性・合理性は実体的な許可要件規定の法的地位や要件該当性に求められるのではなく、あたかも合理的手続とその遵守で裏づけられるとしているように読める。すなわち、法律から行政処分に至るその判断の過程、中間に法規命令や行政規則が必要か否かについては全く問題にならない、との立場のようにみえる。もっとも、それでも、伊方最判は、原発の設置許可という行政処分に対する取消訴訟の司法審査においては、法律から行政処分に至る過程の中間にある「基準」が重要な位置づけにある点は認めている。司法審査は二段階あるが、どちらも行政が定める基準が司法審査の前提になっているからである。すなわち、用いられた具体的審査基準に不合理な点があるか、という審査においても、次に、具体的審査基準が合理的であることを前提に、当該事案へのその運用に不合理な点があるか、という審査においても、司法審査は行政庁が依拠した基準を中心に行われることになる。

こうした最高裁の立場とは別に、我が国の学説は原発設置に関する指針や審査ガイド等の行政規則を裁量基準とみるのが一般的である[3]。これは規範構造の点からみると、旧炉規法24条1項4号の許可要件の法適用に要件裁量を認めていることになる。この場合、行政裁量は裁量基準策定においてまず行使されることになるので、伊方最判の二段階司法審査は正当化される。いずれにしても、科学技術規制基準はあくまで裁量権行使の所産であり、裁判所の審査は従来通り裁量濫用審査となるので、ドイツのように行政規則の規範的拘束力などのような議論にはならない。

しかしながら、下で述べていくように、ドイツの規範具体化行政規則に関

---

3 たとえば、塩野宏『行政法Ⅰ［第5版］』有斐閣（2009）105〜106頁、高橋滋『行政法』弘文堂（2016）150頁、岡田正則『行政法Ⅰ　行政法総論』日本評論社（2022）157〜158頁参照。

わる議論からは、我が国の行政法学及び司法実務が参考にできる点はいくつかある。以下では、とりわけ裁量基準に関する我が国の研究領域において、なお開拓の余地がある点を挙げてみよう。要件裁量の問題は除くとして（第6章で検討）、(1) 科学技術規制に関する行政規則を裁量基準としてみると、行政規則に対する合理性審査は第1章でみた裁量瑕疵の審査、衡量原則に基づく審査が妥当することになろう。たとえば、懲戒処分の指針のような裁量基準は衡量原則、比例原則に従って、裁判所は内容上の瑕疵の審査をすることができる。しかし、原発の安全審査指針のような行政規則に対しては、そもそも衡量原則は基本的に役に立たないし、裁判所が科学技術的事項に対して内容上の瑕疵の審査をできるかも疑わしい。内容上の瑕疵の審査ができないなら、そうした行政規則は実質的に法令と同様の扱いになり、伊方最判の二段階審査ではなく、一段階審査が妥当するということになるのではないだろうか。

次に、(2) 行手法が適用されるか否かは別にしてその法理念から、裁量基準は、審査基準にせよ、処分基準にせよ、「具体的」であることが求められる。基準を具体的にすることを法概念の「具体化」と呼ぶとすると、事実を機械的に包摂できる程度まで裁量基準を具体化すれば、残りの行政作用は包摂のみになる。しかし、実際には、具体化が中途半端な場合もまれではなく、行政処分の手前で行政規則がさらに解釈されたり、あるいは個別事情を考慮して行政規則から外れて処分をなすことが求められる場合もある[4]。したがって、行政過程での法概念の具体化はかなり複雑な経緯をたどる。こうした多層的な具体化について理論的に解明することは意義があることだろう。

最後に、(3) 上の (2) で述べた裁量基準が解釈の必要がある場合、行政規則の解釈権限は行政庁にあるのか、それとも裁判所にあるのかという問題が発生する。裁量基準が裁量権行使の産物であるとすると、裁量基準の解釈権限も行政に属すると考えられなくもないが、そうすると、司法審査はかな

---

4 たとえば、最判平成11年7月19日判時1688号123頁。またこの解説として、巽智彦「判批」斎藤誠・山本隆司編『行政判例百選Ⅰ（第8版）』(2022) 144頁以下も参照。

り後退することになる。(2)で述べた法概念の具体化は、行政法においては、行政と裁判所の双方が行うのであるから、この点でも具体化とは何か、そして特にリスク行政における行政規則の解釈権限はどこに属するのかを明らかにしておく必要がある。

　以上のような問題意識をもつとき、科学技術に関わる行政規則に特化した研究も意義があるということになる。そこで、ここ第4章においては、ドイツの規範具体化行政規則論[5]を検討し、さらにそこでの「具体化」とはいったい何を意味するのかについて論じていく。以下、まず2で、行政規則一般論に概括的に触れ、3で規範具体化行政規則の判例の流れを追い、4で行政規則分類における規範具体化行政規則の位置を検討した後に、5で不確定法概念の適用との関連で規範の「具体化」の意味を模索することにする。

2. 行政規則一般論

　規範具体化行政規則に関しては、ドイツでは行政規則の効力の項で扱われることが多いようである。というのは下で述べるように、この種類の行政規則が行政規則の効力の一般原則の例外として扱われるからである。ドイツの行政規則論については、我が国においていくつかの紹介があるので[6]、ここでは教科書的・概括的な確認をした上で、規範具体化行政規則の位置づけを

---

[5] ドイツの行政規則及び規範具体化行政規則については、我が国でいくつかの研究がある。網羅できないが、さしあたり筆者が参照したものとして、行政規則に関しては、大橋洋一『行政規則の法理と実態』有斐閣 (1989)、乙部哲郎『行政の自己拘束の法理』信山社 (2001)、平岡久「ボン基本法下における行政規則に関する学説 (1〜3)」阪大法学 99 号 (1976) 103 頁以下、102 号 (1977) 123 頁以下、106 号 (1978) 87 頁以下、同「行政規則の法的拘束性 (1〜2)」法学雑誌 26 巻 3・4 号 (1980) 363 頁以下、27 巻 1 号 (1980) 1 頁以下、藤原静雄「ドイツ行政規則論のためのノート」南博方・関哲夫・鈴木庸夫編『行政紛争処理の法理と課題——市原昌三郎先生古稀記念論集』法学書院 (1993) 所収 239 頁以下、宮田三郎「行政規則の拘束力について」朝日法学論集 27 巻 (2002) 1 頁以下。また、科学技術関連訴訟については、高木光『技術基準と行政手続』弘文堂 (1995)、高橋滋『現代型訴訟と行政裁量』弘文堂 (1990) を挙げておく。

[6] とりわけ、大橋 (前掲注5) 及び平岡 (前掲注5)「ボン基本法下における行政規則に関する学説 (1〜3)」。なお、ドイツの行政法テキストとしては、主に Hartmut Maurer, Allgemeines Verwaltungsrecht, 16. Aufl., 2006 及び Hans-Uwe Erichsen und Dirk Ehlers (Hrsg.), Allgemeines Verwaltungsrecht, 14. Aufl., 2010 を参考にした。

みていくことにする。

　民主主義、法治国家、人権保障が憲法原理として採用されている国家においては、国家権力が市民の自由・財産を制限する場合には、国民の代表である議会の立法が要求される。したがって、行政が独立して直接に市民に義務を課すような規範定立は許されない。これがいわゆる法律の留保原則である[7]。もっとも、法律を執行するにあたって必要となる詳細事項があり、それがあまり政治的に争いがない場合に、そうした事項まで議会が規定するとなると、議会の負担が大きくなる。また、そもそもそうした活動は議会の権力機能からしても適していないということがいえる。そこで、ドイツ基本法80条1項は、法律の授権に基づいて、かつ授権の内容、目的、範囲が特定されている限りにおいて、行政に法規命令の定立を認めている。すなわち、法規命令の名の下に、行政は立法プログラムの枠内で法律上の詳細な事柄に関して規則を作ることができる。以上のことを簡単に要約すると、国家権力と市民との関係を規定するルールは一次的には法律であり、二次的に法規命令であるといえる[8]。

　ところで、上のような民主主義、法治国家の理念とは別に、我々の現実生活を規定しているルールとしていわば第三のルールがある。それはその数の多さ及び詳細さゆえ、実生活に対する影響力において、法律及び法規命令を凌ぐものである。これが行政規則と呼ばれるものである。行政規則は、通常、上級行政機関から下級行政機関に向けられる一般的抽象的公法規範であると定義される[9]。上の定義の内、規範の定立者とその「名宛人」(Adressaten) がともに行政あるいは行政の担い手、「行政主体」(Verwaltungsträger) であるという点から、行政規則は「内部法」(Innenrecht) であるといわれる。また、それが一般的抽象的であるという点で、行政行為の性質である「個別的決定」(Einzelentscheidung) からも区別され、「規範」(Regel) という性質をもつとさ

7　これについては「本質性理論」も含め第5章で触れる。

8　ルールの次元という説明方式で行政規則を明快に説明するものとして、Rainer Wahl, Verwaltungsvorschriften : Die ungesicherte dritte Kategorie des Rechts in: Eberhard Schmidt-Aßmann u. a. (Hrsg.), Festgabe 50 Jahre Bundesverwaltungsgericht, 2003, S. 571. 本章でも説明形式としてライナー・ヴァールの用語を参考にした。

9　Maurer (前掲注6), § 24 Rdn. 1.

れる。こうした特長をもつ行政規則のなかには「指針」（Richtlinie）、「公示」（Erlass）、「指示」（Dienstanweise）、「規則」（Verwaltungsverordnung）等の名称で呼ばれるルールが含まれる[10]。

　行政規則は前述の通り、行政機関から行政機関に向けられる内部規則であり、市民に直接義務を課し、あるいは権利を付与するものではない。いい換えれば、国家権力と市民との関係において、明確な法的な地位を与えられていない。にもかかわらず、行政実務においてはその役割は増大傾向にある。その理由は、行政国家化にあることはいうまでもない。この現象は今に始まったわけではないが、現代においては福祉国家化に加え、科学技術の高度化によって、各種処分件数の増大化をもたらしている。それらの処理を地域・時間に関わりなく行政機関が統一的にそして効率的に処理するためにはどうしても内部規則が必要になる[11]。この内部規則の定立根拠としてはまず基本法84条2項がある。そこでは連邦政府は連邦法執行のための州に対する監督権限行使の手段として、「一般的行政規則」（allgemeine Verwaltungsvorschriften）を発布することができる、と規定されている。また、公務員の職務服従規定は各行政機関内の垂直的関係を基礎づけている[12]。ただし、これはあくまで内部規則としての根拠づけであって、その法的性質において、この第三のルールである行政規則は法律、法規命令とは根本的に異なる。それが先に挙げた市民との関係、すなわち拘束力という点においてである。規範具体化行政規則で問題になるのはこの点なので、以下では行政規則の拘束力について詳細にみていくことにする。

　法律及び法規命令、すなわちいわゆる実質的な意味での法律は国家権力に

10　Maurer（前掲注6）, § 24 Rdn. 1. また Hans-Uwe Erichsen und Charlotte Klüsche, Verwaltungsvorschriften, Jura 2000, S. 540 も参照。
11　後述4で述べるが、内部規則たる行政規則の中には組織法に属するものもあるが、ここでは法律の執行にかかわる内部規則を念頭に置く。
12　連邦政府―州政府間等の独立した行政機関間で憲法・法律上の根拠に基づいて出される行政規則は「行政主体間行政規則」（Intersubjektive Verwaltungsvorschrift）と、同一行政機関内部で公務員の職務義務等に基づいて通用する行政規則を「行政主体内部行政規則」（Intrasubjektive Verwaltungsvorschrift）と呼ばれるようである。Hans D. Jarass, Bindungswirkung von Verwaltungsvorschriften, Jus 1999, S. 105 (105 f.); Fritz Ossenbühl, Verwaltungsvorschrift und Grundgesetz, 1968, S. 362.

よって不特定多数の一般国民に対して発せられる規範で、「一般的」(allgemein) 妥当性をもつ。すなわち、これらのルールは市民を拘束すると同時に、法適用を行う国家機関である行政と司法を拘束する（基本法20条3項）。これは外部拘束力と呼ばれる。それに対して、行政規則は上級行政機関が下級行政機関に向けて発するルールで、行政内部内で拘束力をもつ。これは内部拘束力と呼ばれる。つまり、行政規則は外部拘束力をもたないゆえに、市民の義務や権利を根拠づけることはできないし、裁判所に対して拘束力をもつこともない、と説明されることになる[13]。しかし、このことは（1）行政規則が「事実上」(faktisch) 外部に影響を与えないということではないし、（2）例外がないというわけでもない。これについて以下順に述べる。

まず、行政規則はたしかに、行政内部に向けられるものであるけれども、各行政機関の職員はそれに拘束されて市民からの申請等に対応するのであるから、事実上、市民に向けられる個別行政行為の内容を左右する。この点で行政規則は市民との関係でも間接的に外部影響力をもつ[14]。が、その際問題となるのは、そうした個別行政行為の適法性を市民が裁判所で争う場合、裁判所は裁判規範として行政規則に拘束されるか否か、という点である。この点について、連邦憲法裁判所判決は明確に「行政規則は司法審査の対象であって、基準ではない」[15]と述べている。司法審査の基準ではないということは裁判規範ではないということであるから、連邦憲法裁判所は行政規則の外部拘束力を否定したことになる。しかしこれには例外的なケースが二つほどある[16]。

一つはいわゆる行政の自己拘束の原理が適用されるケースで、行政機関が元来自由にできる行為領域、すなわち裁量領域において——これについては後述——、行政規則を定立し、それに従い行政実務を行う場合がそれであ

13　Maurer（前掲注6), § 24 Rdn. 16-18.
14　Maurer（前掲注6), § 24 Rdn. 20.
15　BVerfGE 78, 214 (227). また、連邦行政裁判所もこのことを繰り返している。BVerwGE 107, 338 (340).
16　もっとも、権限、管轄、申請方法といった組織的・手続的性質をもつ行政規則の遵守を私人が行政庁に要求し得るということまで含めると例外は広がる。たとえば、BVerfGE 40, 237. また、大橋（前掲注5) 51～54頁も参照。

る[17]。行政は個別事例において裁量権を行使するにあたって、正当な理由なくこれまでの裁量権行使の類型から逸脱することは、基本法3条1項の平等原則上許されない。そして、この裁量領域において定立される行政規則は、通常、裁量権行使の類型を規定しているのであるから、行政庁はもとより裁判所も基本法3条1項を通して、行政規則に拘束されることになる[18]。ただし、この場合、通説によれば、外部拘束力は行政規則そのものから生ずるものではない、としていることに注意しなければならない。連邦行政裁判所のいくつかの判決もこの点を強調している。たとえば、裁判所は裁量処分である兵役免除に関する行政規則を「「規範的一般的拘束力」（normative Allgemeinverbindlichkeit）は備わっていない」[19]としたり、助成金に関する行政規則を「それがあるというだけでは法律や法規命令のように市民の権利を基礎づけない」[20]としている。重要なのは、行政規則に加えて、その規則に従って繰り返しなされた行政実務があることである。つまり、行政規則はそれに従った確固たる行政実務に裏づけられる場合に初めて、基本法3条1項を媒介として外部拘束力を生み出すのである[21]。

　もう一つの例外は、本章のテーマである「規範具体化行政規則」と呼ばれるものである。規範具体化行政規則は、科学技術関連法や環境法の分野において行政庁が定立する具体的安全基準や環境基準のことで、それは行政が有する専門科学技術性ゆえに、重要な価値があり、拘束力があると説明される。しかし、先の行政の自己拘束の原理が兵役免除や補助金等の市民の「権利」（Recht）・「請求」（Anspruch）を基礎づけるための行政規則の例外的拘束力であったのに対して、こちらの例外、すなわち規範具体化行政規則の場合にはむしろ私人の義務を特定するといった負担行為につながる。そこで法

17　この点については、大橋（前掲注5）54～70頁、乙部（前掲注5）を参照。
18　Jarass（前掲注12），S. 107では、これは間接的外部拘束力と呼ばれている。
19　BVerwGE 36, 323（327）.
20　BVerwG, 17.01.1996, NJW 1996, 1766（1767）. この判例に関しては乙部（前掲注5）52～54頁を参照。
21　Fritz Ossenbühl, Rechtsquellen und Rechtsbindungen der Verwaltung in: Hans-Uwe Erichsen und Dirk Ehlers（Hrsg.）, Allgemeines Verwaltungsrecht, 14. Aufl., 2010, § 6 Rdn. 49; Maurer（前掲注6），§ 24 Rdn. 21-24. 詳細な学説紹介は平岡（前掲注5）「行政規則の法的拘束性（1～2）」、乙部（前掲注5）を参照。

律の留保や法治国家原則との関係で問題が大きい。こうしたことから、ドイツにおいては、今なお規範具体化行政規則については議論がある。まずは規範具体化行政規則を生み出した一連の判決をみていくことにする。

3. 判例の流れ

よく知られているように、規範具体化行政規則という概念を作り出したのは、原子力発電所設置をめぐって争われた1985年連邦行政裁判所判決、いわゆるヴィール判決（下の3.2）である。しかし、科学技術に関する行政規則を特別視する考えは1978年のフェルデ判決において採用された「予めなされた専門鑑定」という理論に始まる、といわれている。下に述べるように、規範具体化行政規則という概念は「予めなされた専門鑑定」という考えに取って代わって、行政規則にさらに強い効力を認めるために考案された概念である。そこでまずは、双方の判決を対比しながら検討を加え[22]、その後、ヴィール判決以降の規範具体化行政規則の代表的な判例を概観することにする。

3.1 フェルデ判決[23]

フェルデ判決では石炭火力発電所が発する大気汚染物質の基準値が争点となっている。この事件の内容に触れる前に、以降の論述に多くかかわるドイツにおける大気汚染物質規制の概要についてみておきたい[24]。ドイツにおいては、大気汚染物質規制は連邦インミッション防止法に規定されている。同法は人間、生態系、環境を有害物質による汚染から守ることを目的とし、その手段として一定の区域内の環境汚染を示す「インミッション」を規制する方法と各施設から排出される汚染排気である「エミッション」を規制する方法の両面規制を用意している。その上で、同法6条では一定の汚染物質排出

---

[22] 双方の判決についてはすでに我が国で多くの紹介と議論がなされている。本章が特に参考にしたものとして、高木（前掲注5）30～84頁、高橋（前掲注5）67～70頁、135～152頁。

[23] BVerwGE 55, 250.

[24] 以下、述べていく連邦インミッション防止法については、ハンス＝ヨアヒム・コッホ 編　岡田正則 監訳『ドイツ環境法』成文堂（2012）183頁以下を参照した。

施設の設置・操業に対して許可制が採用されており、許可要件としては同法5条の施設操業者の義務が守られることが挙げられている。ところが、そこ5条には、具体的な許可基準を見出すことができない。5条1項における施設操業者の義務としては、「環境への有害な影響、その他一般公衆または近隣への危険、重大な不利益ないし重大な生活妨害をもたらすおそれがないこと」(1号)、「環境への有害な影響に対する予防措置、とりわけ技術水準に合致するエミッション削減措置がなされること」(2号)が挙げられており、不確定法概念による規定にとどまるからである。このため、連邦法の統一的な法執行を図るためには明確な基準が必要になる。これが行政規則であるTA Luft[25]なのである。

2でみたように、行政規則の定立根拠はそもそも基本法84条2項に基づくもので、連邦政府は各州に連邦法を統一的に執行させるために一般的行政規則を発布することができる。そして、連邦インミッション防止法の48条にもこれと重なる形で、連邦政府の行政規則発布の権限を確認している。こうした根拠に基づいて定立されたTA Luftは、総則において、大気汚染による有害な環境影響から公衆や近隣住民を守ることが定立目的であると述べた上で、この規則が施設設置・操業の許可において遵守されるべきことを明記している。そして具体的な「インミッション」及び「エミッション」の限界値として、まず各種有害物質たとえば亜硫酸ガス、フッ素化合物、二酸化窒素等が特定され、その物質ごとに超えてはならない限界値が定められている。したがって、行政庁はこの基準に従って許可を出すことが求められているのである。

さて、事件の概要は以下のようなものであった。1974年9月、ライン川下流のフェルデにおいて、すでに二つの発電所を保有していた電力会社に新規発電所の設置・操業のための予備決定及び準備基礎工事の部分許可が営業監督署によって与えられた[26]。これら許可にはTA Luftに定められている粉

---

25 TA Luftは1974年に策定され、83、86年に改定され、近時、2002年の改定で大幅な変更をみている。
26 予備決定、部分許可を含む一連の多段階審査については、高橋（前掲注5）129頁以下及び乙部哲郎「西ドイツ部分許可と予備決定の法律問題——「多段階的行政手続」と

塵やフッ素化合物等の基準が守られることが附款としてつけられていたが、近辺住民らは操業が開始されれば人体や環境に悪影響が出るとし、上の二つの行政処分の取消しを求めて提訴した。一審及び控訴審では原告が勝訴した。このうち、とりわけ重要なのが控訴審判決[27]である。控訴審は TA Luft の数値は絶対的確固たる基準を意味するのではなく、有害・無害の間で揺れ動く不確かな推移値だと述べた[28]。そしてそれゆえ TA Luft の遵守でも悪影響は肯定されるとし、原告の主張を認めたのである。かくして、事件は上告審に場を移すことになったのだが、1978年2月17日の連邦行政裁判所判決は控訴審判決を破棄し、原告の訴えを棄却する判決を下した。その理由として挙げられたのが「予めなされた専門鑑定」という理論である。上告審判決は TA Luft は控訴審がいうような不確かな推移値ではなく、科学的な見地を反映した「予めなされた専門鑑定」として司法決定の基礎に置くことができるとしたのである[29]。

　「予めなされた専門鑑定」という概念は上告審自らが引用しているように、ブロイヤーの理論である。ブロイヤーは、法規範が「技術水準」等の概念を使用している場合には、科学技術の世界で通用している基準を法秩序のなかに「取り込む」（Rezeption）ことが要請されているとみる[30]。そして、「法外的」（ausserrechtlich）な科学技術の世界で通用している基準があり、それが私的団体によって審査・公表等の手続によって保証されている限りにおいて、そのような基準は法律上の技術水準という要件と合致しているという推定が働くというのである[31]。「予めなされた」（antizipierten）とは「先行して行われた」（vorweggenommen）の意味であるから、原則、裁判所で二度目の鑑定は不要ということを意味する[32]。たしかに、TA Luft の制定手続は、

　　行政行為」神戸学院法学15巻1号（1984）1頁以下を参照。
27　OVG Münster, 07.07.1976, DVBl 1976, 790.
28　DVBl 1976, 790 (795).
29　BVerwGE 55, 250 (258).
30　Breuer（前掲注1), S. 62-69.
31　Breuer（前掲注1), S. 80-83.
32　Horst Sendler, Normkonkretisierende Verwaltungsvorschriften im Umweltrecht, UPR 1993, S. 321 (323).

連邦インミッション防止法48条及び51条にしたがって、科学者、利害関係者、財界、交通関係者、関係官庁の各方面からの厳選されたメンバーによる議論を経た上でなされたものであり（BVerwGE 55, 250 (255)）、内容上も内外の科学的見解が参照、考慮されたものである（259）。したがって、この点を考量し連邦行政裁判所は「予めなされた専門鑑定」の理論を適用し、TA Luftの正当性を根拠づけたのである。

3.2 ヴィール判決[33]

上に述べたフェルデ判決が用いた「予めなされた専門鑑定」という考えはTA Luftのような科学技術に関する行政規則に特別な地位を与え、法外的な科学技術の知識を法世界にスムーズに取り込む道を開いたという点で評価されるかもしれない。しかし、多くの論者が指摘しているように[34]、この考えはリスクをどの程度受け入れるかという問題、科学的判断によっては答えられない価値判断を要する問題――第2章及び第3章で扱ったリスク管理の問題――を十分に視野に入れてはいなかった。このことはTA Luftの性格をみると明らかになる。TA Luftはその基準を遵守すれば、人体や環境への悪影響が、あるいは危険がゼロになるという科学的な因果関係に基づいて定立されたものではない。そうではなく、危険性や安全性を相対化しつつ、事業経営への負担、防止措置設置の現実的可能性等を考慮して策定された、いわば利益衡量の産物なのである。こうした価値判断の必要性という点に重点をおき、「予めなされた専門鑑定」という理論に取って代わって登場したのが規範具体化行政規則という概念である。以下、この概念を創造したヴィール判決をみていこう。

ヴィール判決はバーデン・ヴュルテンベルク州ヴィールに建設計画された原子力発電所の許可をめぐって争われた事案である。1970年代以降ドイツにおいては環境法・科学技術規制に関する法の領域でいくつかの重要な立法がなされてきたが、その一方で法の執行をめぐって各地で訴訟が起こされて

33　BVerwGE 72, 300.
34　「予めなされた専門鑑定」に対する批判に関しては、高木（前掲注5）56〜73頁、高橋（前掲注5）67〜69頁に概要といくつかの文献が載せられている。

きた[35]。そうした中でヴィール判決は科学技術に関する問題と司法統制のあり方を決定づけた判決として重要な意味をもつといわれる。

　1975年1月ヴィールに二基の加圧水型原子力発電所を建設計画していた電力会社に対して、南側の一基分につき第一次部分許可が与えられたが、これに不満を抱いた周辺住民、付近ゲマインデらがこの許可に対して取消訴訟を提起した。1977年、一審判決は、第一次部分許可は違法なものであるとして、許可を取り消した。原告側の論拠は複数あったが、そのうち、原子炉の圧力容器の破裂に対する防止策がなされていないという点が認められたのである。ところが、控訴審では安全性に関する問題はないとして、一審判決は破棄された。そこで、事件は連邦行政裁判所の判断を待つことになった。

　原子力法7条2項は原子力発電所の設置要件について明確な規定を置かず、とりわけ3号は「科学技術水準からみて必要とされる災害に対する事前の配慮」とだけ定め、その詳細を法規命令に授権している。この命令が許容被爆放射線量について定めた「放射線防護令」であったが、しかし、上告審が指摘しているように、行政庁が許可決定を下した当時（1975年）の放射線防護令（1965年発布）には十分な安全基準とみなされるべき数値は見出されなかった[36]。そこで行政庁は、許容被爆放射線量の安全値確定のための内部規則である「加圧水型原子炉に関する指針」及び「放射線被爆の一般的算定基礎」（ただし、下で述べるように算定基礎は許可の時点ではまだ存在しなかった）に基づいて、許可を出したのである。この点が争点化した。具体的な根拠法規ではなく、行政規則が処分理由となったからである。上で挙げた一審は裁判所自身の判断で安全性問題の問いに答えたのに対して、控訴審は部分許可の正当化の論拠として膨大な証拠調べから得られた認識に加え、行政規則の尊重に力点を置いたようである[37]。その際使用された正当化手法がフェルデ判決で用いられた「予めなされた専門鑑定」であった。控訴審は、とりわけ「放射線被爆の一般的算定基礎」を「予めなされた専門鑑定」として、

35　ドイツにおけるヴィール判決までの背景的事情については、高橋（前掲注5）63～65頁、71～79頁を参照。
36　BVerwGE 72, 300 (319).
37　控訴審の全文は公表されてないので、オッセンビュールの判例評釈（Fritz Ossenbühl, Urteilsanmerkung, DÖV 1982, S. 866）及び上告審判決から推測するしかない。

それに沿って予測される被曝線量である30ミリレムという値は安全性を立証するものだとした。

さて、上告審では結果的に控訴審の判断が維持されたが、控訴審の理由づけはいくつかの点で批判されることになった。その一つが「予めなされた専門鑑定」についてである。まず、上告審は控訴審のいわば自然科学偏重ともいえる姿勢を批判して、リスクの確定においてどのような事象を考慮すべきかは自然科学の役割ではないとし、リスクの確定と評価一般は行政の権限に属するとした[38]。そしてここから、「予めなされた専門鑑定」概念を批判し、代わって規範具体化行政規則という概念を導き出している。以下がその部分の抜粋である。

「控訴審は問題となる部分許可がなされる際に発布されていなかった放射線被爆の一般的算定基礎を考慮に入れて、原子力施設が予定される立地点で30ミリレムを遵守できるか否かを詳細に検討した。ここで、控訴審は一般的算定基礎を「予めなされた専門鑑定」とみなしている。しかし上告審はこれに従うことはできない。一般的算定基礎は原子力エネルギーに関する州委員会での最終的審議を経た後、連邦大臣が今後、許可手続において適用されるべきものとして発布した指針である。そしてこの指針は放射線防護令42条2文に基づいて発布されることになっている法規命令が制定されるまでは、放射線防護令遵守の規準となる。すなわち、放射線防護令42条1文規定の許容被曝線量が遵守されているか否かのチェックが十分に用心深い計算モデル及びデータ式に基づいてなされ、施設操業後に個々人に対して限界値が超えないということ——周辺監視では超過の確認はできない——、これを一般的算定基礎は保障するものである。それゆえ、この指針は規範を具体化する機能をもち、単に規範を解釈する行政規則とは異なり、規範によって定められた範囲内で行政裁判所を拘束する」[39]。フェルデ、ヴィール両判決を比較、評釈したゼンドラーの言葉を借りれば、「予めなされた専門鑑定」は裁判所にとって行政規則を「その判決の基礎におくことができる (können)」

38　BVerwGE 72, 300 (316).
39　BVerwGE 72, 300 (320). 藤原（前掲注5）246～247頁に和訳があるが、ここでは必ずしもそれに従っていない。

(BVerwGE 55, 250 (258)) ものにしたのに対して、規範具体化行政規則は裁判所にとって「そうしなければならない (müssen)」ことを決定づけたものだといえる[40]。

3.3 その後の判例の展開

その後、規範具体化行政規則という概念は原子力法に限らず、環境法の分野でも採用されることになっていく。以下では重要なものだけを取り上げる。

3.3.1 連邦行政裁判所1988年2月15日判決[41]

ヴィール判決以降のTA Luftに対する司法統制のあり方が示された判決としてその後の判例でしばしば引用されるものである。事件は電力会社に対して行政庁が大気汚染緩和のための事後的措置命令を出すように周辺住民が求めたケースである。当時のTA Luftが健康被害防止のためには時代遅れであるとする原告の主張に対して、連邦行政裁判所は、原告の科学的主張はTA Luftの根底にあるリスク評価を反駁するほど十分な根拠をもっていない、として、その主張を退けた。その際、裁判所はTA Luftに対し司法統制が及ぶ点について以下のように述べている。TA Luftの正当性の前提条件として、その基準値が科学技術上の進歩によってもはや法律上の要請を満たせないほど時代遅れになっていない、ということが必要であるが、この点には司法統制が及ぶ、と[42]。ただし、判決では、TA Luftの法的性質そのものについては触れられなかった。裁判所はTA Luftが予めなされた専門鑑定であるのか、規範具体化行政規則であるかという点、そしてこれら名称と法律効果がどのように結びつくのか、という点は、判決では明らかにする必要はない、としたのである[43]。

3.3.2 連邦行政裁判所1995年1月10日判決[44]

当該判決においては、TA Luftが連邦インミッシオン防止法5条の不確

---

40 Sendler（前掲注32), S. 322.
41 BVerwG, 15.02.1988, DVBl 1988, 539.
42 DVBl 1988, 539 (539).
43 DVBl 1988, 539 (540).
44 BVerwG, 10.01.1995, DVBl 1995, 516.

定法概念を具体化するものだと明言された。事件は溶鉱炉から排出される硫化水素の量が多いとして、行政庁からTA Luftの数値を遵守するよう下命を受けた事業主がその取消しを求めた裁判である。原告は上告審でTA Luftの裁判所に対する拘束力の有無を問題にした。連邦行政裁判所は、TA Luftの基準値はその成立経緯からして高度に科学技術的専門性及び一般的に尊重すべき評価を体現したもので、それは平等で予測可能な法執行に資するものである、とした。ここから裁判所はTA Luftの機能とその司法統制について以下のように結論づけている。TA Luftは連邦インミッシオン防止法5条の不確定法概念を具体化するものであり、このような機能をもつTA Luftの基準値は司法においても「重大な」（beachtlich）価値をもつ、と[45]。

3.3.3　連邦行政裁判所1996年3月21日判決[46]

ここにおいては、1988年判決と同様に、第三者訴訟においてTA Luftが果たす役割について問われた。事件は、行政庁がある事業所に対してフッ化水素製造のための施設変更・操業許可を与えたことに対して周辺住民が争ったケースである。原告の請求は一審及び控訴審で棄却された。とりわけ、控訴審ではTA Luftのインミッシオン値が超過するおそれがないことを理由に請求棄却を言い渡したので、一審原告はTA Luftの数値そのものの妥当性、すなわち法的性質について上告審で問題にした。上告審は控訴審判決を維持したのだが、その根拠としてTA Luftの拘束力について上に挙げた1988年判決、1995年判決に依拠して、次のように論じた。TA Luftは施設を設置し操業する者の義務を具体化するものであると同時に、第三者が享受できる権利をも具体化したものである。よってTA Luftには、行政の領域を超えて、司法においても遵守されるべき拘束力が認められる、と[47]。

3.3.4　連邦行政裁判所1999年12月20日判決[48]

事件は許可に付された附款の妥当性について問われたケースで、その際、

45　DVBl 1995, 516 (517).
46　BVerwG, 21.03.1996. http://www.jurisweb.de/jurisweb/cgi-bin/j2000cgi.sh.
47　BVerwG, 21.03.1996, Rdn. 9-10.
48　BVerwGE 110, 216.

裁判所がTA Luftを解釈することの前提条件として、規範具体化行政規則の法的性質が論じられた。ある操業者が紫外線安定剤を製造するために施設変更許可を申請したところ、行政庁が附款をつけて許可を出した。附款においてはTA Luft記載の汚染物質濃度限界値が特定排出源について守られることに加えて、限界値が施設のその他の排気についても守られるよう定められていた。これに対して、操業者はTA Luftの濃度限界値はある一定排気量以上を放出する特定排出源について求められているのであり、規制対象を拡張することはTA Luftの解釈として誤りだと主張し、附款削除の義務付け訴訟を提起した。一審は敗訴したが、控訴審では一審原告の主張が認められた。そこでTA Luftの解釈をめぐって争われた上告審は控訴審判決を維持するにあたって、排気規制をめぐる法律問題を連邦インミッシオン防止法の解釈によってではなく、TA Luftの解釈によって答えたのである。TA Luftは法律上の不確定法概念を拘束力ある基準値によって具体化している限りにおいて、司法においても遵守されるべき拘束力が認められる。端的にいえば、このような行政規則はその規範具体化する機能の範囲内で法律的な外部拘束力を有する、と[49]。

3.3.5 連邦行政裁判所2001年6月21日判決[50]

事件は99年と同様に附款の妥当性をめぐって争われたケースで、その際、規範具体化行政規則が効力を喪失する場合が論じられた。セメント製造業者である原告が二つのサイロ建設のための施設変更の許可申請をしたところ、行政庁は許可に際してTA Luftの粉塵規制値よりも厳しい条件を附款でつけた。これに対して原告が条件緩和の義務付け訴訟を提起した。一審及び控訴審は請求を棄却した。とりわけ、控訴審はTA Luftの粉塵限界値は最低基準であると考えなければ、現時点においては時代遅れであるから、なんら拘束力がないということになる、と論じた[51]。上告審では結果的に控訴審の判決が維持されたが、その理由は、単に、一審原告が申請の時にした確約、

---

49 BVerwGE 110, 216 (218).
50 BVerwGE 114, 342.
51 VGH Baden-Württemberg, 10.07.2000, DVBl 2000, 1865 (1866 f.).

設置予定のフィルターは TA Luft 基準値よりも少ない粉塵排出を可能にするという確約に求められた。そして、最低基準としなければ、TA Luft はすでに時代遅れだ、とした控訴審の見解自体は以下の論理によって否定されたのである。まず、(1) TA Luft の規範具体化機能は特別な専門的知見に基づくもので、統一的な法執行を保障するものである。それゆえ、(2) それは単なる最低基準なのではなく、行政庁はそれから離れることは原則できない[52]。そして、(3) 1988 年判決が言及した規範具体化行政規則が拘束力を失う条件、すなわち「科学技術上の進歩によって時代遅れになる」という条件を次のように厳格に捉えている。TA Luft は連邦インミッシオン防止法 51 条に規定する特別な手続で策定される以上、それからの逸脱にはそれ相応の確固とした証明が必要である。すなわち、科学技術上の動かし難い進歩が TA Luft 基準値の基礎となっている評価や予測を否定する場合に限って、TA Luft は時代遅れになる、と[53]。

3.3.6 連邦行政裁判所 1998 年 10 月 28 日判決[54]

規範具体化行政規則という概念は大気汚染の分野だけでなく、水質汚濁の分野でも使われるようになる。1998 年 10 月 28 日判決においては、「排水課徴金法」(Abwasserabgabegestez) が定める排水課徴金[55]を算定するための汚染物質測定規則である「公共水域への排水の最低基準に関する一般行政規則」の法的拘束力が問われた。事件は下水処理組合である原告が排水課徴金が高すぎるとして、賦課処分の取消しを求めたケースである。一審は行政庁の賦課処分の一部を取り消したが、控訴審及び上告審においては、賦課処分はすべて適法とされた。このうち、上告審においては上記一般行政規則が規範具体化行政規則であるとされ、規範具体化行政規則の法的性格について次

---

52 BVerwGE 114, 342 (345).
53 BVerwGE 114, 342 (346).
54 BVerwGE 107, 338.
55 ドイツ排水課徴金法に関しては、諸富徹『環境税の理論と実際』有斐閣 (2000) 103～132 頁、冨永猛「ドイツにおける排水課徴金法 (AbwAG) の現状──"第 3 次改正法"をめぐって (1~2)」高岡法学 3 巻 2 号 (1992 年) 73 頁以下、6 巻 2 号 (1995 年) 63 頁以下、同「ドイツにおける排水課徴金 (AbwA) のシステム論──その規範的実体と問題点──」高岡法学 6 巻 1 号 (1994 年) 1 頁以下が詳しい。

のように論じられている。上告審は、まず、(1) 行政規則一般論に触れ、裁判所は司法統制において行政規則に拘束されることはないと原則論を述べた上で、(2) 規範具体化行政規則を環境・科学技術関連法領域における例外と位置づけている[56]。そして、(3) 裁判所は規範具体化行政規則が問題になる限り、それに拘束される、とともにその規則を法律と同様に解釈しなければならない、とした。その理由は具体化機能が統一的な法執行及び科学技術の進歩への対応を可能にする、という点に求められている[57]。

3.3.7 連邦憲法裁判所及び EU 裁判所の対応

上のように連邦行政裁判所が規範具体化行政規則の適用領域の拡張を試みる一方で、連邦憲法裁判所は 1988 年 5 月 31 日判決[58]において、規範具体化行政規則は原子力法領域で通用する特殊事例である、と論じている。まず判決は従来どおり行政規則は基本法 20 条 3 項及び 97 条 1 項が意味する法律ではないとし、実質的な内容を伴う行政規則は原則、司法統制の対象であって、基準ではない、という従来の見解を強調する。そして、実質内容を伴った行政規則でありながら、裁判所をある程度拘束する例外的な「特別事例」(Sonderfall) は原子力法領域における行政規則に限るとしている[59]。

これに加えて、EU 裁判所は TA Luft に関して、1991 年 5 月 30 日判決[60]において EU 指針を国内法に転換する拘束力ある法的手段として認められないとした。裁判においてドイツ政府は TA Luft を連邦インミッシオン防止法の具体化であるとし、その強制力ある性質を主張した[61]のに対して、EU 裁判所は、ドイツ政府の主張を退けた。判決は、まず、(1) EU 指針の遵守は基準値を事実上、遵守しているということでは足りないとして、法的な保障を要求する。ここでいう法的な保障とは EU 指針を一般的拘束力ある国内の法規範によって転換することである。そしてこの点からみて、(2) ドイツ

---

56 BVerwGE 107, 338 (340).
57 BVerwGE 107, 338 (340).
58 BVerfGE 78, 214 (227).
59 同様の趣旨のものとして、BVerfGE 80, 257 (265) も参照。
60 EuGH, RsC-361/88, Slg 1991, I-2567. この点に関しては、大橋洋一「国際ルールの形成と国内法の変容」公法研究 55 号 (1993) 55 頁以下参照。
61 EuGH, RsC-361/88, Slg 1991, I-2567 (2600).

の判例を参照しても、TA Luft は拘束力ある規範とは認められない、としたのである[62]。EU 裁判所は規範具体化行政規則一般を否定しているわけではないが[63]、少なくとも環境法の領域にこの概念を導入することに否定的な態度をとっているといえるだろう。

4. 行政規則分類論と規範具体化行政規則

　上でみたように、規範具体化行政規則とは科学技術上の安全基準や環境基準を定めた行政規則である。その認定要件としては、とりわけ3.3.6 で触れた1998 年判決に従えば[64]、以下のようになる。(1) 行政庁が高次の原理及び具体化に必要な知見を考慮していること、(2) 法律が予定する諸価値を尊重していること、(3) 幅広い分野からの参加手続が保証されており、これまでの経験や科学的な知見が十分摂取されていること、(4) 科学的な進歩によって基準が時代遅れになっていないことが挙げられる。そのような場合に、行政規則は規範具体化行政規則とされ、その効果として外部拘束力が付与される。ところで、要件効果が明らかにされたとしても、そしてEU 裁判所とともにいえば、法内容として、具体的妥当性があったとしても、そのことが規範具体化行政規則の概念を正当化するものではない。規範定立権限・三権分立に関わる問題が残るからである。これは法治国家原則ならびに公法体系全般にかかわる根源的な問題である。

　ヴィール判決は、この点、行政のリスク評価の責任・権限論に求めている。が、行政の責任・権限論自体はなかなかとらえどころがない議論で[65]、それだけでは十分な論拠とはなり得ない。しかも、この議論には法適用における行政固有の作用を強調する見解、第 1 章で述べた「包摂」に対する批判

62　EuGH, RsC- 361/88, Slg 1991, I-2567（2602）.
63　EuGH, RsC- 361/88, Slg 1991, I-2567（2602）.
64　BVerwGE 107, 338（341 f.）. 規範具体化行政規則が認められる要件及びその効果については、ここでは立ち入らないが、学説としてはミヒャエル・ゲルハルト、ホルスト・ゼンドラー、ハンス・ディーター・ヤラス等の見解がある——彼らの諸説については後述する。なお、ゲルハルトの要件論に関しては藤原（前掲注 5）249～250 頁を参照。
65　行政責任論のこの点については、板垣勝彦『保障行政の法理論』弘文堂（2013）250 頁以下参照。

的な見解⁶⁶が含まれているので、行政の責任・権限論は法学方法論上の問題にも関連してくる。実際、ヴィール判決は規範を具体化するという作用を、解釈とは明確に区別しているし、その後の判決の中には、規範具体化行政規則は科学技術上の専門知識及び一般的評価を「具現化する」(verkörpern)とまで強調しているものもある[67]。こうしたことを考慮すると、ある種の行政規則の機能を規範具体化と呼ぶことは、決してアド・ホックな命名ではなく、この概念によって、法適用における司法作用とは異なる行政固有の作用を正当化しているといえるだろう。

　一方で、規範具体化行政規則についてのドイツの学説をみると、具体化というものは解釈と特別な意味の違いはない、とするものと、解釈と具体化は異なる作用であると主張するものとの両論がある。いずれにしても、ヴィール判決は規範具体化行政規則という概念を既存の行政規則分類カテゴリーの一つである解釈行政規則と対比させて論じているので、まずは、行政規則分類論との関係で規範具体化行政規則の位置づけを確認し、その後に、上記の法適用との関係で、規範具体化の意味を検討していくことにする。

4.1　オッセンビュールの行政規則分類論

　行政規則のカテゴリーは現在も変更下にあり、それを記述することは困難であるといわれるが[68]、判例・学説でしばしば引用される代表的な行政規則分類論であるオッセンビュールの見解を取り上げてみよう[69]。オッセンビュ

66　典型的な見解としては、Wolfgang Hoffmann-Riem, Eigenständigkeit der Verwaltung in: Wolfgang Hoffmann-Riem, Eberhard Schmidt-Aßmann, Andreas Voßkuhl (Hrsg.), Grundlagen des Verwaltungsrechts, 2. Aufl., Bd. 1, 2012, S. 677. その他の行政法学説も含めこの種の見解の問題点については、赤間聡「行政法学における法学的方法批判について法律学方法論の側から考える――制御学、参照領域論、法規中心主義批判及び学際的方法に対する若干の疑問（2・完）――」高知論叢 119 巻（2020）9～19 頁を参照。

67　上記 3.3.2 の 1995 年判決（DVBl 1995, 516 (517)）参照。もっとも、「具体化」（konkretisieren）という概念そのものは判例で頻繁に使用されており、特殊な概念ではない。しかし、後述するが、ある種の不確定法概念の具体化は特別な意味をもっている。

68　Ossenbühl（前掲注 21），§ 6 Rdn. 31.

69　オッセンビュール自身 1968 年――Ossenbühl（前掲注 12）――の分類（以下、「オッセンビュールの旧分類」という）――を維持していないので、以下の記述は彼の近時の見解――（前掲注 21）――に基づく。なお、オッセンビュールの行政規則論及びその

ールによれば、まず行政規則は (1) いわゆる組織法としての役割をもつ「組織行政規則」(Organisationsvorschrift)、(2) 公務員の行為規範としての「行為指導的行政規則」(Verhaltenslenkende Verwaltungsvorschriften)、(3) 行政主体内部で妥当するのではなく、ある行政主体から別の行政主体に向けて発せられる「行政主体間行政規則」(intersubjektiven Verwaltungsvorschriften) に大別される。(1) の組織行政規則は三権の一つとして行政が有する自立的な組織形成権に基づいて、自己の組織構成、内部権限分配、手続について定めたルールである。(2) の行為指導的行政規則は侵害行政や給付行政等において行政権の行使の指針となるルールである。(3) の行政主体間行政規則はドイツ連邦制において元来独立の行政主体である連邦、州、市町村の間で出される行政規則で、たとえば、基本法84条2項に規定されている連邦から各州に向けて出される一般的行政規則がその例として挙げられる[70]。さて、ヴィール判決が規範具体化行政規則と対比させた解釈行政規則と呼ばれるものは、これらのうち (2) の行為指導的行政規則に属する。

オッセンビュールによれば行為指導的行政規則は行政事務の簡素化と平等行政を目的として定立されるもので、それはさらに「解釈行政規則」、「裁量指導的行政規則」、「簡素化指針行政規則」、「技術指針にかかわる行政規則」、「法律補足行政規則」の五つに細分される[71]。この中で解釈行政規則とは文字通り法律の解釈をし、行政事務の合理化に資する目的で定立されるものである。ところで、解釈行政規則という概念は行政の法執行のあり方に着目した分類であり、その点でもう一つの裁量指導的行政規則と対をなす関係にある[72]。この点の詳細をみていこう。

変遷については平岡（前掲注5）「ボン基本法下における行政規則に関する学説（3）」115〜126頁を参照。
70 Ossenbühl（前掲注21），§ 6 Rdn. 32-40.
71 Ossenbühl（前掲注21），§ 6 Rdn. 35-39. なお、オッセンビュールの旧分類でも概ね変わりはないが、そこには技術指針にかかわる行政規則は含まれておらず、その代わりに判断余地にかかわる判断行政規則が挙げられている。Ossenbühl（前掲注12), S. 282-357.
72 たしかに、法律補足行政規則も法執行にかかわるように思われるが、二つの理由からここでは扱わない。第一に、オッセンビュールは法律補足行政規則の定立を、法の欠缺のケースに際して、としているが、法の欠缺は法の継続形成の問題であり、純然たる法

行政の伝統的な機能領域として法執行・法適用が挙げられる。これをオッセンビュールは「法律執行領域」（Bereich der Gesetzsvollziehung）と呼ぶ[73]。この領域では行政の法律への拘束はその度合いに応じて、いくつかのカテゴリーに分けられる。まず、単純に法律に拘束された行政と自由な裁量行政の二極があり、その中間に拘束と自由の微妙なコンビネーションがあるとされる。これを教科書的に整理すると、(1) 行政が法律に確定的に拘束される領域、(2) 行政が法律に不確定的にしか拘束されない領域、(3) 行政裁量・計画形成の領域に分けられる[74]。(1) の行政が法律に確定的に拘束される領域とは、法律上の要件効果が明白かつ一義的に結びついており、行政の行為が明確に規定されているケース、たとえば税法上のいくつかの分類概念と課税処分との結びつきや、法概念が不明確でも「法律上の定義」（Legal definitionen）が与えられている場合である。行政規則の目的が効率性、統一性を確保することである以上、ここでは行政規則定立の余地はない。(2) の領域は伝統的に議論が絶えない不確定法概念の問題領域である。とりわけ、法律の要件部分に「相当の期間」等の不確定法概念が存する場合には、個別事例にこれを適用するか否かすなわち行政が処分を下すか否か等の判断は困難に直面する。そこで、あらかじめ不確定法概念の解釈を定立することによって、法適用は効率的、統一的に行うことができる。この目的で定立されるのが解釈行政規則である。最後に (3) の領域は、行政が自由に活動できる領域である。そもそも議会の法律とは独立に行政に自由な行為領域が存するのか否かは、三権の機能領域論や法律の留保論との関係でしばしば争われるところであるが、少なくとも法律が明示的に行政の自由領域を認めているケースがある。これは「できる規定」に代表される効果裁量の場合である。(1)、(2) の領

執行・法適用の問題とはいえない。第二に、マウラーが指摘するように（Maurer（前掲注6), §24 Rdn. 11)、法律の留保が各法領域に浸透するにつれてこのタイプの行政規則は重要性を失いつつあるからである。ところで、オッセンビュールの旧分類においてもう一つ挙げられている「判断行政指針」（Beurteilungsrichtlinie）も法執行にかかわるが（Ossenbühl（前掲注12), S. 328-343)、この分類自体に争いがある。Maurer（前掲注6), §24 Rdn. 29、また大橋（前掲注5）73〜74頁も参照。

73 Ossenbühl（前掲注12), S. 282.
74 計画・形成行政は独自の領域として、裁量行政からも区別されるのが通常であるが、行政規則分類論の視点から、便宜上、ひとまとめにした。

域では法律は要件が満たされた場合に必然的にある特定効果が結びつけられるが──典型的な「すべし規定」の場合──、(3) の領域では法律要件の充足を前提として、ある効果を付与するか否かの選択、効果を付与するにしても、それが複数規定されている場合には、効果の選択は行政庁の裁量に任される。この裁量権行使を効率的、統一的に行うために定立されるのが裁量指導的行政規則である[75]。

4.2 不確定法概念と解釈行政規則

さて、ヴィール判決で問題になった行政規則は「加圧水型原子炉に関する指針」及び「放射線被爆の一般的算定基礎」であった。これらは原子力法7条2項3号が定める原発の設置要件である「科学技術水準からみて必要とされる災害に対する事前の配慮」に関する行政内部規則である。したがって、ヴィール控訴審が指摘したように[76]、これは不確定法概念の問題であるから、この二つの行政規則は解釈行政規則となるはずである。しかし、上告審はこの用語を避けた。理由は明らかにこの概念が伴う法律効果にある。

裁量指導的行政規則の場合、すでに述べたように、行政の自己拘束の原理から間接的に外部拘束力をもつとする考えが一般的である。それに対して、解釈行政規則の場合には行政規則は外部拘束力をもたないという一般原則が妥当する。たしかに、法律、とりわけその要件部分に不確定法概念が含まれている場合、行政は厳格に法律に拘束されているとはいえない。しかし、第1章の W. イエリネックやコッホの議論でみた通り、このことは法律の解釈権限が、より厳格に言えば「最終決定権限」(Letztentscheidungsbefugnis) が行政に属しているということを意味しない。この点を徴兵猶予条件に関して定めた行政規則が問題になった1972年の連邦行政裁判所判決[77]が明確に述べているので引用しよう。

事件は学業を理由に徴兵猶予を申請した者に対して、それを認めなかった行政庁の処分が争われた事例である。連邦兵役法12条4項には徴兵猶予の

75　Ossenbühl（前掲注21）, § 6 Rdn. 36, 48-52; Ossenbühl（前掲注12）, S. 311-328.
76　BVerwGE 72, 300 (314 f.).
77　BVerwGE 34, 278. この判決に関しては、大橋（前掲注5）125頁を参照。

要件として「もし、徴兵されれば、とりわけ家庭、経済、職業の観点から困難に直面する者」を挙げ、特に学業に関してすぐ下で「すでに相当期間の教育課程を経ている者」としている。当該事件では、原告はハンブルクにあるエンジニア専門学校の科目履修を済ませた後に徴兵を求められたことが事件の発端になった。原告は猶予申請したが、拒否されたので、その処分を争った事案である。原告は、猶予の要件を満たしているということを正当化するために、連邦兵役法 12 条 4 項というよりは、徴兵審査に関する行政規則に言及した。というのは、徴兵審査に関する行政規則（1957 年 11 月 25 日発布）は先に挙げた法規定である「すでに相当期間の教育課程を経ている者」の解釈として「エンジニア学校、建築学校その他これらに相当する教育施設に通学する者で、始業以前に徴兵請求されなかった者は兵役法 12 条の猶予要件を満たすものとする」を挙げていたからである。

原告の主張に対して、連邦行政裁判所は、徴兵審査に関する行政規則は市民の訴えの根拠として引用できないとし、学生側の訴えを退けた。その際、裁判所はオッセンビュールの行政規則論にも言及しながら、徴兵審査に関する行政規則を「解釈行政規則」と分類し、法律の解釈権限について以下のように述べた。「行政庁に与えられた裁量権行使とは異なり、最終的に拘束力ある法の解釈は行政庁に属するのではなく、基本法 19 条 4 項に基づき裁判所に属する。したがって、行政規則が法の解釈を含む場合、それは裁判所が認めた場合のみ有効である」と[78]。判断余地等の特別の場合を除けば[79]、不確定法概念の最終解釈権限は三権分立の原則から裁判所に属すると考えられている。したがって、解釈行政規則は行政内部で妥当するが、裁判所の法律解釈・適用行為を制限するものではない、ということになる。

以上のことから、ヴィール判決が解釈行政規則という用語を避けた理由が明らかである。法執行に着目した既存の行政規則分類カテゴリーにおいては、解釈行政規則と裁量指導的行政規則の二者択一を迫られる。原子力法 7

78　BVerwGE 34, 278 (281).
79　判断余地に関しては、法学方法論との関連では第 1 章を、科学技術的判断との関係では第 6 章を参照。なお、ヴィール控訴審は、原子力法の適用は判断余地のケースではないとしたが、この見解は上告審で批判されている。BVerwGE 72, 300 (314 f.).

条の法律効果において裁量の規定がない以上、技術指針を裁量指導的行政規則と認定することはできない。むしろ、原子力法7条2項は原発の設置要件として不確定法概念を含んでいるので、技術指針は解釈行政規則とするのが自然であるが、そうするとその外部拘束力は認められないことになる。こうしたジレンマを解消するために、ヴィール判決はこの二つのカテゴリーの間に規範具体化行政規則という新しいカテゴリーを導入したのである[80]。しかし、行政の法執行作用において解釈と裁量以外に規範具体化なる作用というものがはたしてあり得るのであろうか。このことが問われなければならない。

5. 規範具体化の意味

規範具体化行政規則に関する学説の中には、要件効果論に終始せず、規範具体化の意味内容に踏み込んだものがいくつか見受けられる[81]。その中には規範具体化について比較的共通の理解が見出せる。その一つとして、規範具体化には評価が必要である、という点が挙げられる。たとえば、ミヒャエル・ゲルハルトは規範具体化とは事実及び利害関係を評価、最適化、数値化する営為としている[82]。また、同様の趣旨をヘルマン・ヒルも「政治的基本構想」という概念を用いて述べている[83]。一方、どのようなタイプの法執行であるのかという点、とりわけ解釈との違いについては、見解の相違がある

---

80 もっとも、ゲルハルトやヴァール等は新しいカテゴリーの追加は認めるが、規範具体化行政規則という命名は行政の法執行作用に対応したものではないとしている。Michael Gerhardt, Normkonkretisierende Verwaltungsvorschriften, NJW 1989, S. 2233 (2234); Wahl（前掲注8), S. 577 f. 一方、ヤラスは「ただの」（blosse）解釈行政規則ではなく、特別な種類の解釈行政規則としている。Jarass（前掲注12), S. 109.
81 さしあたり、筆者が目にしたものとして、Hermann Hill, Normkonkretisierende Verwaltungsvorschriften, NVwZ 1989, S. 401; Christoph Gusy, Administrativer Vollzugsauftrag und Kontrolldichte im Recht der Technik, DVBl 1987, S. 497; Hans-Joachim Koch, Die gerichtliche Kontrolle technischer Regelwerke Im Umweltrecht, ZUR 1993, S. 103; Monika Jachmann, Die Bindungswirkung normkonkretisierender Verwaltungsvorschriften, Verw 28 (1995), S. 17.
82 Gerhardt（前掲注80), S. 2236.
83 Hill（前掲注81), S. 406. ヒルはこの概念をエバーハルト・シュミット‐アスマンから引用している。

ように思われる。その中でも、ホルスト・ゼンドラーとクリストフ・グジの見解は対照的であり、その分この問題についての多くの示唆を与えてくれる。

ゼンドラーによれば、具体化は解釈とは以下の点で異なる。解釈とはある不確定法概念を複数の概念に置き換えることで個別事例への適用を図るものである。しかし、置き換えられた概念はそれ自体再び解釈を必要とする場合が多々あるという点で、解釈は確定的ではない。一方、具体化の場合、一旦概念を置き換えた基準は再度の置き換えを必要としない。すなわち、後は直ちに個別事例に適用できるという点にその特徴がある[84]。一方、グジは、自分の用語は法学方法論上のものではないとした上で、規範具体化と解釈の区別はない、としている。グジによれば、一般的な法律を個別事例に適用するプロセスは、その主体が行政であれ司法であれ、いずれも規範具体化ということになる[85]。ただし、行政による規範具体化と司法による規範具体化では以下の点で異なる。まず、行政には第一次的に法律を執行する役割が与えられており、このことに伴い二つの種類の規範具体化があり得る。一つ目の具体化とは終局的決定、すなわち行政行為そのもののことで、これは、「第一の」(erst)執行権限から必然的に導き出される。これに加えて、二つ目として行政は行政規則定立によって具体化過程の「中間段階」(Zwischenschritte)において、抽象的に(?)具体化を行うことができる。これが規範具体化行政規則の定立である[86]。一方、裁判所による規範具体化は行政のそれとは異なる。裁判所の役割は行政行為の統制にあることから、中間段階での具体化はありえない、とグジは考える[87]。どのようなことか。司法統制とはすでに行政によってなされた個別決定が法律適合的であるか否かを一回的に審査することにあるので、行政機関とは異なり大量の案件を統一的に処理する必要はない。したがって、裁判所にとっては、あらかじめ規準を設定するという中間的行為はなく、行政行為の取消し等の形で終局的、一回的に規範の具体

---

84 Sendler（前掲注32), S. 323.
85 Gusy（前掲注81), S. 498.
86 Gusy（前掲注81), S. 498.
87 Gusy（前掲注81), S. 499.

化が行われることになる[88]。

　さて、ゼンドラーにとって、具体化は行政の確定的な基準設定行為であるのに対して、グジにとってそれは裁判所の審査の場面をも含む多義的かつ包括的な概念である。この二人の見解を比較するとき、規範具体化という概念について、いくつかの不明な点が浮き彫りにされる。それは具体化というのは、「だれが」、「どの段階で」、「どのようにして」行うものなのか、という点である。以下ではこの点について、第1章で触れた法学方法論の立場、とりわけエンギッシュとラーレンツの見解、及びそれらと密接に関連するウレの行政法理論に言及しながら論じていくことにする。

5.1　ラーレンツにおける具体化

　具体化という概念をドイツで最初に使用したのはだれか、は定かではないが、ラーレンツは[89]、この概念に特別な意味を与え、戦後の法理論全般に影響を及ぼした法学者としてヴァルター・シェーンフェルトを挙げている。シェーンフェルトは戦前の新ヘーゲル派に属する法学者であるが、彼にとって「具体化」という概念は法実証主義を論駁する時に重要な意味をもつ。シェーンフェルトはいう。法はそれ自体で自立し、抽象世界に存立するものではなく、現実においてのみ具体化し、体現されるものである、と[90]。ここでシェーンフェルトがいう具体化（"konkretisieren" または "vergegenwärtigen" という語も使われている）とは法適用者である法実務家——彼はここで主に裁判官を考えている——が、個々の事例に直面し、法を客観的に熟慮して、判断主体の中で体現させることを意味している[91]。このようなシェーンフェルトの法の形成的側面を評価しつつ、発展させるのがラーレンツの具体化論である。

　ラーレンツは解釈から包摂に至る過程と具体化という過程とを区別する。

---

[88]　Gusy（前掲注81），S. 499. ここでグジはケルゼンの法解釈における枠論を引用している。裁判所の機能を法律上許される合法枠の確定という次元にとどめていることが行政における具体化との差異の根拠になっているように思われる。

[89]　Karl Larenz, Methodenlehre der Rechtswissenschaft, 6. Aufl., 1991, S. 108-110.

[90]　Walther Schönfeld, Der Traum des positiven Rechts, AcP 135 (1932), S. 1 (15). ここで批判されているのはケルゼンら当時の法実証主義の見解である。

[91]　Schönfeld（前掲注90），S. 43.

解釈とは、個別事例を法概念に十分に包摂できるように、概念に複数のメルクマールを与える行為である[92]。これに対して、具体化の場合には包摂は問題にはならない。「公序良俗」、「信義誠実」等のある特殊な法概念——これをラーレンツはタイプと呼ぶ[93]——はメルクマールを与えることはできず、したがって個別事例をこれら概念に包摂することはできない。その代わりに、法適用者は個々の事例をこれら概念が示唆する価値観点に基づいて評価を行い、法律効果付与の是非を決定する。この個別決定に際し初めて、抽象的な規定、概念は具体的な内容が満たされることになる。この解釈を経ない法適用をラーレンツは具体化と呼んでいる[94]。

具体化に独自の法適用スタイルを見出すラーレンツの見解は、裏返せば法適用を解釈・包摂プロセスに還元しない——すくなくとも単純には還元しない——という思考様式として捉えられる。こうした思考様式は行政法、特に計画行政法の領域において以前より意識されてきたことで、行政法学においても、行政法の法適用モデルをいわゆる「要件効果図式」(Wenn-Dann-Schema) に限定しないという見解はもはや一般的な立場といえる[95]。そして、また、規範具体化の特徴をゲルハルトやヒルらが解釈・包摂プロセスではなく、評価という点に見出すことも[96]、こうした思考様式の延長線上にあるといってよいだろう。それでは、どのような概念が解釈・包摂プロセスを経ないで、具体化というルートを通るのか、そしてその際、評価とはどのような作用で、だれが行うのであろうか。これが問われなければならない。

5.2 エンギッシュにおける具体化

ラーレンツと同様に、具体化と評価作用との関係を探求し、その関係を第1章で述べた「規範概念」によってさらに精緻化させたのがエンギッシュで

---

92 Larenz（前掲注89), S. 271-277.
93 Larenz（前掲注89), S. 215. ラーレンツのタイプ論に関しては、青井秀夫『法思考とパタン：法における類型へのアプローチ』創文社（2000）335〜340頁を参照。また、行政法学においてタイプ概念を主張するヴォルフの見解については、簡単ではあるが、第1章3.2において触れた通りである。
94 Larenz（前掲注89), S. 215 f, 288 f.
95 Maurer（前掲注6), §7 Rdn. 63.
96 Gerhardt（前掲注80), S. 2235; Hill（前掲注81), S. 406.

5. 規範具体化の意味　*179*

ある。エンギッシュの議論は、下でみるように、ウレによって行政法学における不確定法概念の議論に導入されているだけに、規範具体化行政規則の議論に密接に関係してくる。そこで詳細に検討していくことにしよう。

　エンギッシュによれば、そもそも「具体」という語は哲学の基本概念に属し、それは「抽象」の対立概念として捉えられる。抽象が「超越性」、「非感覚性」、「一般性」、「包括性」、「不確定性」等の多義的な意味内容をもつのに対応して、「具体」も「現実性」、「知覚性」、「特殊性」、「個別性」、「規定性」等の多義的な意味内容をもつ[97]。この多義性は法適用においても反映される。法適用は一般的法概念が現実の個別事例において具体的な法的な帰結をみることなので、この点で、認識論的にも――個別的所与と概念による判断との関係において――、存在論的にも――価値世界と現実世界との関係において――、法適用はいろいろな意味で抽象から具体への流れを示すものであるといえる[98]。ただし、具体化という語によって、個別事例を一般的法概念に包摂するというただ単に論理的関係が意味されるだけではなく、それによって抽象的法概念に「規定性」を与えるという法適用の主体性が強調される場合には[99]、「具体化」は特有な意味をもつ。それは判断主体が個別事例に直面し、個性的な評価行為を行うという側面である（＝評価行為としての具体化行為）[100]。もちろん、エンギッシュは個性的な評価行為という意味での具体化を、あらゆる法概念に認めているわけではない。この点が第1章で挙げたエンギッシュの規範概念論と結びつくところである[101]。

　第1章でみた通り、エンギッシュは不確定法概念をまず記述概念と規範概念とに分類し[102]、さらに規範概念を客観的な評価が問題になるものと主観的な評価が必要になるものに分類する。そうすると、上で挙げた特殊な意味での具体化は包摂が問題にならない法適用なので、記述概念や客観的な評価で

97　Karl Engisch, Die Idee der Konkretisierung in Recht und Rechtswissenschaft unserer Zeit, 2. Aufl., 1968, S. 1-49.
98　Engisch（前掲注97）, S. 75-77.
99　Engisch（前掲注97）, S. 199 f.
100　Engisch（前掲注97）, S. 78-81, 194 f.
101　Engisch（前掲注97）, S. 218 f.
102　Karl Engisch, Einführung in das juristische Denken, 8. Aufl., 1983, S. 108 f.

決まる規範概念の場合にはこの適用を固有の意味での具体化と呼ぶことはできず、主観的な評価を必要とする規範概念の適用だけが具体化の名に値することになる。すなわち、主観的な評価を必要とする規範概念は「具体化を必要とする」（konkretizierungsbedürftig）という特性をもつことになる[103]。

5.3 ウレにおける具体化

上で挙げたエンギッシュの議論は「具体化」という作用を評価行為を伴う精神作用と捉え、その発端を主観的な評価を必要とする規範概念に求めている。このエンギッシュの規範概念に着目して行政法の不確定法概念の問題を議論したのがウレである。ウレはエンギッシュの法概念の分類を行政法に適用し、さらにそこから独自の理論を展開する。

ウレはエンギッシュがしたのと同様に、まず行政法上の不確定法概念を記述概念と規範概念とに分類する。そして、これまで問題になってきた「公共の秩序」、「重大な経済的理由」、「信頼できない」等の不確定法概念は記述概念ではなく、規範概念である、と指摘する[104]。ここからウレはエンギッシュの議論に沿って次のように論ずるのである。これらの規範概念を法適用者が個別事例に適用する場合、解釈・包摂という論理的な経過を経ず、自己の固有の評価に基づいて個別事例が「重大な経済的理由」に該当するか否か等を決する[105]。問題はここで法適用者とは誰かという点である。ウレによれば、民事・刑事法領域と異なり、行政法領域では行政と裁判所の二つの機関が法適用を行うことが予定されている。したがって、規範概念に対して二つの異なる主観的な価値判断がなされ得る[106]。こうした場合、法律の範囲内で同様に適法な、すなわち等価値の二つの判断が可能になる場合がある。ウレはこれを「限界事例」（Grenzenfällen）と呼ぶ。ここでは最終的にどちらの評価が優先されるべきか問題になるが、ウレによれば、このような場合には行政

103　Engisch（前掲注97）, S. 79.
104　Carl Hermann Ule, Zur Anwendung unbestimmter Rechtsbegriffe im Verwaltungsrecht, Forschungen und Berichte aus dem öffentlichen Recht, in: Bachof (Hrsg.), Gedächtnisschrift für Walter Jellinek, 1955, S. 309 (318).
105　Ule（前掲注104）, S. 324.
106　Ule（前掲注104）, S. 325.

の価値判断は裁判所の価値判断によって置き換えられてはならない、とする。いわゆる判断代置禁止の立場を採用するのである。理由は、法適用は第一次的に行政によってなされることを予定されており、行政の方がより専門的な判断を下し得るからである[107]。

以上みたように、エンギッシュにとって、固有の意味での具体化は、規範概念を前提とし、評価作用を伴う法適用を意味し、これはさらにウレによって、法適用権限にまで結びつけられている。そして、ウレはこの議論を TA Luft に対する司法審査論につなげるのである。まず、ウレは連邦インミッシオン防止法5条の「環境への有害な影響」という法概念を記述概念ではなく、規範概念とする[108]。ウレによれば、「環境への有害な影響」の適用には、住民や環境への受忍限度の確定という価値判断を含むものであるから、これは規範概念ということになる。とすれば、明らかに、有害な影響が認められるケースを除けば、こうした概念の確定は限界事例に属する。そして、この限界事例において行政が定める基準が TA Luft であるので、この基準に従ってなされた行政決定は裁判所の判断によって代置されてはならない、ということが帰結する[109]。

5.4 「規範具体化」概念の検討

以上、規範具体化にかかわる概念の種類、法適用のあり方を中心にラーレンツ、エンギッシュ、ウレの議論を取り上げた[110]。彼らの議論が現代におい

107　Ule（前掲注104）, S. 326.
108　Carl Hermann Ule, Unbestimmte Rechtsbegriffe und Ermessen im Umweltschutzrecht, DVBl 1973, S. 756 (758).
109　Ule（前掲注108）, S. 758. また、限界事例と TA Luft の関係については Carl Hermann Ule, Die Bindung der Verwaltungsgerichte an die Immisionswerte der TA Luft, BB 1976, S. 446 (447) を参照。
110　規範具体化については他に、フリードリヒ・ミュラーの見解も無視できないが、包摂を重視する伝統的な見解に対する批判という点では、ラーレンツやエンギッシュと同一方向なのでここでは取り上げなかった。たとえば、Friedrich Müller, Juristusche Methodik, 1971、とりわけ、S. 113-127。なお、ミュラーの法解釈論については、文献を含め、赤間聡「行政法学における法学的方法批判について法律学方法論の側から考える——制御学、参照領域論、法規中心主義批判及び学際的方法に対する若干の疑問（1）——」高知論叢118巻（2020）110～114頁を参照。

てどこまで通用するのかはここでは問わない。ただ、具体化という概念について明確性を与えてくれることは確かであるように思われる。とりわけ、エンギッシュが指摘した「具体」の多義性は規範概念の適用において三つの特徴を見出すことができる。一つは評価する主観の個性が反映されるという意味での、すなわち「固有の評価」(eigenen Wertungen)、「個々人の」(individual) という意味での具体化である。二つ目は具体的内容をもった終局的判断であるという意味での「規定性」(Bestimmtheit) である。そして、三つ目は価値そのものが可変的で個々の時代の変容を受けるという価値の可変性である[111]。各々が規範具体化行政規則の特徴に結びついているといえるだろう。

まず、評価する主観の個性が反映される、という意味での「概念の具体化」に関して。この意味での具体化は、すでにみたように、ウレが指摘した限界事例、あるいは判断余地の根拠になっている。価値判断を行う判断主体の独自性――合法性の枠内ではあるが――を専門性と読み取った場合、裁判所による判断代置の禁止がこの意味での「具体化」から導き出されるからである。この点で、たしかに、規範具体化行政規則をめぐる議論は限界事例や判断余地の議論の延長線上にあるといえる。

二つ目の終局的な規定性という意味に関して。具体化が終局的な規定性を意味するとすれば、それは終局的決定、すなわち許認可等の行政行為を意味する。したがって、この意味での規範具体化行政規則は正式には具体化一歩前にあたる。よって、グジが指摘するように、規範具体化行政規則を適用する行政行為としての具体化とそれに対する事後審査を行う場面での裁判所の具体化が別途なければならない。しかし、このうち、裁判所による具体化をグジは実質的に局限している。そうしないと、規範具体化行政規則の外部拘束力が引き出されないからである。グジはいう。「具体化する責務が行政と司法に与えられた場合、行政による具体化が時間的、内容的に優先される」と[112]。しかし、ここでいう時間的にも内容的にも司法より優先される具体化とは、行政規則定立と個別行政決定のどちらの具体化を意味しているのだろ

111　Engisch（前掲注97）, S. 127 f.
112　Gusy（前掲注81）, S. 499.

うか。グジはここで一旦は二つに分けたはずの行政の具体化を一体として捉えることによって、個別事例における裁判所の具体化を矮小化しているようにみえる[113]。

　この点、たしかに、ゼンドラーが主張するように、具体化されたものは解釈の必要性がないとするならば、あとは行政規則の機械的な適用しか残されていない。したがって、事実認定を別にすれば、行政による第一段階で優先される具体化が限定的に裁判所によって審査された後は、裁判所による具体化はあり得ないように思われる。しかし、このゼンドラーの主張には疑問が残る。3.3.4で挙げた1999年判決は規範具体化行政規則そのものが解釈の対象となり得ることを示している。このケースではTA Luft上の概念である「排気」をめぐって行政庁と裁判所で見解が分かれた。その際、裁判所は規範具体化行政規則を法律や法規命令と同様に解釈の対象としている。このことを考慮すると、裁判所による具体化は規範具体化行政規則から再び開始されることになる、といえるだろう。

　こうした規範具体化の多層性を明確に指摘しているのがヤラスである。ヤラスによれば、規範具体化行政規則はあくまでも「抽象的一般的な」(abstrakt-general) 規則であり、それは「基準設定権限」(Standardisierungsermächtigung) に基づく行政の規則定立行為に他ならない。したがって、それから先にまだ最終的具体化作業が残される。そして、ここでは行政の特別な権限は及ばず、司法権限の後退はない、とヤラスは主張するのである[114]。

　三つ目の価値の時代変容という意味での具体化に関して。これは3.3.1の1988年判決が指摘した規範具体化行政規則が時代遅れになるケースに関わる。エンギッシュの意味での規範概念の具体化は、――特にこれは客観的規範概念についていえることだが――個別事例ごとに、法適用者がその時点での価値に言及して事案を評価するよう要請するものである。これに対して、基準設定行為という意味での具体化は、基準を設定し、固定化した時点から常に時代遅れになる宿命にある。ヤラスが指摘するように、規範具体化行政

113　Gusy（前掲注81）, S. 500 f. 特に論文中Ⅱの3において何度か登場する「規範具体化」は二義的である。
114　Jarass（前掲注12）, S. 109.

規則の有効性、そしてそれゆえ外部拘束力も時間の経過とともに必然的に逓減する運命にあるのである[115]。このように考えると、3.3.5 の 2001 年判決を疑問視する学説には理由がある、といわなければならない[116]。当該事例では上告審は控訴審判決を批判し、規範具体化行政規則を時代遅れとするには厳格な証明を要するとしたが、これは実質的に基準の固定化につながりかねないからである。価値判断が科学の進歩及び経営コストの変化、環境意識の変化等によって時代的変容を受け、具体化がその都度その都度の価値判断への対応を意味するとすれば、裁判所による規範具体化行政規則の審査も柔軟であらなければならない、ということが帰結しよう。

第 4 章総括

原発等の科学技術施設の安全基準や汚染物質規制に関する環境基準については、法令で規定できる事項には限界がある。そこで、行政が科学技術の専門家及び利害関係者の意見を聴いてそうした基準を行政規則として定めておくことは、科学技術に対する法規制として有益ではある。ただし、こうした行政規則の存在は講学上の行政規則分類論の点においても、法治国家原則の点においても、多くの問題を提起する。すなわち、この新しいタイプの行政規則はこれまでの行政規則分類論の中のどこに位置づけられるのか、という問題があり、そしてそれは同時に、そうした分類に必然的に伴う実践的な法律効果、行政規則の法的拘束力やその司法審査での扱いの問題が発生する。これらについて、ドイツにおいて様々な議論が噴出していることを上でみてきた。

まず、分類論については、安全基準や環境基準を伝統的な行政規則分類の中に位置づけることには困難がある。そうした基準は、通常、許可要件等の行政処分の要件として定められている点で、ヴィール控訴審が指摘したように、ドイツでは解釈行政規則――我が国でいう解釈基準――と分類される。

115　Jarass（前掲注 12), S. 111.
116　Kurt Faßbender, Neues zur Bindungswirkung normkonkretisierender Verwaltungsvorschriften, UPR　2002, S. 15.

ドイツの一般的見解では裁量を効果裁量に限定することから、このような分類になる。そうすると、こうした行政規則には科学技術的専門性が存するにもかかわらず、裁判所はこれに拘束されず、鑑定等を用いて独自の判断を下すこともできることになってしまう。そこで、こうした論理的帰結を避けるために編み出された概念が規範具体化行政規則というカテゴリーに他ならない。

しかし、科学訴訟の場面での裁判所での規範具体化行政規則に対する対応、特に法令との違った取り扱いについて、連邦行政裁判所も苦慮していることが判例からみてとれる。それは、規範具体化行政規則に外部拘束力を与える代償として、行政規則が時代遅れになるケースの判断や、行政規則の解釈権限を司法に留保するような議論に見出すことができるだろう。

一方で、学説においても、規範具体化行政規則を認めるとしても、行政規則分類論のどこに位置づけられるのか、について議論がある。従来の解釈行政規則が規範の解釈という行政作用に対応し、裁量指導的行政規則が裁量権行使という行政作用に対応するとすると、規範具体化行政規則もなんらかの独自の行政作用に対応するものでなければならないことになるからである。こうした問題は「規範具体化」に関する深遠な議論につながるが、それは単に理論的な意義を超えて、その一部は司法審査論にもつながっているようにみえる。裁判所による規範の具体化もまた可能かという点もそうであるし、規範具体化行政規則の拘束力の性質に関する点もまた同様である。以上のような議論の背景には、たしかに、上の通り要件裁量を認めないドイツ行政法学の伝統であったり（詳細は第6章）、方法論指向的なドイツ法思想というものがあることは否めない。けれども、それでも日本法への示唆がないわけではない。これについて、最後に若干の言及をしたい。

まず、第3章でリスク行政論が指摘した通り、行政法各論であるリスク行政の法領域で生じている新しい法現象、新しい行政規則のタイプの発現は、行政法総論である行政規則論、行政規則分類論に反映されるべきである。原発の安全指針等のように、専門家が関与した科学技術的基準は、従来の政策裁量が行使される許可基準とは異なり、専門技術的な裁量の成果であり、下で述べる通り、我が国においても司法審査でのその取り扱いがかなり異なっ

てくる。加えて、特に、原発の安全審査指針のような行政規則はドイツの判例がいうところの時代遅れになるスピードが速いので、行政側には常に現代の科学技術水準にあわせてそれを更新していく義務があるといえる。第7章で詳細に触れるこの義務は、リスク排除にベストを尽くす行政側の特異な義務であるという点で、他の裁量指針の策定や変更においてはみられない特徴である。この点で新しい行政規則のカテゴリーを検討する余地はあろう。

次に、肝心となる司法審査、そうした科学技術的基準に対する司法審査に関して、規範具体化行政規則の議論から二つの示唆があると思われる。まず、行政規則に対する司法審査方式について。冒頭の伊方最判は原発の安全審査指針に対して、「現在の科学技術水準に照らし」て「不合理な点」があるか否かを審査するとしている。したがって、このような科学技術的な内容を含む行政規則に対しても合理性の司法審査が及ぶことになる。しかし、実際の下級審での司法実務においては、行政規則の立法過程を単に確認しただけのものであったり、行政側の主張をただ追認するものであったり等、ほぼ審査なしに等しい現状があるようにみうけられる。このことは、福島第一原発事故後に策定された新規制基準についてのいくつかの下級審の対応にいえることである。逆に、行政規則の合理性に踏み込んだ司法審査は学説から実体判断代置審査との批判を受ける[117]。

このような状況においては裁判所は、原発の指針に関して、ドイツの規範具体化行政規則に準じた取り扱いをすることも選択肢としてあり得るのではないか。すなわち、こうした指針類は、一応、準法規とみなし、それについては、内容上の瑕疵をみない審査方式を検討することである。その審査は、上記ドイツ判例が指摘していた行政規則が時代遅れになっているか否かをみる審査であるが、より詳細には、行政規則策定に際して最新の科学的知見について調査を行い、かつそれを十分検討したか、否かをみる審査が妥当するだろう（詳細は第7章の調査欠落審査で述べる）。いずれにしても、政策裁量に対する裁量瑕疵の審査とはかなり異なる司法審査になるので、この点でも特殊な行政規則のカテゴリーを設けることには理由がある。

117　その例として、平成27年高浜原発差止仮処分決定（福井地決平成27年4月14日判時2290号13頁）が挙げられる。

次に、ヤラスの指摘する通り、科学技術的基準の解釈については、すなわち具体化については裁判所の権限が残されるという点も重要な示唆である。リスク行政における行政裁量という側面からすると、この種の行政規則については、一見、行政の解釈が司法に優先されるようにも思えるが、それでもそうした指針にあらわれる個々の文言の正確な理解や指針の体系的な解釈など、裁判所の判断可能な部分は少なくはないであろう[118]。さらに、この点の詳細も第6、7章に譲るが、指針に対する裁判所の解釈は行政と同じ要件判断の視点ではなく、取消判決のための視点なので、行政規則に対するアプローチが行政とは異なる。こうした点からも、ヤラスが指摘した裁判所による「規範の具体化」は尊重されるべきである。

118　たとえば、令和2年大飯原発設置変更許可取消判決（大阪地判令和2年12月4日判タ1480号153頁）では「基準地震動及び耐震設計に係る審査ガイド」について、行政とは異なる解釈を地裁は提示している。これは3.3.4の1999年判決と比較すればそれほど奇異なことではない。

第5章　科学技術関連法領域における法律の留保

序

　第4章でみた規範具体化行政規則の法的拘束力をめぐる議論は、あくまでも、例外的な行政規則としての議論であった。その外部拘束力の根拠は、規範具体化の意味の探究で明らかにした通り、法規から全く離れたところに求められているのではなく、法規をいわば有権的に具体的な形にするという点に見出されているといえる。その限りで規範具体化行政規則という考え方は、たしかに、法律の法規創造力という原理とは必ずしも調和的とはいえないが、法規から全く離れた行政行為や司法審査を正当化するものではない。

　一方で、第3章で示したリスク行政論における法定立権限の議会独占への懐疑、多元的な法源の擁護には、伝統的な法律の留保の観念への批判、憲法を頂点として法体系が垂直的、「階層的」（hierarchisch）に構成されて、そこからすべての法的決定が派生的に導き出されるとの伝統的な見解に対する批判も含まれている。これは行政法の参照領域論を通して行政法の総論改革に結びついてもいる[1]。こうした立場を強く主張する側からは、法律の法規創造力という観念すら相対化されるので、規範具体化行政規則は第4章で示した回りくどい正当化の必要はない。事業者や住民の権利義務は必ずしも伝統的な意味での法規から導き出される必要はないことになるからである。

　このように、規範具体化行政規則の正当化とリスク行政論における多元的な法源という主張は論理的に相互に強く結びつき得るが、この立場を主張する代表的な論者にオッセンビュールがいる。ここ第5章においては、オッセ

1　この点は近時の行政法学において、法規中心主義への批判として議論されているところである。詳細については、文献を含め、赤間聡「行政法学における法学的方法批判について法律学方法論の側から考える——制御学、参照領域論、法規中心主義批判及び学際的方法に対する若干の疑問（2・完）——」高知論叢119巻（2020）9～16頁を参照。

ンビュールの公法理論、とりわけ法律の留保論及び法源論に関わる部分を考察していくことで、リスク行政において主張される多元的な法源という主張の正当性を検証することにする。

1. はじめに

「危険に対する防護措置は、経験則に従ってある現状からある損害を招く別の事態が発生する時に、初めて取り得る（これは1894年10月15日にプロイセン上級行政裁判所によって採用された伝統的な危険概念である）。こうしたテーゼは原子力法における事前配慮には当てはまらない。むしろ、現時点での科学的知見では因果関係が肯定も否定もされ得ない、そしてその限りで危険はなく、ただ危険の疑い、もしくは不安要素があるだけの状況、それゆえに排除はできない損害の可能性があるだけの状況、そうしたものをも原子力法においては考慮しなければならない」[2]。第4章で扱ったヴィール判決はこのように述べ、原子力法における危険・リスクというものを検討するにあたって、伝統的な警察法における危険概念からの決別宣言をした。これは、原子力法における危険予防措置をめぐる解釈論として提示されたものではあるが、それを超えて第3章で述べたリスク行政の特殊な性格を肯定するものとして捉えることもできるだろう。そしてさらにそうした理解を膨らますと、オットー・マイヤー流の警察法をベースとした伝統的な行政法総論への批判、危険防止をベースとした侵害留保としての法律の留保への批判として読み込むことも全く不可能ともいえないであろう。

実際、ヴィール判決は後続する判決部分で、第4章にみた行政の責任・権限論を展開し、リスク管理に適した国家機関は行政である旨述べる。行政には立法及び司法に比べ、リスクに対応する行為形式が備わっているからである、と。ここでいう行為形式の中にはもちろん行政規則定立も含まれているので、規範具体化行政規則の有用性は司法ばかりではなく、立法・議会に対しても主張されていることになる。もっとも、ヴィール判決はリスク行政における議会に対する行政の機能的優位——これを、ヴィール判決は連邦憲法

2　BVerwGE 72, 300 (315).

裁判所カルカー決定に依拠している——ということで、立法に対峙した形で行政の規範定立権限を主張しているわけではない。すなわち、判決は伝統的な危険概念からの決別を宣言しても、伝統的な法治国家からの離反、法規概念からの離反を明言して、規範具体化行政規則の定立権限を堂々と主張しているわけではない。その意味で、第3章で触れたリスク行政における多元的な法源という主張、法源論にまで踏み込んだ論理を判決は展開してはいない。

　一方、ドイツの学説にはリスク行政における議会立法の限界、それゆえ議会留保・法律の留保の限界を伝統的な意味での法規の限界として捉え、その裏返しとして行政規則の可能性を評価するというラディカルな主張もある。リスク行政における多元的な法源という考えを徹底・一貫して主張すれば、むしろこうした強い主張に結びつくだろう。その場合、規範具体化行政規則は行政による独自の規範定立としてストレートに正当化できることになる。下で扱うオッセンビュールの学説がその代表例である。このようにリスク行政論は、規範具体化行政規則を通して、伝統的な法律の留保論や通説的な行政法の法源論に対して対峙する見解になり得るものである。

　一方、我が国の場合は第4章で述べた通り、判例・学説は規範具体化行政規則という特殊な概念を採用してはいないので、原発訴訟やリスク行政の見解から伝統的な法律の留保や行政法法源論を問題視する見解はあまりみあたらない。この点で上のヴィール判決及びそれに触発されたドイツにおける議論状況と我が国のそれとは異なる。しかしながら、行政規則の裁判規範性の問題はこれまでも議論されてきたことではあるし[3]、リスク行政における多元的な法源という主張自体は我が国でも総論としては受け入れられているようにみえる。とすると、環境法及び科学技術規制に関する法分野、すなわち科学技術関連法領域（以下、「科学技術関連法領域」のみを使う）における法律の留保論及びそこでの法源論を検討しておくことは、我が国においても、リスク行政論の精緻化という観点から有意義であろう。そこで、以下、まず、2及び3で法律の留保に関する伝統的な見解とその戦後の転換に触れ、4で

---

[3] 野口貴公美「行政立法——「裁判規範性」に関する——分析」磯部力、小早川光郎、芝池義一編『行政法の新構想Ⅱ』有斐閣（2008）所収25頁以下、とりわけ34頁参照。

科学技術関連法領域での法律の留保と規範具体化行政規則の関係を明確にするために、ヴィール判決とそれが依拠する連邦憲法裁判所カルカー決定の両論理及びその連関をみていく。そしてその後5で、リスク行政を含む現代行政における新しい法律の留保論及び行政法法源論を主張するオッセンビュールの見解を取り上げて、6で若干の検討を加えることでリスク行政における多元的な法源という見解の正当性を検証していくことにする。

2. 伝統的法律の留保論[4]

　周知の通り、法律の留保は歴史的に侵害留保として発展してきた経緯がある。侵害留保という伝統的な法律の留保は、通常、ゲアハルト・アンシュッツの次のような見解に求められている[5]。「一般に個人の自由、とりわけ私有財産に対して基準を設定し制限を課すことは、すべて実質的な意味における法律及び法規の本質である。」[6]というのがそれである。これは国民の自由及び財産規制は法律事項である、ということを意味するが、法律の定立は議会権限に属することを前提にすると、この見解からはさらに議会の立法権限の範囲が導き出されることになる。他方、この見解の反対解釈としては、法律

4　ドイツの法律の留保論の展開について、とりわけ以下の文献を参考にした。Ernst-Wolfgang Böckenförde, Gesetz und gesetzgebende Gewalt: von den Anfängen der deutschen Staatsrechtslehre bis zur Höhe des staatsrechtlichen Positivismus, 1958; Dietrich Jesch, Gesetz und Verwaltung: eine Problemstudie zum Wandel des Gesetzmässigkeitsprinzipes, 1961; Peter Selmer, Der Vorbehalt des Gesetzes, JuS 1968, S. 489; Michael Kloepfer, Der Vorbehalt des Gesetzes im Wandel, JZ 1984, S. 685. また和文献として、平岡久「ボン基本法下における行政規則に関する学説（1～3）」阪大法学99号（1976）103頁以下、102号（1977）123頁以下、106号（1978）87頁以下、同「行政規則の法的拘束性（1～2）」法学雑誌26巻3・4号（1980）363頁以下、27巻1号（1980）1頁以下、堀内健志『ドイツ「法律」概念の研究序説』多賀出版（1984）、大橋洋一『現代行政の行為形式論』弘文堂（1993）。なお、法律の留保に関するドイツおよび国内の文献紹介については、大橋同書48～49頁、注4から注6に網羅的に挙げられている。

5　Böckenförde（前掲注4), S. 271-277; Jesch（前掲注4), S. 10-23, 108 ff.

6　Gerhard Anschutz, Die gegenwärtigen Theorien über den Begriff der gesetzgebenden Gewalt und den Umfang des königlichen Verordnungsrechts nach preussischem Staatsrecht, 1901, S. 169.

による規定対象は市民の自由と財産領域に限られる、ということになるので、これは立法権限の限界をも示唆することになる[7]。

立法権限確保という前者の積極的意味についていえば、いわゆる国家と社会の分離を前提に君主権力に対してとりわけ市民の側が私的領域への不可侵を獲得するに至るという歴史的背景がある。まず19世紀前半にドイツの各ラント憲法において人身の自由と財産権の保障が明記されるに至った。そしてこの保障規定を実行的にするものとして法律の留保条項が定められた。これは当初は侵害立法に対する市民の同意権限であったが、最終的に排他的立法権限に至る[8]。一方、後者の消極的意味、すなわち法律による規定対象が国民の自由と財産侵害事項に限られるという点については、歴史的には君主権力の温存として理解される。上で挙げた市民の権利保障を明記した各ラント憲法においては、また同時に君主の法定立権限を挙げており、場合によっては自由と財産に関わる事項をも規制できる権限を認めていた[9]。三権分立がいまだ不十分にしか達成されない政治体制下では、個別的行政処分はもちろんの事、行政の法定立もまた法律から独立して観念されていたのである。

以上述べた侵害留保の二つの側面を法理論的に基礎づけた、といわれるのがパウル・ラーバントとゲオルグ・イェリネック（以下、「ラーバント＝イェリネック」という）による二重の法律概念論である。先に挙げたアンシュッツのテーゼもその基礎をラーバント＝イェリネックの法理論に負うところが大きい[10]。そこで以下、侵害留保の根幹部分及び後に述べる公法学法源論にかかわる限りにおいて、二重の法律概念論の概要を確認しておく。

立法権限と行政権限の区分が法律の留保の問題であるとすると、法律概念の分析と定義がこの権限・区分問題解決において自ずから決定的な要因となる。法律というものを包括的かつ明確に法理論上定義できれば、必然的に立法権限が特定されるからである。この方向で理論を推し進めたのがラーバン

7　このような伝統的な発想は、たとえば、G. Anschütz/R. Thoma, (Hrsg.), HdbDStR Ⅱ, 1932, S. 223 f. にみられる。

8　Böckenförde（前掲注4）, S. 220-226; Selmer（前掲注4）, S. 490. また、堀内（前掲注4）107〜156頁も参照。

9　治安命令や緊急命令のことである。Böckenförde（前掲注4）, S. 74.

10　Böckenförde（前掲注4）, S. 271.

ト＝イエリネックの二重の法律概念論である[11]。周知の通り、二重の法律概念とは実質的な意味での法律と形式的な意味での法律とを分離し、かつ定義する考えである。ラーバントによれば、実質的な意味での法律とは「法規の定立」（Anordnung eines Rechtssatzes）である[12]。それでは法規とは何か。ここでは私法の法律行為論に影響を受けた法主体の意思領域による説明が登場する。ラーバントによれば、法とは独立した主体間の衝突を回避するためのもので、個々人の自然の行為の自由に制限を課すものである[13]。もっとも、契約のような私法上の権利義務創設原因とは異なり、法規は公法上の主体間、国民という法主体とそれ自体単一・統一的な団体としての国家という法主体との間の権利義務創設原因として理解される[14]。こうした法規の理解はイエリネックにおいても維持される。法規は既存の法秩序に新たな権利義務を、法主体である国民と国家との間の新たな権利義務を設定するものである、とされるのである[15]。一方で、実質的な意味での法律と対をなすのが形式的な意味での法律である。法律概念を実質的な意味でのみ理解すると、法律という法形式を必要とする予算や国債の承認等の重要な国家行為が漏れてしまう。そこで、形式的な意味での法律概念が必要になる[16]。形式的な意味での法律とは国家の意思が表示される形式のことであり、意思内容の如何は問わない。先に挙げたように国家は単一・統一の法主体であるので意思表示の形式が必要となるが、これが形式的な意味での法律となる[17]。

さて、実質及び形式の観点から議会による法定立を分類したことに対応して、行政による法定立である命令も二分類される。すなわち、実質的な意味での命令と形式的な意味での命令である。実質的な意味での命令とは法規を

11　Böckenförde（前掲注4）, S. 226-253; Selmer（前掲注4）, S. 489-492.
12　Paul Laband, Das Staatsrecht des Deutchen Reiches, 5. Aufl., Bd. 2, 1911, S. 2; Georg Jellinek, Gesetz und Verordnung: Staatsrechtliche Untersuchungen auf rechtsgeschichtlicher und rechtsvergleichender Grundlage, 1887, S. 240.
13　この点でラーバント＝イエリネックの法規概念は啓蒙主義、自然法論の延長にある。参照、Jesch（前掲注4）, S. 117 ff.
14　Laband（前掲注12）, S. 181 f; Böckenförde（前掲注4）, S. 227.
15　Jellinek（前掲注12）, S. 240.
16　Böckenförde（前掲注4）, S. 229.
17　Laband（前掲注12）, S. 62 f.

含まない命令をいう。一方で、形式的な意味での命令とは議会の「同意」(Zustimmung)――「委任」(Delegation) ではない――を要しない行政単独で発布できる規範をいう。これは形式的な意味での法律と対概念になるので、行政単独の命令という形式で表示されうる国家行為のすべてがここに含まれる[18]。法律の留保との関係ではとりわけ後者の形式的な意味での命令が重要である。

　ラーバントのいう形式的な意味での命令は行政規則と同一ではない。行政の意思表示の形式面のみが問題になるので、この概念は行政規則を含む広い概念となる。この形式的な意味での命令を、ラーバントはさらに二つに分類する。一つは法規を内容とする命令である「法規命令」(Rechtsverordnung)で、もう一つは法規を内容としないすなわち第一分類の実質的な意味での命令である「行政命令」(Verwaltungsverordnung) である。前者の法規命令は、実質、法律であるので法律による授権を必要とする[19]。

　以上のアンシュッツ及びラーバント＝イエリネック理論から、侵害留保論が採用する法律の留保の適用範囲及び国法の各種法形式が導き出される。まず、(1) 実質的な意味での法律とは法規と同義である。法規とは公法上の法主体である国民及び国家、双方の側における自由な行為に制限を課す、すなわち権利義務関係を設定する規範である。(2) 国家そのものは「単一で閉ざされた主体」(impermeables Individium) である。したがって、公務員関係、公共施設利用関係等の国家内部関係の規律は法主体間同士の関係ではないので、それを定める規範は法規ではない。(3) 法規は実質的な意味での法律なので、法律という法形式で定められるか、もしくは命令という法形式で定められる場合には、法律という法形式をもつ規範の授権を必要とする。(4) 国家という単一法主体内部で通用する規範は法律から独立した命令という法形式で規定することができる。これは行政命令の一つである「行政規則」と呼ばれる。なお、国家が国民に与えるサービス・給付に関しては、国家内部関係として観念されていたようである[20]。

18　Laband（前掲注12), S. 86 f.
19　Laband（前掲注12), S. 97.
20　Selmer（前掲注4), S. 491.

3. 本質性理論

　上の伝統的な法律の留保は戦後大きな転換を迎える。その理由として現代における国家活動の多様化に伴い、元来の法律の留保でカバーできる領域は相対的に減少し、重要な国家活動がそこから抜け落ちてしまうという不都合が生じてきたこと、そしてなにより、戦後の（西）ドイツ基本法下においては、人権・基本権概念が充実・拡張し、その保障の観点からも立法権限の拡張が必要になった、ということが挙げられる。そこで戦後、学説では侵害概念の見直し等を通して、法律の留保領域の拡張を模索していく[21]。そうしたなかで連邦憲法裁判所及び連邦行政裁判所の判例において確立していくのが本質性理論である[22]。連邦憲法裁判所はヴェール決定において次のように述べ、伝統的な法律の留保からの離反を明言している。「19世紀の立憲主義的、市民自由主義的国家観によって形成されたテーゼ、すなわち自由と財産への侵害が問題になるところにおいてのみ法律が必要である、というテーゼは今日の憲法理解にそぐわない。議会制民主主義の下では、この基本法もそうであるが、市民に直接関わるあらゆる基本問題の決定は法律によってなされなければならない、ということは明白である。実務において流動的である「侵害」というメルクマールから解放されなければならない。」[23]。こうした本質性理論による新しい法律の留保の考えには行政規則後退の論理に加えて、さらに実質的な意味での法律ではなく形式的な意味での法律に留保される事項という論理、すなわち「立法委任禁止」（Delegationsverbot）の論理までも含まれている。が、法源論の問題としては、さしあたり前者が問題となるので、この点の判例の流れを以下で概括しよう。

　行政規則後退の論理は、とりわけ、いわゆる特別権力関係の法領域で進んでいった。まず、学校法の領域では除名処分を定めた学校規則や性教育のための授業指針が問題視されることになる。シュパイヤー・コレーク決定[24]で

21　Kloepfer（前掲注 4), S. 686 f.
22　詳細は大橋（前掲注 4) 1～67 頁。
23　BVerfGE 40, 237 (249).
24　BVerfGE 41, 251.

は第二部教育課程から排除された憲法抗告人は処分が行政規則である学校規則に基づいてなされたことを争った。連邦憲法裁判所は学校関係を特別権力関係とする、また公共施設利用関係を特別な公の管理権限下とする伝統的な法律の留保の理解を現代では通用しないものと判断した[25]。そして、抗告人の学校教育課程からの排除を職業選択の自由という基本権規定に関連するものとした上で、基本権関連の法規制は本質的な決定であり、民主主義の原理から議会自らの規制事項であると結論づけた[26]。このシュパイヤー・コレーク決定に続いたのが性教育決定[27]である。ここでは性教育授業が学校官庁の指針という行政規則に基づいて導入されることの是非が争われた。連邦憲法裁判所は性教育の導入は人権である親の教育権と国の学校制度形成権限とがともに問題になる重要で本質的な事柄であると判断した[28]。そのうえで、シュパイヤー・コレーク決定等を引用して、そのような基本権関連の重要事項は議会自らが決定することこそ、法治国家民主主義の原理に適合的であるとした[29]。

学校関係に加えて、特別権力関係のもう一つの重要な領域である囚人関係においても行政規則の後退が明言されるに至る。既決囚決定[30]は既決囚による手紙の差し出しが行政規則である刑執行規則に基づいて差し止められたことが問題になった事案である。連邦憲法裁判所は当時有力になってきた特別権力関係に対する批判を考慮して、伝統的に行政規則によって規定されてきた領域を法律によって置き換えるように求めている[31]。

さらに、下級審ではあるが、助成のような給付関係についてまで法律の存在を要求するものが現れる[32]。国民の多様な意見を反映するために、出版業界の集中独占を排除する目的で中小出版社に対してなされた経済助成が法律

25　BVerfGE 41, 251 (263).
26　BVerfGE 41, 251 (260 f.).
27　BVerfGE 47, 46.
28　BVerfGE 47, 46 (74-78).
29　BVerfGE 47, 46 (78).
30　BVerfGE 33, 1.
31　BVerfGE 33, 1 (9-11).
32　VG Berlin, 15.05.1974, DVBl 1975, 268; OVG Berlin, 25.04.1975, DVBl 1975, 905.

の根拠なしで可能かどうか争われた事例がある。ここでも伝統的な侵害留保は批判され、基本権に密接に関連する出版の自由という制度保障に関わる出版助成制度は法律の根拠を必要とする、と結論づけられた[33]。

さて、以上おおまかに述べた現代における法律の留保の拡張と規範具体化行政規則とはどのような関係に立つのであろうか。一見したところ、双方は相反する方向を行くようにみえる。というのは、一方で法律による規制の領域を拡大しつつ、他方では一部の行政規則を外部拘束力ある規範とすることで行政規則によってカバーされる領域をも拡大しているのであるから。このことがもたらす緊張関係は規範具体化行政規則とみなされる行政規則の法領域が広がれば広がるほど大きくなる[34]。たとえば、社会保障法や公務員法の領域で規範具体化行政規則が語られる場合がそうである。比較的近時の連邦行政裁判所判決においては、生活保護支給基準・方法を行政規則で定めることの問題[35]、また公務員の介護手当に関する規定が行政規則によって定められることの問題[36]が争われた。その際、裁判所は当該ケースが法律の留保領域に該当するか否かを判断しただけで終了するのではなく、さらに、行政規則が特別なタイプの、すなわち規範具体化行政規則であるのか否かをも加えて判断する必要に迫られている。こうした二重の判断手法は、おそらくは、法律の留保論が当初は想定していなかったことであろうし、規範具体化行政規則の登場で法律の留保論は一部変容をしてしまったとみることもできる。以下ではそのきっかけとなったヴィール判決及びカルカー決定をその論理的連関を主軸において検討していくことにする。

4. ヴィール判決とカルカー決定の関係

原子力発電所の安全性をめぐって争われたヴィール判決についてはすでに

---

33 もっとも、一審と控訴審との間では法律の留保の捉え方に開きがあることに留意すべきである。控訴審は法律の必要性を給付関係からではなく、民主主義における多様な意見の確保という点から導き出している。
34 Johannes Saurer, Verwaltungsvorschriften und Gesetzesvorbehalt, DÖV 2005, S. 587 (588).
35 BVerwGE 122, 264.
36 BVerwGE 121, 103.

4. ヴィール判決とカルカー決定の関係   199

第4章で触れた。要点は、原子力法7条は原発の設置要件について明確な規定を設けておらず、そうした状況下で行政庁は行政規則である「加圧水型原子炉に関する指針」及び「放射線被爆の一般的算定基礎」に基づいて許可処分を行った、ということ、そして連邦行政裁判所はこの許可処分を正当化する上で、上の行政規則を規範具体化行政規則として裁判所を拘束する規範であるとした、という点である。このヴィール判決の規範具体化行政規則に関する部分をもう一度整理すると以下のようにまとめることができる。(1) まず、司法との関係においてリスク調査・評価の責任は原子力法7条2項第3号の規範構造からして行政にある[37]。行政に与えられた危険に関する科学技術的な判断に対して裁判所が自己の見解を「代置する」(ersetzen) ことは許されない[38]。(2) 原子力法7条2項は憲法上承認される。それは立法に対して行政固有の行為領域を認めたものである[39]。(3) 危険予防・リスク管理に最善を尽くすために、行政には立法及び司法に比べ、これに適した行為形式が備わっている。行政はこの行為形式を立法に対してのみならず、司法に対しても自由に行使できる[40]。(4)「加圧水型原子炉に関する指針」及び「放射線被爆の一般的算定基礎」は規範具体化機能を有しており、解釈行政規則とは異なり、法律の範囲内で裁判所を拘束する[41]。以上の四点である。法律の留保との関係で問題となるのは (2) 及び (3) であることは明白である。この点について、ヴィール判決は連邦憲法裁判所カルカー決定を引用しているので、次に今度はカルカー決定についてみていく。

　カルカー決定[42]は、ノルトライン・ヴェストファーレン州に設置が予定された原子力発電所（高速増殖炉タイプ）の許可（1972年12月）をめぐって争われた第三者訴訟である。一審のデュッセルドルフ行政裁判所は周辺住民である原告の許可取消請求を棄却したが、控訴審ノルトライン・ヴェストファーレン上級行政裁判所は許可の前提となる原子力法7条は憲法違反の疑いが

37　BVerwGE 72, 300 (316).
38　BVerwGE 72, 300 (316).
39　BVerwGE 72, 300 (317).
40　BVerwGE 72, 300 (317).
41　BVerwGE 72, 300 (320).
42　BVerfGE 49, 89. カルカー決定については大橋（前掲注4）5、23頁を参照。

あるとして、事件を憲法裁判所に移送した。

上級行政裁判所の見解はこうである。(1) 原子力施設は市民生活に重大な影響を与える事柄であり、このような事柄は政治的な主要決定事項に属する。(2) したがって、法律の留保原則からして議会の形式的な法律においてその具体化をみるべきである。(3) しかしながら、原子力法7条2項3号は「科学技術水準からみて必要とされる災害に対する事前の配慮」という不確定法概念を用いている。そうすると、こうした規定は憲法上許されない[43]。

これに対して連邦憲法裁判所は以下のように原子力法7条の合憲性を基礎づけた。まず、裁判所は「基本法が考える権力配分とその調整の具体的秩序は、デモクラシー原則から誤って導き出される包括的な議会留保という形での権力独占によって、損なわれてはならない」と警告する。その上で、基本法下ではとりわけ行政は間接的に民主的正当化を受けるとして、民主主義原理から国家権力間で適正に権限が分配されることが必要だとする[44]。法律の留保で問題となる議会権限については、カルカー決定はすでに触れた本質性理論に依拠する。ここでも侵害のメルクマールは否定され、本質的決定は議会自ら下さなければならない、とされる[45]。こうした二つの要請、国家権力間で適正に権限が分配されることへの要請と本質的な事項については議会自らが決定すべきとの要請は、原子力法において次のような形で体現されるべきであるとされる。

まず、原子力の平和利用の是非については重要事項であるので、議会自らが決定を下さなければならないとする[46]。その一方で、議会は法律上で高速増殖炉及びその危険については、具体的に明記する憲法上の義務はないとされる[47]。つまり、原発の危険性とその防止対策という事項については、本質的な事項ではないということになるので、こうした事項に関する法律の規制密度が下がることに憲法上の問題はないことになる。これが不確定法概念、原子力法7条2項、とりわけ第3号に挙げられている「科学技術水準からみ

43　BVerfGE 49, 89 (94 f.).
44　BVerfGE 49, 89 (124 f.).
45　BVerfGE 49, 89 (126).
46　BVerfGE 49, 89 (127).
47　BVerfGE 49, 89 (128, 138).

て必要とされる災害に対する事前の配慮」という不確定法概念使用の是非に関する裁判所のアプローチになる。

　カルカー決定では、まず不確定法概念に関する憲法論としては以下のように述べている。「不確定法概念の使用は、これまでの判例が示すように、憲法上原則許される。個別事例においてどの程度明確性の要請が満たされなければならないのかを決定するにあたって、個々の規制対象の特殊性ならびに規制の強度が考慮されなければならない」と[48]。そして規制される事態の事実関係が急速に変化するような場合には、明確性の要請は低減せざるを得ない、ということを付け加えている。これが原子力法においても当てはまる。

　「原子力法のような領域において、立法者が個人または公衆に対する危険を取り除こうとする場合、規制対象の性質上特別な困難に遭遇する」とし、その困難の具体的な内容として次のように続けている。「核エネルギーの平和的利用のような領域においては急速な技術革新により、つねに最新事情が考慮されなければならない。このような領域において仮に立法者が詳細な規定を設けてしまった場合には、つねに最新事情にあわせて規則を変えていかなければならないであろう」と[49]。こうした不確定法概念を使用しない場合の不都合を指摘した後、不確定法概念の積極的評価が続く。「原子力法7条2項第3号において不確定法概念が使用されていることには正当な理由がある。7条2項第3号が将来の事態に開かれた構造を有するということは動態的基本権保護に資するものである。それは原子力法1条第2号の目的を事態の変化にあわせて最大限に実現するのに有益である」と[50]。つまり、科学技術関連法領域という特殊性ゆえに議会自らが明確な規定を定めることは不可能であるし、望ましくもないということになる。ただ、不確定法概念が有益だとしても、そのままでは法的安定性が損なわれ、また法適用も困難になる。そこで、不確定法概念の具体化・適用の問題について議論がなされる必要がある。この部分がヴィール判決との連結部分である。

　まずカルカー決定は、先に挙げた立法者の困難はその他の国家権力によっ

48　BVerfGE 49, 89 (133).
49　BVerfGE 49, 89 (133 f.).
50　BVerfGE 49, 89 (136 f.).

て解決される、と考えている。「不確定法概念を使用することで、法律の拘束力ある具体化及び科学技術上の進歩への随時適応という困難は、結局のところ、行政及び司法――訴訟になる場合には――に移される。行政と司法はともに法規制の欠如を補わなければならない」と[51]。このうちとりわけ行政について、判決は原子力法10条から12条にある法規命令への授権を根拠に、不確定法概念具体化の役割を強調している。「法律そのものには、原子力施設の許可の場合にどのような残余リスクが甘受されなければならないのか、について規定がおかれてはいない。一方で法律はある特定のリスクに対しては法規命令の発布を挙げている。これにより法律は、個々の事例において甘受され得る、または甘受され得ないリスクの種類、及びとりわけリスクの程度について判断することを、行政に委任している。それが授権に基づく法規命令という方法であれ、施設に関する個別決定という方法であれ」と[52]。

　さらに、この法律による法規命令への授権という点に加えて、行政権限の正当性を支えているのが先に挙げた動態的基本権保護の論理と行政の機能論である。「リスク判断にとって重要な事項は最新の科学的知見に適合的である場合にのみ、ベストを尽くした危険除去・リスク管理の原則が満たされる。この判断を行政に委ねることは権利保護の動態化の点でも有益である。というのは、科学的知見への適合という点については、立法よりも行政の方により適した法的行為形式が備わっているのであるから」[53]。もっとも、カルカー決定は行政権限を肯定してはいるが、行政の判断と司法の事後審査との関係については明言を避けている。すなわち、行政の判断においてはすべての科学技術上の見解が参照され、かつ恣意性が排除されなければならないとしつつ[54]、科学技術上の意見対立がある場合には司法の役目はどこに限界があるのか、この点については触れずにおこう、としている[55]。

　さて、すでにみたように、ヴィール判決では科学技術上の安全基準を定め

51　BVerfGE 49, 89 (135).
52　BVerfGE 49, 89 (137 f.).
53　BVerfGE 49, 89 (138 f.).
54　BVerfGE 49, 89 (138 f.).
55　BVerfGE 49, 89 (136).

た行政規則をただの行政規則、すなわち判決がいうところの解釈行政規則とは異なり、外部拘束力がある特別な行政規則としている。このことの論証としてはどうしても行政と司法との関係ばかりでなく、行政と立法との関係について触れる必要があった。そのために引用されたのが上のカルカー決定、とりわけ法律の留保と不確定法概念との関係である。この論証は成功しているといえるであろうか。

たしかに、カルカー決定は科学技術上の安全基準にまで法律の留保は及ばないとし、科学的知見の採用という点において行政には立法においてよりも優れた法的行為形式が備わっているとしている。しかしながら、このことから行政規則が法律のような拘束力を有するということは導き出されないように思われる。というのは、上でみたように、カルカー決定の骨格部分は原子力法10条から12条にある法規命令への授権を根拠に、原子力法7条2項の不確定法概念を正当化するという点にある。要するに、判決では本質性理論の委任禁止の論理が科学技術上法領域における安全基準については使えないということであって、連邦憲法裁判所において論じられてきた行政規則に関する判例理論——第4章2参照——の変更が意図されているわけではない。つまり、カルカー決定は、たしかに、行政に備わっている命令、規則、あるいは処分等の法的行為形式は立法にはない科学技術の変化に対応する有用な武器である点を強調してはいるが、このことと規範具体化行政規則の正当化とは別問題である。

5. 行政の機能領域論

カルカー決定は、科学技術的事項を形式的な意味での法律で規定することの限界を指摘し、現代社会における行政の法的行為形式の重要性を強調するものである。つまり、連邦憲法裁判所は科学技術関連法領域における法律の留保、議会留保の限界について語ったもので、この決定はその点を超えて、この領域においては、法律から独立した規範によって規制がなされてよい、といっているわけではない。すなわち、法律、命令といった階層的な規範体系、法律の法規創造力というラーバント＝イエリネック流の伝統的法源論は

ここで否定されているわけでも、修正されているわけでもない。一方で、第3章で述べたように、原子力法のようなリスク法領域においては、学説は多元的な法源を求めており、実際に、たとえば、ブロイヤーの理論では法的判断における法外的な民間基準の尊重等が議論されている。そして、その延長線上に規範具体化行政規則があることは第4章でみた通りである。そうすると、リスク行政論からすると、カルカー決定の立場はいまだ不十分で、伝統的な法源論に対して修正を加えるような議論が必要である、と主張することもできるだろう。この道を行く代表的な学説の一つとしてオッセンビュールの見解がある。彼の見解はその体系性と影響力において無視し得ない法理論である[56]。そこで以下では、オッセンビュールの公法理論[57]、とりわけ法律の留保論及び法源論に関わる部分を考察していくことで、同時にリスク行政

---

56 法律の留保論でオッセンビュールの見解を支持するものとしては、以下のものがある。Hans-Detlef Horn, Die grundrechtsunmittelbare Verwaltung: zur Dogmatik des Verhältnisses zwischen Gesetz, Verwaltung und Individuum unter dem Grundgesetz, 1999 (S. 62 ff.); Christian Seiler, Der einheitliche Parlamentsvorbehalt, 2000 (S. 249 ff.).

57 オッセンビュールの文献のうち、主として以下のものを参照した。Fritz Ossenbühl, Der Vorbehalt des Gesetzes und seine Grenzen, in: Volkmar Götz, Hans Hugo Klein und Christian Starck (Hrsg.), Die öffentliche Verwaltung zwischen Gesetzgebung und richterlicher Kontrolle: Göttinger Symposion, 1985, S. 9（以下では「Der Vorbehalt des Gesetzes」と称する); ders., Gesetz und Recht‐Die Rechtsquellen im demokratischen Rechtsstaat, in: Josef Isensee und Paul Kirchhof (Hrsg.), HStR Bd. Ⅲ, 1988, § 61; ders., Vorrang und Vorbehalt des Gesetzes, Id. § 62; ders., Autonome Rechtsetzung der Verwaltung, Id. § 65（以下ではこれら三つを「Ossenbühl, in: HStR Ⅲ」と称する); ders., Rechtsverordnungen und Verwaltungsvorschriften als Neben- oder Ersatzgesetzgebung?, in: Hermann Hill (Hrsg.), Zustand und Perspektiven der Gesetzgebung: Vorträge und Diskussionsbeiträge der 56. Staatswissenschaftlichen Fortbildungstagung 1988 der Hochschule für Verwaltungswissenschaften Speyer, 1989, S. 99（以下では「Rechtsverordnungen und Verwaltungsvorschriften」と称する); ders., Rechtsquellen und Rechtsbindungen der Verwaltung, in: Hans-Uwe Erichsen und Dirk Ehlers (Hrsg.), Allgemeines Verwaltungsrecht, 14. Aufl., 2010, § 5-10（以下では「Rechtsquellen」と称する). なお、彼の代表的な著作である Fritz Ossenbühl, Verwaltungsvorschrift und Grundgesetz, 1968 については、新しいタイプの規範具体化行政規則が問題になる限りにおいて、言及を避けた。しかし、以下触れる行政の機能領域と行政規則の効力範囲との関係は、すでに、ここ (S. 509 f.) に示されている。この点については、参照、平岡（前掲注4)「ボン基本法下における行政規則に関する学説(2)」169頁以下参照。

において主張される「多元的な法源」の検討をも行うことにする。

5.1　オッセンビュールの法源論

　オッセンビュールの見解の特徴は、規範具体化行政規則のような行政規則の外部拘束力を、特殊事例として正当化するのではなく、行政規則一般の拘束力の問題を独自の視点から展開する点にある。その論理の根底にあるのは伝統的な法規概念・法源論への徹底的な批判である。すでにみたように、法規概念は、国民の自由と財産への侵害事項を国民の代表者たる議会権限の下に置こうとする立憲君主制の成立過程において、生み出されたものである。そしてこのことにラーバント＝イエリネックの国法学が理論的な基礎を与えた。法規を私人間契約に類似させ、自立した法主体間の行為制約規則とする見解である。こうした法主体の自由の制約の総計を法秩序とする国法学の法源論からは、必然的に国家内部関係や給付関係に関するルールは正式な法から排斥させることになる。

　この伝統は戦後ドイツの基本法下においてもなお維持されている、とオッセンビュールはみる。それは公法・行政法における実定法としての法源を──基本法、国際法及びゲマインデの自立立法を除けば──法律と法規命令に限定する通説的見解である。こうした伝統的思考様式は、結局、拘束力ある規範を議会の権限から統一的に引き出そうとする試みであり、現代の法源論としては妥当せず、現代の法律の留保論にも合致しない。これがオッセンビュールの基本的なスタンスである[58]。この法源論から始まり、法律の留保論を経由して、最終的に行政規則の外部拘束力の議論に至る彼の論理展開を順次追っていくことにしよう。

　法理論としてはかなり以前より指摘されていることではあるが、法源については「法発生源」(Rechtserzeugungsquellen)、「法評価源」(Rechtswertungsquellen)、そして「法認識源」(Rechtserkenntnisquellen) が区別される。法発生源とは規範発生の事実上の力が、法評価源とは正しい法の評価基準が、法認識源と

---

[58]　もっとも、このような法規概念批判はオッセンビュールに限られたことではなく、ドイツにおいて戦後早い時期から学説で主張されてきたことではある。これについては、平岡（前掲注4）「ボン基本法下における行政規則に関する学説（1）」が詳しい。

は法と認識する基準が法源とみなされる。このうち実定法学が対象とするのは法認識源である。というのは、発生論は（法）社会学の課題であり、規範評価は倫理学の課題だからである[59]。オッセンビュールは法認識源をロスの法源論を引用しつつ、次のように述べている。法源とは「あるものを法として認識する根拠」のことである、と[60]。重要なことは、法認識の根拠を求める際、何か統一的法源のようなものを求めてはならない、とオッセンビュールが考えている点である。これは実定法を議会権限という単一の出発点から引き出すこと、そしてそこから派生する規範のみを法規概念の下に入れることへの明白な批判である。オッセンビュールはいう。「法規はみな同一の法規というわけではない」と[61]。もっとも、オッセンビュールは伝統が染みついたこの法規概念を捨て去るわけではない。むしろそこに多様で「異質な」（heterogene）規範を含めることにより新たな法源論を構築しようとするのである。法規には、その定立、妥当領域、規範統制、優劣関係、違反の効果等の属性からみて、様々なものがある。したがって、現代の法源論の課題はこうした様々な法規を分類し記述することである、と[62]。

　さて、それでは「異質な法規」とは何を指すのであろうか。オッセンビュールによれば、これは法定立機関が単一機関に独占されていないことから導き出される。具体的にはドイツ基本法下においては、（1）国家権力の分立があり、（2）連邦制があり、（3）ゲマインデ及び大学等のいわゆる部分社会の規範定立がある。それらは独自の規制対象と妥当領域を有する法規ということになる。このうち、行政規則の問題が（1）に属することは明白であるが、オッセンビュールによれば、ここでの法定立は派生的法定立とオリジナルな法定立とに分類される。派生的法定立とは法律による授権から初めて法定立がなされる場合で、オリジナルな法定立とは憲法によって独自に与えられた権限から法定立がなされる場合である[63]。この見解は、最終的に、行政規則

59　Ossenbühl, Rechtsquellen, § 5 Rdn. 2-5.
60　Ossenbühl, Rechtsquellen, § 5 Rdn. 6; Alf Ross, Theorie der Rechtsquellen, 1929, S. 291.
61　Ossenbühl, Rechtsquellen, § 5 Rdn. 9.
62　Ossenbühl, Rechtsquellen, § 5 Rdn. 10.
63　Ossenbühl, Rechtsquellen, § 6 Rdn. 1.

は法規であり、行政のオリジナルな法定立権限によって定立された法源であるというテーゼに行き着くのであるが、そこに行き着く関門として法律の留保の問題がある。

5.2 オッセンビュールの法律の留保論

　法律の留保の問題は立法と行政の権限区分、機能領域区分に関わる。そこで法律の留保領域が確定されれば、自動的に行政の自立立法領域も引き出される、とオッセンビュールはいう[64]。これを前提にオッセンビュールは法律の留保の歴史性を強調し、その現代における新しいあり様を次のように展開する。そもそも、法律の留保は歴史的には国王という政治上のライバルに対して議会の権限を勝ち取るためのツールであった。しかし現代ドイツ基本法下においては議会にとって政治上のライバルはもはや存在しない。国民代表の下で行政もまた民主的正当化を得ているからである。したがって、現代では正確には権力の分立は存在せず、国家の「機能分離」(séparation des functions)があるのみである[65]。このような現代憲法体制の下で法律の留保論も変容を受ける。民主主義の確保というよりは、むしろ国家機関の適正な機能確保という点が重要になる。この点で判例からは、とりわけ、カルカー決定で述べられた権限分配論がオッセンビュールの関心事となる。法律の留保は議会による権力独占を意味せず、国家権力間の適正な権限分配がなされなければならない、とする点である[66]。

　この国家機関の適正な機能確保という観点からみると、本質性理論はすでにみた行政規則後退の論理とは異なる面をみせることになる。オッセンビュールはいう。本質性理論は、法律の留保領域に関して、かつての国家内部・外部区分を否定し、本質・非本質区分を採用した。ここから国家活動の本質的な事柄、重要な事柄は議会立法に属し、あまり重要でない、非本質的な事柄は行政のオリジナルな法定立権限に属することになる、と[67]。そして、この行政のオリジナルな法定立領域の確定は本質的な事項の確定の裏返しによ

64　Ossenbühl, in: HStR Ⅲ, § 62 Rdn. 7-8.
65　Ossenbühl, Der Vorbehalt des Gesetzes, S. 6.
66　Ossenbühl, Der Vorbehalt des Gesetzes, S. 27, 38.
67　Ossenbühl, in: HStR Ⅲ, § 65 Rdn. 12-13.

ってではなく、むしろ積極的に行政の機能論によって導き出される。これがオッセンビュールの法律の留保論である。国家内部・外部区分が否定された以上、行政規則が外部拘束力を持つことに何ら問題はない。外部関係であっても非本質的な事項、すなわち行政の機能が活かされる領域は行政のオリジナルな法定立権限に属するのであるから。

　それでは法律の留保の外側、行政の機能領域とは具体的にどのような領域なのであろうか。これに該当するものとして、(1) ゲマインデ等の自立統治の領域、(2) 執行権限の領域、(3) 組織権限の領域、(4) 行政の法定立権限領域、(5) 行政の補足権限領域をオッセンビュールは挙げる[68]。このうち、行政規則の外部効力が問題になるのは (2)、(4)、(5) であるが、(4) の実質は領域規定としての (2) と (5) に依存する。要するに、外部拘束力ある行政規則の定立領域とは、立法権限に対して行政の執行権限が問題になる場合及び立法に対して行政が補足権限を行使する領域の二領域ということになる。まず (2) の執行権限の領域とは基本法上、法律の執行権限が行政に与えられていることを根拠に、法律の解釈、裁量行為、形成的余地が行政権限に属する領域である[69]。次に (5) の補足権限とは統治に空白が許されないことを前提に、法律を補足する権限、あるいは立法者が意図的もしくは非意図的に法の欠缺を作り出した場合にはそれを補完する権限を指す[70]。

　重要なことはこの二つの領域の前提として、法律には「穴」(Löcher) がつきものであるという点である。立法者は超人ではないということについて、そして法適用者としての行政の役割について、オッセンビュールは次のように述べている。「法典に載せられた議会立法のテキストから確固たる具体的な事実に至るまでには長い、とても長い距離がある。法適用者がこの道で迷子にならず、自己の道を求め進むためには標識が必要になる。この道のりにおいては、一方の端には形式的議会立法が、もう一方の端には法執行においてなされるべき個別決定がある。そしてこの間には執行をコントロールし、指揮し、法にさらに考慮を加え、法を具体化し、補足し、明確化するた

68　Ossenbühl, Der Vorbehalt des Gesetzes, S. 30.
69　Ossenbühl, Der Vorbehalt des Gesetzes, S. 30.
70　Ossenbühl, Der Vorbehalt des Gesetzes, S. 32.

めに程度の差はあれ厚い規範の層がある」と[71]。このようにオッセンビュールにとっては、行政の法定立は、法理論上、必然的な事柄に属するのである。もっとも、立法者が超人ではないということは、立法者が無能であるということを意味するわけではない。法律に穴があることにはそれ相応の理由がある。オッセンビュールはこの理由を三つほど挙げている。まず一つは立法に必要な知識や経験が不十分である場合、二つ目はそもそも規制する対象が動態的な性質をもつゆえに、立法による規制そのものが不可能な場合、三つ目は執行者の個性的な判断が重要になるケースである。科学技術関連法領域は上の最初の二点に該当するゆえに、完全な立法は望めず、よって個別決定に至るための規範定立権限は行政に属するということになる。

以上のオッセンビュールの見解をまとめると次のようになる。(1) 現代の法源論は議会立法中心の伝統的な法規概念から解放され、異質な規範をも法源に含めるべきである。議会立法以外の行政オリジナルな法定立である行政規則も法源の一つである。(2) 現代の法律の留保理論は民主的に正当化を得た行政の機能領域を配慮して検討されるべきである。機能領域とは法適用＝執行権限に基づき、立法者が不十分な規範定立しかできない、もしくはそもそも立法が不可能な領域において、法律を補足しもしくは代替する領域である。(3) この領域において行政がオリジナルに定立する行政規則はそれが外部関係であっても、外部拘束力を有する。以上である。たしかにオッセンビュールは法源論と行政規則の外部拘束力論とは別問題としてはいるが[72]、法源の異質性論理によって二つは見事に結びついている。すなわち、一方で異質性は議会中心主義を否定することによって、法体系の中には定立機関が異なる規範が含まれるという論理で使われる。そして他方では、行政規則の中には外部拘束力を有する異質な規範が含まれているという論理で使われる。この二つによって、規範の外部拘束力と議会立法との関連は見事に切断される。そして、その法的拘束力において「同質な」(homogene) 規範として法

---

71 Ossenbühl, Rechtsverordnungen und Verwaltungsvorschriften, S. 101. 法の「具体化」については、第４章で述べたが、ここでのオッセンビュールの主張はミュラーの具体化論を彷彿させる。

72 Ossenbühl, in: HStR Ⅲ, § 65 Rdn. 33.

律とある種の行政規則が並べられるのである[73]。

6. 若干の検討

　リスク行政における多元的な法源という見解をただのレトリックとしてではなく、法理論上の主張として展開するとき、たとえば、規範具体化行政規則のような行政規則を例外ではなく正面から正当化しようとするとき、法源論及び法律の留保論の根本的な改革が必要になる。その代表的な見解としてオッセンビュールの理論を取り上げた。これは科学技術関連法領域における行政の個別決定の正当化を、判断余地といういわば遠回りをせずに、規範から直接正当化ができるという点で魅力的ではある。しかしながら、この論理の核となる法源論及び法の執行・補足権限に関して、多くの法理論上の問題点を含んでいるようにみえる。以下では、より根本的と思われる点について検討していく。

　まず、第一に、オッセンビュールはとりわけロスの法源論を引用して、法源はあるものを法として認識する根拠であるとする見解を採用する。実定法学の課題としてこのテーゼ自体を争う見解はあまりないであろう。そしてこの法源論を根拠に伝統的な法規概念を批判することも正当化されよう。具体的には政治的ライバルである国王に対する議会権限を確保するために、法規概念の定義がなされた、とオッセンビュールが指摘する点である。たしかに、ラーバント＝イエリネックの法規概念は、法源は政治倫理的価値判断から自由でなければならないという要請に反するといえる。ロスも二重の法律概念自体が政治的産物であり、行政規則も法として認めなければならないとしている[74]。ただしロスの意図はオッセンビュールのそれとは大きく異なるものである。

　ロスはケルゼンとともに国家法人説自体を、国家内部・外部関係区分自体を法理論的に否定した上で、それに取って代わるより統一的な法秩序、法源

73　Ossenbühl, in: HStR Ⅲ, § 65 Rdn. 34, 39; ders., Rechtsverordnungen und Verwaltungsvorschriften, S. 101.
74　Ross（前掲注60), S. 410-413.

論を模索するのである。ロスはいう。「法源という概念を使うことが正当化されるのは、それが法認識の内部で統一的な問題設定に資する場合のみである」と[75]。これによって法源という概念がかなり局限されることになる。すなわち倫理的要請や事実上の法定立要因はもちろんのこと、法適用者が事実上考慮する要素まで法源から追放される。ロスによれば、裁判官が法律と同様に考慮するように義務づけられるものが法源ではない。裁判官があるものを考慮することが事実上の義務ではなく、法的な義務の場合にのみ、そのあるものは法規範と位置づけられる。ただその場合、そのあるものは結局法律から派生した二次的な法源にすぎない[76]。したがって、法律、慣習法、類推等ただ単に法適用において考慮されるものを列挙するような法源論は学問的に何の価値もない、ということになる[77]。ここから、オッセンビュールのいう非統一的な法源論というものはロスが考えるものとは異なるものであると分かる。法理論的な法源論としては、それが仮に内容において実りが少なく形式的なものになろうと、やはり統一的なものを模索せざるを得ない。そうではなく、異質な規範を法源として取り込もうとするオッセンビュールの見解は、むしろそれ自体、政治倫理的価値判断が潜んでいると疑わざるを得ない。

第二に、法規概念をどのように定義するのかは自由であるが、法理論としては、大前提となり得る規範形式に何らかの概念を与えることは有益である。それをRechtssatzとするかRechtsnormとするか、広い意味でのGesetzとするかはあまり問題ではない。したがって、オッセンビュールが法規を広く定義するというのであれば、法規概念とは別に外部拘束力のある規範全般を指し示す概念が必要になる、というべきである[78]。

第三に、執行権限に関して。オッセンビュールは執行権限として、あるいは補足権限として、法律を個別事例に適用するための行政の下位規範定立権限を主張している。オッセンビュールの言葉を使えば、「行政が個別事例へ

---

75 Ross（前掲注60), S. 290.
76 Ross（前掲注60), S. 293.
77 Ross（前掲注60), S. 313.
78 Hartmut Maurer, Allgemeines Verwaltungsrecht, 16. Aufl., 2006, § 4 Rdn. 1-9.

の長い道のりで迷子にならないための標識」である。こうした見解は比較的最近の法律の留保に関する一部の学説にも採用されている。たとえば、オッセンビュールのように、やはり執行という行為の法理論分析に基づいて、立法機能を議会に限定することは誤りであるとするものがある[79]。

たしかに、すでに、戦前のウイーン学派によって、立法は抽象的な規範定立であり、執行は個別的行為であるとする分類は、法理論上否定された[80]。ある規範定立はそれより上位の規範からみれば、法適用・法執行と映るし、それより下位の規範定立もしくは個別行為からみれば、法定立と映るからである。このいわゆる法段階説はもはや法理論としては常識に属するところではあるが、これを本質性理論と結びつけるとき、法段階説は独自の行政法学説へと変容する。執行権限が法適用ばかりではなく法定立をも含むならば、例外的に行政の法定立を認めるという論理は成り立たない。むしろ逆に、ある特定の法定立に関してのみ、法律の授権を要すると解するべき、ということになる[81]。したがって、委任立法——ドイツでは基本法80条——はむしろ行政の法定立の例外で、その例外にあたるのが本質的事項となる。そうすると、本質性理論の意味は、規制対象のうち、対象の本質的な事柄のみが議会権限に属するということになるので、先に挙げた立法から法適用に至る一連の相対的な法定立-法適用行為のうち、本質的な規制部分を除いた「残り」すべては行政のオリジナルな機能領域に属することになる。

以上のような執行概念から法定立権限を導き出す手法は正当化されるであろうか。たしかに、法適用は法定立を含むという点は法理論上疑う余地はない。しかし、議会立法という法的判断の大前提となる規範の定立と個別決定に至るために中間に導入される規範の法定立では、その意味が根本的に異なる。行政が行う中間での法定立は、第1章におけるウレの中間命題挿入にみられるように、個別決定を正当化する際の普遍化要請に応えたものであろう。普遍化要請自体は、価値判断全般に要請される一般的実践的討議上の要

79　Horn（前掲注56），S. 64 ff.
80　Hans Kelsen, Reine Rechtslehre : mit einem Anhang : das Problem der Gerechtigkeit, 2. Aufl., 1967, S. 239-242.
81　Horn（前掲注56），S. 68-70.

請であり、それは形式的、倫理的要請に過ぎない（第1章6.2）。このことは、行手法上の規範定立、審査基準等の規範定立が平等や透明性といった社会の基本的な価値、憲法上の基本原理に資するものである点を考えれば明らかであろう[82]。それらの規範定立は決して行政のオリジナルな機能に属するわけではない。

これに対して、議会立法は法的判断の出発点となる根源的な意味を持つ。結局、法理論上は、法定立の概念は相対化されても、規範そのものの資格は相対化され得ないのであり[83]、行政規則という中間に導入される法定立は、通常の解釈一般と同様に実質的な正当化を免れるものではない。よって、法理論的にみれば、執行概念から拘束力ある規範の法定立権限を導き出すことは許されない、というべきである。この中間に導入された規範の法的性質そのものが問われなければならない[84]。

---

82 基本法3条の平等原則自体、法的要請ではなく、価値判断一般の正当化要請を明文化したものとみることができる。この点についても第1章のアレクシーの議論を参照。なお、Robert Alexy, Diskurstheorie und Menschenrecht, in: Recht, Vernunft, Diskurs: Studien zur Rechtsphilosophie, 1995, S. 127 (155-163) にはハーバーマスの倫理学との関係で平等原則について述べられている。このように考えると、ヴィール判決以降いくつかの連邦行政裁判所判決が規範具体化行政規則を正当化するために、統一的な法執行という点を挙げている点には疑問が残る。たとえば、第4章で扱った TA Luft をめぐる二つの判決（BVerwG, 10.01.1995, DVBl 1995, 516 及び BVerwGE 114, 342）や 排水課徴金判決（BVerwGE 107, 338）を参照。

83 これは基本法20条3項から導き出される。したがって、法理論上、基本法3条による法定立と基本法20条3項が前提とする法定立では全く意味が異なる。前者の法定立は単なる中間命題挿入に過ぎず、別途正当化が必要になる。基本法20条3項の法理論上の位置づけについては、Robert Alexy, Theorie der juristischen Argumentation, 2. Aufl., 1991, S. 281 も参照。

84 マウラーも行政留保批判で同様の見解を述べている。Hartmut Maurer, Der Verwaltungsvorbehalt, VVDStRL Bd. 43 (1985), S. 162. なお、カルカー決定における法律の留保の捉え方自体、学説でかなりの開きがある。前述の通り、オッセンビュールはこれを行政の機能領域の確保と読む。一方で、マウラーは、カルカー決定は三権分立を強調したものではなく、民主主義法治国家を強調したものだとし、法律の留保の裏側に積極的な行政権限を認めることはしない。Maurer 上記論文 S. 148.

第5章総括

　リスク行政における多元的な法源という主張は伝統的な法律の留保、法規概念、そして法源論とは容易には調和しない。カルカー決定は科学技術関連法領域における法律の留保の限界を、そしてリスク管理における行政の優れた法的行為形式を指摘している。しかし、そのことで、法規概念を変更しようとしたり、行政規則の性格を変更しようとしているわけではない。したがって、カルカー決定を引用するヴィール判決もまた、規範具体化行政規則の正当化として、法規概念の変更や、新しい法源論を主張したものと捉えることはできない。

　一方で、判例よりラディカルな主張をする学説としてオッセンビュールの法律の留保論がある。オッセンビュールはロスの法源論を使って、多様で異質な規範を法規概念の中に含める。伝統的な法律の留保及び法規概念は立憲君主制下のものであり、立法も行政も民主化された現代国家においては、法規の独占を議会に限定する意味は乏しい。間接的に民主的に正当化された行政であれば、その規範定立も正式な法定立として評価すべき、と主張する。現代の法源論としては、多様な規範を法規概念の下において整序すべきとの独自の法源論を唱えるのである。そのような視点から現代の法律の留保論である本質性理論をみると、国家活動の本質的な事柄、重要な事柄は議会立法に属し、あまり重要でない、非本質的なその他の事柄はすべて行政のオリジナルな法定立権限に属するというように理解されることになる。

　さらに、憲法によって行政に留保された機能領域である「執行」概念からも行政のオリジナルな法定立権限は正当化される。オッセンビュールによれば、執行という機能領域は立法者が不十分な規範定立しかできない、もしくはそもそも立法が不可能な領域を指し、そこにおいては、法律を補足し、もしくは代替する権限は行政に属する。したがって、この領域において行政がオリジナルに定立する行政規則はそれが外部関係であっても、外部拘束力を有する。よって、規範具体化行政規則を含め、そうした行政規則は「法規」の名に値することになる。

しかし、オッセンビュールのいう多様で異質な法規を認める非統一的な法源論というものはロスの法源論によっては正当化できない。法理論としての法源論にとっては、それが仮に内容において実りが少なく形式的なものになろうと、統一的なものを模索せざるを得ないからである。また、執行概念を操作しても、法定立権限論の議論には結びつかない。法適用の中間にて行政が行う法定立は、第１章で確認した通り、個別決定を正当化する際の普遍化要請に応えたものである。それは単に行手法上の要請に過ぎず、行政の権限の問題ではない。法律学という枠組みの中では、国家権力の「機能論」（Funktionslehr）から安易に「法性質」（Rechtsnatur）論を導き出すことには警戒をしなければならないであろう[85]。

　そうすると、結局、リスク行政における多元的な法源という見解は、それが法律の留保論を改革しようとしたり、法規概念を再構築しようとする議論である限り、学術的な法源論として成立することは難しい。

85　結局、行政の効率性や実践性という機能からはいかなる（憲法）規範論も導き出すことはできない。Maurer（前掲注84）, S. 160 も参照。

第6章　専門技術的裁量と科学技術的判断に関する行政の優先的判断権の論理

序

　リスク行政における行政行為あるいは行政規則の定立には裁量性が認められるということを、ドイツの議論を中心にして、第3章以降で述べてきた。そうしたリスク行政における裁量は、規範構造からみると、リスクをもたらす科学技術施設の設置要件の解釈・適用における行政の優先的判断権という形でしばしば現れるので、これはドイツにおいては第1章で述べた W. イェリネック以来の法概念の解釈方法論一般の問題を当然に含むことになる。既にみたように、ウレやバッホフらにより、ドイツでは戦後も、方法論指向的な裁量論が展開されており、リスク行政における裁量の所在論もそうした裁量論一般に対する応答として、独自の法理論を伴い展開されたものとみることができる。

　一方で、我が国の場合、科学技術施設の許認可等の行政行為における裁量は「専門技術的裁量」の一つとして捉えるのが一般的である。しかし、この概念は、ドイツの議論とは異なり、解釈方法論が伴って正当化される学説理論ではない。我が国においても戦前には、ドイツと同様に、法適用の方法を意識した裁量論が論じられてきたが、戦後は異なる道を歩んできた感がある。一般に、学説及び判例はドイツの方法論指向的な裁量論から離れ、我が国では要件裁量を比較的容易に認める議論が、だが、かといって第5章で述べたオッセンビュールのようなラディカルな議論ともまた違う、いわば「法理論なき」実際的な裁量論が主流であったように見受けられる。

　それでも、学説の中には、1980年代後半以降、ドイツの判例・学説の状況を参考に原発訴訟における行政判断の優位性を論じるもの、また特に2000年代になると、ドイツのリスク行政論を参考に、科学技術的の判断に関

する裁量論を精緻化するものもみられる。このようにして、我が国の専門技術的裁量は、戦前からの議論の継続的展開がもたらした所産というわけではないし、それをめぐる議論は一貫性があるともいえない部分がある。結果、この概念はなかなか捉えどころがないものとなっている。そこで、ここ第6章においては、ドイツ及び我が国における裁量論一般、及びその各論としてのリスク行政の裁量所在論の展開を比較検討することで、我が国の議論状況を整理しつつ、かつ我が国の議論において欠けている点を明らかにしていく。

1. はじめに

科学的知識が不確実である状況下では、立法は個別事例に適用できるほど具体的な規定を設けることはできない。それゆえ、行政庁の判断は、手続法上の規定はともかく、実体法による規定からは自由になる。すなわち科学技術的な行政判断は覊束行為ではなく、裁量行為であるとする、そうしたリスク行政論については第3章で述べた。この種の行政裁量は、通常、我が国においては、「専門技術的裁量」と呼ばれるカテゴリーの下に分類される。

我が国の行政法学上の概念は、しばしば、ドイツ法に由来することが多いが、専門技術的裁量という概念は戦後、我が国において独自に形成されたものである。すでに新憲法制定後さほどたっていない1948年、田中二郎は、我が国の新しい英米流司法権の限界を議論する際に、戦前の自由裁量の議論との関連で、行政の「政策的裁量」と並んで、「技術的裁量」に言及している[1]。その後、この概念は「専門技術的裁量」とも呼ばれるようになり、原発訴訟においては、この概念の適用の是非をめぐって争われた。結果、下級審において原子炉の安全性に関する行政判断は専門技術的裁量と明言され、最高裁もその趣旨を支持している[2]。

1　田中二郎「行政争訟の法理」法学協会雑誌66巻1・2号（1948）－同・『行政争訟の法理』有斐閣（1954）所収32～33頁参照。
2　とりわけ、福島第二原発事件・伊方原発事件の控訴審を参照。これらの最高裁については第4章にて触れたが、専門技術的裁量については、最高裁もまた下級審と同様の見解をとったものと解されている。

1. はじめに

　これを受け学説も、専門技術的裁量という概念を使うか否かは別にしても、原発以前の技術的裁量に関する判例と原発判例をまとめて、要件裁量の一例とするのが一般的である[3]。ただし、学説においてはこうした専門技術的裁量あるいは同様の観念を受け入れつつも、これが適用される事例・領域については争いがある上、司法による裁量審査の実質についても、今日まで議論が絶えない。こうしたことからか、学説では行政裁量論の総括が行われる度に、しばしば、この概念をめぐって混乱した状況があることが指摘されてきた[4]。

　以上の状況の下で、そして今日の原発事故後の行政の科学技術的判断に関する判例・学説のあり方を考える上で、専門技術的裁量という概念が成立した経緯及び科学技術的判断に関する行政の優先的判断権の論理を確認しておくことは重要であろう。そこでここ第6章においては以下の順で議論を進めていきたい。

　まず、専門技術的裁量は戦前の自由裁量の議論の延長線上にあるが、周知の通り、自由裁量論はオーストリア、ドイツの議論をベースに我が国の法制度に合わせて展開されたものである。たしかに我が国においては戦後英米流の司法裁判所制度が導入されたが、自由裁量論は新憲法下でも引き継がれた上、訴訟制度においても行政訴訟の特殊性が強調され、終局的に行政事件訴訟法の制定においてドイツの行政裁判所法が一つのモデルにされた。また、科学技術的判断に関する行政特権に関する議論についてもドイツの裁量論がしばしば言及されるなど、この議論においてドイツとの関係は根深い。そこでここではまず、2で科学技術的判断に関する行政特権についてドイツの裁量論はどのように展開していったのか、について概略を与える。その後、そ

---

[3] たとえば、塩野宏『行政法Ⅰ［第5版］』有斐閣（2009）129～130頁、高橋滋『行政法』弘文堂（2016）89～92頁、櫻井敬子／橋本博之『行政法［第6版］』弘文堂（2019）106～108頁を参照。

[4] 小早川光郎「裁量問題と法律問題―我が国の古典的学説に関する覚書」法学協会編『法学協会100周年記念論文集第2巻』有斐閣（1983）所収331頁以下。また近時、このことに言及するものとして、山本隆司「日本における裁量論の変容〈報告〉（日本におけるドイツ年記念――日独行政法シンポジウム　行政裁量とその裁判的統制（2））」判例時報1933号（2006）11頁以下。

れとの比較で3〜5において我が国の展開を追う。そして6で総括し、若干の私見を述べることにする。

2. ドイツにおける科学技術的判断に関する判断余地論の展開

　不確定法概念、特に許可要件等の法律要件に含まれる不確定法概念が法適用者に価値判断や特殊な予測を要求する場合には、その解釈あるいは包摂作用に行政の判断特権を認める議論がある。これはドイツの学説において判断余地論と呼ばれ、連邦行政裁判所有害図書判決においてもこの見解が採用された、という点については第1章で述べた。その後、判例においては、様々な法領域において判断余地が認められていく。そこには大気汚染防止法や原子力法における施設の設置許可要件で使用される不確定法概念も含まれる。第4章で扱った規範具体化行政規則論に関しても、実質的正当化の論拠としてはリスク行政における行政の権限・責任が挙げられるが、形式的正当化の論拠、すなわち解釈や法適用の方法という側面からは、判断余地論に依拠するものが多い[5]。

　ただし、上の通り判断余地は、規範構造からみると、法律要件充足（＝認定）に関する行政の優先的判断権になるので、事実認定、法解釈、包摂を通して最終的な法律の適用を行うのは司法の作用であるとする司法性質論からしても、また、ドイツ基本法19条4項に挙げられている市民の権利保護のために権力行為発動の要件を司法がチェックするという法治国家原則からみても、問題が多い理論であることには違いない。実際、下でみていくように、判断余地論には、その根拠をめぐって様々な見解が対立している。また、判例においても、そうした優先的判断権を承認する事例、限定してのみ承認するもの、あるいは一切認めないものとの間で揺れが続いてきた経緯がある[6]。こうしたことから、科学技術的判断に関する行政の優先的判断権に

5　第4章で挙げた各種判例及び学説を参照。特にCarl Hermann Ule, Die Bindung der Verwaltungsgerichte an die Immisionswerte der TA Luft, BB 1976, S. 446 はこれを明確にしている。

6　判断余地が認められる法領域はようやく1990年代にほぼ固まったようである。Helmuth Schulze-Fielitz, Neue Kriterien für die verwaltungsgerichtliche Kontrolldichte

関する議論も、判断余地論一般に関する問題を引き受けてしまっている。この点を論じるために、判断余地論の成立と変遷から概観していくことにする。

2.1 初期の判断余地論

効果部分の裁量である行政裁量は「できる規定」のような明文上の根拠から正当化されるのに対して、要件部分における優先的判断権を判断余地と呼び、「裁量」もしくは「要件裁量」と呼ぶことに抵抗する、そうした背景には歴史的な事情がある[7]。そもそも、19世紀後半の立憲君主制の下では、国王の行政権には立法および司法からの自由な活動領域があることは自明なことであった。このことは侵害留保としての法律の留保が充実していく歴史的過程においても維持され、侵害行政の領域においてさえ、行政を法律において完全に規制し尽くすというようには観念されなかった[8]。それでも、徐々に、そして慎重に行政裁判所判決がこの行政の自由な領域において内容的な統制を働かせていく中で、20世紀初頭、学説も法律の留保・法治行政と裁量との論理的整合性について議論するようになっていく。それはオーストリアの行政裁量論の影響を受けつつ、ドイツ独自の裁量理論を展開させるものであった。

19世紀後半のオーストリアの行政裁量論はエドムント・ベルナツィクとフリードリヒ・テツナーとの対立として一般的に理解される。前者ベルナツィクは今でいうところの法律による「規制密度」(Regelungsdicht) に裁量の

---

bei der Anwendung unbestimmter Rechtsbegriffe, JZ 1993, S. 772. また、Eberhard Schmidt-Aßmann, in: Maunz / Dürig (Hrsg.), Grundgesetz, Art. 19 Abs. 4 (2003), Rdn. 188 ff. も参照。

[7] 以下の説明はとりわけ次の文献を参考にした。Horst Ehmke, " Ermessen" und "unbestimmter Rechtsbegriff" im Verwaltungsrecht, Recht und Staat in Geschichte und Gegenwart Heft 230/231, 1960; Martin Bullinger, Das Ermessen der öffentlichen Verwaltung-Entwicklung, Funktionen, Gerichtskontrolle-, JZ 1984, S. 1001. また和文献としては田村悦一『自由裁量とその限界』有斐閣 (1967) が詳しい。なお、ドイツの戦後判例の展開についてはオッセンビュールの戦後40年連邦行政裁判所制度回顧、Fritz Ossenbühl, 40 Jahre Bundesverwaltungsgericht-Bewahrung und Fortentwicklung des Rechtsstaates-, DVBl 1993, S. 753 を特に参考にした。

[8] Bullinger (前掲注7), S. 1002.

根拠をみる。行政の行為に対して法律がその基準を規定していないか、あるいは規定していても「公益」等、一般的にしか規定していない場合にはそこに裁量が存するという見解、すなわち、法律上の規定の仕方が、行政裁量の存在を示唆する、という立場である。こうしたことから、「公益」等の不確定法概念は「裁量概念」と呼ばれ、その解釈・適用については司法審査の制限があると考えられた。これに対して、テツナーは不確定法概念に対する司法の全面的な審査を主張する。公益等の不確定法概念の解釈・適用をすべて自由裁量にしてしまえば、法治国家の理念が失われてしまうからである。法律は国民と行政との権利関係を規定することに意味があるのであるから、そこで使用される法概念は、確定・不確定を問わず、司法審査の対象となる[9]。

こうしたオーストリアの二方向について、ドイツでは様々な立場があったが、戦後の議論に影響を与えたものとして、第1章で扱った W. イエリネックの見解がある。すでに述べたように、W. イエリネックは法律による規制密度の仕方が直ちに行政裁量に結びつくとはせず、不確定法概念の種類によって、行政による有権的な判断の余地を認める。すなわち、行政の主観的な評価を要する価値概念についてはここに裁量判断を認める、というものであった（第1章3）。この議論は戦後の判断余地論に結びつくことになる。不確定法概念に関するウレとバッホフの見解については、これも第1章において述べたところではあるが、判断余地論との関係で再度、下でまとめておきたい。

戦前の行政裁量論は立憲君主制やワイマール憲法体制を前提とした議論、すなわち侵害留保及びある程度自立した行政権限を前提とした議論であったので、戦後の基本法体制下では全面的な見直しが必要になった。その理由は、新しい憲法下では少なくとも当初は、「完全な法治国家」(perfektes Rechtsstaat) が理念とされたからである。その内容は、あらゆる法律上の概念は、原則、唯一の正しい解釈・適用を求められる、とするもので、法の認識が司法の任務である以上、法解釈・適用は司法によってすべて完全に判断されなければならないことになる[10]。こうした厳格な姿勢は、とりわけヘル

9　Ehmke（前掲注7), S. 14 f. また田村（前掲注7）63〜72頁も参照。
10　Bullinger（前掲注7), S. 1002.

マン・ロイスの行政裁量に関する見解にみてとれる。ロイスはいう。「不確定法概念は認識・法発見の領域に属する」[11]、「認識の領域においては意欲の領域とは異なり、人間の選択の問題は存在せず、常に変わらない唯一の真理の発見——それへのアプローチには完全・不完全で程度の差はあるものの——が求められるのみである」[12]と。ここから不確定法概念を法律要件における裁量と考える戦前の議論の出発点となったオーストリアの裁量理論は完全に否定される。結果、裁量は法の「認識の」（kognitive）問題になる要件部分から追放され、法律の明文の規定を根拠にできる効果部分の裁量、すなわち「行為選択の裁量」（volitive ermessen, Handlungsermessen）に限定されることになった[13]。

しかしながら、こうした理念とは別に、実際の立法・行政実務上、法律要件部分における行政の判断が尊重されなければならないケースは残される。そこで登場したのが判断余地論である。この理論は、目指すところが法律要件部分における行政の優先的判断権であるという点で戦前の要件裁量論と同じではあるが、理論構成は全く異なる。もはや、アプリオリな行政独自の活動を正当化した戦前の裁量概念は否定され、出発点において、あくまで法概念そのものの解釈・適用という「方法論モデル」が堅持されることになるのである。この点はその後判断余地論が如何に形骸化していくのかを明らかにしてくれるので、以下ではバッホフ、ウレに見られる当初のスタイルを確認しておくことにする。

バッホフは法適用を解釈、事実認定、包摂の三段階に分けた上で、不確定法概念についても、原則として、行政側の法適用を裁判所が全面審査できるとする。しかし、一部の不確定法概念については、行政側の「包摂」作用についてのみであるが、裁判所の審査は及ばないともする。理由は客観的判断が成立しないという点にある。たとえば、「良好な景観」のような価値概念や「交通上の公益」等の専門的な「予測」が必要になる概念の場合には、そ

---

11 Hermann Reuss, Das Ermessen-Versuch einer Begriffsklärung-, DVBl 1953, S. 585 (587).
12 Reuss（前掲注11), S. 586.
13 Reuss（前掲注11), S. 585-587.

れが具体的事象を包摂し得るのか否かに関する判断において、唯一正しい解答はあり得ない、とバッホフはするのである。これらの判断においては単純な認識が問題にならないゆえに、法適用者独自の判断が成り立つ。すなわち、行政と司法の異なる主観的判断が併存し得ることになる[14]。

　同様の主張をウレも展開する。ウレは現代法治国家では不確定法概念を裁量概念として捉えることは許されない[15]、とした上で、それでも裁量を絶対の自由、不確定法概念を絶対の拘束と考える二元論には誤りがある、とする[16]。ロイスはすでに挙げたように、不確定法概念の解釈は認識行為であり、裁量行為のように意欲が入り込む余地はないので、答えは一つしかない、とした。しかし、ウレはW. イエリネックの見解を引用しつつ、不確定法概念を分類して、法適用者の主観を排除できない価値概念があることを認めている。たとえば営業許可の要件にある「信頼できる」等の不確定法概念は主観的な価値判断が必要になる価値概念に他ならない。この場合、事実認定、概念の確定、包摂という三段論法モデルは単純には使えない。第１章で述べた通り、ここにウレは中間命題の挿入を主張するが、中間命題には上記の通り主観的な評価が入るので複数の候補が成立する。結果、結論は一つには定まらないことになる。このようなケースをウレは限界事例と呼ぶ。

　バッホフもウレも、上のような行政と裁判所の各々の異なる判断の併存の場合の処理として、裁判所は専門性がある行政の決定を尊重すべきであり、裁判所の主観的な評価をもって、行政の主観的な評価を代置してはならない、と主張するのである。こうした初期の判断余地論に関しては、二つの点が特徴的である。一つは法律要件に関する判断はあくまで法認識行為であり、それは専ら司法判断に属し、あくまで判断余地は例外である旨強調されている点、もう一つは法解釈、事実認定、包摂という法学方法論モデル――それは第１章でみた古い法学方法論モデルであるが――が堅持されている点

14　Otto Bachof, Beurteilungsspielraum, Ermessen und unbestimmter Rechtsbegriff im Verwaltungsrecht, JZ 1955, S. 97（99）.

15　Carl Hermann Ule, Zur Anwendung unbestimmter Rechtsbegriffe im Verwaltungsrecht, Forschungen und Berichte aus dem öffentlichen Recht, in: Festschrift für Walter Jellinek, 1955, S. 309（313）.

16　Ule（前掲注15）, S. 324.

である[17]。

2.2 判断余地に関する現代の見解

　以上のような法学方法論モデルに依拠した当初の判断余地論は現在ではそのまま維持されてはいない。それにはいくつかの理由がある。まず、(1) そもそも、判例は判断余地が認められる事案を、方法論モデルのみに依拠して、決定してきたわけではない。評価や予測といった実体法上の不確定法概念の解釈手法への言及に加えて、そうした行政判断がなされる際の組織規定や手続規定といった実体法解釈以外の要素をも加味している[18]。この点は、第1章におけるコッホが指摘した価値概念や予測概念の解釈問題にも関連する。法的判断において必要となる予測や価値判断という要素は、行政法上の法概念固有のものではないし、それが客観的な司法判断を不可能にするとまではいえない。したがって、行政の判断に優越性を与える根拠としては、予測や価値判断という点以外の正当化事由が必要になる。

　さらに、(2) 当初から、行政判断は法概念の解釈・適用であるとする完全なる法治国家方法論モデルがすべての法領域で貫徹されたわけではなく、都市計画のような領域における行政行為はこの方法論モデルにとって「異質な営為」（Fremdkörper）として捉えられてきた[19]。これは1970年代の都市計画法における行政行為の性質論、及び1990年代の行政法学における法学的方法批判として展開される。第1章で述べた「包摂」と「衡量」との方法二元論がそれで、計画法の領域ばかりではなく、その他の法領域においても包摂の役割は限定されていくことになる。そのような立場に立つと、法学的方法に依拠する判断余地論は古いドグマに立脚した時代遅れの理論とみなされる。

　加えて、(3) 第5章で挙げたオッセンビュールに代表される行政の機能領域論を主張する側からは、行政活動が規範定立であるか、規範の解釈であるか、あるいは解釈された後の事実の包摂であるか、というような問題は議論

17　Bachof（前掲注14), S. 100.
18　Bullinger（前掲注7), S. 1005.
19　Bullinger（前掲注7), S. 1005.

の実益がない。認識行為であろうと、価値判断であろうと、ある法領域における行政活動は一括して憲法上の三権分立から直接行政に留保されることになるからである。

　もっとも、上のような方法論モデルに依拠した当初の判断余地論に対する批判や懐疑があるものの、現在、学説は方法論指向的な判断余地論を完全に捨て去って、要件裁量の名の下に堂々と裁量論を展開するというわけでもない。たとえば、シュミット―アスマンは判断余地を法解釈の方法というよりも、議会権限から導き出そうとするが、それでも、法律要件部分に関する包摂モデルをいまだ重要視し、行政の機能領域論とは一線を画しているようにみえる[20]。結局は、批判はあるが、現在のところ、当初の判断余地論に取って代わる確固とした法理論があるというわけでもない。上のシュミット―アスマンの見解、規範的授権説と呼ばれる見解にしても、不確定法概念を行政判断への授権と捉えることを正当化する実定法上の明文規定は必ずしも発見が容易ではなく、結局は法解釈、そしてそこに密輸入のような形で導入される法領域論や行政機能論に依存してしまうという難点がある[21]。

　以上のような事情から、判断余地に該当する事例群を判断余地論やその他の代替理論によって総論的に正当化することよりも、むしろ各種のタイプ・領域ごとに各論的・実質的に正当化することの方が重要になる。科学技術的判断に関する優先的判断権の際この役割を担うのが第3章で扱ったリスク行政論である。以下みる通り、リスク行政論は法学方法論モデルを批判しつつ、実質的な面からリスク判断における裁量性を肯定している。

2.3　リスク行政における裁量の所在

　ヴィール判決は、原発の設置許可要件の解釈に際して、プロイセン上級行政裁判所によって採用された警察法上の伝統的な危険概念と対比して、原発

20　Schmidt-Aßmann（前掲注6）, Rdn. 181-187.
21　この説はマウラー及びオッセンビュールという左右からの批判を受けている。Hartmut Maurer, Allgemeines Verwaltungsrecht, 16. Aufl., 2006, § 7 Rdn. 34; Fritz Ossenbühl, Rechtsquellen und Rechtsbindungen der Verwaltung, in: Hans-Uwe Erichsen und Dirk Ehlers (Hrsg.), Allgemeines Verwaltungsrecht, 14. Aufl., 2010, § 10 Rdn. 33.

のリスクの特殊性を強調した（第5章）。判決は、原発のリスクを科学的知見において因果関係が肯定も否定もされ得ないもの、すなわち予測される損害の可能性とは同一視できないものとする。そうすると、その限りで、バッホフが提唱する判断余地論とは一線を期していることになる。バッホフは、判断余地が認められるケースの一つとして専門的な「予測」を挙げているが、ヴィール判決はむしろ「予測できない」という点に裁量の所在を求めていることになるからである。

　同様の立場に立つ学説については、第3章のリスク行政論のところでその概要をすでに示した。この学説もまた科学技術に関する「リスク」を、伝統的な意味での「危険」と対比して、リスクに関する行政判断――要件該当性判断――における裁量性を損害に関する認識の限界、科学技術がもたらす利益と事故蓋然性との衡量の必要性に求めていた。ここではもう少しこの点についての詳細を、リスク行政の代表的な論者の一人であるウド・ディ・ファビオの見解を取り上げながらみていくことにする。

　伝統的な警察法は「危険」の防止を目的としており、行政法学――オットー・マイヤー流の行政法総論――もこの警察法を主要な素材にして理論構築してきたことについてはすでにみた。法律の留保が体現された警察法領域、建築物の消防規制や交通秩序規制等においては、行政処分の要件と処分の種類が法定されると、「危険」が客観的に判断できる限りにおいて、処分要件に不確定法概念が伴った場合でも、処分の合法性を司法が全面的に判断できることになる。こうした基本原則を行政裁判所は採用し、学説もそれを行政法総論において正当化する。ここに、危険防止に関する行政活動が法律で制御され、そして司法で統制される、という伝統的法治国家の理想像がある、とファビオはみる[22]。

　危険に関する判断は通常「ある事態がある損害をもたらすであろう」と定式化されるので、この判断の正しさは経験則に依存することになる。もっとも、100％の確実性をもつ経験則は実際にはあり得ず、損害惹起の蓋然性は

22　Udo Di Fabio, Risikoentscheidungen im Rechtsstaat : zum Wandel der Dogmatik im öffentlichen Recht, insbesondere am Beispiel der Arzneimittelüberwachung, 1994, S. 445 ff.

程度の問題という側面もある。それでも、法律学は損害の重大性と蓋然性確率を反比例させる「反比例の定式」(Je-desto-Formel) によってこの問題を処理してきた[23]。しかし、原発のような危険施設には危険予防の考え方は通用しない。その理由は、原発事故の際には損害があまりにも甚大なので、反比例の定式ですら、原発施設に関する許認可の判断には適さないからである。

こうしたことから、原発の事故防止においては、現時点での科学技術の知識を総動員して最大の安全性を確保するという発想の転換が必要になる。すなわち、経験則や科学法則では否定も肯定もしえない不安要素でさえ考慮し、事故モデルや事故シナリオを用いて検証することが必要になる。ここにファビオはリスクの特徴を見出す。つまり、ファビオによれば、危険であれリスクであれ、まずは経験則や科学法則に依拠することには違いはないが、リスクにおいては経験則や科学法則に照らして肯定も否定もしえない場合に、そこで結論を出さず、さらに「純思考的」(nur theoretisch) なモデルを用いて損害発生の可能性を模索することが求められる。

リスクの上のような特徴を考慮すると、伝統的行政法モデルである法律の留保及び法律に基づく司法統制という理想型はリスク行政には適さないということになる。従来の行政法学においては——ここにはバッホフやウレも含まれる——法適用は既存の法命題、経験則、論理則に基づく法的三段論法モデルが前提とされてきた。これに対して原子力施設の設置許可のような場合には、既存の法則は使えず、複数の科学法則から新しい知見を導き出していく過程を含み、さらに事故シナリオを想定するという別の思索も必要になる。すなわち、許可要件の具体化は何らかの基準を既存の法則から演繹的に導き出すことではないので、法的判断も直線的な演繹にはならない。むしろ、それは現代の最高水準の各種科学的知見を用いた形成的な判断に他ならない。

この場合、形成的な作業は科学者、技術者等の専門家にだけ任せればよいというものではなく、国家が実践的に協働して行う必要がある。というの

---

23 Fabio (前掲注22), S. 67 f.

は、科学技術の不確実性、技術の更新性、シナリオ思考ゆえに、科学者間で基準について意見が分かれることもしばしばあり、そのような場合、科学的見解の軽重を含め、結論として予防の基準をどれほど厳しくするのか等の最終的な価値判断は国家的な決定事項に属するからである[24]。その際、科学者との共同作業が必要であるが、それに適した人材・組織を有する国家機関は、結局、行政ということになる[25]、とファビオは結論づける。以上のことから、リスク行政の裁量性は根拠づけられる。すなわち、リスク判断に関しては単純な三段論法モデルは使用できず、創造的・形成的な作業を必要としていること、そうした判断を行う主体として、専門家・科学者と共同作業を行う上で行政が適していること、そしてそのことゆえに、司法統制は制限される、となる[26]。

それでは制限された司法統制はどこに及ぶのかという点が問題になるが、ファビオはこれをいわゆる判断過程の統制に求めている。すなわち、司法統制が弱められる「代償として」(kompensatorisch)、計画裁量の統制手法で用いられているように、裁判所はリスク判断において行政が行った論証を明示させて、その判断過程を追跡し、その合理性について審査するというものである[27]。この見解はニュアンスの違いはあっても多くの論者によって支持されているところである[28]。つまり、行政裁量の種類としては狭義の行政裁量(効果裁量)、計画裁量、判断余地の分類はあるが、裁量統制手法については、判断過程の統制に集約される傾向にあるといえる。

3. 我が国における裁量論の展開[29]

我が国において科学技術をめぐるリスク判断に行政裁量を認めたのは、福

24　Fabio（前掲注22), S. 275, 286.
25　Fabio（前掲注22), S. 286.
26　Fabio（前掲注22), S. 78.
27　Fabio（前掲注22), S. 462 f.
28　Schmidt-Aßmann（前掲注6), Rdn. 209-215; Ossenbühl（前掲注7), S. 758 f.; Horst Sendler, Normkonkretisierende Verwaltungsvorschriften im Umweltrecht, UPR 1993, S. 321 (326).
29　我が国における自由裁量論、行政裁量論に関する文献は戦前のものを含め、枚挙にい

島第二原発事件・伊方原発事件における最高裁、特に伊方最判である、という点は一般に認められているところである。両事件の控訴審は原子炉の安全性に関する行政判断に「専門技術的裁量」を認め、伊方最判も裁量という語を避けつつも、実質司法の役割に制約を加える論理をとった。この論理はもんじゅ最高裁でも継承され今日に至っている。一方、学説は伊方最判以前においても、行政の専門的判断や技術的判断に裁量を認めるという点については概ね承認してきたように見受けられる。しかし、それがどのような事例に適用されるのか、そして、その際の司法審査はどのようになされるべきか、という点については、必ずしも見解の一致がなかった。そうした中で、この新しいタイプの裁量、科学技術をめぐるリスク行政における裁量の登場によって、議論はさらに混乱していったようにみえる。学説には元来、ドイツにみられるように、判例を理論的に基礎づけたり、それを指導的に導くことが求められるが、戦後の我が国の裁量論に関しては、この役割を学説は充分果たしたとはいい難い面がある。その原因の一つとしては、我が国の裁量論における方法論の欠如を挙げることができるだろう[30]。

すでにみたように、ドイツにおいては、法認識重視の観点から要件裁量を原則排し、例外として、答えが必ずしも一つに定まらない代替可能な法適用についてのみ判断代置をしないという方法論指向型モデルが採用された。もっとも、判断余地論には様々な批判があり、現在、当初の形では維持されてはいない、ということもまた述べた通りである。しかし、それでもこうした方法論指向性ゆえに、判断余地の法領域が限定づけられ、学説の有意義な展開がなされてきたという見方はできる。一方で、我が国においては、以下で

とまがないが、特に戦前・戦後の流れについて筆者が参考にしたものは以下の通りである。小早川（前掲注4）、山本（前掲注4）、田村（前掲注7）、同『行政訴訟における国民の権利保護』有斐閣（1975）、山田幸男「行政裁量」田中二郎［ほか］編『行政法講座《行政法の基礎理論》第2巻』有斐閣（1964）125頁以下、金子芳雄「行政裁量」公法研究33号（1971）167頁以下、宮田三郎『行政裁量とその統制密度』信山社（1994）、王天華「行政裁量の観念と取消訴訟の構造（1）～（5完）——裁量処分取消訴訟における要件事実論へのアプローチ——」国家学会雑誌119巻11・12号（2006）54頁以下、120巻1・2号（2007）62頁以下、120巻3・4号（2007）1頁以下、120巻5・6号（2007）1頁以下、120巻7・8号（2007）41頁以下。

30 山本（前掲注4）12頁。

みるように、たしかに戦前においてはオーストリア・ドイツの議論が積極的に導入され、我が国の司法制度にあわせて議論展開がなされてきた。しかし戦後、その継続的進展をみたとはいえない。そしてこのことは現在の学説の混乱、科学技術的判断における行政裁量に関する学説の混乱の遠因にもなっているといえる。以下では、このことを明らかにするために、我が国の議論の経緯を追っていこう。

3.1 戦前の行政裁量論

戦前の行政裁量論に関しては、自由裁量をめぐって佐々木説と美濃部説の対立があったことは周知の通りである。明治憲法下において、自由裁量をめぐる議論が学説の重大な関心事になった理由については、田中二郎の以下の説明が分かりやすい。我が国の行政裁判所法においては、オーストリアの行政裁判所法のように、行政の自由裁量行為については裁判所の審査を免れる、という規定はなかった。しかし、我が国の行政裁判所法においても司法判断は行政処分の違法性の審査に限られていたので、違法を問えない行政処分として自由裁量処分が前提とされている点はオーストリアと差異がない。したがって、行政裁判所が審査しない、すなわち却下判決を下す領域として自由裁量があることになる。このようにして自由裁量に関する議論は単に学術上の議論ではなく、実践的な意味があった、と田中は説明する[31]。

ここである個別処分が自由裁量であるか否かを判定する基準が必要になるが、この点における学説の対立が上記美濃部・佐々木二説である。佐々木説はすでにみたオーストリアの見解、すなわち法律の規制密度と裁量を連関させる見解に近く、以下のように主張する。法律において「質屋營業ヲ爲サムトスル者ハ行政廳ノ許可ヲ受クヘシ」や「公益ノ爲必要アルトキハ」のように行政処分の要件が全く規定されていないか、もしくは公益等の終局目的のみが挙げられている場合、あるいは「必要ナル処分ヲ爲スコトヲ得」のように処分の種類についても、法律が明確な規定を持たない場合、ここには自由

---

31 田中二郎「行政裁判所の権限より観たる自由裁量問題（1）〜（2）」國家學會雜誌45巻3号（1931）、45巻4号（1931）―同・『行政争訟の法理』有斐閣（1954）所収215〜216頁参照。

裁量が認められる、とする。一方で、法律の要件における不確定要因である「なすことを得」といういわゆる「できる規定」については、これを裁量とは認めず、要件充足が確認された以上は、必ず処分をすべしとなる[32]。ここがこの説が要件裁量説と呼ばれる点である。

　一方、美濃部説は侵害留保と司法コントロールを連関させる見解を採用する。こちらは行政行為の性質に目を向け、侵害的行政行為については、法律の規定にかかわらず、その要件、処分の種類、処分の有無のすべての点で自由裁量は認められないという主張が核をなす。いわゆる美濃部原則は以下のように定式化される。(1) 人民の権利を侵し、これに負担を命じ、又はその自由を制限する処分はいかなる場合でも自由裁量の行為ではあり得ない。(2) 人民のために新たなる権利を設定し、その他人民に利益を供与する処分は法律が特に人民にその利益を要求する権利を与えている場合を除くほか、原則として自由裁量の行為である。(3) 直接に人民の権利義務を左右する効果を生じない行為は、法律が特に制限を加えている場合を除くほか、原則として自由裁量行為である[33]。そしてこの三原則に加えて、(4) 法律の要件に仮に抽象的な概念を用いていても、その解釈・適用には自由裁量の余地はない、とする第四原則が加わる[34]。この説はすべての処分について法律上の要件規定について裁量を認めないという点、そして侵害的処分を除けば、法律の効果面では「できる規定」を文字通り解釈し、ここに行為選択の裁量を認めるという点で効果裁量説と呼ばれる。

　佐々木説の根拠は「法律―行政―公益」について以下のように考えている点にあるように思われる。法律による行政の拘束は法治国家・法律の留保の要請であるが、行政が公益を目指すこと自体は法律の留保成立以前の行政の一般原則である。したがって、法律で公益概念を挙げていても、それは当然のことを挙げただけで空文に等しく、拘束力はない、と。一方、美濃部説の

32　佐佐木惣一『日本行政法論・総論』有斐閣（1921）74〜79頁、636〜637頁。
33　美濃部達吉『行政裁判法』千倉書房（1929）152〜153頁。
34　美濃部（前掲注33）148〜152頁。この原則については、高橋靖「美濃部裁量理論における二つの不文法―佐々木理論との比較についての通説への疑問」早稲田大学大学院法研論集22号（1980）183頁以下が詳しい。また、藤田宙靖『行政法Ⅰ（総論）［第4版］』青林書院（2003）112頁（注1）も参照。

根拠は次の点が中心にある。法治国家では国民は法律に基づいてのみ義務を課せられ得るものであり、法律による授権があっても義務の賦課には一定の限界がある、という点である。この限界は侵害的行政行為の消極目的制限や比例性による制約を含む、いわゆるマイヤーの警察権の限界論によって正当化される。

さて、こうした二つの学説については、すでに戦前からその問題点が指摘されていた。その中でも、基礎法・法学方法論にも精通していた柳瀬良幹の指摘には鋭いものがある。柳瀬は、とりわけ、佐々木説については、公益概念を自由裁量の根拠とする点について、美濃部説については、侵害的行政行為をマイヤーの警察権の限界論を使ってすべて覊束行為化する点について以下のように批判していた。

法律上の公益概念については、実際の法適用の場面を考えれば、自ずから客観的に決まってくる。この点で法規が全く公益内容に指定がないということから公益判断の自由を導き出す佐々木説は問題がある、とされる[35]。一方で、警察権の限界を持ち出し、侵害的行政処分をすべて覊束行為とする議論については、覊束行為は法律への一義的拘束を意味するので、条理や（比例）原則を法律と同一視することの問題点、警察権の限界は行政処分の上限を与えるだけで、一義的拘束を導き出さない、という点が指摘されている[36]。ただし、柳瀬自身、公益概念の客観性という点から要件裁量を否定したわけではない。要件充足に関する判断は客観的ではあるが、行政庁が客観的として下した認定に誤りがあっても、違法性を構成しない場合を認め、ここに自由裁量を見出している。

さて、以上みた代表的な学説を、本章の観点、法律要件に関する行政の優先的判断権という観点からごく簡単に整理すると以下のようにまとめることができるだろう。まず、法律要件部分の不確定法概念はドイツの議論と同様に必ずしも裁量概念であるとは考えられていなかった[37]。美濃部、田中、柳

---

35 柳瀬良幹「自由裁量に関する疑問」（刑部荘編『野村教授還暦祝賀公法政治論』有斐閣（1938））—同・『行政法の基礎理論（下）』弘文堂書房（1967）所収200〜201頁。
36 柳瀬（前掲注35）212〜218頁。
37 これはある程度の具体性を持つ不確定法概念を中間目的とみなして一義的な答えを見出す佐々木説においても同様である。佐佐木（前掲注32）71頁。

瀬らはむしろ要件部分の認定は客観的に決まるという見解を採用していた。しかしながら、この要件部分の客観性認定を正当化する方法論的根拠が法概念論であるのか、包摂三段論法の司法権限論にあるのか、あるいは実質的に侵害行政ベースの法治国家論にあるのかは必ずしも明白にはされてはいなかった。この点、我が国の戦後の司法権強化に伴い学説において議論の継続展開が期待されるところであったが、学説はむしろ要件部分の認定における行政機能を重視する実際主義的な判例を支持していったといわれる。

3.2 戦後の行政裁量論

　戦後の日本国憲法下においては、独立命令は廃止され、議会権限が強化されると同時に、司法の側においても権利救済機関としては不十分であった行政裁判所が司法裁判所に取って代わられた。こうした国民の権利救済のための制度が整備されると同時に、なによりも、人権規定が充実する。それにより、かつては自由裁量を否定するその法的性格が議論の対象とされた条理法も、戦後は実定憲法そのものに見出すことができるようになった。しかし、このことはかつての自由裁量をめぐる議論が行政法学にとって不要になったということではなかったようである。田中は、新憲法下で争訟が司法裁判所に一元化されたことによる弊害、司法権による行政権への不当な介入を早い時期から懸念していた[38]。また柳瀬も同様に、戦後の司法裁判所制度においても、自由裁量をめぐる議論はいまだ重要な意義があると考えていた[39]。とりわけ、新しい裁判所法3条は裁判所の権限として法律上の争訟を挙げていること、そして、その後に制定された行政事件訴訟特例法が裁判所の権限について「違法な処分」としていたことが自由裁量の実定法上の根拠とされた。3.1で示した通り、戦前の行政裁判所の権限が違法な行政処分に限定されていたことを踏襲し、現行憲法下でも自由裁量処分を司法裁判所の権限から除く意図である、と考えられたのである[40]。

38　田中（前掲注1）序文を参照。
39　柳瀬良幹『行政法教科書　再訂版』有斐閣（1969）98頁。
40　もっとも、自由裁量処分を戦前の行政裁判所においてのように却下とすべしということには単純にはならなかったようである。この点の詳細な説明は王（前掲注29）「行政裁量の観念と取消訴訟の構造（2）――裁量処分取消訴訟における要件事実論へのアプ

こうした新憲法下の学説における従来の議論の継承とは別に、判例の方は、当初、自由裁量に対する考え方に相当程度揺らぎがあったことは知られている[41]。司法審査概括主義及び新しい法治国家秩序に基づく司法の積極的な姿勢をとるものがある一方で、実際の裁判所の能力の限界を意識して自由裁量を認めるものもあった。ただ、少なくとも、判例では侵害行政について自由裁量は認めないという美濃部第一原則に沿ったケースはあったが、要件裁量一般を否定する美濃部第四原則は採用されなかった[42]。専門技術的、政治政策的な判断の必要性と裁判所の判断能力の限界から、要件部分の解釈における行政の優先的判断権、すなわち裁量を当初から肯定していたのである。そして次第に侵害行政＝覊束行為・覊束裁量という美濃部第一原則からも距離をとり、自由裁量と覊束行為との相対化をはかることで侵害処分においても自由裁量の余地を認めるようになった[43]。とはいえ、このことは、必ずしも、行政裁量を不審査とする戦前の考えに結びついたわけでもなかった。裁量に対する裁判所の姿勢は、当初の裁量の覊束行為化の流れとは一応、別に展開されてきた条理による裁量濫用に対する統制によって補完され、結果、**概括主義による司法権限強化**という建前は維持されることになった、とまとめることができる。これがいわゆる判例による裁量と覊束の相対化及び裁量濫用論の展開である[44]。

こうした判例の流れを通説的な立場にあった田中説も承認し、その所産が1962年制定の行政事件訴訟法30条という形で結実する。戦前、田中は次の通り要件裁量を否定する美濃部説の立場に立っていた。「なんとなれば具体的な事件が法の定めた要件に該当するや否やの問題は、法の解釈適用の問題

ローチ——」82～104頁を参照。
41　田村（前掲注29）37～58頁、宮田（前掲注29）3～16頁。
42　通常、第二原則に沿った判例として挙げられるのは農地売渡処分取消請求事件（最判昭和31年4月13日民集10巻4号397頁）、第四原則否定の判例は懲戒免職処分等取消請求事件（最判昭和36年4月27日民集15巻4号928頁）、損害賠償請求上告事件（最判昭和44年7月11日民集23巻8号1470頁）、温泉掘さく許可取消請求事件（最判昭和33年7月1日民集12巻11号1612頁）。
43　運転免許取消処分取消請求事件（最判昭和39年6月4日民集18巻5号745頁）が挙げられる。
44　田村（前掲注29）37～58頁。

であり、行政庁の任意の認定に任せられるべき問題ではないからである。」[45]、「行政庁に認められる自由裁量とは、具体的なる事件が、斯る法律要件に該当するや否やの点に非ずして、客観的標準によりかかる法律要件に該当することが認定された結果、かかる処分を為すと為さざるとの自由が認められるや否やの点にあるのである。」[46]と。田中説によれば、不確定法概念の解釈・適用に際しては「客観的一般律」によって決せられるべきで、行政の技術的評価が入る場合ですら、このことを左右するものではない、と考えられていたようにみえる[47]。

しかしながら、こうした戦前の田中説は、戦後、変容をみる。羈束行為の判断基準を行政行為の性質や法律要件に求めていた美濃部説から離れて、法の趣旨目的の合理的解釈によるべき、となる。すなわち、法の合理的な解釈より事柄の性質からいって一般法則を予定している場合には羈束行為で、法が政治的裁量又は技術的裁量を許容する場合には自由裁量行為との基準が採用される。「一般法則を予定している」とは、(1) 要件と効果の必然的結びつきを前提に、(2) 論理則と経験則を用いて、(3) 司法作用にふさわしい非意欲的な、客観的な判断を行えることを、法の合理的な解釈から導き出せる状態、と解釈できるだろう[48]。

もっとも、美濃部第四原則、すなわち不確定法概念が客観的標準により確定される、という見解は、必ずしも新しい田中説と矛盾するわけではない。そこで新田中説においても、以下のように引き続きこれへの固執がみられる。「宥恕すべき事由があるとき」、「急施を要する場合」、「人の生命若しくは財産又は公共の安全を害すると疑うに足りる相当な理由がある場合」あるいは「公益上必要があるとき」等の不確定法概念は、客観的な経験則によって解釈されるべきで、それらを要件とする行政行為は羈束行為である、と[49]。しかしながら、少なくとも、行訴法施行以降では、不確定法概念の問

---

45 田中（前掲注31）249頁。
46 田中（前掲注31）250頁。
47 田中（前掲注31）244～247頁ではオーストリア裁量概念に対する批判が展開されている。
48 田中二郎「自由裁量とその限界」法律時報27巻7号（1955）―同・『司法権の限界』弘文堂（1976）所収141～145頁。

題はほとんど議論されず、むしろ、技術的、政治政策的判断が基準の前面に押し出され、裁量の踰越・濫用論に重点が移されている[50]。これは明らかに判例の追認であるといえるだろう。

そもそも、司法実務上、裁量と羈束が相対化され、重心が裁量踰越・濫用の議論に移ってしまった上に、立法過程に学説も参加して成立した上記の行訴法30条には裁量踰越・濫用（「裁量権の範囲をこえ又はその濫用があつた場合」）が明文化されてしまった。つまり、訴訟法上、もはや自由裁量の不審査は否定され、すべての行政処分に司法審査が及ぶのであるから、裁量の認定に戦前ほど議論の実益はないことになる。こうしたことから、従来、法律の規範構造、法認識、行政処分の性質が絡んで議論されてきた要件裁量と効果裁量という概念区分も単なる講学上、法学教育上の意味はあっても、実践的な意味は欠落してしまうことになる[51]。これはまた、違法と不当の区別をも曖昧にしてしまい、結局、戦前盛んに議論されてきた法治国家・法治行政における「法」（Recht）とは何か、「法の適用」とはどのような行為か、という基本的な問題、方法論的な問題すら、無益な議論としてしまったように思われる[52]。この点で、第1章で述べた戦後ドイツの法思想及び公法学における流れ、自然法思考から分析的な方法論への回帰という流れとは全く異なる展開を我が国の学説はみたといえるだろう。裁量問題の焦点は裁量審査論へと移っていく。

3.3 裁量審査論への重心の移行

裁量に対する司法審査は多様化する紛争の中で模索されていく。とりわけ

---

49 田中二郎『行政法総論』有斐閣（1957）290～291頁。なお、経験則の問題については、渡辺洋三『現代国家と行政権』東京大学出版会（1972）99頁を参照。
50 田中二郎『新版行政法上巻全訂第1版』弘文堂（1964）118～120頁。
51 こうしたことは現代のいくつかの行政法の教科書にもみられる。たとえば、南博方『行政法第6版』有斐閣（2006）61～66頁、芝池義一『行政法総論講義第4版補訂版』有斐閣（2006）72～81頁。
52 行政事件訴訟法の立法過程、第22回小委員会（昭和32年4月5日）において法律と裁量に関する伝統的・講学学的な見解を主張した柳瀬の見解は、その他委員との見解に比べ、少し頑固で異質な議論にみえるほどである。塩野宏編著「行政事件訴訟法（1962）1」杉村章三郎［ほか］監修『日本立法資料全集5』信山社（1992）663～676頁。

1960年代後半から70年代初頭にかけて、戦後当初の農地関連事件が減少し、公務員の人権、表現の自由、あるいは生存権等の憲法問題が絡む行政事件が、そして、規制権限不行使が問題になるような公害・住環境問題絡みの事案が、裁量審査の方法への意識を高めていったといえる。従来、判例は裁量処分に対する審査のあり方として、いわゆる社会通念審査といわれる必ずしも明確とはいえない審査方法を用いてきたが、これに代えてあるいは、これに加えて新しい審査方法が有力に唱えられていくことになる。その中には、1で触れた都市計画裁量に対するドイツの司法統制手法である判断過程の統制に該当する見解[53]も含まれている。我が国におけるこの手法の詳細と適用範囲については論者によって異なるが、一般的な司法審査方式との関係では以下のように図式化されているように思われる。(1) 司法審査は裁判所が自己の法解釈・法適用を示すいわゆる判断代置が原則である。(2) ただし、政策的判断、専門技術的な判断に関する行政の裁量的な処分については、判断代置は許されず、裁判所は第三者として行政過程の合理性を審査すべきである、と[54]。まず (1) においては、新旧田中説を含め伝統的な見解、司法の役割は法の適用にある、との見解が維持されている。そして、(2) では司法の限界を認めつつ、それでも司法審査の可能性を明確にするものである。すなわち、行政の専門的な判断を一応尊重するが、かといって従来の「著しく不合理」、「社会通念」のようなあいまいな基準ではなく、司法は第三者として客観的に行政の判断過程の合理性をチェックできる、というものである。

　この点の実質的な正当化については、次のような説明がある。従来の伝統学説そして行訴法をも含め、それらは侵害行政をベースに構築されてきた。

53　代表的なものとして、原田尚彦『行政判例の役割』弘文堂 (1991) 164～167頁。周知の通り、この方式を確立したのが日光太郎杉控訴審 (東京高判昭和48年7月13日行集24巻6・7号533頁) であるが、当該判決及びそこに至る判例の流れについては、小早川光郎「判批」成田頼明編『街づくり・国づくり判例百選』(1989) 120頁以下参照。また、手続統制と判断過程の統制との異同、手続統制と実体判断をめぐる学説の対立とその変遷については、王 (前掲注29)「行政裁量の観念と取消訴訟の構造 (4)――裁量処分取消訴訟における要件事実論へのアプローチ――」340頁以下が詳しい。

54　原田 (前掲注53) 161頁、阿部泰隆『行政裁量と行政救済』三省堂 (1987) 26～30頁参照。

しかし、1960年代後半以降、市民の自由・財産に対する防衛権保障としての司法の機能は根本的に変化を遂げた。都市計画、公害・環境規制のような法領域での行政活動は従来の侵害行政という性質ではなく、むしろ公共財に負荷をかけるような民間活動に対する監督強化、あるいは私人間の利益配分という色彩が強い。そこでは行政過程において多様な利害調整と政策決定が複雑に組み込まれている。こうしたことから、司法は複合的な行政決定が司法審査で争われた場合、行政に対抗し得る専門性を発揮することはできない。その代わりに、利害調整の手続き遵守、民主的要素の審査を行うことで行政決定の合理性をチェックできる、と[55]。

以上の視点から、学説においては政策的判断、専門技術的な判断について、判例が実体審査まで踏み込んだ場合には批判される。たとえば、朝日訴訟、群馬中央バス控訴審、日光杉一審判決、MKタクシー一審判決はこうした理由で批判の対象にされることになる[56]。一方、曖昧な裁量濫用基準で行政追随型の判例もまた不十分として批判されることになる。たとえば、教科書裁判や公務員法上の懲戒・分限に関するいくつかの判例はこちらに属する[57]。

さて、こうした学説の流れ、侵害行政というメルクマールから離れ、またドイツとは異なり、法概念の解釈という抽象的な問題からも離れていった我が国の学説の傾向は、非常にプラグマティックであると評価できるだろう。裁量と羈束との厄介な線引きは避け、法領域ごとの行政行為の性質をみながら、広く裁量行為を認めて、その代わりに裁量審査を充実させればよい、との考えにもみえるからである。しかし、こうした新しい見解、いわば機能主義的な学説が本当に不確定法概念の適用問題、より根源的にはかつての自由裁量をめぐる伝統的な問題から解放されているかは疑わしい。

というのは、裁量審査を充実させれば、羈束行為と裁量行為のどちらについても司法の役割は果たしたことになるので、もはやこの区分論はあまり意

---

55 原田（前掲注53）2～30頁、166～167頁。
56 原田尚彦『訴えの利益』弘文堂（1973）177～178頁、阿部（前掲注54）116～130頁、303～337頁。
57 阿部泰隆「教科書検定の裁量と司法審査」法律時報64巻8号（1992）6頁以下。また阿部（前掲注54）202～231頁も参照。

味がないとの考えは、特に判断過程の統制が司法審査の充実につながることが前提とされている。しかし、後述するように、それはこの審査の中身次第である。また、この点はおくとしても、行訴法30条は例外規定であるので、判断過程の統制は例外であり、原則は実体判断代置審査であることに変わりはない。そして、この原則と例外との線引きについては、侵害的行政処分というメルクマールや法概念の種別論が役に立たないとしても、それに代わる何かが依然必要になる。その際、上記の学説において、いわば死語となったかに思われた覊束裁量という概念が再度現れる[58]。そして当該処分が覊束裁量か否かを決定するに当たって、伝統的な「法適用」、「経験則」、「法への機械的な包摂」という概念が挙げられ、他方で裁量行為の基準としては「判断過程の複雑性」、「利害調整」、「政策性」、「専門技術性」等の概念が対比的に列挙されることが多い[59]。

しかしながら、「判断過程の複雑性」、「利害調整」、「政策性」、「専門技術性」等の概念は、第1章でみた通り、戦前の極端な概念法学流の法適用でもイメージしない限り、「法適用」や「包摂」という概念と必ずしも、両立できない概念ではない[60]。こうしたこともあり、学説は、総論において、要件裁量を広く認め、専門技術的裁量に該当する裁量タイプを承認する一方で、その基準については議論の余地を残すことになる。結果、どのような場合に実体判断代置が否定されるかも争われる。たとえば、教科書検定、公務員の分限・懲戒、あるいは土地収用等の事例において、しばしば実体判断代置の可能性が指摘され、それに対する賛否が繰り広げられることになるのである[61]。こうした概念整理の不備――これはドイツと比較すれば方法論指向性

---

58 阿部（前掲注57）13～15頁、また同『行政法解釈学・実質的法治国家を創造する変革の法理論』有斐閣（2008）361～410頁も参照。

59 原田（前掲注56）180～182頁。

60 我が国において包摂という法適用と裁量統制の論理の連続性を主張したものとしては、森田寛二「行政裁量と解釈作法（上）（下）」判例評論327号（1986）172頁以下、328号（1986）176頁以下がある。また、渡辺（前掲注49）92～102頁も参照。加えて、この点について、裁量一元論との関係を論究したものとして、王（前掲注29）「行政裁量の観念と取消訴訟の構造（4）――裁量処分取消訴訟における要件事実論へのアプローチ――」がある。

61 前掲の阿部各著作及び論文の中での議論を参照。王（前掲注29）「行政裁量の観念と

の欠如に起因すると考えられる——を残したまま、学説は新しいタイプの専門技術的裁量である高度に科学的な判断に関する行政裁量に直面することで、議論はさらに複雑化してしまったように思われる。こうした事態を、伊方最判時に、小早川光郎は以下のように述べ、裏づけている。「それ（原発の安全性に対する判断）が一種の事実認定の問題なのか、それとも法の解釈・認識の問題なのか、それともまさに裁量権なのかという、三つのどれかという問題はあるかと思いますが、私は従来のような裁量とは違う、…」と[62]。以上のような専門技術的裁量をめぐる混乱、そしてそれを引き継ぐ形で展開された科学技術的判断に関する裁量問題を以下では伊方訴訟をめぐる学説の対立を軸に浮き彫りにした後、我が国におけるドイツの議論導入後の展開を追うことにする。

4. 我が国における科学技術的判断に関する裁量論の展開1
—— 阿部説と原田説を中心に ——

科学技術的判断に関する裁量問題は、学説においては、伊方最判そのものよりも、その下級審の評価をめぐって議論されてきた。まずは、議論の素材となった伊方一審判決[63]をみていこう。四国電力に与えられた原子炉設置許可処分の取消訴訟において、松山地裁は次のように行政裁量に言及している。「規制法二四条は、原子炉設置許可処分は、周辺住民との関係においても、その安全性の判断に特に高度の科学的、専門的知識を要するとの観点及び被告の高度の政策的判断に密接に関連するところから、これを被告の裁量処分とするとともに、慎重な専門的、技術的審査によって、一定の基準に適合していると認めるときでなければ、その設置許可をすることができないとして、被告の裁量権の行使に制約を加えているものと解すべきである。」と。つまり、地裁は旧炉規法24条1項4号に規定されていた「災害の防止上支

　取消訴訟の構造（4）——裁量処分取消訴訟における要件事実論へのアプローチ——」326〜357頁ではこの詳細がある。
62　「伊方・福島第二原発訴訟最高裁判決をめぐって〈座談会〉（特集　伊方・福島第二原発訴訟最高裁判決）」ジュリスト1017号（1993）18頁。
63　松山地判昭和53年4月25日行集29巻4号588頁。

障がない」という許可要件の認定に裁量を認めつつ、それに対する制約にも言及しているのである。が、これは総論であって、地裁は判決理由中で、安全性に関するどのような判断部分に裁量性があるのか、そして裁量権行使の制約についてどのような形で司法審査がなされるのか、必ずしも明確にしていない[64]。

たとえば、許容被曝線量について、地裁は「本件原子炉の平常運転時における被ばく評価値は、現在の知見の下では、人類に対して何らかの障害を与えると考えられる放射線量ではないこと、したがつて、倍加線量の考え方に立つてその危険性を評価すべき数値に当たらないことは前記一での認定に照らし明らかである」とする等、その他判決のいくつかの箇所で当該施設の安全性を裁判所が直接認定しているようにみえる箇所がある。しかしその一方で、他の多くの箇所では、許可要件充足に関する直接的判断を避け、当事者の主張の評価に終始している。すなわち、被告国の安全性の主張及びその証拠については「いずれも認められる」とし、原告の反論およびその証拠については「前記認定を左右するものではない」とする形式が多い。

学説においては、この判決を受け、多様な議論が噴出することになる[65]。判決の読み方をはじめとして、裁量の有無・種類、司法審査方法について、見解の相違が著しく、いわば混迷とした状況に陥ったといえる。それは、新しい裁量のタイプの登場という点もさることながら、戦後、裁量論の議論が深められてこなかったという点に起因する面もあるだろう。すなわち、上でみてきたように、学説は1960年代後半・70年代以降、要件裁量としての専門技術的裁量を一般に承認してきた。しかし、その根拠については十分な議論がなされてきたとはいえず、それゆえにその適用事例についても、またその際の司法審査のあり方についても——社会通念という審査方法は避けるべきという点以外——議論が一致できる範囲はあまりなかった。以上の事情が原発訴訟における学説の対立の背景にあるとみることができる。以下では、

64　判例の読み方に関しては、「伊方原発訴訟判決をめぐって〈座談会〉」ジュリスト668号（1978）31頁以下を参照。

65　この点、学説の整理としては阿部泰隆「原発訴訟をめぐる法律問題（3・完）」判例評論321号（1985）184〜185頁。

この点を原発訴訟における司法審査をめぐって対立した見解、阿部泰隆と原田尚彦の見解にみていくことにする。

　まず、阿部は伊方判決を受け、これを次のように批判している。この判決は被告行政庁に広範な裁量権を認め、原告には裁量の逸脱濫用があったことの重い立証責任を課している。こうした姿勢は科学的な専門的な論争において、ほぼ被告側の主張を実質的に検討することなしに認めることになる、と[66]。それでは阿部説においては「災害の防止上支障がない」という許可要件の充足判断をどのような判断であると考え、それに対してどのような司法審査が妥当すると考えているのであろうか。阿部説ではまず、原発の安全性は事実認定の問題であると考えているようにみえる[67]。そして実質的証拠主義を例外としてしか認めない我が国の現行法体制では、司法は原則ここで実体判断を避けることはできない、とする。

　ただし、裁判所は科学問題に決着をつけることはできない、という点もまた一方で強調され、結論としては、ある程度実体判断に制約を設けるドイツ流の判断余地論か、もしくは判断過程の統制という審査方式が妥当だろうと結論づける[68]。もっとも、こうした行政法の論理ばかりではなく——そしてむしろこちらにこそ主眼が置かれているが——安全性判断が国民の生命と健康に関わるという重大事項であるという実質的な点が司法責任の論理を別途裏づける[69]。そして、司法ではないが、申請を受けた原子力委員会は世界最高の学問水準に照らして実質審査すべきで、安全性に疑念が出たら断固ストップすべきである、とし、安全性審査の厳格性を強調している[70]。

66　阿部泰隆「原発訴訟をめぐる法律上の論点」判例タイムズ362号（1978）15頁。
67　不確定法概念の法適用そのものは事実認定ではないので、「災害の防止上支障がない」という法概念の最終段階での具体化、申請施設の設計及び立地を包摂できる程度にまで具体化された一般的、理想的な安全施設の発見行為（第1章4以降で述べた論証理論、及び第4章5における規範具体化の意味を参照）、これを事実認定で考えているか、あるいは逆に——同じことだが——当該施設の設計及び立地という所与から予測されるあらゆる事態の認定行為、これのどちらかを阿部は考えている。阿部（前掲注65）186頁参照。
68　阿部（前掲注66）16頁。その後、阿部は判断余地の方を採用している。阿部（前掲注65）186～187頁。
69　阿部（前掲注66）16頁。
70　阿部（前掲注66）18頁。

一方、原田においては、原発施設が「災害の防止上支障がない」という法概念に適合するか否かという判断は科学問題に属するとされる。そしてこの問題を複数の答えが公益に適合するような代替可能な答えをもつ政策問題から分離して、まずは次のように述べる。「これに対し、科学問題は、司法権が適切な判断を下すことが、その能力よりみてなかなか困難な事柄ではあるが、不法行為における因果関係の有無などは、理論上は唯一の正当な判断のありうる問題である。…ある原子炉が安全性を具備したもので災害防止に支障がないかどうかは、神の目から見ればいずれか一つの解答が用意されているはずであり、複数の答えがありうるものではない」[71]。原田説では科学問題は総論としては事実認定の問題として捉えられ、因果関係を扱う裁判所の能力内と考えられている。

しかしながら、他方で、個々の科学問題に対する裁判所の取り扱いについては、「過去裁判」と「未来裁判」という概念区分により後者は政策問題に接近させられている。過去裁判とは既に起きた被害に対して損害賠償を求める裁判で、未来裁判とは民事差止め、取消訴訟等の将来の被害の防止を目的とする裁判であり、原発訴訟はもちろん未来裁判に属する。前者は因果関係の蓋然性を法的に認定する作業なので、司法の能力内に入ることは間違いない。一方、後者の未来裁判の場合、とりわけ原発設置許可の妥当性に関する判断は以下の三つの特徴ゆえに、司法の能力を超えることになる。(1) 事故の発生の可能性は原子物理学や安全工学上の高度な専門的知見や経験に基づいている。(2) ここでの因果法則は一般の経験則としては確立していない。(3) 訴訟当事者だけの相対的利害にとどまるものではなく、一国の文明の将来を左右する問題である。こうした特徴から未来裁判である原発の設置をめぐる判断については、(1) 及び (2) の点で、因果関係に関する蓋然性の考えを使うことができないこと、(3) の点で政策問題に近づくことゆえに、司法の能力を超える判断である、と原田説は主張するのである[72]。

このような原田説によれば、阿部説には上でみた因果関係に関する考えに誤りがあり、妥当ではない。すなわち、人権を根拠に過度に安全性を期待す

71　原田（前掲注53）168〜170頁。
72　原田（前掲注53）173〜174頁。

る阿部説は、蓋然性判断が可能であることを前提とした上で、わずかな事故の可能性すら排除されるべし＝原発設置は認めないとする——これを原田説は抽象的危険説と呼ぶ——安全性の哲学に立脚した見解で、法解釈ではなく、イデオロギーである、と[73]。絶対安全のイデオロギーは立法決定であるならばともかく、現行法原理としては採用できないのであるから、司法においては因果関係の蓋然性を前提に、具体的な危険を差し止めることしかできない。そしてこの点で科学技術がもたらす潜在的な危険に対する予防については司法の役割に限界がある。加えて、(3)で挙げたように、科学技術がもたらす恩恵と危険との調和問題は政策問題に近く、これを決定する第一次的な使命は行政権が担うべきである、となる[74]。

　ここから、原田説においては、司法審査のあり方もより制限的になってくる。司法権は確信のない実体的な判断をして文明の発展に関わる重大な結果を招くことは自制すべきであり、その代わりに、行政判断の手続過程に重点を置いた審査を実施すべきとされる。具体的には、重大な手続瑕疵の有無、重大な事実誤認の有無、経験則に照らしてみた推論過程の合理性の有無が司法の判断基準として挙げられている[75]。

　さて、阿部説も原田説も科学問題を事実認定の問題としながらも、何らかの形で司法審査に制限をかけようと考えていることは共通である。しかしながら、安全性判断に関する司法の役割について微妙な差がある。これはどのような理由によるのであろうか。「災害の防止上支障がない」という不確定法概念の適用作業における司法が直面する困難を事実認定の問題であるとすると、伝統的な見解、法解釈、事実認定という法の適用は司法権限である、という結論に行き着いてしまう[76]。これを避けるために、阿部説は判断余地論などに言及し、原田説は事実認定過程での不確定性と政策的要素に言及する。しかし阿部説は伊方判決以前より専門技術的裁量や判断過程の統制とい

73　原田（前掲注53）175頁。
74　原田（前掲注53）177頁。
75　原田尚彦「東海原発訴訟第一審判決の意味（昭和60.6.25水戸地判）」ジュリスト843号（1985）77頁。
76　たとえば、塩野（前掲注3）125〜126頁。もっとも、そう考えない学説もある。芝池（前掲注51）72〜81頁。

う概念を総論では肯定していても、実質、要件裁量については、それほど積極的に肯定はしてこなかったように見受けられる[77]。そしてこの傾向が、原発の人権関連性という要素もあって、不確定法概念の法適用には裁量は認めないということにつながり、結果、より強い司法審査に傾いているのではなかろうか。一方、原田説は判断過程の統制とはいっても、どちらかといえば、下で述べる山本隆司の論証過程の統制というよりむしろ、手続的な公正さ、利害調整の場面での民主制原理に力点を置く[78]。そうすると、行政判断における政策性の要素は、性質上、司法審査にはなじまないということになるので、結果、阿部説よりは密度の低い司法統制に行き着いているように思われる。

ところで、司法審査のあり方をめぐる双方の結論の是非はともかく、ここで指摘しておきたいのは、実体判断代置を回避する、あるいは一定程度回避するための論理である。双方の議論において、事実認定、因果関係、蓋然性、政策性、不確定法概念、判断余地という諸概念が実体判断回避を正当化するために適切に結びついているのかは疑問である。というのは、すでに挙げたように、判断余地は包摂の問題ではあって、事実認定の問題ではない。また、ロイスを想起させるような原田説の見解、安全性に関する唯一正しい答えという見解からは、どのように政策問題に接近するのかも明らかではない。こうした議論の不備は、ヴィール判決以降、ドイツの議論を積極的に導入した学説によって補われることになる。以下では1980年代後半以降の議論展開を追っていくことにする。

---

[77] 不確定法概念の適用において、事実認定に加えて、事実の評価まで司法が主導で行うと、概念への包摂は限りなく形式論理になり、効果裁量以外の余地はなくなる。この点に留意しつつ、阿部(前掲注54)及び同(前掲注57)における教科書検定事件や各種公務員懲戒事件の評釈を参照。また、阿部説では実体審査がまず主導であって、手続審査は補強であるとの見解を採用する点からも、ますます要件裁量否定に近づく。ここにおいても原田説との対立がある。参照、阿部(前掲注66)16〜17頁。

[78] 原田(前掲注56)180〜182頁。ただ、原田説にも純粋手続審査か、あるいは実体判断プラスの審査かという見解の変遷がある。この点については王(前掲注29)「行政裁量の観念と取消訴訟の構造(4)——裁量処分取消訴訟における要件事実論へのアプローチ——」347〜350頁参照。

5. 我が国における科学技術的判断に関する裁量論の展開2
　　―― ドイツの議論導入以降 ――

　ドイツにおける新しい判断余地論や規範具体化行政規則論に言及しつつ、阿部説及び原田説の問題点を指摘したのが高木光の見解である。まず、原田説、阿部説の双方が共通の前提とした原発の安全性判断は事実認定の問題である、という点が批判される。安全性判断は唯一の真理を求める科学的な判断ではなく、相対的な安全性を求める工学的・技術的な判断であり、そこには一定以下の損害可能性を切り捨てる価値判断を含むものである、と[79]。そうした判断の特徴から、高木説では原発の安全性判断に関する専門技術的裁量を工学裁量と呼ぶことを提唱する。工学裁量はこれまでの専門技術的裁量や政策的裁量とは次の点で異なる。

　そもそも、工学的安全性に関する知識は行政の専門知識ではなく、元来民間で蓄積されてきたものである[80]。それゆえ、司法に対する行政の優位性はそれを法的判断に取り込む上で、すなわち「災害の防止上支障がない」という不確定法概念の適用にあたって、法外的な民間の専門知識を導入する上で適した国家機関であるという点にある[81]。ここから、工学裁量の根拠は、従来の専門技術的裁量や政策的裁量において強調されてきた主観的判断や結果責任の不可避性にではなく、上のようなリスク判断を行う上での機関としての優位性に求められなければならないことになる。行政には、豊富な物的人的資源があり、安全性に関して恣意的判断を排除できる上、ドイツの規範具体化行政規則のような基準を策定することで、予測可能性や批判可能性が担保される。これらの点が行政の優位性の根拠となる、と[82]。

　そうすると、安全性に関する判断の優位が認められる限りにおいて、以下

79　高木光『技術基準と行政手続』弘文堂（1995）3〜14頁、23頁。
80　高木（前掲注79）13〜14頁。
81　高木（前掲注79）24頁。この点、機能主義的に国家権力分立を考えるオッセンビュールの見解（第5章5）を想起させる。
82　この点、判断余地として基準設定を考える Hans D. Jarass, Bindungswirkung von Verwaltungsvorschriften, Jus 1999, S. 105 も参照。

の点まで司法審査が後退することは正当化される。まず、裁判では被告行政庁は許可基準等に採用されている科学技術基準が合理的であることを立証する。これが認められても、原告は、なお、当該施設は、立地や地質等の点で、その基準が想定してはいない非典型事例[83]であることを主張することはできる。そうした場合には、司法はその限度で実体審査を行うことはできるが、それ以外の科学技術的事項については、実体判断は控えるべきである、とされる[84]。

さて、高木説においては、工学裁量の立場から実体判断代置は否定されることはもちろんのこと、「隠れた実体判断代置」として司法審査がなんらかの科学技術的な判断を行うこともまた許されない。そうすると、伊方最判が採用した司法審査手法にもまた行き過ぎの懸念が生ずる。最高裁は実体判断代置を抑制しているようにみえるが、行政の判断過程の審査において、実体判断の可能性を完全には排除してはいないからである。高木説は、伊方最判のこうした裁量に対する曖昧な姿勢が、もんじゅ判決における「隠れた実体判断代置」に結びついた、と指摘する[85]。そして、この点に関しては、中途半端な学説に対しても同様の批判が向けられる。多くの学説は専門技術的裁量に関して、実体判断代置でもなく、かといって形式審査でもない、いわば第三の道として折衷的な判断余地あるいは判断過程の審査・統制を支持している。しかしながら、この折衷的立場は容易に実体判断代置に陥る、と高木説は指摘する。たとえば、阿部説は原告の不安に思う点について可能な限り審理を尽くすように主張する点で、実体判断代置に近いものである、と批判されるのである[86]。

高木同様に、1970年代のドイツ計画法領域におけるシュミット－アスマンらの議論を検討しつつ、原発訴訟問題に取り組む法学者として高橋滋がいる。高橋説によれば、原発の安全性判断に関する専門技術的裁量の正体は以下の点にある。(1) 安全性判断は将来に対する不確実な予測である。(2) 予

---

83 この点も Jarass（前掲注82）, S. 111.
84 高木（前掲注79）26頁。
85 高木光『行政訴訟論』有斐閣（2005）379～386頁。
86 高木（前掲注79）27頁。

測される事故シナリオについては、多重防護システムが採用されており、それゆえ事故発生に関する蓋然性判断は複雑になる。(3) 科学技術的判断については専門家間での意見の差異があり、その際に政策・決断的要素がある。また、新技術採用の是非に関しても同様の要素がある。高橋説ではとりわけ(3) の観点から高木説での工学裁量という名は敬遠されている。

　それでは、高橋説は司法統制についてはどのような見解を採用するのであろうか。こちらは判断過程の審査を支持する。ただし、判断過程の審査といっても、原田説のように、審査は第三者的な立場から行うので、行政と同じ専門性を前提とした判断チェックではない。判断への深入りはせずに、判断過程の要所要所についてチェックポイントを設け、行政の側の著しい判断ミスに限定してチェックを行うというものである[87]。そして、著しい判断ミス、具体的には施設の安定的・円滑な運転が確保できないであろう要素については、当該項目が事故発生に直接に結びつくか否かにかかわらず、行政行為の瑕疵を認める。というのは、この点に踏み込むと結局、実体判断代置になるからである[88]。なお、高橋説では、ドイツにおいて安全性基準の策定に客観性と公正さが求められている点を踏まえて、指針の策定過程にも司法による判断過程の審査を働かせるべきだと主張している[89]。

　上の高木説、高橋説によって、ドイツにおける新しい裁量論、特に1980年代以降の新しい判断余地や規範具体化行政規則に関する議論が積極的に我が国に導入された。それにより、科学技術的判断に関する行政裁量の性質に光が当てられ、かつ制限的司法審査の正当化論が有力に唱えられるようになった。一方、第3章3で触れたリスク行政の視点より科学技術に対する行政規制とそれに対する司法審査との関係を論じたものとして、山本隆司の見解がある。

　山本説によれば、既に挙げたファビオのように、科学技術のリスク判断は

87　高橋滋『先端技術の行政法理』岩波書店（1998）175〜176頁。
88　とはいえ、判断ミスの認定において、事故確率が全く問題にならないというようには捉えられていない。参照、高橋滋「科学技術裁判における無効確認訴訟の意義——「もんじゅ」訴訟差戻し後控訴審判決の検討」三辺夏雄［ほか］編『法治国家と行政訴訟——原田尚彦先生古稀記念』有斐閣（2004）所収348頁。
89　高橋（前掲注87）177頁。

危険に関する判断との対照で語られる。伝統的な警察法に代表される危険予防のための規制の合法性判断は損害の蓋然性を推論する経験則を根拠に、三段論法、包摂という伝統的法学方法論モデルが妥当していた[90]。しかし、新しい科学技術を採用するリスクに関する法的決定においては、静態的な経験則が使えず、知識習得的な動態的リスク評価とそれを前提に、技術開発促進、コスト、法益侵害等の比較衡量に基づくこれもまた動態的なリスク管理を内包する、と。前者リスク評価の性質は純粋科学的な性質のものではなく、当該技術の使用を前提にその調査を行うという従来の科学のシステムにおいては予定されてはいない作業を前提とする。後者リスク管理においては政治政策的な決定ばかりでなく、将来の学問や技術の進歩に関わる決定であるので、この場面でも専門家の関与が必要になる。よって、リスク評価とリスク管理は完全には分離できない、と[91]。

　それではこのような複合的な判断に対して司法審査はどうあるべきなのか。この問いに答える上で、山本説においては、リスク問題に関する司法手続と行政手続との相違および連関が重要なポイントになる。リスク問題については、行政手続は上記の通り、専門家を取り込みながら、創造的習得的な作業に加えて、微妙な政策的な判断を含む。これに対して、司法手続は行政機関と裁判所、利害関係者を含む専門的判断の追試の場であり、二つの手続きはトータルとして、リスク問題の対話的な処理・協働的問題解決の場と観念される[92]。このような司法手続の捉え方は、司法判断の内実を規定する。

　行政による法適用は「論証」と山本説では命名されるが、その際ドイツの方法二元論が採用され、論証には「包摂」と「衡量」の二種類があるとされる。上記の通り、警察法上の危険予防のためにする行政行為は包摂タイプであり、ここでは第一次的な説明権限や責任の問題は発生しない。これに対して、リスク判断においては衡量が問題になり、上でみた通り、それは動態

90　山本隆司「リスク行政の手続法構造」城山英明、山本隆司編『環境と生命（融ける境　超える法5）』東京大学出版会（2005）所収4～8頁。
91　山本（前掲注90）30頁。リスクに関する同様の分析として、下山憲治『リスク行政の法的構造——不確実性の条件下における行政決定の法的制御に関する研究——』敬文堂（2007）78～88頁も参照。
92　山本（前掲注90）43～44頁。また、Schmidt-Aßmann（前掲注6），Rdn. 205 も参照。

的、形成的要素を含む。それゆえ、裁判所は安全性に関する結論に至る推論を自ら構成してはならず、原告の主張を受けながら行政の論証過程を追試的に検証することが司法審査の内実となる[93]。

6. 若干の考察

伊方一審当初、科学技術的な判断と裁量性との関係が必ずしも明確になっていなかったが、それでも重要な示唆を与えたのは原田説であった。この原田説を、とりわけヴィール判決以降のドイツの議論展開を積極的に導入することで補ったのが高木、高橋、山本らの主張である、とみることができる。ここでは筆者なりに、これらの学説の展開を受けて、なお検討が必要な点をいくつか指摘したい。

6.1 要件裁量について

第一に、行政法総論として、要件裁量を現代どのように考えるべきか、という点に関して。高木説は伊方最判が裁量という語を用いなかったことについて、むしろ批判的である。ドイツとは異なり、戦後の我が国における行政法文化・伝統では要件裁量は公然と認められてきたのであるから、いわば手の込んだ言い回しは不要ということのようである[94]。確かに、判例においては、戦後早々と美濃部第四原則は放棄されたかにみえる。しかし、実質的にもそういえるのかは疑問である。

ある法律要件の解釈・適用に裁量性を認めるか否かの議論の実益は、戦後、裁量不審査原則が撤廃されて以来、行政事件訴訟法30条の適用を受けるか、すなわち独自の司法審査方式の適用を受けるか＝実体判断代置禁止原則の適用を受けるかという問題になった。したがって、ある行政処分を裁量であるとしながら、その司法審査の方式として、判断過程の審査の名の下に実体判断に深入りすれば、これは隠れた実体判断代置方式との高木の批判を免れない。こうすれば、当該事例で実質的に行政判断に裁量性を認めないことと同値になるからである。

---

93 山本（前掲注90）40頁。また山本（前掲注4）16〜18頁も参照。
94 これに対する批判として、高橋（前掲注87）179頁（注7）。

しかし、逆からみれば、ある事例において隠れた実体判断代置方式を採用する判例、及びそれを支持する判例評釈は、総論部分において裁量性に関するどのような表現を使うにせよ、その事例あるいは類似の事例群においては、実質、裁量を認めていない、ということにもなる[95]。つまり、裁量性の有無が司法審査の実質を規定するのではなく、逆に、司法審査の実質が行政判断の裁量性を示唆しているともとれる。こうした仕方で判例・学説は暗に要件裁量が認められるケースに絞りをかけてきたとすると、我が国の状況はドイツの判断余地論に接近していたことになる[96]。そして、最近の学説は、専門技術的裁量が認められる要件としては、行政判断の専門技術性だけでは不十分とし、手続き面を含め、それ以外の要素をも要求している点で、ドイツの議論と親近性がある[97]。

このように考えるならば、要件裁量を否定する戦前の美濃部第四原則を再評価することもできるのではないであろうか[98]。そして仮に美濃部第四原則を一応尊重しつつ、ある場合にはそれの例外を認めるというスタンスをとれば、当該事例においてその例外を主張する者は例外を正当化する論証責任を負う、と捉えることもできよう。ドイツのヴィール判決が危険とリスクの概念的相違や価値判断と経験的判断の結合・分離等、総論的な議論を判決で綿

---

95 高木（前掲注85）381頁。筆者も高木説は正当であると考える。ただ、そうすると、近年、社会通念審査が後退し、司法審査が精緻化していく中で、どれほど純粋な専門技術的裁量、要件裁量が存在するのか、疑問に感じる。そして、さらに実体判断代置、判断余地審査、判断過程の審査・統制は、論者たちがいうほど全く異質な司法作用であるのか、という点についても懐疑的にならざるを得ない。たとえば、羈束行為、羈束裁量処分における判断代置という作用においても、行政の判断過程の中で登場する内部規則——これは性質上解釈指針行政規則となる——については、司法はそれを尊重する義務はないが、参考・評価する、という点では判断過程の統制と同様の思考作用であろう。また、司法が結論として（1）行政の判断を尊重したのか、（2）それとも、たまたま司法判断が行政判断と一致しただけなのか、（3）あるいは、一致はしないが、裁判官からみて自己の判断と十分代替可能な行政判断であると考え、代置を断念したのか、これら三つの内いずれかは表面的な判決理由からは判断できない場合も少なくないだろう。
96 同趣旨として、山本（前掲注4）12頁。
97 宮田（前掲注29）332頁以下。また山本（前掲注4）12頁も参照。
98 塩野（前掲注3）128～131頁においては、要件裁量を肯定する説得力ある説明をいまだ学説は見出してはいないとし、美濃部第4原則の意義を一応認めているように読める。

密に展開しているのは司法審査の抑制を例外的に認めたことの論証責任を果たしたものである、ともとれる。今後、要件裁量については、行訴法30条の適用を正式に認めるならば、裁量性の性質論を綿密に論ずることが判例・学説に要求される、というべきではなかろうか。このような見方をすれば、高木説に反して、伊方そしてもんじゅ最高裁は法律審として、もっと積極的な論証を要した、といえるだろう。

6.2 原発の安全性判断の性質

　第二に、原発の安全性判断の性質とそれがもたらす法的帰結について。まず、現行炉規法は原発の設置許可要件を43条の3の6で定めているが、そこでは、判例・学説でそれまで議論の対象とされてきた旧法の「災害の防止上支障がない」という規定は「災害の防止上支障がないものとして原子力規制委員会規則で定める基準に適合するもの」（1項4号）へと変更されている。このように原子力規制委員会規則は正式な法源として採用されるようになったことで、現在では旧法下でのように「災害の防止上支障がない」という不確定法概念の解釈・適用権限の問題、すなわち要件判断である安全性判断に裁量性が認められるか否かという問題は、法論理上、直接には表面化しない。しかし、たとえば、「実用発電用原子炉及びその附属施設の位置、構造及び設備の基準に関する規則」等にみられるように、規則自体が設置要件を十分に規定してはいないことから、現行法下でも「災害の防止上支障がない」という不確定法概念の解釈・適用権限、すなわち裁量の所在論は原発訴訟において依然重要な問題となるといえる。この点をまず確認しておく必要がある。

　さて、安全性判断は災害の蓋然性判断といい換えることができるので、設置許可申請された原発施設の設計に対して許可するか否かの判断は——その他の許可要件を除くとすると——放射能漏れ事故を未然に防ぐ構造であるか否かの問いに対する答えとなる。この問いは、上でみてきた学説が指摘した通り、既存の経験則や法則から答えられるものではない。事故防止対策の内、原発内部の構造や装置の操作から発生する内部事象対策については、原田説が指摘した通り、原子物理学の高度な専門的知見や素材工学の知識等エ

ネルギー生成とその制御に関する複合的な専門知が必要とされる。また、地震や津波のように、原発外部から発生する外部事象に対する対策は、高木説が強調した通り、地震工学等のこれも工学的判断を含むものである。しかも、高橋説が主張するように、原発の多重防護システムは装置の一つの欠陥を別の装置作動で補うものであり、多重防護のすべてが実験・検証できるものというわけではないので、安全性の判断はシナリオや仮説に依存する。

　以上を簡潔にいえば、安全性の有無は「既存の科学法則」から導き出せる判断ではない、ということになる。第2章のヘンペル・オッペンハイムモデル＝演繹的法則的モデルのところで述べた通り、許認可等の法的判断が将来の事態の成否に依存する場合、「初期条件」と「法則」の二つが必要となる。そして、これが満たされる限りにおいて、行政判断と司法判断の区分の必要性はないので、行政の優先的判断特権を認める余地はない。誰がみても客観的に一つの答えのみが成立すると観念されるからである。しかし、原発の設置許可の場合には、「初期条件」は申請される原発施設の設計及び予測される内部・外部事象ということになるが、初期条件の一部は確実ではない上、そのようにして与えられた初期条件と帰結を直ちに結びつける「法則」も見当たらない。もちろん、物理・化学の複数の法則は、内部あるいは外部事象が発生するメカニズム及びそれに対する施設の反応を導き出すために前提として用いられてはいる。とはいえ、現実の場面では現象の個別性が強く、施設内で発生する物質の燃焼や流体の動きを法則に基づいて正確に導き出すことはできず、それらの予測は限られた実験あるいは仮説に基づいた解析を通してなされるしかない。こうしたことから、原発施設に「固有の法則」は確立してはおらず、よって「事故」あるいは「事故なし」という起こり得る帰結を法則から演繹できないのが実情である。

　上のような結論、原発の安全性判断はいくつかの法則を前提としつつも、固有の法則から演繹できないという結論は、二つの点を示唆しているといえる。一つは安全性判断の性質論は同時に裁量の所在論になる、という点である。3で確認してきた通り、行政判断が法則から導き出せないということは、伝統的な田中説がいう「客観的一般律」を使えないということ、法が「一般法則を予定している」とはいえないということになるので、安全性に

6. 若干の考察

ついてのこうした判断の性質は、行政行為の要件部分における判断に裁量性を認める根拠になる。この点で、特に原田説や高木説は伝統的な考えに忠実だといえよう。

もう一つは、安全性判断の性質は、専門技術的裁量に固有の司法審査の必要性を示唆している、という点である。安全性判断は法則から演繹できる性質ではないが、それは法則から全く自由であるということを意味しているわけではない。むしろ、複数の法則を前提としながら、法則がないところでは仮説を下に評価を加えて数値等を決定するのが安全性判断の特徴であろう。この点で、安全性判断に関する専門技術的裁量は政策的裁量とはかなり裁量の性質が異なる。たとえば、在留許可の判断のような政策的裁量の場合には、判断の性質は申請案件に対する評価行為が主軸になるが、安全性判断に関する専門技術的裁量の場合には複数の法則が前提とされる点で、依然、認識的な行為が中心となり、かつその限界において評価行為の存在がある。したがって、こうした判断の構造は司法審査のあり方にも反映されるべきである。この点は下の司法審査論にもかかわるので、伊方最判を素材にして、再度、安全性判断の性質について補足したい

伊方最判が原発の安全性判断を「専門技術的な調査審議及び判断」と表現するとき、この「判断」という語は二義的である。一つは全体としての安全性判断を、もう一つは安全性判断を構成する部分判断を指すと捉えることができる。そして、「看過し難い過誤、欠落」を探し出す場所として伊方最判が言及する「判断の過程」の「判断」でもって、全体としての安全性判断を意味する場合には、「判断の過程」は部分判断の集合を含意することになろう。

その場合、全体としての安全性判断は、上で示した通り、法則なき複合的な判断である一方で、部分判断の中には法則から演繹される判断もある。そうすると、安全性判断の正しさはそれを構成する個々の「部分判断」群の正しさ及びシナリオ思考からくる部分判断間の論理的結びつきの正しさに依存するので、安全性判断は、一部で、法則を前提とする部分判断の正しさに依存していることになる。たとえば、耐震設計の前提となる地震力の算定は、初期条件である断層の長さ及び面積と法則である算定式に基づいているの

で、耐震設計の正しさは部分判断である地震力の算定に依存することは明らかである。

とすると、従来の伝統的な考え方からしても、部分判断が「法則」を前提とする判断である限りで、司法審査の対象になるということにもなる。つまり、こうした部分判断については依然、経験命題の問題として裁量性から除外される、との見方も可能になる——もっとも、実際にはそれほど単純な話ではないという点については第7章4で検討する。このような見方をすると、安全性判断の性質は裁量性を正当化するが、そこからあらゆる「科学的事項」に関する裁判所の実体判断禁止は帰結しないということになる。いずれにしても、全体としての安全性判断の性質とそれを構成する部分判断の性質の違いについて、学説では十分に意識されてはおらず、また部分判断の瑕疵が全体としての安全性判断の瑕疵にどのように関わるのか、という点も議論が十分なされているとはいい難い。後者の点は次の判断過程の審査・統制のあり方論にも連関する点である。

6.3 判断過程の審査について

伊方最判以降、原発訴訟においては、行政訴訟、民事訴訟を問わず、判断過程の審査が定着している。しかし、下級審における司法審査の実質には相当程度の開きがある。また、そうした下級審に対する学説の評価も一様ではない[99]。これは伊方最判が示した司法審査方式である判断過程の審査というものが必ずしも明確な内容をもたないということを示唆しているといえるだろう。

伊方最判での判断過程の審査、あるいはドイツの司法審査方式である判断過程の統制とは行政処分に至る推論のチェックに他ならない。この基礎的考察は第1章ですでに済ませた。羈束行為に対する積極審査においては、裁判所は法解釈及び事実認定を通して、自らの答えを導き出し、行政庁のそれとを比較することで、取消訴訟の判決を導き出す。一方で裁量行為に対する消

---

[99] 特にF1事故後の下級審における司法審査及びそれに対する学説の評価については、赤間聡「原子力発電所の安全性と司法審査—地震を中心に」自治研究96巻3号(2020)123頁以下、同「原子力発電所の基準地震動策定とそれに対する司法審査——判例分析を中心に——」青山法学論集63巻4号(2022)140頁以下を参照。

極審査においては、過程の瑕疵が中心になるので——効果裁量における裁量踰越の場合以外——、行政庁が出した結論ではなく、それに至る推論の過程の瑕疵を取消事由にする。こうした裁量審査論の総論部分については 3 で述べた山本説も同様である。山本は、シュミット－アスマンとともに「内的手続」(Inneres Verfahren) を「追試する」(nachvollziehen) としているので[100]、これは消極審査のことをいっていることになろう。

ところで、第 1 章で分析した通り、消極審査は裁判所の論理が複雑になる上、専門技術的裁量には科学技術的判断という特殊性も加わる。特に、6.2 で触れた安全性判断における判断過程とは何を指すのかという点もそうであるし、科学技術的、専門的な判断に対して追試ははたして可能か否か等を含め、判断過程の審査を論じる上で、複雑な点が少なくない。そこで、ここでは、とりわけ「追試」という概念に絞って、判断過程の審査について若干の考察を行いたい。

山本説でいう判断過程の追試とは「論証」(Begründung) 過程において「瑕疵」(Fehler) を見出す作業のことだといい換えることができる[101]。この点も第 1 章 7 の裁量瑕疵論のところでアレクシーが主張した見解、裁量瑕疵は「論証瑕疵」が中心であるとする見解と同一である。論証瑕疵には「包摂瑕疵」と「衡量瑕疵」があるが、もちろん「包摂瑕疵」の審査は、原則、覊束行為に対する審査方式であるので、安全性判断における行政裁量に対する審査は「衡量瑕疵」の審査ということになる。しかし、衡量瑕疵は、これも第 1 章で述べた通り、元来、都市計画法上の計画裁量における瑕疵であって、それに対する審査は政策的裁量の瑕疵を見出すものとしては妥当するが、安全性判断の瑕疵の発見手法としては適切ではない。6.2 で述べた通り、安全性判断の裁量の性質は政策的裁量とはかなり異なるからである。

もっとも、原発の場合にも、科学技術のリスクとその活用の利益との衡量は存在する。しかし、原発の設置許可の論証の正しさは、原発事故の損害が甚大なことゆえに、衡量の正しさではなく、事故防止の論証における正しさに力点が置かれる（この点の詳細は第 7 章）。したがって、瑕疵は事故を排除

---

[100] 山本（前掲注 90）40 頁以下。
[101] Schmidt-Aßmann（前掲注 6), Rdn. 213-215.

できるとする行政の側の論証における瑕疵となる。しかし、そうすると、追試の対象は行政がなした事故蓋然性の排除の論証ということになってしまうので、裁判所による追試は科学技術的専門性の壁に直面する。つまり、追試には高木説が指摘する、実体判断代置あるいは隠れた実体判断代置の懸念が付きまとう。

以上のような結論は、安全性判断に関する論証を追試することには常に科学技術的事項に関する実体判断が伴うが、行政側の安全性判断を実体判断代置することはできないという矛盾に起因する。この矛盾は論証の追試が6.2でみた全体としての安全性判断に及ばなければ、行政判断の瑕疵の認定はできず、したがって取消訴訟の判決——民事差止めも含む——を下せない、との誤解に基づくものである。羈束行為については、許可要件は行政行為の要件であり、かつ取消訴訟における取消しの要件としても機能する。しかし、原発の設置許可要件の場合、それは行政行為の要件ではあるが、争訟取消しの要件とする考えには誤りがある。そのような思考をする限り、常に実体判断代置に陥る。原発訴訟に際しては、裁判所は取消しという結論（＝法律効果）を導き出すために、行政の要件判断を追試するのではなく、むしろ行政側の論証の瑕疵が争訟取消しに値すると判断し得るポイントを形成的に構成する、すなわち裁判所固有の「要件化」を行うことが求められると考えるべきである。

裁量審査は消極審査であるが、第1章で述べたように、論証の瑕疵を見出すためには、裁判所は行政側の論証を取消訴訟にあわせて、形成的に構成する必要がある。これは安全性判断の論証の瑕疵についても同様である。6.2で述べた通り、安全性判断の正しさは部分判断の正しさに依存するので、論証の瑕疵は部分判断の内、全体の安全性判断に重要な影響を及ぼすことになる項目を裁判所がピックアップして——もちろん、当事者の主張に依存するが——、部分判断の瑕疵があることをもって全体の安全性判断の論証瑕疵とすればよい。5で述べた高橋説もこれを示唆していると捉えることができるだろう。

その際、部分判断の瑕疵が事故に直結するという厳格な科学的因果関係は求めてはならない。事故蓋然性判断の瑕疵は、原発の多重防護システムにお

けるあらゆる論証をチェックしないと導き出せない瑕疵である。それはいわば、「結論の瑕疵」であって、それを見出す審査は、行政と同じ立場で行う判断代置の積極審査に他ならず、「過程の瑕疵」の審査ではない。たとえば、耐震設計という安全性判断にとって、考慮すべき直下型地震（現行の耐震審査指針においては「震源を特定せず策定する基準地震動」の素材）の選定は地震動算定の基礎になる部分判断である。それは全体としての安全性判断の正しさを左右するものではあるが、仮にそこ、直下型地震の選定に瑕疵があったとしても、直ちにその瑕疵が事故に直結するとは限らない。建造物の柱や梁の面積や素材については安全余裕設計がなされているからである。しかし、訴訟において、安全余裕設計の妥当性まで判断すれば、これはほぼ結論の瑕疵を判断していることになる[102]。

　このように考えると、判断過程の審査における追試とは原告側の主張に対する行政側の論証をただ受動的にチェックするという行為ではない。裁判所はまず、事故蓋然性判断とは一応独立に、論証の追試の前に、あらかじめ部分判断のいくつかを争訟取消しの要件として能動的に決定しておくことが必要になる。上の地震の選定はそうしたものの一つといえるだろう。また、繰り返しになるが、部分判断については、科学技術的な性質であっても、裁判所の実体的な審査を禁止する必要がないものもある。この点で追試は実質的な判断を含むものである。総じていえば、裁判所は、統合された安全性判断の全体を審査することなしに、一部の科学技術的事項を実質的に審査することができるし、そこでの瑕疵を処分取消しの事由とすることもできるというべきであろう。そのような追試による審査こそが判断「過程の審査」と呼べるものである。

第6章総括

　リスク行政における裁量は、規範構造からみると、法律要件部分における

---

[102]　この点において、平成13年東海第二原発訴訟控訴審判決（東京高判平成13年7月4日判時1754号35頁）は問題がある。詳細は、赤間聡「原子力発電所の基準地震動策定における過誤欠落」島村健・大久保邦彦・原島良成・筑紫圭一・清水晶紀編『環境法の開拓線』第一法規（2023）所収410～412頁、422～423頁に述べておいた。

行政の優先的判断権として捉えられる。こうした要件部分における行政裁量をめぐる議論は、行政法の基礎理論・行政法総論に属するものであり、学説史的にみると、戦前のオーストリアの裁量概念をめぐる議論にその重要な発端を求めることができる。ドイツにおいては、戦後、こうした法律要件部分の解釈・適用問題は一応、「判断余地論」と呼ばれる学説理論によって決着をみ、判例もこの概念を採用してきた。ただし、判断余地論に関しては、判断余地が認められる事例についても、その法理論自体にも様々な批判・議論があり、その限りで、リスク行政における裁量の所在論も従来から議論の多いこの法理論の問題点に深く関わることになる。

　特に、初期の判断余地論が法律要件に関する判断はあくまで法認識行為であり、それは専ら司法権限に属し、あくまで判断余地は例外である旨を強調する点、そして、法解釈、事実認定、包摂という法学方法論モデル——それは第1章でみた古い法学方法論モデルであるが——を堅持する点は、リスク行政の裁量所在論とは相容れない。そこで、ファビオ等にみられるリスク行政の裁量所在論はリスク判断を包摂ではなく、衡量であるとしたり、従来、裁量性の根拠と考えられてきた要件判断に含まれる「予測」すら否定し、むしろリスク判断の「予測不可能性」を行政の優先的判断権の根拠にしている。いずれにしても、ドイツにおいては、戦前・戦後の裁量論にしても、そして現在のリスク行政における裁量論も同様に、その議論は伝統的な方法論指向モデルをベースにし、それに対する修正ないし対決する中で展開されてきたものであるといえる。この点で、学説の特徴は——判例もまたそうであるが——「法適用」、「包摂」、「危険」、「法則」のような基礎法的な、あるいは行政法総論的な概念を綿密に議論する傾向がある。

　一方で、我が国においては、リスク行政における裁量、法律の要件部分が科学技術的判断を含む場合の行政の優先的判断権は、一般に、「専門技術的裁量」と呼ばれる。しかし、この概念はドイツの判断余地という概念とは異なり、法理論的基礎、方法論的基礎に乏しい。我が国においては、美濃部らの議論にみられるように、戦前には行政裁量について根本的な問題が議論され、要件部分についても解釈の可能性が模索されたり等、議論の蓄積があった。しかし、そうした議論は戦後にはあまり活かされないまま、この専門技

術的裁量という概念が生まれた。それは、主として判例の傾向に従ったものであって、従来の裁量論を踏まえたものではない。学説は、戦後、裁量に関する議論において、美濃部原則における侵害行政というメルクマールから離れ、またドイツとは異なり、法概念の解釈という抽象的な問題からも離れていった。裁量と覊束との厄介な線引きは避け、法領域ごとの行政行為の性質をみながら、広く裁量行為を認めて、その代わりに裁量審査を充実させればよい、とのいわば機能主義的な立場を採用していったようにみえる。

　こうした事情から、学説は総論において、要件裁量を広く認め、専門技術的裁量に該当する裁量タイプを承認する。しかし、肝心の裁量審査についてはそれを充実させればさせるほど、実体判断代置に近づくことになるので、判例評釈という形で、学説間の争いが生じる。これは、実質的に、裁量概念について争っていることにもなる。つまり、戦後の我が国においては、行政裁量の基本的な考察が欠けたまま、裁量審査論で論争するという特徴がみられる。それは、ドイツと比較すると、行政法総論をおろそかにして、行政救済法を論じていたことになるのではないか。

　以上のような判例・学説の展開は原発訴訟をめぐる学説の対立にも反映されている。原発訴訟においては、当初、学説は安全性判断に関する裁量の所在論を十分議論しないまま、主として裁判所はどこまで実体判断をできるか、をめぐって争ってきた。議論において、「不確定法概念」、「法解釈」、「事実認定」、「因果関係」、「蓋然性」、「政策性」等の概念が十分には定義されず、概念間の関係についても不明瞭だった点は原発訴訟以前からの行政法総論の議論の不十分さの反映だとみることができるだろう。それでも、学説は1980年代後半以降になると、戦後ドイツの裁量論及び原発訴訟の展開を参考にして、専門技術的裁量、特に原発の安全性判断に関して新しい見解を展開していった。それは第3章以降で挙げてきたヴィール判決に至る判例の流れやそれ以降のドイツ連邦行政裁判所判例の展開を参考にし、かつ1990年代以降のリスク行政に関する法理論をも取り入れながら、我が国の専門技術的裁量を理論的に再構築しようとするものであるといえる。

　もっとも、こうした新しい学説によって、専門技術的裁量に関する問題がすべて解決したというわけではない。たしかに、科学技術的判断における行

政の優先的判断権は、総論としては基礎づけられたとはいえる。しかし、そうした議論が（1）さらに行政法総論として、要件裁量に関する法理論まで高められているとはいい難いし、また、（2）司法審査論にそれがどのように活かされているのか、という点も明確ではない。特に、判断過程の審査については、新しい学説においても、なお、不明な点が多く、F1事故後の下級審判例も迷走を続けているというのが現状であるようにみえる。若干の考察から明らかにした通り、判断過程の審査については、そこでいう「判断」とは何を指すのかを検討し、「追試」という裁判所の消極的な姿勢を見直すことが必要であるといえるだろう。その詳細は次章で論じていく。

第7章　行政の判断過程における過誤、欠落
―― 第一、第三ミュルハイム・ケルリッヒ判決及び
もんじゅ判決を中心に ――

序

　科学訴訟の典型例として、これまで、食品添加物、アスベスト、大気汚染、水質汚濁等をめぐる争いに触れてきた。その際、すでに、司法審査についても適宜言及してきたが、本章は、科学訴訟の典型ともいえる原発訴訟を取り上げ、その審査方式のあり方を検討するものである。科学技術をめぐる問題、特にその安全性をめぐる問題は、第2、3章で述べた通り、究極的にはその出口は司法になるので、この章での議論は本書が提起する科学訴訟問題の最終的な結論部分に該当するといってもよいだろう。

　本章の出発点と構成を整理すると、次のようになる。まず、我が国において、原発訴訟を含む科学訴訟に対する一般的な司法審査の方式は、再三述べてきたように、伊方最判が示した判断過程の審査である。しかし、この手法は不明な点が多い（第6章）。原発設置許可という行政行為の中で、判断の過程とはどこからどこまでの部分をいうのか、取消事由である過誤、欠落はどのようにすれば発見できるのか等、最判によっては明確にされてはいないので、この審査の実施は実際には容易ではない。伊方後の下級審においてその審査密度に相当程度の開きがある点をみても、このことは裏づけられる。

　こうした判断過程の審査の曖昧さについては、その解決の糸口として前章で「全体判断」と「部分判断」の区分等に言及した。本章では、これを発展させるとともに、「看過し難い過誤、欠落」の発見手法として、ドイツの判例が示す調査欠落という考えを詳細に検討し、我が国での判断過程の審査にもそれを活かす方法を模索するものである。

1. はじめに

　原発の設置許可のようなリスク行政における行政行為には裁量性が認められるので（第6章）、司法審査としては、裁量審査、そしてそれゆえ消極審査が妥当する。消極審査とは第1章で示した通り、行政側の結論を置き換える判断代置審査ではなく、結論に至る判断の過程に論証の瑕疵を見出し、それを取消事由にする審査のことである。この点で伊方最判が示した判断過程の審査は裁量瑕疵論から単純に導き出される。

　ところで、消極審査における取消事由となる論証の瑕疵における「論証」とはもちろん行政側の論証を指す。が、司法審査においては、行政側の「実際の論証」を受動的に追試するだけでは瑕疵は見出せない。このことは、神戸高専剣道実技拒否事件及び呉市学校施設使用不許可事件の事例分析（第1章）において示したところである。裁判所は行政処分に至る経緯を時系列的な整理ではなく、衡量法則という形式に沿って、事案を論理的に再構成し、対立する利益のモデルを提示することから出発する。このような再構成がないと、とりわけ、衡量欠落の審査は行えない。というのは、衡量欠落の審査においては、裁判所があるべき論証を形成的に観念して初めて、行政側の論証の欠落が判明するからである。したがって、行政行為とそれに対する消極審査との関係を裁量瑕疵論からみると、二つの異なる法適用があることになる。行政側は法律の要件効果判断という通常の法適用を行う。それに対して、裁判所側は自身で要件効果判断を行っているわけではなく、適用法が要請する法律効果に至るために順守すべき思考過程を形成的に導き出し、それと行政側の論証とを比較して結論に至る。したがって、ここでの裁判所の法適用は取消訴訟のための独自の要件化を行った後に、それを行政判断に適用していることになる。

　こうした裁量瑕疵論での司法審査の総論的な見解は、原発の設置許可のようないわゆる要件裁量の場合にも、当てはまるだろう。詳細は下の4で述べるが、行政側は原発設置許可の要件充足判断を行う。それは、典型的には原発の安全性判断という全体判断をなすために、多重防護の下で各種のリスク

1. はじめに

を一つずつ排除していくことである。そうした判断の連鎖は部分判断の積み重ねであり、その内容は連続した実体判断に他ならない（第6章）。それに対して、裁判所の側は安全性の要件判断は原則行わない。ここでも適用法が要請する安全性判断に至るために順守すべき思考過程を形成的に導き出し、それと行政側の論証とを比較して結論に至る。それが「追試」ということになる。

以上のような原発に対する安全性に対する二つの思考の違いを明確に意識してきたのが、ドイツの判例である。下でみていくように、ドイツにおいては、行政の安全性判断は実体的なリスクの排除であり、裁判所の安全性に対する判断は、行政側のリスク排除の判断が必要な調査及び論理によって明確にされているか、否かというアプローチ、調査欠落のアプローチを採用してきた。そうしたアプローチは第4章で紹介したヴィール判決及びその後の原発判例によって展開されてきた判例法理ともいえるものである。もっとも、2及び3でみていくように、調査欠落に関する考え方も、実際の審査においては、一様ではない。しかし、それらは行政の判断過程に対する様々なチェックの仕方として補完的な関係にあるものとみることができるだろう。

一方、我が国の場合、ドイツとは異なり、原発の安全性に対する行政と裁判所の二つの思考の違いが不明確なまま司法審査がなされてきた感がある。しばしば判例に対する学説からの批判、実体判断代置審査との批判もこの点と無関係ではないであろう（詳細は5のもんじゅ裁判にて検討する）。こうした我が国の司法審査の混乱した状況を考えると、あるべき判断過程の審査を模索する上で、ドイツの調査欠落審査は参考になろう。そこで、ここ第7章では、以下、2において、まず調査欠落審査の原点となったヴィール判決を確認した後、それ以降の連邦行政裁判所判例において、どのようにこの審査方式が展開していったかをみていく。次に、3でミュルハイム・ケルリッヒ原子力発電所をめぐる二つの判決を比較検討する。そこでは調査欠落審査の二つのタイプをみることができる。その後4において、3を踏まえて、原発の安全性に対する思考が行政と裁判所ではどこが違うのか、を総括する。そして、最後に5において、それまで得られた調査欠落という視点から、我が国のもんじゅ差戻後控訴審判決を検討し、筆者なりの判断過程の審査の精緻

化の一例を提示したい。

2. ヴィール判決とそれ以降の展開

　1985年の連邦行政裁判所ヴィール判決[1]については、規範具体化行政規則（第4章）、及び行政固有の行為領域という考え（第5章）に対する考察の素材として扱った。その際、行政の安全性判断を裁判所によって代置することの禁止についても、すでに触れたところであるが、この点について、さらに詳細にみていこう。

2.1　ヴィール判決における司法審査論

　ヴィール判決において述べられた司法審査論には三つのポイントがある。一つ目は行政の優先的判断権の正当化について、二つ目はリスク調査・評価の際、行政が遵守しなければならない義務について、三つ目は司法審査のあり方についてである。第一の点は司法との関係においてリスク調査・評価の責任は原子力法7条2項3号の規範構造からして行政にある、とした点である[2]。これは第5章で述べた通り、ヴィール判決が連邦憲法裁判所カルカー決定に依拠した部分で、専門性と柔軟性をもつ行政機能を生かして初めて最善のリスク管理は可能になるという動態的人権保障論と結びついている。

　第二の点であるリスク調査・評価義務について、この判決は、再度カルカー決定に依拠しながら次のように述べる。行政はベストを尽くして危険除去に努めなければならない。行政はリスク調査・評価活動に際して、支配的な科学学説だけに依拠するのではなく、それとは異なるが「尊重に値する」（vertretbar）学説はすべて考慮しなければならず、さらに判断において不確実な部分が残る時には十分保守的にならなければならない、と[3]。そして第三の点について、この判決は連邦憲法裁判所ザスバッハ判決に依拠しながら、限定的な司法審査について以下のように述べる。まず、上に挙げた第一の点から、科学論争及び科学論争から帰結するリスク評価について決定する

1　BVerwGE 72, 300.
2　BVerwGE 72, 300 (316).
3　BVerwGE 72, 300 (316).

権限は行政にあり、司法はそれに対して自ら取って代わって判断を下すものではない、と判断代置を否定する。そしてその上で、司法審査は行政の判断が恣意なきリスク調査・評価に基づいてなされたか否か、という点に及ぶ、とする[4]。

このようなヴィール判決における司法審査基準は、原子力の安全性に関する司法の実体判断を抑制する趣旨であることは明らかであるが、その抑制の内実についてはなお、行政権限との緊張関係を含むものであった、とみることができる[5]。というのは、たしかに、第一の点で判断代置審査が否定され、行政権限は尊重されてはいる。しかし、第二の点、行政のリスク調査・評価義務はかなり厳しく設定されているので、義務違反を本格的に審査すれば、リスク評価の問題に踏み込むことにもなりかねないからである。そこで、肝心なのが第三の点であるリスク調査に対する司法のチェック方法であるが、それは「恣意なきリスク調査か否か」というように単純化されていて判然としない。そもそも「恣意なき」権力行使とは、連邦憲法裁判所の伝統的理解によれば[6]、判断の出発点と判断の帰結とがどのようにみても不整合な場合にのみ認められる。すなわち、裁判所は行政の判断過程と決定とを見比べてみて、そのつながりが「もっともらしい」(plausible)か、あるいは「説得力がある」(überzeugend)かをみる審査、いわば、外見的な審査にとどまることになる[7]。そうすると、このような簡単な審査方法で、科学的見解に接する際、行政に要求される上記の厳格な義務履行がチェックできるのか、という問題が生ずる。

そこで、こうしたジレンマを抱えつつ裁判所は原発リスクに関する実体判断を回避しながら、独自の仕方でリスク調査に対する審査方法を模索してきた。それは調査そのものがあったか否かという比較的単純な審査から、調査

4　BVerwGE 72, 300 (317).
5　ヴィール判決以降の原子力判例の展開については Dieter Sellner, Atom- und Strahlenschutzrecht, in: Eberhard Schmidt-Aßmann, et al (Hrsg.), Festgabe 50 Jahre Bundesverwaltungsgericht, 2003, S. 741. ただし、本書は判例の評価を必ずしもこれに従っていない。
6　BVerfGE 89, 1 (14).
7　Sellner（前掲注5), S. 749 f.

はあったが、必要な調査はなされたか、と踏み込むもの、さらに「調査」という概念で、文献調査のような調査行為ばかりでなく、数値間の関係やリスク項目と調査結果との論理的関係をも含めることで、審査の対象を拡張するものまである。特に、最後の調査概念をめぐる違いで注目に値するのが第一と第三ミュルハイム・ケルリッヒ判決にみられる差異である。が、これに触れる前に、上で挙げた行政のリスク調査・評価義務と恣意なき調査という審査基準がヴィール判決以降一般にどのように理解されてきたか、について触れておく必要がある。下では三つの判例を挙げてこの点を検証することから始めたい。

2.2 ヴィール判決以降の調査欠落審査

恣意なき調査という概念を「調査欠落」(Ermittelungsdefizit) がないこと、と理解したのは1987年判決である[8]。事例は周辺住民が原子力施設の立地場所が低く、洪水により炉心溶融を招くおそれがあるとして設置許可に対する取消訴訟を提起したものである。ここで控訴審は証拠調べによって、立地の高さからみて洪水の危険がないとする行政の決定を実質的に肯定した。これに対して上告審判決では、控訴審は自己の見解から原子力法7条2項の要件充足を判断してはならないと、この判断代置審査を批判し、代わりとなるあるべき審査方法を次のように述べている。司法審査は行政の思考過程を追試することで、原子力法7条2項が要求するリスク調査・評価義務における欠落の有無を見出すことにある。そしてこの欠落は行政決定の前提となる調査資料が不十分であったり、調査と結びついたリスク評価が十分用心深くなされていない場合に認められる、と[9]。

こうした判断代置審査に対する否定は1989年判決[10]でも再度確認されている。事例は原発設置の第一次部分許可[11]につけられた附款を事業者が争ったものである。附款の内容は事業者がテロ対策として銃で武装することであ

8　BVerwGE 78, 177.
9　BVerwGE 78, 177 (180 f.).
10　BVerwGE 81, 185.
11　部分許可の制度については、高橋滋『現代型訴訟と行政裁量』弘文堂（1990）123頁以下参照。

った。判決は施設がしっかり守られているか否か、それはどのような方法においてか、といった問題は行政の責任で決定されるべき問題だとした。そして、施設武装に関する問題は予測が関わる問題であり、実践理性ではその生起が否定も肯定もできない事態については、行政が行った予測を裁判所が訂正することはできない、としている[12]。

87年判決での調査欠落という概念を使いながら、実質的に、87年判決よりも審査密度が上がっているようにみえるのは1996年判決[13]である。事例は燃料棒の設置変更許可を周辺に住む原告が争ったもので、白血病に関する新たな知見が活かされているか、否かが争点の一つになったものである。原告は新しい知見が許可手続でなされた鑑定で考慮されてはいないと主張したが、控訴審はこれを認めず原告の主張を退けた。上告審判決では、行政の鑑定内容が答えようとしている問題と原告が新知見に基づいて不安に感じている問題とでは内容的なズレがあるとして、この控訴審の事実認定を不十分とした。判決はいう。行政は白血病調査の内容を知らなかったか、あるいは不当に軽視したか、これを控訴審はなお審査しなければならない、と[14]。

さて、上で概略をみた三つの判決では、ヴィール判決の基本姿勢は維持されている。しかし、裁判所の審査が「恣意なき調査の有無」から「調査欠落の有無」へと変わることで、行政のリスク調査・評価義務に対して向けられる司法の目は厳しくなる要素を含んでいたようにみえる。調査欠落を見出すためには、裁判所の中にあるべき調査の観念がなければならないからである。もちろん、判例はあるべき調査を示して調査結果を代置する実体判断を許しているわけではなく、行政が十分な調査資料を収集しているか、否かという外側からの審査に限られる。それでも、この審査は調査内容に関する判断を一切抜きにしてできるものではない。安全審査で求められる内容はどのようなもので、行政はどのような調査が利用可能であったか、を判断する必要があるからである。実際、上の96年判決では従来の放射線に関する見解はどのような影響について答えるもので、原告の不安の根拠になる新しい知

---

12 BVerwGE 81, 185 (195 f.)
13 BVerwGE 101, 347.
14 BVerwGE 101, 347 (360).

識は何に関する判断なのか、ということが問われている[15]。

こうした96年判決のように、リスクを多面化・細分化していくと、どの調査がどのリスクに対応するのかを見出すことができるので、調査結果の妥当性という専門的判断に踏み込まなくとも、調査の欠落は判明する。司法審査においては、調査結果はどのようなリスクに関するもので、その調査によっては排除されてはいない他のリスクはあるのか否か、はチェックできるからである。その限りで、調査欠落審査は行政側の安全性判断の論証における「論理の飛躍」や「論理の空白」を見出すことを可能にするものである。

さらに、地震のリスク評価にみられるように、あるリスクの評価が調査から始まり、段階的な判断によって決まっていく場合、その判断構造を明確にすることで、司法の目は行政判断の細部にまで行き届き、結果、審査密度は高まる。調査方法と調査結果との関係、そして調査結果と第一判断との関係、そして第一判断と第二判断との関係といったように、いくつかの項目間関係を設定することで、その都度「論理の飛躍」や「論理の空白」をチェックすることができるからである。この点は、特に、下の第三ミュルハイム・ケルリッヒ判決にいえることである。

3. 第一、第三ミュルハイム・ケルリッヒ判決

第一、第三ミュルハイム・ケルリッヒ判決はともに地震リスクが問題になった事例である。二つの判決は上でみてきた調査欠落の審査に基づいて、行政処分を取り消している。ただし、双方では「調査」とは何かという点も、何を「欠落」とみるのかという点も異なっている。まず、各々の概要を見た後、調査欠落とは何かについて、分析的に検討を加えていきたい。

3.1 判例の概要

1960年代後半、ラインラント＝プファルツ州のミュルハイム・ケルリッヒに原子力発電所の設置計画が立てられ、1975年には事業者に第一次部分許可が与えられた。しかし、この許可には最初から問題があった。許可では

---

15 BVerwGE 101, 347 (361).

原子炉建屋とその他の施設を同一敷地内に一体として立てるコンパクトタイプが予定されていたが、1974年の許可手続きの最中に、敷地の一部に断層が、そして別の一部には粘土質の頑丈でない部分があることが地質調査から判明した。にもかかわらず、事業者と許可庁は許可後に施設を分離タイプにし、かつ設置場所も変更することで合意し、許可庁はそのままオリジナルのプランに対して許可を出した。そしてその後、原子炉建屋の位置がオリジナルプランとは70メートルほど離れたところにする変更プランが了承され、この新プランに対して、1977年に第二次部分許可が出された。これに対して、原告が第一次部分許可の取消しを求めて提訴したのが、第一ミュルハイム・ケルリッヒ事件である[16]。判決では第一次部分許可と第二次部分許可の関係を含む、いくつかの争点があるが、ここでは調査欠落についてだけみていくことにする。

　判決は極めて単純である。まず、行政は実践理性により排除されないリスクがまだ明確化されていないうちは、そして防護措置について確信をもてない場合には、許可を出すことは許されない、とし、判決は調査・評価の徹底を行政に義務づける。そしてこれがなされないまま決定が出されるときは調査欠落になり、処分の取消しは免れないとする。ただし、リスクは一旦考慮されれば、それが軽視されたとしても、裁判所はそのリスクが現実に存在するか否かについては実体判断しない、とも加えられている。その上で、当該事例においては、第一次部分許可の対象は、決して実現する見込みがないことが分かり切っていた架空のオリジナルプランであったと認定、地質調査は変更後のプランのために使われたものであるから、オリジナルプランについてはしっかりした調査がなされないまま許可が出されたとし、この第一次部分許可を取り消した[17]。

　その後、事業者はこの敗訴の原因は形式的な問題であると考え、正式な新しい建設計画の申請を行った。行政はこの新しいプランに対して様々な鑑定

---

[16] BVerwGE 80, 207. この間に憲法異議もあったが、その点については、山田洋「行政手続きへの参加権：西ドイツ連邦憲法裁決定をめぐって」一橋研究6巻3号（1981）112頁以下参照。なお、判決は前半部分で原子力法上及び原子力手続令上の手続瑕疵の問題を、後半部分で設置許可要件充足（原子力法7条2項）の問題を議論している。

[17] BVerwGE 80, 207 (216 f.).

を実施し、1990年に第一次部分許可を出した。これに対して住民らによって、再度、取消訴訟が提起された。まず、すでに取り消された1975年の第一次部分許可の効力と新しく出された第一次部分許可との関係が争われた後、実質的な安全性問題が焦点になったのが第三ミュルハイム・ケルリッヒ事件である[18]。ここで控訴審は調査欠落を認め第一次部分許可を取り消した。そして、上告審でもこれが支持されたのである。

　判決は基本的にはヴィール判決を踏襲しているが、大きな違いはリスク調査とリスク評価を切り離し、特にリスク評価に行政の優先的判断権を関わらせている点である。判決はいう。行政の優先的判断権は特にリスク評価に関わる、と[19]。そうするとリスク調査に関する優先的判断権はどうなるのかが問題になる。この点、判決では一見したところ、従前の見解を次のように繰り返しているだけである。現在の知見から肯定も否定もできない実践理性では排除できないリスクをも考慮しなければならない、と[20]。しかしながら、ここでの「考慮しなければならない」は、リスクは一旦考慮されればそれでよいとした第一ミュルハイム・ケルリッヒ判決の趣旨と完全に異なる。というのも、第三事件上告審判決においては、行政によるリスク調査の実質を審査した控訴審が全面的に支持されているからである。

　控訴審の考えはこうである。地震の揺れに対するリスク調査にあたって、規範となるのは原子力技術委員会基準である。しかし、この基準から自動的に申請場所の地震リスクが計算されるものではなく、それを適用するにあたって、申請場所の過去の地震及び地質の調査、そしてそこからの数値の確定が必要になる。このためには十分な調査が行われなければならない。この点、たしかに行政は調査を行ったが、調査結果である地震強度は不確定な幅を有するものであった。さらに、地震強度と表面最大加速度との関係においても不確定な幅がある。にもかかわらず、行政はこれら不確実性をどのように処理したかを不明にして、地震強度及び表面最大加速度の確定に至った。行政は自己の安全性判断を正当化しなければならず、そのためにデータが示

18　BVerwGE 106, 115.
19　BVerwGE 106, 115 (122).
20　BVerwGE 106, 115 (121).

され、かつ評価されなければならない。しかし、当該事例ではこの過程を追うことはできない。ここに調査欠落がある、と[21]。

さて、以上の第一ミュルハイム・ケルリッヒ判決（以下、「第一Ｍ判決」という）と第三ミュルハイム・ケルリッヒ判決（以下、「第三Ｍ判決」という）とを比べた場合、調査欠落の意味が異なるのは明らかである。前者は調査そのものの不存在に欠落をみるのに対して、後者は調査はあったが、調査のあり方に欠落を見出している。しかも、ここでいう調査とはデータの収集という意味を超えて、求められる証明・論理をも含むものである。それは2で指摘した96年判決が示唆する論理の厳格さを求める点と共通している。第三Ｍ判決控訴審は行政が自身で行った調査結果、地震強度の確定、そして表面最大加速度の確定という一連の判断の間に論理の飛躍があることを見逃さなかったのである。これを実体判断代置といえるだろうか。以下ではこの問題を裁量瑕疵論で議論した論証瑕疵という点から検討していくことにする。

3.2 調査欠落とは何か

司法審査、特に裁量審査では論証瑕疵が中心的な役割をもつ、という点は、裁量瑕疵論総論として第1章で述べた。この点は、リスク判断という裁量判断に対する司法審査についてもいえることは、リスク行政の論者も認めている（第6章）。論証瑕疵は、総論的には、形式上の瑕疵——第1章でアレクシーはこれを構造上の瑕疵としていた——と内容上の瑕疵について考えることができる。たとえば、行政処分において処分理由が示されていない場合には、論証自体がなされていないので単純な形式上の瑕疵——行手法上は手続瑕疵——となるが、形式上の瑕疵はそれに尽きるものではない。処分理由が示されていたとしても、処分理由自体にさらに「正当化のための型」つまり論証形式順守が要求される。第1章6及び7において示した通り、行政処分という規範命題の正当化には、包摂なり衡量なり、その処分の性質に応じた論証形式が必要になるからである。そこには行政処分を法規以外の規範命題によって正当化することや経験的命題によって正当化することが含まれ

21　BVerwGE 106, 115 (124 f.).

る。そしてそれらの命題にはそれ自身の正当化のために、また固有の論証形式の順守が求められるので、形式上の瑕疵は判断の過程の個々の部分について起こり得る。そしてそれを前提に、今度は、実質的な正当化における瑕疵、解釈のミスや衡量のミスといった内容上の瑕疵が問われる。こうした総論的議論は、リスク判断の瑕疵論として、そしてヴィール判決以降、特に第一M判決及び第三M判決がいう調査欠落との関係で、どのように展開されるべきであろうか。

第一M判決及び第三M判決で問題になっている地震リスクは原発設置許可処分のための安全審査の対象の一つである。それは、行政処分に至る判断過程全体からみると、すなわち原発設置許可の要件である安全性判断全体からみると、それを構成する部分判断ということになる（第6章）。安全性判断全体を導き出す法則などは存在しないが、個々のリスクに関する部分判断、たとえば、地震リスクや冷却材喪失リスクに関する判断に際して、法則なり、算定式なり、あるいは対応表なりが安全審査の各種指針類に見出される場合が少なくない。ミュルハイム・ケルリッヒの場合もそうで、地震強度レベルとそこから表面最大加速度値を導き出す対応表が存在していた。

指針等にそうした式なり、表なりがある場合、最大加速度等の部分判断の正しさは、そうした式や表を利用した点に求められる。これはちょうど、営業許可の要件の一部に営業に際して使用される建築物や機材に関する規格や条件が含まれており——通常、それは省令や規則において技術上の基準として定められている——、許可・不許可の理由がそれへの合致の有無に求められることと同様に考えることができるだろう。この場合の論証はヘンペル・オッペンハイムモデルによる演繹（第2章）と類似する。ミュルハイム・ケルリッヒの場合でいえば、具体的な最大加速度は被説明項となり、それは法則（対応表）に初期条件を代入することで正当化されるとみることができるからである。したがって、ここでの論証瑕疵のうち、形式上の瑕疵は演繹形式の欠落となる。そこには帰結＝被説明項を正当化する法則が使われていな

---

22 たとえば、平成28年高浜原発仮差止（一次）決定抗告審（大阪高決平成29年3月28日判時2334号3頁）においては、震源断層モデルにおいて用いられている式が別の式で代替できるかが争われている。

いとか、法則はあるが、初期条件の数値がないのに帰結の数値だけがある等が挙げられるだろう。一方で、内容上の瑕疵とは法則は使われてはいるが、それは帰結を正当化できないという場合である。たとえば、単純な計算ミスを除けば、典型的には代入する初期条件、地震動を導き出すための前提となる断層の長さ等が争われる場合があろう。加えて、ヘンペル・オッペンハイムモデルにおける法則とは異なり、実際の指針等で採用されている式や表は経験則や統計則である場合もあり、その場合には、科学学説上、他の経験則や統計則が競合することもある[22]。そうすると、演繹の前提になるそうした式自体も内容上の瑕疵として争点になってくる。

さて、ヴィール判決自身もそうであるが、調査欠落とは、原則、内容上の瑕疵ではない。上でみたように部分判断における数値の演繹を争う場合、式や表、あるいは初期条件を争うことになるが、しかし、ここには第6章で述べた行政の優先的判断権を認める余地がある。というのは、たとえば、施設構造物の材質耐性等の基準が式や表で表記される場合、それらは少ない実験データから一般化されているものもあり、かならずしも厳格な証明に耐え得るものではない。予算的、時間的に実験の方法やその回数に限界があること等がその理由として挙げられる。また、特定部位での圧力負荷の計算などはその実験方法が確立されていない場合すらある。そうすると、式や表の正当性の問題は純粋な科学的問題とはいえないし、一部政策的な要素も含まれていることになる[23]。加えて、地震や地質を対象とする学問などはその性質から事柄によっては実験がそもそもできなかったり、様々な仮説が併存する場合があり、式や表自体を審査の対象にすることは、裁判所が科学問題について決着をつけることになってしまう。こうしたことが行政の優先的判断権の理由になる[24]。

---

23 いわゆるトランス・サイエンス問題である。Alvin M. Weinberg, Science and Trans-Science, Minerva, Vol. 10 (1972), p. 209 以下、特に pp. 209-213 を参照。なお、ワインバーグの紹介としては、小林傳司『トランス・サイエンスの時代―科学技術と社会をつなぐ』NTT出版ライブラリーレゾナント（2007）120頁以下参照。
24 たとえば、第6章で挙げたファビオの見解を参照。Udo Di Fabio, Risikoentscheidungen im Rechtsstaat : zum Wandel der Dogmatik im öffentlichen Recht, insbesondere am Beispiel der Arzneimittelüberwachung, 1994, S. 275, 286. また、わが国において、実

また、代入される初期条件についても、同じことがいえる。ミュルハイム・ケルリッヒの場合のように、原発施設において予測される最大加速度を算定するための初期条件を設定する際、断層の位置や敷地の地盤特性の認定が必要になるが、その認定自体が専門的判断になる。したがって、そうした専門的になされた事実認定を裁判所が代置すれば、結局はそれも部分判断に対する判断代置審査となる。こうしたことから、上の判例でみてきた通り、洪水の高さの算定（87年判決）、テロ様態の予測（89年判決）、放射線被ばくによる副作用（96年判決）等が被説明項になった場合、演繹の瑕疵という内容上の瑕疵の問題を裁判所は避けたとみることができるだろう。これらの判決が示した調査欠落とはむしろ、法則（式や表）や初期条件を選択・決定する場合の調査方法の瑕疵を指している。それは裁判所が自身で科学的判断をすることなしに、間接的に、論証における内容上の瑕疵を推認するものであるといえる。というのは、調査欠落とは初期条件及び法則を選定・決定する際の手続瑕疵を指すが、その瑕疵はリスク評価という演繹の内容上の確実性を否定する意味をもつからである――しかし、これは「リスクは排除されない」という行政判断の否定ではない（詳細は下の4）。

さて、このように、論証瑕疵を「形式上の論証瑕疵」、「内容上の論証瑕疵」、そして内容上の論証瑕疵を推認させる「論証項目（初期条件及び法則）の調査欠落」――これも見方によっては形式上の論証瑕疵に含まれるかもしれないが――として三つに分類した場合、第一M判決及び第三M判決がいう調査欠落は第三のタイプの論証瑕疵となるのか、すなわち、それまでの判例における調査欠落と同様であろうか。これについて検討しよう。

3.3　第一M判決及び第三M判決における調査欠落

まず、第一M判決は、リスクが現実に存在するか否かについては実体判断はしない、と述べた上で、申請対象であるオリジナルプランは地質調査がなされていないまま許可が出されている点に、調査欠落を見出している。た

験・証明の判断余地ともいえる点を指摘する交告尚史の見解も参照。「伊方・福島第二原発訴訟最高裁判決をめぐって〈座談会〉（特集　伊方・福島第二原発訴訟最高裁判決）」ジュリスト1017号（1993）、9頁以下（15、23〜24頁）。

しかに、調査の不作為という点をみれば、それまでの調査欠落といえなくはない。しかし、調査欠落は上記の通り論証項目の調査欠落であり、調査自体の適切性の問題である。これに対し、第一M判決で問題となった申請対象はそもそも調査の対象になっていない。すなわち、初期条件すらオリジナルプランのものではないし、被説明項である最大加速度を正当化するための対応表は実質的に使われてはいない。したがって、ここでいう調査欠落は形式上の論証瑕疵ということになるだろう。

一方で、第三M判決では少し事情が異なる。ここでは行政は初期条件を満たし、対応表も使用しているので、形式上の論証瑕疵はない。地震と地質の調査も行っているので、その意味で上の論証項目の調査欠落もないようにみえる。しかし、調査結果である地震強度レベル8の認定自体が不確定な幅からの選択であり、地震強度レベル8に対応する表面最大加速度値もまた幅をもっていた。こうした二重の不確かさを行政はどのように処理したかを不明にしたまま、表面最大加速度の確定を行った。これが調査欠落とされたのである。確定された表面最大加速度値に政策的な余裕設計分を加味して正当化をはかっても、そもそも幅からの選択理由がないし、その曖昧さは政策的な判断でカバーできるものではない、との趣旨である[25]。

調査結果が不確かでそこには幅やばらつきが存在し、対応表も演繹の帰結として幅をもたしている場合、論理的に内容上の瑕疵といえるのは、帰結が幅の下限と上限以内に収まってはいない場合であり、その範囲であれば、ちょうど選択裁量の場合のように、演繹は正当化される。したがって、内容上の論証瑕疵もないので、第三M判決がいう調査欠落は上の三分類のどの論証瑕疵にも該当しないことになる。しかし、第三M判決はそうした幅の中での選択に理由が示されていないという点に調査欠落を見出している。

このような第三M判決で示された調査欠落概念から判明することは、そもそも「調査」(Ermittelung)概念が、第一M判決ばかりではなく、それまでの三つの判決よりも広がっているということである。調査から論証への流れは、第三M判決の事例では、「調査実施（地震及び地質の調査）」→「調査

25　BVerwGE 106, 115 (125 f.).

結果（地震強度）」→「調査結果からの論証第一項目の確定（地震強度）」→「第一項目から第二項目の導出（対応表により）」→「第二項目の結果（表面最大加速度）」→「第二項目の確定（表面最大加速度）」となる。第三M判決の調査とはこれらすべて、すなわち調査後の初期条件の確定に至る判断経緯、法則の使用とその後の部分判断の帰結を導き出すためのあらゆる判断を含むことになる。ゆえに、調査はもはや論証そのものとなっている。そうすると、ここでの調査欠落とは、それまでの調査欠落を超えて、調査結果―論証項目間関係の説明欠落、論証項目間関係の説明欠落を含む「包括的調査・論証における欠落」――これもかなり特殊な意味での形式上の論証瑕疵といえなくもないが――とも呼べるものである。

　たとえば、我が国の耐震設計審査でこの点を考えてみよう。仮に、最大加速度を導き出すために断層調査を行ったが、断層の端が確定できず、最小だと30キロ、最大だと40キロということが科学的にいえるとしよう。ここで保守的に40キロを初期条件として選定すれば、第三M判決がいう調査欠落はない。保守性要請が自動的に理由になるからである。しかし、中間をとって35キロとした場合、すなわち、そのような事業者の申請を行政が承認した場合、その理由が必要になる、ということを第三M判決は指摘していることになる。35キロという選定自体も調査行為に含まれるので、そこに理由がないということは調査欠落がある、という論理になる。ここで、行政は、たとえば、「中間の35キロと選定して断層の長さについては不確実性を残した。しかし、その代償として、震源から敷地までの距離は短めに設定させた。そのことで地震動の減衰を少なめにし、保守性を担保した」等の理由づけが必要になるということである。このように、第三M判決がいう調査欠落は演繹の前提となる項目の調査欠落にとどまらず、さらに調査結果と論証項目との関係、加えて論証項目間の論理的関係までもが審査対象となっている。その結果として論証瑕疵（内容上の瑕疵を除く）の司法審査としては、その司法審査密度は従来の調査欠落審査よりも高いものとなっている。

4. 原発の安全性に関する二つのアプローチ

　3でみた調査欠落が原発設置許可処分取消しの理由になるのは、調査欠落がある行政行為が違法になるからである。これは訴訟法、すなわち我が国の行訴法あるいはドイツの行政裁判所法から形式的根拠として導き出される。行政行為の違法については、第1章で述べた通り、許可が覊束行為の場合、要件該当性の実体判断に誤りがあれば、処分は違法になる。しかし、裁量行為――判断余地の場合も含む――の場合には、ドイツ行政裁判所法114条――我が国の行訴法30条も同様――の解釈理論として、裁量瑕疵が違法性の代替になる。原発設置許可における要件該当性判断はリスク判断であり、これまで述べてきたように、裁量性が認められるので、裁量瑕疵論としては、そこに裁量瑕疵が見出される場合に、処分は取り消される。この裁量瑕疵の各論として、特に衡量欠落審査と類似した発想で、上の判例が採用しているのが調査欠落審査だとみることができるだろう。

　しかし、たとえば、緑地という要素が衡量に入れられていない都市計画が、衡量欠落ゆえに、取り消されることと、多くの調査を伴う原発の設置許可において、一部の調査欠落により設置許可が取り消されることでは意味合いが異なる。調査欠落は個々のリスクに関する部分判断における手続瑕疵に近いので、そこから全体的な安全性判断の否定である許可処分取消しを導き出すためには、もう少し実質的理由づけ、調査の瑕疵と結論である許可処分の瑕疵との間にある論理の隙間を埋める作業が必要になる。ただ、この論理の隙間を事故蓋然性という考えによって埋めようとすると、実体判断代置審査の罠に陥るという点は第6章で述べた。調査欠落が炉心溶融事故に結びつくという説明を裁判所に求めることには無理がある。

　こうした論理の隙間は、上のドイツの判例においては、リスク排除に関する行政と裁判所によるアプローチの違いという仕方で埋められているようにみえる。裁判所は原発の安全性に関して、行政とは異なる視点に立つことで、部分判断における調査欠落を取消事由にまで高めていると考えられるのである。以下では、その詳細について検討してみたい。

4.1　行政側の要件判断とそれに対する司法の視点

　我が国の炉規法は原発の設置許可要件として「災害の防止上支障がない」を、ドイツ原子力法は「災害に対する事前の配慮」を挙げている（以下では我が国の許可要件のみ言及する）。ここでの災害とは典型的には原子炉施設からの放射能放出事故を指すので、もし、そうした事故に至り得るあらゆる起因事象及び各々の事象推移が物理的・化学的に正確かつ網羅的に示され、それに対応する施設の設備の方も配管の一本一本に至るまで工学的かつ実際上完璧に作り上げられることができる場合には、申請されている施設が上の許可要件に該当するか否かの判断は比較的容易になされるであろう。複合的判断ではあるが、法則を前提として、初期条件に申請施設の設計数値を代入すれば、終局的な燃料温度の数値、すなわち炉心溶融、そしてその後の放射能放出事故の有無は演繹され得るからである。この点は、第6章において、田中二郎がいう「客観的一般律」との関係で述べたところである（6.2）。

　しかし、3の部分判断の瑕疵について指摘した通り、実際の要件判断においては、法則とはとても呼べない限定された実験から導き出された仮の式や対応表が使われている。また、5のもんじゅ裁判でみるように、一般的な法則は知られていても、現実の場面では現象の個別性が強く、物の単純な燃焼や流体の動きすら正確に予測することはできない。そして、施設の方も、それは精密だといっても、たとえば同質・同強度の完璧な素材で施設の部位を仕上げることも容易ではない。もっとも、そうした問題は原発に限らず、ごみ焼却炉等の施設一般の事故防止においてもいえることではある。が、放射能放出事故の甚大な被害を考慮すると、原発のリスクの排除は徹底的になされる必要がある。

　ここから、行政のリスク調査・評価活動についての冒頭のヴィール判決の見解、連邦憲法裁判所カルカー決定に依拠した「ベストを尽くした危険除去」（Bestmögliche Gefahrenabwehr）という見解が妥当するのが分かる。すなわち、原発審査における行政の義務は、現代の科学技術でベストを尽くしてリスク排除を行うこと、実践理性上可能な限り損害可能性を排除することであり、あえていえば、このことの裏返しとして、実践理性が及ばない「残余リスク」（Restrisiko）のみを法が許容すると解釈できる[26]。なお、「実践理

性によるリスク排除」とは、行政は理性を理論的にも、そして理論の応用においても限界まで駆使し、可能な限り実体判断において事故リスクを排除するということであろう。

　以上のことを行政側の法適用という点から整理すると、行政側の安全性に関する要件該当性判断には上の通り不確実な部分が残るゆえに、条文に明記はないが、要件該当性判断に際してベストを尽くしてリスク排除を行う義務が伴うということである。一方で、裁判所がリスクに向き合う姿勢は行政とは異なる。上の連邦行政裁判所判決が示してきた通り、要件該当性判断、すなわちリスク判断の実体的代置は裁判所には禁止されているので、要件該当性判断に付随する上のベストを尽くしてリスクを排除する義務の履行のチェックが調査欠落の審査ということになる。

　このように、リスク判断である許可要件該当性判断に対する行政と司法のアプローチは異なるので、各々の結論、すなわち、行政処分と判決の意味も異なってくる。行政側の申請許可処分が意味するところは、「事故リスクが排除されている」ということになるが、司法審査の帰結の一つである許可の取消しは、当該施設においては「事故リスクが排除されてはいない」あるいは「事故蓋然性がある」ということを意味するものではない。この点、第一M判決がいう通り、裁判所はリスクが現実に存在するか否かについては実体判断しないが、調査がないまま出された許可は取消しを免れない、という点に尽きる。なぜ、必要な調査がされないままの処分は取り消されるのかというと、それは第三M判決がいうように、リスクの排除が明確にされてはいないからである。つまり、司法審査はベストを尽くしたリスク排除の論理をみ、論理がみえないことをもって取消事由にしていることになる。

　たしかに、3で述べた通り、地震リスクに関する部分判断の調査欠落はその判断の内容上の瑕疵を推認するものと捉えることはできる。しかし、それは行政の安全性判断の否定を意味するものではない。そうではなく、部分判断の調査欠落が処分取消しの理由になるというその意味は、行政は限界まで理性を使って調査を行ってはいない、あるいは事故リスク排除の論理が明確

26　BVerfGE 49, 89 (138 f.). これがカルカー決定の基本的な立場である。詳細は第5章4を参照。

にされていない、ということ以上、以外ではない。この行政側の安全性判断の論理とそれに対する司法審査の論理の違いを、さらに下でより詳細にみていこう。

4.2　全体としての安全性判断の具体化の論理

　放射能放出事故の防止においては、原子炉施設に発生し得る様々な起因事象、いわゆる安全審査に関する行政規則でいう「異常な過渡変化」や「事故」に対する対処が問題になる。多重防護の考えの下では、まず事故につながる事態の発生防止の段階でリスクが排除され、加えて、事故拡大防止として、事故が起きてしまうことを前提に、それが最終的に放射能放出という事態に至る可能性が排除されることが求められる。たとえば、そもそも強い地震動が発生しない立地であったり、地震が起きてもしっかりした耐震構造であれば、地震リスクは排除されるし、仮に地震によって配管破断が発生しても原子炉がすみやかに停止し、かつ燃料の冷却機能が維持されれば、炉心溶融リスクは排除される。つまり、論理的には、たとえば、地震による施設損壊リスクがある（A）が排除される、かつ（∧）事故時に原子炉が運転を継続するリスクがある（B）が排除される∧補助冷却系が不全に陥るリスクがある（C）が排除される…→原子炉から放射能が放出されるリスクがある（Y）が排除されるとなる。¬A∧¬B∧¬C…→¬Y と表記されよう（¬ は否定。論理記号については、第1章のコッホ及びアレクシーの法論理を参照）。ここでAが科学法則上100%あり得ない、というのであれば、B以降のリスク排除は必要がない。しかし、先に法則について述べた通り、地震の規模を確実に予測できるほど、地震学は確実な法則ないし知見を提供しない。同様のことは、程度の差はあれ、原発施設設計の前提となる各種力学や電気工学にもいえることだろう。したがって、何段階かですべてのリスクが排除できて、初めて法が排除を予定する終局的リスク Y は排除されたものとみなすことはできる。行政には終局的リスク Y の排除が許可要件充足となる。

　一方で、裁判所にとっては、上で述べた通り、必要な調査及び論理によってリスク排除が明確にされているかをみるのが司法審査になる。この調査欠落審査は個々のリスクについていえることなので、裁判所にとって、終局的

リスク Y の排除が問題になるのではなく、それを導き出す A、B、C…という個々のリスクが排除されているとする行政判断、すなわち部分判断の調査及び論理のあり方が焦点となる。その詳細は 3 でみた各種の審査、すなわち形式上の論証瑕疵、初期条件及び法則を選定・決定する際の調査欠落、調査結果ー論証項目間関係の説明欠落、論証項目間関係の説明欠落をみる審査である。

そしてこの審査による瑕疵の認定は先の通り「リスクの排除は明確ではない」であるので、行政がなした部分判断 ¬A の瑕疵の認定は地震による施設損壊リスクがある（A）との認定ではなく、地震による施設損壊リスクの排除はなお不明であるという点にとどまる。そうすると、部分判断は ¬A ∧ ¬B ∧ ¬C… → ¬Y と全体判断につながるので、¬A の瑕疵の認定は連鎖して、¬Y の瑕疵の認定につながる。その結果、裁判所による全体判断 ¬Y の否定の意味も放射能放出事故の蓋然性がある、ということを意味せず、「原子炉から放射能が放出されるリスクの排除が不明である」という点にとどまる。以上のことから帰結することは、原発訴訟における裁判所の役割は原発事故の蓋然性を判断することではないということになり、取消判決における判決の理由部分では、原発事故の蓋然性に言及する必要もないということになる。

こうした見解は、第 1 章で述べた取消訴訟における取消判決の効力との関係から考えても妥当であろう。取消判決の効力は論証という処分理由に及ぶ。調査欠落は調査の瑕疵であるので、取消事由が行政判断 ¬A の瑕疵を意味する「地震による施設損壊リスクの排除はなお不明である」ならば、判決の効力は地震リスクの調査のやり直しという「再度考慮機能」[27]に限定されるだろう。この機能は再度、行政にリスク排除についてベストを尽くさせるということなので、上記のカルカー決定の考えとも合致している。

4.3　調査欠落と取消事由

問題はどのような調査欠落が処分取消しの事由になるのか、という点である。これは我が国の伊方最判がいう「看過しがたい過誤、欠落」にも関わ

27　塩野宏『行政法 II［第 5 版］』有斐閣（2010）86 〜 87 頁。

る。部分判断は部分判断の側で、さらなる部分判断に分解されるので、それにあわせて調査欠落の方も詳細化されていく。たとえば、地震による施設損壊リスクがある（A）か否かの判断を例にとり、その判断過程にあるさらなる部分判断についてみていこう。Aを排除するための耐震設計には、予測される最大地震動を導き出す必要がある。そのためには、まず、原発施設近辺にある断層及びそれらの長さを調査・判断（A1）し、断層間が近い場合にはその連動の有無をも調査・判断（A2）する。その後、各種算定式を使って基準地震動を求める判断（A3）をするが、当該施設の敷地での地盤特性を調査・加味してそれを加工する判断（A4）をも行う。加えて敷地に関りがなく、どこでも発生し得る直下型の地震についても、その例として適切な過去地震を調査・選定し、そこから別の地震動を求める判断（A5）を行う等である。したがって、行政側の¬Aの判断に調査欠落がないということは、これらA1、A2、A3…においても調査欠落がないことを意味する。さらに、A1にしても、調査の方法は文献調査から音波を使った調査まで、それは複数かつ多岐にわたるので、部分判断はさらに詳細化し、それに伴い調査欠落も詳細化される。

　さて、第6章で述べた通り、原発訴訟に際しては、裁判所は取消しという結論を導き出すために、行政の要件判断をただ追試するのではなく、むしろ行政側の論証の瑕疵が処分取消しに値すると判断し得るポイントを形成的に構成する必要がある。したがって、裁判所は上記のような多岐にわたる調査欠落すべてではなく、そこに欠落があれば取消事由になるそのような判断・調査の項目をあらかじめ選定しておく必要がある。これはもちろん、炉規法及びその関連法令、そして何よりも安全審査指針等の行政規則が基準になるが、その解釈も含め裁判所には形成的な判断が求められる[28]。

　たしかに、原発施設周辺のある海域について断層調査が全くなされていないような場合には、その調査欠落は明らかに取消事由になろう[29]。基準地震

28　我が国の学説には、指針にない事故シナリオも司法審査の対象となり得るとの見解があるが、これも裁判所の形成的な作用を認めるものであろう。交告尚史「大規模施設と司法審査――原発訴訟を念頭に置いて――」公法研究53号（1991）195頁以下、特に198〜199頁を参照。
29　民事差止めの事例ではあるが、伊方原発3号機運転差止仮処分却下に対する抗告審決

動の算定にとって、どのぐらいの長さの断層が、どの方向に向かっているのかを知ることは算定の基礎になるからである。このように、取消事由になる調査欠落の選定はリスク算定の論理、あるいは安全審査の指針類から推論できる場合も少なくなく、そこでは、かならずしも裁判所の形成的な判断が求められるとまではいえない。しかし、断層調査自体は行われているが、その調査方法が古い手法であるとか、正確でない等の問題については、それが瑕疵になるのか、瑕疵になるとしても取消事由になるのか等の判断は安全審査指針のような行政規則からは直ちには導き出せない。

同様のことが上のA5、直下型地震タイプの地震動を想定する際の調査欠落についてもいえる。原告側から瑕疵を指摘されたとき、被告側が直下型地震タイプの考慮は「念のための」判断であって、安全審査では付録にすぎない旨の反論があったとしよう[30]。その場合、行政規則は取消事由選定の判断基準にはならないので、結局、裁判所の側にあるべき調査の観念がないと瑕疵の認定はできないことになる。それは事故蓋然性に結びつくかという視点ではなく、どれだけ、実践理性上、調査の厳格さを求めるのか、という裁判所独自の判断を必要とするだろう。

以上述べてきた3及び4を総括すれば、原発の司法審査については三つの点が妥当するだろう。(1) 原発の設置許可処分に対する裁判所の審査は原発の多重防護の下で行政がなした連続する各種リスク排除の論証において、論証の瑕疵を見出し、それを処分取消しの事由とするものである。(2) 論証の瑕疵は、原則、科学的実体判断によって見出してはならず、調査欠落から内容上の瑕疵を推認するものである。ただし、判断の瑕疵の意味はリスクが排除されていないということではなく、リスクの排除が不明であるという点にとどまる。したがって、裁判所は取消判決の理由においても、原発の事故蓋然性について触れる必要はなく、また触れてはならない。(3) 取消しに値す

定（広島高決令和2年1月17日裁判所HP参照）において、高裁はこれを差止めの理由の一つとしている。詳細については、赤間聡「原子力発電所の基準地震動策定とそれに対する司法審査——判例分析を中心に——」青山法学論集63巻4号（2022）133頁以下参照。

30 このような主張に対する判断として、平成13年東海第二原発訴訟控訴審判決（東京高判平成13年7月4日判時1754号35頁）を参照。

る調査欠落の箇所の選定については、その基準として事故蓋然性に固執してはならない。裁判所は、当事者主義の下、指針類を参考にしつつも、形成的に判断しなければならない。以上の三点を念頭に置き、下ではもんじゅ裁判について分析・評価を加えていきたい。

5. もんじゅ差戻後控訴審判決における過誤、欠落問題

　すでに指摘した通り、伊方最判が原発設置の許可要件該当性判断に裁量性を認める以上、裁量瑕疵論からも、訴訟法上からも、判断代置審査は否定されることになる。しかし、何度か触れたように、判断代置審査の代わりとして、伊方最判が提示する判断過程の審査は不明確な部分があり、司法実務においてそれを用いることは容易ではない。判断過程とは何かという点もそうであるし、許可処分の取消事由を看過し難い過誤、欠落としている点もそうである。そこで、ここ5においてはこうした問題を抱える我が国の判断過程の審査について、4で示した原発の安全性に関する行政と裁判所でのアプローチの違いという観点から、考察を加えていく。その際、議論の素材をもんじゅ裁判に求める。そこには判断過程の審査が内包する問題が集約されていると考えるからである。以下では、原発の設置許可の無効確認を認めたもんじゅ差戻後控訴審判決[31]（以下、「平成15年もんじゅ高判」という）を中心に、

31　名古屋高金沢支判平成15年1月27日判時1818号3頁。ここで参考にした判例評釈として、首藤重幸「もんじゅ原発行政訴訟控訴審判決」法学教室271号（2003）48頁以下、山下竜一「行政法理論における原発訴訟の意義―もんじゅ訴訟差戻控訴審判決を素材にして」ジュリスト1251号（2003）82頁以下、中川丈久「判批」淡路剛久、大塚直、北村喜宣編『環境法判例百選』（2004）202頁以下、交告尚史「判批」『平成15年度重要判例解説』（2004）41頁以下、高木光『行政訴訟論』有斐閣（2005）359頁以下、高橋滋「科学技術裁判における無効確認訴訟の意義」三辺夏雄、磯部力、小早川光郎、高橋滋編『法治国家と行政訴訟―原田尚彦先生古稀記念』有斐閣（2004）329頁以下、同「原子力関連施設をめぐる紛争と行政訴訟の役割～『もんじゅ』訴訟第2次上告審判決の検討」礒野弥生、甲斐素直、角松生史、古城誠、德本広孝、人見剛編『現代行政訴訟の到達点と展望―宮崎良夫先生古稀記念論文集』日本評論社（2014）57頁以下、藤原淳一郎「高速増殖炉「もんじゅ」の設置許可に違法があるとはいえないとされた事例」判例評論571号（2006）184頁以下、亘理格「原子炉安全審査の裁量統制論―福島第1原発事故から顧みて」論究ジュリスト3号（2012）26頁以下、斎藤浩「もんじゅ事件残論及び原発行政訴訟における裁量論」立命館法学355巻3号（2014）39頁以下。

特に、ここでの争点の一つである「2次冷却材漏えい事故対策」をめぐる司法審査の論理を検討することで、筆者なりの判断過程の審査のあり方を提示してみたい。

5.1 判例の概要

本件は内閣総理大臣が動力炉・核燃料開発事業団に与えた高速増殖炉もんじゅの設置許可に対して、周辺住民である原告らがその許可の無効を主張して始まった一連の裁判の一つである——後に事業者は組織変更から核燃料サイクル開発機構となり、許可主体は省庁改革から経済産業大臣となっている。まず、原告適格をめぐる裁判で平成4年、最高裁が原告適格を確認した後に、差戻し後の本案審議において、平成12年福井地裁は原告の請求を棄却した。その後の控訴審で許可の無効が確認されたのが平成15年もんじゅ高判である。この高裁判決はその後、最高裁（以下、「平成17年もんじゅ最判」という）で破棄され原告の請求は棄却されている。なお、福井地裁での本案判決前の平成7年12月にもんじゅでのナトリウム漏えい事故が起きている。

さて、「2次冷却材漏えい事故対策」をめぐる争点は、上で挙げた伊方最判での「安全性審査における看過しがたい過誤、欠落」の有無が問われた部分であるが、判決はこのナトリウム漏えい事故対策の争点判断に入る前に、二つの法律上の前提問題をクリアする必要に迫られている。一つは基本設計の問題であり、もう一つは無効確認訴訟が取消訴訟よりも実質的に司法審査密度を下げているという点である。まず、基本設計問題については原子炉設置許可の段階での安全審査の対象はベーシックな基本設計事項に限られるという見解から、如何にナトリウム漏えい事故対策が基本設計事項に属するのか、を論じる必要があった。この点につき、判決は運転実績が乏しく、技術、知見ともに不十分な原子炉の場合には、審査すべき「基本設計の安全性にかかわる事項」は広範囲に渡る、と理由づけている。

もう一つの点は行政行為が無効とされるのは、「重大かつ明白な瑕疵」がある場合に限定され、このことが司法による詳細な審査に歯止めをかけている点である。この点につき、判決は、まず、違法の明白性は、特段な事情が

ある場合には、無効要件として必ずしも必要としないという無効要件緩和の法理を述べた上で、当該事例ではこうした例外的事情があるとしている。すなわち、原子炉設置許可処分では人間の生命、身体、健康、そして環境という重大な利益の侵害の危険性が関わっており、それは処分無効の判断で害されるであろう行政処分の法的安定性という価値よりも重要度が高い。したがって、原子炉設置許可処分の無効要件は、違法（瑕疵）の重大性をもって足り、明白性の要件は不要である、としている。そうすると、無効確認の要件は「瑕疵の重大性」のみになる。これについて、判決は原発設置許可において瑕疵が重大であるといえるのは、安全審査の根幹に関わる判断の瑕疵であること、すなわち、その瑕疵によって放射性物質が環境に放散されるような事態の発生の具体的危険性を否定できない場合であると解釈している。

このような、司法審査基準を示した後で、判決は、2次冷却材漏えい事故は放射能放出事故につながり得るので、その事故対策における瑕疵は重大な瑕疵であり、無効事由に該当すると判断する。その上で事故対策の適切性について詳細な検討を加え、ナトリウム燃焼温度及び腐食作用に関する判断に瑕疵を認定し、結果、2次冷却材漏えい事故対策にも瑕疵があるとして、処分の無効を確認している。

なお、以上概要を述べた2次冷却材漏えい事故対策に関する問題を、下ではより詳細に分析的に検討していくことにするが、その際、無効確認と取消しの違いである瑕疵の重大性要件については、二つの理由から無視することにする。第一に、学説も指摘している通り[32]、この問題は処分後の新知見に対応する行政の責務・権限を、そしてこれに対する訴訟類型を完備する立法があれば、おのずから解決する法技術論に属する問題であるからである。そして、第二に、平成17年もんじゅ最判は平成15年もんじゅ高判が無効とした行政処分を、違法ですらないとし、取消訴訟の枠組みで審査しているからである。これらを考えれば、もんじゅの事案を伊方最判の定式、判断過程に看過し難い過誤、欠落をみる審査が直接適用される事例として検討することが適切であろう。

---

32 高木（前掲注31）374～379頁。

5.2 判決の論理分析 1——「総論」と大枠判断

　司法審査の前提には行政処分があるので、まず高裁の論理に入る前に、行政側の許可処分の論理を 4 で分析した原発の多重防護の論理を用いて表記し、そこにおける「2 次冷却材漏えい事故対策」の位置づけを確認しよう。旧炉規法 24 条 1 項 4 号においては原発の設置許可（G）の要件として「災害の防止上支障がない」（¬A）が規定されている。ここで災害とは原子炉施設からの放射能放出という事態を指すので、この概念はそうした災害に至り得るあらゆる起因事象を想定し、それに対する対策をとることで、一つ一つのリスクの芽が実践理性上排除されている状態と捉えることができる。したがって、そうした個々のリスクの芽の排除は災害の防止上支障がないという全体判断の一部を構成する部分判断であり、それらは複数の許可要件として機能する。2 次冷却材漏えい事故対策に関する判断もそうした許可要件の一つである部分判断である。これは原発の指針類から確認できる。

　「発電用軽水型原子炉施設の安全評価に関する審査指針」（昭和 53 年 9 月 29 日原子力委員会決定、判決では「安全評価審査指針」とされている）によれば、行政庁の安全審査は、「事故」について評価を行わなければならないとされており、ここで事故とは「発生頻度は小さいが、発生した場合は原子炉施設からの放射能の放出の可能性があり、原子炉施設の安全性を評価する観点から想定する必要がある事象」と定義されているので、「事故」概念は終局的な災害リスクにつながるリスクの芽ということになる。そして、2 次冷却材漏えい事故については、「高速増殖炉の安全性の評価の考え方について」（昭和 55 年 11 月 6 日原子力安全委員会決定、判決では「評価の考え方」とされている。）において想定される事故の一つとして挙げられているので、この二つの行政規則から、2 次冷却材漏えい事故時の対策、すなわち 2 次冷却材漏えい事故時の事故拡大リスクの排除は行政にとって一つの許可要件であり、部分判断であることになる。

　ところで、本件では要件判断が争われているのは、2 次冷却材漏えい事故時の事故拡大リスクがある（B）かという点ばかりではない。その他にも、立地条件及び耐震設計上、自然災害によるリスクがある（C）か、蒸気発生器伝熱管破損事故のリスクがある（D）か、炉心崩壊事故のリスクがある

(E) か、という点が炉規法の許可要件 ¬A を構成する部分判断として争点化されている。これらのどの争点も上の指針類からリスク排除の対策が必要になるので、「災害の防止上支障がない」（¬A）は行政側にとって、これらすべてのリスクが排除されなければならないことを意味する。したがって、以上の裁判の争点に限定して、全体判断としての要件判断 ¬A と部分判断との関係を 4 でみたような論理記号で整理すると、¬B（2 次冷却材漏えい事故時の事故拡大リスクがあることが排除され）∧¬C（立地条件及び耐震設計により自然災害によるリスクがあることが排除され）∧¬D（蒸気発生器伝熱管破損事故のリスクがあることが排除され）∧¬E（炉心崩壊事故のリスクがあることが排除される）→ ¬A（そのような場合であれば、災害の防止上支障がない）となるだろう。¬B∧¬C∧¬D∧¬E → ¬A。そして、最終的に行政の法適用の論理は ¬A → G（災害の防止上支障がない場合には原発設置は許可され得る）と表記できる。

さて、上の指針によると、¬B、¬C、¬D、¬E という個々の事故リスクの排除は「原子炉施設からの放射能の放出のリスクがある」（F）ことが排除されるといい換えることもできるので、¬B∧¬C∧¬D∧¬E → ¬F と置き換えることができる。したがって、どれか一つでもリスクが排除されない場合は原子炉施設からの放射能の放出のリスクがあると論理的にはいえる。高裁もこの点を B → F という形で述べている。「2 次冷却材が漏えいするなどの事故により、2 次主冷却系設備が機能不全に陥れば、炉心の熱を吸収した 1 次冷却材は、その熱を放出することができず、沸騰して冷却能力を失い、原子炉が溶融、暴走するなどの重大事故に発展する危険性がある」と。

以上のことから、2 次冷却材漏えい事故拡大リスクがあれば、すなわち ¬B が否定されるならば、それは放射能の放出のリスク排除の否定を導く。したがって、2 次冷却材漏えい事故対策に関する行政側の判断 ¬B における瑕疵が無効事由になること自体は間違いないが、問題はどのようにしてその瑕疵を見出すかという点である。安全審査においては、行政側は ¬B との結論に至る過程において、多数の審査・判断を行っている。それは、2 次主冷却系の配管・機器の材料選定や設計に関する審査といった事故の未然防止のための判断に始まり、事故を前提とした事故拡大防止のための審査・判断と

しては、漏えい状態をすみやかに発見するための機材や消火措置の適切性、そして本件で問題になる建築物の耐久性等がある。これらは¬Bを正当化する部分判断群とみなすことができるだろう。もっとも、これら幾多の部分判断がすべて瑕疵の審査の対象となるわけではない。裁判所が¬Bに対して審査を行うに際しては、当事者主義の下で原告側（控訴人側）の主張に依存しつつも、そして仮にその主張に含まれるものであっても、これらの部分判断から、あらかじめ審査に値する対象を特定する必要がある。それなしでは、事業者や行政側と同様の膨大な判断を強いられることになるからである。

このようにみると、まずは審査の対象となる部分判断の特定が必要になるが、その基準として高裁が挙げているのが、5.1で述べた放射能放出事故の具体的危険性という見解、事故蓋然性の論理である。すなわち「安全審査に瑕疵があり、その結果として、放射性物質が環境に放散されるような事態の発生の具体的危険性を否定できないとき」が無効事由になり得る部分判断の選定基準である。そして、このような基準からして、重大な部分判断といえるものが「事故時に建物・構築物の健全性が維持される」（H）か否かの判断である。この点について、高裁は「２次冷却材漏えい事故時に安全性を確保するためには、補助冷却設備３系統のうち、少なくとも１系統が機能することにより、炉心冷却機能が損なわれないことが必要である。そのためには、建物・構築物の健全性が維持され、系統分離機能が損なわれないことが必要である」としている。すなわち、H→¬B（２次冷却材漏えい事故が生じた場合、事故ループ以外の冷却系ループが正常に機能するように建物・構築物の健全性が維持されるときには、２次冷却材漏えい事故のリスクがあるということは排除される）となる。

ところで、部分判断Hの妥当性はそれ自体でまた、別の部分判断に依存する。建物・構築物の健全性はそれ自体で様々な審査・判断の集積だからである。したがって、高裁はHの瑕疵の発見のために、Hをさらに詳細化していく必要がある。この高裁の論理は、第１章でみた予測概念の定式を用いて整理すると明確になる。というのは、申請施設がHに該当するか否かの判断は、ある事象を想定し、その際予測される申請施設における建物・構築物の反応をみていることになるからである。

第1章でコッホは予測概念を $\wedge x [Tx \to (Rx \to Dx)]$（もしある対象がTテストを受け、あるいはTの条件下でR反応を示した場合、ある対象はD予測概念に帰属する）と一般定式化していた。この考えに従えば、建物・構築物の健全性（H）という概念の場合にも、申請施設がHの概念に帰属するか否かはテストと反応を特定することで、判断できることになる。Hにとって前提になるテストとは2次冷却材漏えい事故、特にその結果発生するナトリウム火災であり、反応とはその際、その他の系統分離機能が損なわれないように、火災が発生した建物が火災の影響をその内部内で抑えられていることに他ならない。こうした予測概念の定式に即して高裁の論理を下でみていこう。

系統分離のための障壁を形成する建物・構築物の健全性（H）にとって脅威となるのは、ナトリウム燃焼による物理的・化学的影響である。高裁はこの点を「2次主冷却系設備の配置される建物は鉄筋コンクリート造りであり、その周囲の雰囲気は空気であるから、2次冷却材が配管から漏えいすると、空気と接触して高熱燃焼するのは勿論、場合によってはコンクリートと接触する危険性があり、それによって生ずる建物や各系統設備に対する圧力上昇と熱的影響も無視できない」とまとめている。これを詳細に分析すると次のようになる。

ナトリウム火災においては、ナトリウム燃焼（N）によって、建物内の内圧が上昇し、かつコンクリートから水分が出ていくので、それがさらに燃焼を加速し、コンクリート障壁が劣化・破損する（I）リスクがある。また、床コンクリートについては、直接流れ落ちるナトリウムがそこに接触しないように、コンクリートの上に鋼鉄製の床ライナを設置してあるが、床ライナが熱膨張によって破損することでナトリウム―コンクリート反応により、コンクリート障壁が劣化・破損する（J）リスクもある。加えて、床ライナ自体がナトリウムの化学反応により貫通し、ナトリウムがコンクリートと直接接触し同様にナトリウム―コンクリート反応により、コンクリート障壁が劣化・破損する（K）――この点は申請時ではなく、その後の事故から得られた視点ではある――リスクがある。つまり、高裁のHに関する論理を予測概念を使って整理すると、$\wedge x [Nx \to (\neg Ix \wedge \neg Jx \wedge \neg Kx \to Hx)]$（ナトリウ

ム燃焼が生じた場合に、その熱と内圧の上昇でコンクリート障壁が劣化・破損することがなく、かつ床ライナが熱膨張によって破損することでナトリウム―コンクリート反応により、コンクリート障壁が劣化・破損することもなく、かつナトリウムの化学反応により床ライナが貫通し、床コンクリートと反応することで、コンクリート障壁が劣化・破損することもない場合には、系統分離のための障壁を形成する建物、構築物は健全である）と表記できるだろう。

　さて、上では高裁の論理を $Nx \to (\neg Ix \land \neg Jx \land \neg Kx)$ と表記したが、しかし、実際にはここでの x の表記は適切ではない。予測概念においては、個別対象 a の概念帰属に関する判断の確実性は、観察や実験に基づくある対象一般 x についての普遍的に妥当する法則に依存している。一方で、すでに述べたように、原発の事故及びその対策については、普遍的な法則というのは存在しないので、x という形で一般的法則が成立しない。そもそも、単純な火災についてすら、屋内の湿度や体積、燃焼物の種類を所与としても、燃焼時間や最高燃焼温度を科学的に正確に導き出すことはできない。物の燃焼の原理は解明されていても、あらゆる状況における個別の燃焼を正確に導き出す科学法則は一般化されてはいないであろう。こうしたことから、実際には上の全称命題 x のような形で定式化はできず、既存のデータからの類推と利用可能な科学法則を前提にして、申請案件における事故反応の解析が行われている。この点を踏まえ、以下では上記 $N \to (\neg I \land \neg J \land \neg K) \to H$ について、高裁のさらなる各論的判断をみていこう。

5.3　判決の論理分析 2——安全性判断と結論

　2次冷却材漏えい事故時の事故拡大リスクが排除される（$\neg B$）ための本件申請施設（a）の特徴としては、壁面コンクリートの厚さは約 1.6 メートルで、床ライナは鋼製で厚さ 6 ミリメートルが挙げられる。行政の安全審査においては、a は 2 次冷却材漏えい事故においてその建物・構築物の健全性が維持されることが確認されているので、その判断の論理表記は Ha（当該申請施設、壁面コンクリートの厚さは約 1.6 メートル、鋼製床ライナの厚さ 6 ミリメートルという当該申請施設は、2 次冷却材漏えい事故が生じた場合でも、建物・構築物の健全性が維持される）となる。そうすると、上で述べた通り、H に関

する高裁の論理はN→(¬I∧¬J∧¬K)→H（ナトリウム燃焼が生じた場合に、その熱と内圧の上昇によるか、または床ライナが熱膨張によるか、またはナトリウム腐食による床ライナが貫通によるか、いずれかにかかわらず、コンクリート障壁が劣化・破損することがない場合には、建物・構築物は健全である）とされているので、高裁からみると、行政側のHaとの判断の過程においては、(Na→¬Ia)∧(Na→¬Ja)∧(Na→¬Ka)という三つの部分判断がなされたはず、ということになる。

　このような、論理の型に照らして、高裁は今度は実際の行政判断をみていく。まず、Nについての行政側の判断としては「2次主冷却系配管室でのナトリウム漏えいの場合に関して、（中略）内圧上昇は約0.26kg/cm2であり、…また、床ライナの最高温度は約410℃であ」る、と確認し、そうしたNを前提とした上記aの反応については、「（上記予測内圧は）原子炉補助建物当該室の耐圧0.6kg/cm2以下にとどまる。」、「床ライナが…この温度まで全面一様に加熱されても、熱膨張によって壁と干渉しない」、「建物コンクリートの最高温度は、約120℃でありコンクリートの健全性が損なわれることはない」と総括している。すなわち、行政側のNとaを前提とする限り、Na→¬Ia及びNa→¬Jaについては論理的には整合性があることになる。一方で、高裁からみると、あるべきはずの部分判断Na→¬Kaは存在しない。その理由を高裁は「高速炉分野においては、本件許可申請がなされた以前においてHuberらの論文が発表されていたが、問題意識がなかったため、この論文がナトリウム燃焼における床ライナの腐食を予見させるものとは考えず、鉄、ナトリウム及び酸素が関与する界面反応の知見を得るに至らなかった」とN→¬Kとの問題意識の欠如を指摘している。

　こうして、行政判断を確認した後、その審査に至るが、上記の通り、aはNを前提とするので、Na→¬Ia、Na→¬Ja、Na→¬Kaの論証の正しさは、想定されるNの予測の正しさに、つまり、ナトリウムの燃焼温度や燃焼時間等に依存することになる。これはすでに述べたように、類推や理論に基づく専門的判断である。が、本件では、幸か不幸か、申請施設において実際のナトリウム漏えい事故が起き、その生のデータが存在する上、申請者が事故後に行った燃焼実験とその解析結果も公開されている。したがって、科

学技術的判断の不確実性の部分がある程度低減しており、高裁の判断はこれによるところが大きい。

　高裁によるNの認定はこうである。「本件ナトリウム漏えい事故並びに燃焼実験〈1〉、〈2〉によって判明した事実の第1は、ナトリウムとコンクリートとの接触を防止するため敷設されている鋼製の床ライナがナトリウムによって損傷、減肉し、条件如何によっては、厚さ6ミリメートルの床ライナに貫通孔（穴）が生じ、ナトリウムとコンクリートが直接接触する場合があり得るということである」、「第2の事実は、ナトリウムが漏えいした場合の床ライナの温度が、本件申請者が設計基準事故である「2次冷却材漏えい事故」で想定していた温度よりも遥かに高いということである。…本件ナトリウム漏えい事故の配管室の床ライナは最高で750℃と推定され、…貫通孔が発生した付近では、一時的に1000℃を超える温度が記録されている。また、建物コンクリートの温度も、…本件ナトリウム漏えい事故のコンクリートの受熱温度は最高で450℃、燃焼実験〈2〉では490℃となっている」と。

　つまり、上記第一の事実の指摘により、Na → ¬Ka は必ずなされなければならない判断だったはずのものだが、すでに示した通り、欠如していることが改めて確認される。加えて、第二の事実により、実際のNの特徴が、特に燃焼温度（正確には床ライナの温度、各種温度に関しては、5.4.3で述べる）の点で、行政が想定したNとは異なるので、したがって行政のNa → ¬Ia、Na → ¬Ja の判断はその内容が否定される。よって、これら三つの部分判断に高裁は瑕疵を見出す。「本件申請者が本件許可申請書で想定した「2次冷却材漏えい事故」の解析において、その前提となる床ライナの健全性及びその設計温度の評価に誤りがあったのに、本件安全審査は、調査審議の過程でこれに気付かず、本件申請者の事故解析を妥当なものと判断したことである。この点において、本件安全審査には、その調査審議及び判断の過程に過誤・欠落があった」と。

　そして、それら瑕疵は設置許可無効に値する重大な瑕疵になるというのが高裁の最後の結論である。それは総論で述べた、判断の瑕疵が具体的な危険・事故蓋然性に結びつくという論理によって導き出される。まずは、Na → ¬Ia 及び Na → ¬Ja は否定され、Na → ¬Ka については、行政側は申

請時に判断すら行ってはいないので、三つの部分判断の瑕疵は上記の N → ($\neg$I ∧ $\neg$J ∧ $\neg$K) → H に従い、$\neg$Ha を導き出す。次に、これもすでに触れた H → $\neg$B に基づき、$\neg$Ha → Ba（2 次冷却材漏えい事故時に申請施設の建物・構築物の健全性が維持されるとはいえないので、当該事故の事故拡大リスクは排除されない）に至る。高裁はいう。「本件安全審査は、「評価の考え方」が事故解析に「ナトリウムによる腐食、ナトリウム－水反応、ナトリウム火災」への配慮が必要であることを指摘しているにもかかわらず、ナトリウムと鉄との腐食機構の知見を欠いていたため、床ライナの健全性の評価を誤り、また、ナトリウム－水反応、ナトリウム火災の解析が不十分であったため、床ライナの加熱による最高温度の評価を誤るという結果を招いてしまった。このような瑕疵ある安全審査では、「2 次冷却材漏えい事故」の事故拡大防止対策が万全であることが確認されたといえないことは明らかである。」、「事故拡大防止対策が万全とはいえないとなれば、最悪の事態も想定しなければならない」と。

そして最終的に、上記 Ba から、冒頭の行政規則の論理 B → F（2 次冷却材漏えい事故時の事故拡大リスクが排除されなければ、原子炉施設からの放射能の放出のリスクがある）に基づき、Ba → Fa が帰結する。高裁はいう。「現在の知見では、ナトリウムとコンクリートが本格的に接触したときにどのような事象が生じるのかは未だ十分に解明されていないことが認められるから、事故発生ループ配管室又は過熱器室の床ライナの健全性が損なわれ、同所で本格的なナトリウム－コンクリート反応が生じた場合、それが他の冷却系ループに具体的にどのような影響を及ぼすかを正確に予測することはできないけれども、事故ループ以外の冷却系ループが正常に機能する保障は全くない。そして、弁論の全趣旨によれば、本件原子炉施設の設計では、3 系統（ループ）の冷却能力がすべて失われることは想定していないことが認められるから、仮に事故ループ以外の残り 2 ループの冷却能力も同時に失われる最悪の事態になれば、たとえ原子炉の緊急停止に成功しても、その後も核燃料から発生する崩壊熱を冷却することができず、炉心が溶融することは避けられないところである」と。以上のように、高裁の論理は原発施設の部分的な事象から全体の事象 F へと昇っていく。高裁にとって F の原因となる判

断の瑕疵は、もちろん看過し難い重大な瑕疵と総論で述べているので、「「2次冷却材漏えい事故」に対する本件安全審査の過誤、欠落は、決して軽微なものではなく、看過し難い重大な瑕疵というべきである」と結論づけられている。

5.4 検討

高裁の論理を検討するにあたり、まず、高裁が総論で述べた伊方最判の理解、すなわち判断過程における看過し難い過誤、欠落を事故蓋然性と結びつける理解は妥当か否かを検討する。そして、その後に、高裁が実際に実施した司法審査のあり方を、無効事由となった2次冷却材漏えい事故対策における瑕疵を主軸に、分析・評価していきたい。

5.4.1 判断の過程における「看過し難い過誤、欠落」と事故蓋然性

5.2で述べた通り、2次冷却材漏えい事故は炉心溶融の原因となり得るとの判断は、科学技術的判断ではあるが、行政規則から論理的に導き出されるもので、高裁自身の実体的な判断ではない。一方で、5.3の結論部分で「本件原子炉施設の設計では、…たとえ原子炉の緊急停止に成功しても、その後も核燃料から発生する崩壊熱を冷却することができず、炉心が溶融することは避けられないところである」とする部分は高裁自身の実体的な科学技術的判断であると批判されても仕方がないところではある[33]。

この結論部分を不可避なものにしているのが、総論での伊方最判の理解である。判断の過程に存する「看過し難い過誤、欠落」の発見の基準が判断の瑕疵により「具体的危険性を否定できない」といい切ってしまうことで、各論においてナトリウム燃焼に関する判断の瑕疵がどのような事象経緯を経て炉心溶融に至るのかを高裁が説明する必要に迫られている。たとえば、すぐ下で述べる腐食に関していえば、本件ナトリウム漏えい事故が「夏の湿度の高い日…に発生していれば、溶融塩型腐食が起こり、床ライナに貫通孔が生

---

33 高木（前掲注31）384〜388頁、藤原（前掲注31）190〜192頁。
34 こうした二つの法適用における混同の危険は伊方最判当時から一部で指摘されてきた。たとえば、座談会（前掲注24）29頁において、交告は「レビュー」概念でこの点を述べている。

じた可能性を示すものである」等、自己の科学技術的仮説を展開するように強いられているのである。

こうした問題は4で述べた通り、高裁が行政側の要件判断とそれに対する裁判所の判断とを混同していることに起因する[34]。繰り返し確認すると、原発設置許可要件である「災害の防止上支障がない」は統合的な安全性判断であり、それは複数の部分判断からなる。行政側は許可処分という法適用において、安全性判断に至るために、各部分判断において各リスクが排除されているか否かを実体判断する。それに対して、裁判所の審査は行政側の部分判断における実体判断が導き出されたその論理の過程を審査する、すなわち論証瑕疵の審査である。

ただし、リスク判断に対する論証瑕疵の審査は内容上の瑕疵の審査ではないということも、4で指摘した。争いがない法則が利用できない科学技術的判断において、裁判所は行政側の判断における内容上の瑕疵を見出すことは困難であるからである。このような場合に、専門性がある行政側の科学技術的判断を尊重する必要があるので、原則、裁判所は行政が部分判断において採用した数値、式あるいは表等それ自体に内容上の瑕疵を見出す審査は避けるべきである。その代わりに、ドイツにおける原発訴訟判例が示唆した通り、裁判所は部分判断の内容上の瑕疵を部分判断に関する調査欠落、論理の飛躍、説明の欠落から間接的に推認する手法を採用すべきである。

その際、リスク判断における内容上の瑕疵推認の意味は「リスクが排除されない」ではなく、「リスク排除が明確にされてはいない」になる。したがって、原発の取消訴訟——無効確認も同様——の処分取消しの判決理由においては、リスクの排除はなされていない、あるいは事故蓋然性が否定できないではなく、リスク排除が明確にされてはいないとされなければならない。行政にはベストを尽くしてリスクを排除する義務があるので、行政の論証において、行政には考慮されてはいないリスクがあったり、あるいはリスクの評価についていまだ追加資料によって検討する余地がある場合には、そのことゆえに、リスクの排除が不明であるとして、行政処分を取り消し再考させることが司法審査の役割である。それでは、この点からみて、2次冷却材漏えい事故対策の瑕疵について高裁が行った審査方式はどのように評価される

べきか、検討していこう。

5.4.2 腐食の論理

5.3でみた通り、2次冷却材漏えい事故時の事故拡大リスクがあることが排除される（¬B）との行政側の部分判断は、系統分離のための障壁を形成する建物・構築物の健全性（H）によってその正当性が論証される。そしてHはさらに、三つの部分判断による論証によって支えられる必要がある、と高裁はHを論理展開していた。すなわち、(N → ¬I) ∧ (N → ¬J) ∧ (N → ¬K) → H（ナトリウム燃焼が生じた場合に、その熱と内圧の上昇によるか、または床ライナが熱膨張によるか、またはナトリウム腐食による床ライナが貫通によるか、いずれかにかかわらず、コンクリート障壁が劣化・破損することもない場合には、建物・構築物は健全である）である。まずは、事実認定の前提となるこの論理展開の妥当性について検討してみよう。というのは、本件では事実認定以前に、構築物の健全性はどのような事項によって論証され得るか、という概念の具体化のレベルにおいて、行政側と裁判所側でかなりの開きがあるからである。

行政側は上の (N → ¬I) ∧ (N → ¬J) ∧ (N → ¬K) → Hという高裁の論理展開のうち、特に (N → ¬J) 及び (N → ¬K) に関しては、コンクリート障壁劣化・破損防止という問題と直接には関係がないとしているようにみえる。「2次系の床ライナは、本件原子炉施設に内包される放射性のナトリウムに対する考慮のために設けられる1次系のライナとは異なり、多重防護の考え方に基づく事故防止対策そのものに直接に位置づけられるものではなく、上記の冷却系の系統分離にかかわりを持つことから、事故防止対策の一環として間接的に位置づけられるにすぎない」と行政側はしているからである。この行政側の論理が正しければ、高裁は行政規則である評価の考え方、そして基本設計や安全審査の論理を誤解しており、床ライナに関する判断は構築物の健全性の論証とは直ちには結びつかない、ということになる。つまり、今回大きな争点となったナトリウム腐食に関する判断をHの条件の一つとしてN → ¬Kと構成することも、また、事実認定以前に妥当ではないということになる。これは再三述べてきた裁判所の「追試」とは何かという

点に関わる問題である。

　裁判所による司法審査は取消訴訟のための審査であり、取消しの要件は許可要件と同一ではない。裁判所はリスク排除が明確にされてはいないことを取消事由とすべきであり、そのためには、行政規則及び行政側の論理を追いつつ、形成的に取消事由になる部分判断のポイントを構成する必要がある。4でのこうした指摘は、ここもんじゅ裁判においても妥当するだろう。高裁の論理、$(N \rightarrow \neg I) \wedge (N \rightarrow \neg J) \wedge (N \rightarrow \neg K) \rightarrow H$ は許可要件の具体化ではなく、取消訴訟のための具体化であるという点が留意されなければならない。したがって、仮に行政側の安全審査の論理にはないが、リスク排除に関して必要な調査や論理があると裁判所が形成的に判断した場合には、その論理構成は尊重されなければならないであろう。

　さて、このような前提に立ち、$N \rightarrow \neg K$ の論理が正当だとすると、この点に関する行政側の瑕疵は科学問題に踏み込まずに明確に指摘できる。5.3でみた通り、行政側はナトリウム燃焼における床ライナの腐食に関する論文があったにもかかわらず、そうした文献調査を怠り、申請に際して、申請者及び行政はその知見を有していなかった、との高裁の指摘がそうである。これは文献調査がなされていないという点で調査欠落であり、ナトリウム腐食に関する $N \rightarrow \neg K$ の判断自体が存在しないという点で、形式上の論証瑕疵にも該当するだろう。高裁はこれを無効事由とし、それ以上の言及、新しい実験結果と床ライナ腐食の程度への言及を避けるべきだった。たしかに、事業者は平成13年にナトリウム漏えい事故後の調査から、ナトリウム腐食対策のための設置変更許可申請を行っているが、弁論終結時までにそれに対する許可処分は出されてはいない。したがって、審議中に調査欠落がいわば治癒[35]されているのか、否かを判断することはできない。

　それでも、高裁がここからさらに内容上の瑕疵に踏み込んでいったのは、伊方最判の理解から、具体的な危険についても触れざるを得なかったからである。つまり、申請時のNではない新しく判明したナトリウム燃焼の解析があったとしても、それでも床ライナは貫通し得るという点をいわざるを得

35　もんじゅ裁判における瑕疵の治癒については、高橋（前掲注31）「原子力関連施設をめぐる紛争と行政訴訟の役割～『もんじゅ』訴訟第2次上告審判決の検討」72頁参照。

なかったからである。「本件申請者のしたナトリウム燃焼新解析でも、上限値で見れば、厚さ約6ミリメートルの床ライナに残される余裕は僅か約0.5ミリメートルに過ぎないことになるのであって、これでは、床ライナの健全性が維持されていると認めることは困難である」や先の夏の湿度の高い日での事故の仮説に言及し、高裁は最終的にすでにみた「炉心が溶融することは避けられないところである」に結びつける。これは明らかに、原則、避けられるべき判断代置審査としての内容上の論証瑕疵の審査を行っていることになる。

このように、高裁が伊方最判の理解から内容上の論証瑕疵の審査を行ってしまっている点は、実は高裁判決を破棄した平成17年もんじゅ最判においても同様である。最高裁は、$N \rightarrow \neg K$ について、床ライナの板厚の判断は基本設計には属さないと、この部分判断の問題を形式論で処理しつつも、「(新しい) 解析結果は、板厚約6mmの床ライナの減肉量が、中央値で3.2mmないし3.3mmであり、上限値で5.2mmないし5.5mmであった、というのであり、要するに、現状の施設において上記解析条件と同じ条件下で溶融塩型腐食が生じても、現状の板厚約6mmの床ライナに貫通孔は生じないというのである」として、申請施設について $Na \rightarrow \neg Ka$ を実体判断で肯定してしまっている。結局、二つの裁判所では、実験の結果である床ライナに残される余裕約0.5ミリメートルの捉え方に違いがあるだけのようにも思える。0.5ミリメートルを高裁は床ライナは余裕がなく、健全ではないとし、最高裁は貫通してはいないのだから、健全性に問題はないという、双方の科学技術的見解の相違に行きついているとみることもできるだろう。

5.4.3　ナトリウム燃焼における熱的影響の論理

次に、ナトリウム燃焼（N）によって、その熱と内圧の上昇でコンクリート障壁が劣化・破損すること（I）、流れ落ちる高温ナトリウムが床ライナ上で燃焼し、床ライナが熱膨張によって破損することでナトリウム—コンクリート反応が発生、コンクリート障壁が劣化・破損すること（J）の判断の瑕疵についてみていこう。

すでにみたように、申請施設に対する行政側の判断は、予測概念の定式に

従えば、Na → ¬Ia（当該申請施設はナトリウム燃焼時に、その熱及び内圧によりコンクリート障壁が劣化・破損するリスクは排除されている）、及び Na → ¬Ja（当該申請施設はナトリウム燃焼時に、床ライナが熱膨張・破損しナトリウム－コンクリート反応によりコンクリート障壁が劣化・破損するリスクは排除されている）である。これに対して、高裁は a の前提である行政側の N の予測を否定することで、瑕疵の認定を行った。「従来の解析コードに改良を加え、スプレイ燃焼とプール燃焼を同時に計算できる解析コードを用いて、本件申請者が想定した大規模漏えいによってプール燃焼が生じた場合の床ライナの最高温度を計算したところ、配管室では約 620℃、過熱器室では約 750℃ となり、本件申請者が本件許可申請に当たって想定した温度…を大幅に上回っていることが認められ、本件申請者の解析結果が不正確なものであったことは否定しようがなく、これを看過した本件安全審査は、その評価、判断に過誤・欠落があったことは明らかである」と。

これは内容上の瑕疵の審査をしていることになり、通常ならば、実体判断代置審査として許されない。しかし、本件では、上の通り、実際のナトリウム漏えい事故のデータ及び二つの燃焼実験のデータが裁判所によって言及されており、裁判所自身の科学的予測ではなく、客観的な事実に基づいて、燃焼温度の瑕疵を認定しているようにもみえる。しかし、新しいデータが公開されている場合であっても、原発の安全性に関する科学技術的判断に内容上の瑕疵を見出す作業はそれほど容易なことではない。

たとえば、事故後のデータから上記の N には瑕疵があり、実際の新規解析では N1 であると行政側が判断したとしよう。その上で、なお、N1a → ¬Ia 及び N1a → ¬Ja と行政が論証するとき、裁判所が N に対して内容上の瑕疵を認定したとしても、それは N1a → ¬Ia 及び N1a → ¬Ja に影響を与えない。申請施設 a は新しく想定された事故が生じた場合でも、依然、建物・構築物の健全性が維持される、と論証されるからである。実際に、原発のバックフィット制度が導入された現行炉規法においても、政策的な見地から行政側にはこのような論証を展開するインセンティブが働くし、訴訟の場面では被告になっている以上なおさらである。本件でも当然に、行政側は新しい解析を提出し、その下で既存の申請施設の健全性に問題はない

としている。

　この場合、裁判所がさらに、行政側の N1a → ¬Ia 及び N1a → ¬Ja の論証に内容上の瑕疵を見出そうとするならば、今度は N1 の瑕疵を実体判断するしかない。実際、高裁はこの道に入り込んでいる。たとえば、「ナトリウム燃焼新解析は、ナトリウムの漏えい継続時間を最大で 82 分として解析したものであり、1 時間当たりの漏えい率が 1 トンを超えれば、その継続時間は更に短くなっているのであって…したがって、かかる解析条件のもとに算出された床ライナの最高温度約 620℃ を基準に、床ライナと建物が干渉する危険性がないと断定することは相当ではない」とし、行政側の N1a → ¬Ja の論証に内容上の瑕疵を見出している。そして、ここから最終的に、高裁は腐食問題とあわせて「本件安全審査の過誤、欠落の内容は、…具体的には床ライナの健全性（腐食の可能性）と床ライナの温度上昇（熱的影響）に関する安全評価の過誤、欠落である。そして、この安全評価の不備のもたらす危険性は、ナトリウム燃焼、ナトリウム―水反応及びナトリウム―コンクリート反応によって生じるかも知れない 2 次主冷却系の全冷却能力の喪失である。」に至る。

　高裁ばかりではない。このような実体判断手法は、平成 17 年もんじゅ最判にもみられるところである。最判は、行政側の N1a → ¬Ja の新しい判断について、調査欠落の審査も何もせずに、そのまま内容肯定している。「現状の本件原子炉施設の床ライナであっても、ナトリウムの漏えいによる温度上昇によって、壁と干渉することがなく、局所的なひずみによる破損も生じないことを示す解析及び実験の結果があ」る、と。このような、高裁及び最高裁の判断は、内容上の瑕疵を見出すものとして、やはり避けられるべきであったといえる。その代わりに、ここでも調査欠落の審査ができることはあったはずである。下ではその試案を示してみたい。

　そもそも、床ライナの設計温度は火災における床ライナの最高温度を予測し、そこからさらに余裕分をもたして設定されるものである。床ライナの最高温度は上でみた通り、床ライナ自体の熱膨張による破損リスク、そして燃焼は同時に、内圧を上昇させ、かつコンクリートから水分を奪うのでコンクリート障壁の劣化・破損リスク――その他水素爆発リスク等もある――の評

価の前提数値となる。その数値が申請時の予測より200℃以上高かったということは、調査欠落という観点からみると、三つの帰結を導き出すのではないか。

　第一に、4で述べたように、行政は実体判断においてベストを尽くしてリスク排除するように義務づけられている。したがって、行政は上のナトリウム燃焼における熱的影響がもたらすリスクを、実践理性を駆使し最善を尽くして排除しなければならないことになる。つまり、ナトリウム燃焼温度の調査を十二分に行い、かつ机上において、実際にはあり得ない燃焼パターンの想定を行うくらい知性（理性）を駆使し、その上で保守的な数値を採用する、そのような調査及び論理的な思考をなす義務がある。もちろん、そうしたからといって、ナトリウムの最長燃焼時間や最高燃焼温度を正確に予測することはできないかもしれない。残余リスクはある。しかし、さすがに社会通念から考えて、実際の燃焼温度が申請時の予測より200℃以上高かったということは、行政が実践理性を駆使し、リスク排除に最善を尽くしたという点は疑われるだろう。つまり、調査欠落の推定が働くのではないか。たしかに、社会通念や常識は科学訴訟での司法審査においては不要のようにもみえる。しかし、司法過程をリスク・コミュニケーションの場と考えれば、上のような社会通念から調査欠落の推定を働かすこともできるだろう。

　第二に、このような調査欠落が推定されるということは、上の¬Ia及び¬Jaという判断には内容上の瑕疵が推認される。つまり、当該施設では、事故後、もはやナトリウム燃焼がもたらすコンクリート脱水や内圧上昇のリスク、及び床ライナ膨張破損リスクが排除される点は不明になったということになる。これに対する行政側の対応としては、もちろん、事故によって判明した事象を踏まえて、再度、実践理性を駆使し、リスク排除に最善を尽くすことだろう。本件でも原子力安全委員会等の調査がそれに該当する。そして、その結果、結論として、既存の施設の構造、床ライナの厚さやコンクリートの壁厚等で安全性に問題はないと再度結論づけられることもあり得る。ただし、その場合、先の通り、現状維持のインセンティブが行政側に働き、恣意的な調査の可能性は当然にある。したがって、訴訟の場面では、行政側に相当程度、厳格な論証が要求されるだろう。つまり、疑いによって一旦は

リスク排除が不明になった施設を、事故後もそのまま維持するということは、それ相応の論証の負担を行政側は負うべきということになろう。

　第三に、第二の点から、事故後の行政側の論証に対する調査欠落審査としては第三M判決の手法が有効であるように思える。すなわち、通常の調査欠落に加えて、調査結果——論証項目間関係の説明欠落、論証項目間関係の説明欠落を含む「包括的調査・論証における欠落」の審査である。その内容としては、まずは、申請時の予測の瑕疵の原因を調査及び論理の各々について明確にさせて、それが事故後の調査及び論証において避けられているのかを審査するといった手法が考えられる。

　これを本件についてみると、まず行政側に、申請時のナトリウム燃焼温度の予測の瑕疵についてその原因を説明させる。その際、申請時のナトリウム燃焼の調査方法—調査結果—床ライナ最高温度—床ライナ膨張の様態、コンクリートの最高受熱温度、室内内圧といった調査項目及び論証項目間において、どこに瑕疵があったのか、瑕疵の連鎖は論理的にどのように展開したのかを説明させる。そこで、裁判所は調査欠落の有無、論理の飛躍や説明の不明確さを一度チェックする。そして、次に、既存の施設が変更なく維持されると行政が論証した場合、事故によって判明した事象、及び新しい調査及び調査結果について、以前の調査や論理における瑕疵が是正されているのか、そこから導き出される上の論証項目、床ライナ最高温度やコンクリートの最高受熱温度といった項目がどの程度申請時とは変更され、あるいは変更されていないのか、を説明させる。そしてそこで同様の論理の飛躍や不明確さの二度目のチェックを行う。以上のチェックにおいて、調査の不備、論理や説明に欠落や不明確な点があれば、事故が起きた施設には依然リスクの排除が明確にされていないとして、そうした欠落や不明な点を取消・無効事由にすればよい。

　いずれにしても、この場合、裁判所は釈明権を積極的に行使する必要があろう。この意味でも、再三述べてきた通り、調査欠落審査においては、裁判所は漫然と行政の論証を追試するのではなく、主体的に論理を構成する形成的な役割を担う必要がある。それは科学訴訟での裁判所の積極的な役割ということにもなろう。

第7章総括

　判断過程の審査とは何かという問いに対して、これまで裁量瑕疵論という総論においても、そしてリスク行政法という各論においても、十分答えられてきたとはいい難い。この両面からの不明確性が我が国の原発訴訟における判断過程の審査をつかみどころがないものにしているといえる。そこで、第1章の裁量瑕疵論において、判断代置審査を積極審査、判断過程の審査を消極審査として分析的に検討し、その結果、消極審査である判断過程の審査においては、取消判決のための要件化を裁判所が形成的に行う必要がある、ということを示した。その結論を、第6章の行政の優先的判断権の論理を考慮しながら、原発訴訟において展開することがここ第7章の目的であった。

　消極審査においては、裁判所は行政側の判断を前提にして、それに対する瑕疵の判断を行うので、異なる二つの法適用が成立することになる。まず、行政側は通常の法適用、原発設置許可処分においては、許可要件充足判断を行う。それは、第6章で述べた通り、原発の安全性判断という全体判断をなすために、多重防護の下で各種のリスクを一つずつ排除する部分判断を積み重ねる作業に他ならない。それに対して、裁判所の側は安全性の要件判断は原則行わない。個々の部分判断に瑕疵を見出し、それを全体判断の瑕疵として処分を取り消すのが裁判所の法適用である。ただし、部分判断は科学技術的判断であるので、それに対する瑕疵はどのように見出すのかが問題になる。その答えを第7章ではドイツの調査欠落審査に求めた次第である。

　ドイツの調査欠落審査は、リスク排除にベストを尽くす行政側の義務履行をチェックする審査である。それは、原発の設置許可の要件判断については行政の優先的判断権があることを認め、裁判所による直接のリスク判断は避け、リスク調査のあり方に目を向けるものである。これを第1章における裁量瑕疵分類の点からみれば、原発の各種リスクに関して行政側がなした判断そのものの内容上の瑕疵を見出すのではなく、その判断の前提となるリスク調査のあり方に瑕疵を見出し、そこから内容上の瑕疵を推認する手法である、といえる。ただし、第三M判決においては、調査概念が拡張されるこ

とで、審査の領域もまた広範になったという点も指摘した。それは、調査行為の欠落を超えて、調査結果——論証項目間関係の説明欠落、論証項目間関係の説明欠落を含む「包括的調査・論証における欠落」とも呼べるものであった。

上のドイツの調査欠落審査から我が国の原発訴訟における司法審査が学ぶべきことはいくつかある。それは訴訟法や実体法の違いを超えた原発訴訟における司法審査の原理とも呼べる部分である。本章ではこれを実際のもんじゅ裁判を例に示してきた。以下で再度総括したい。

第一に、我が国の炉規法の運用・解釈としても、行政側の義務、ベストを尽くしてリスクを排除する義務というものは妥当するだろう[36]。これは、衡量原則と同様に、実定法上に明文の規定があるか否かにかかわらず、リスク行政において妥当する法原則とも呼べるものだからである。そして、司法審査が実体判断代置を避けるとすれば、我が国においても、こうした行政側の義務履行に関する審査として、調査欠落審査もまた参考にする価値はある。

第二に、調査欠落審査がそうであったように、我が国の判断過程の審査においても、裁判所は行政が行った個々のリスク排除に関する科学的判断について、自己の科学的見解を代置すべきではない。つまり、判断過程の審査においては、原則、内容上の瑕疵を見出す審査は妥当しない。この点から、もんじゅ裁判——高裁ばかりではなく、最高裁もまた——はナトリウム燃焼におけるその温度及び床ライナの健全性に関する行政判断に対して内容上の瑕疵の審査を実施している点で問題がある。

第三に、裁判所は内容上の瑕疵の審査に代えて、判断の前提となる調査や論理構成の欠落または不明確さをみる審査が妥当する。したがって、もんじゅ高裁が、ナトリウム腐食に関する文献調査の欠落を指摘した点は正当である。ただし、同高裁がこの欠落を原発の事故蓋然性と結びつける点は妥当ではない。司法審査は「リスク排除が明確にされているか」否かを判断する審

---

36 我が国においても、カルカー決定と同趣旨の主張、行政側の最善知探求義務を主張する学説がある。交告尚史「原子力安全を巡る専門知と法思考」環境法研究1号（2014）1頁以下、松本充郎「原発訴訟からみた電源多様化の展望」友岡史仁、武田邦宣 編著『エネルギー産業の法・政策・実務』弘文堂（2019）284〜285頁を参照。

査であるので、行政判断における欠落、判断の瑕疵の認定の意味は、リスクの排除が不明であるという点にとどまる。裁判所は取消判決の理由においても、原発の事故蓋然性について触れる必要はなく、また触れてはならない。

　第四に、司法審査はリスク排除が明確にされているか否かをみる審査であるので、排除されるべきリスクは何か、行政側の判断がどのリスクに対応するもので、その判断によって答えられてはいない問題はあるのか否か、裁判所はこうした問題意識をもって審査を行う必要がある（特に2.2の1996年判決を参照）。したがって、司法審査は漫然と行政の判断過程を追試するものではなく、取消事由となるリスク排除の不明を見出すための能動的な作用を含む。そのような審査のためには、行政規則及び行政側の論理を追いつつも、行政側の論理に依存せず、裁判所は形成的に取消事由になる部分判断のポイントを構成する必要があろう。こうしたことから、もんじゅ高裁が建物・構築物の健全性に関する論理を行政側のそれとは独立に展開していったことは尊重されなければならない。それは科学訴訟での裁判所の積極的な役割ということになろう。

終　章

　第2章においてオブライエンが指摘した通り、有害物質をめぐる科学的な証明問題も科学技術がもたらす安全性の問題も、それが法益侵害に関わる限りで、その最後の出口は司法になる。そして、第3章にみたハーバーマスの主張が的確に指摘した通り、近代社会以降、社会が科学技術を前提として成り立っている以上、科学技術をめぐる裁判、科学訴訟は増加の一途をたどるといえる。今後、AIやロボット等がもたらす危険やリスク、その他様々な科学技術をめぐる問題が司法に出口を求めるだろう。本書の終局的目的はこうした現代社会における科学訴訟におけるあるべき司法の役割について論じることであった。以下では本書で述べてきた議論の中でも核になる主張を三つほど挙げて、本書の総括としたい。

1. 司法審査総論

　科学訴訟について議論する上で、そもそも司法審査とは何かという基本的な点を議論する必要がある（第1章）。その理由は、科学訴訟では抗告訴訟が中心になるが（第3章）、行政訴訟のうち、特に抗告訴訟は司法審査の論理は複雑になり、ややもすれば、行政判断と司法判断の区別が曖昧になる。これが第7章のもんじゅ裁判にみられる混乱の一因である。そこで、抗告訴訟における裁判所の法論理の特徴を、そしてそれに加えて、特に、通常の司法審査とは異なる裁量審査の特殊性を明確にしておくことが第1章の重要な役割の一つであった。この議論は、訴訟法の違いはあるが、日本法とドイツ法に共通する行政法基礎理論に属する。

　まず、典型的な行政訴訟である抗告訴訟において、判決の基本的な法論理を分析することが重要であるが、これは抗告訴訟固有の議論ではなく、民事訴訟、刑事訴訟にも共通する問題、法適用とは何かという問題に対して答え

を出すことに等しい。「法律による行政」に基づく、基本的な司法審査の法論理は何かという問いは、法適用とは何かという問いと同じだからである。この問題に対して、本書はドイツの論証理論、特にアレクシーの法理論に基づいて答えた。法適用には、訴訟の種類を問わず、順守すべき型がある。それは決定が法律から演繹されるという論証形式、いわゆる法的三段論法のスタイルである。これをアレクシーは内的正当化と呼んだ。内的正当化は事実を包摂によって、法律要件に当てはめ、法律効果を導き出すという法律学初歩に属する技法である。

　ただし、事実の法概念への包摂はそれほど容易ではないことは、行政法に限らず、民法や刑法においても、同様である。法規は事実を直ちに包摂できるほど明確な法概念で満たされているわけではないので、そこでは法解釈が必要になる。法解釈は法概念を、事実を包摂できる程度までに、何段階かで具体化していくことである。これを法論理としてみると、大前提である規範命題と小前提である事実命題との間に複数の中間命題を挿入する作業と捉えられる。内的正当化はこの中間命題挿入という形式的な作業を法適用者に要求するだけであるが、法適用者には、それに加えて、自身が挿入した中間命題そのものを実質的に正当化するように求められる。こちらの正当化をアレクシーは外的正当化と呼んだ。こうしたアレクシーの外的正当化の論理は行政法学におけるウレの中間命題論に対応するものである。

　中間命題を外的正当化するとき、ウレの指摘した通り、価値判断が必要になる。が、そこでの価値判断はウレがいうところの主観的にではなく、法の枠組みにおいて正当化されなければならない、とするのがアレクシーの見解である。この価値判断の正当化の一般的手法をアレクシーは衡量法則（原則）に求める。それは公法上の比例原則のことで、対立する価値の一方の非充足度と他方の価値の重要度が比例的でなければならない、とする法則である。価値判断はこの法則に基づき正当化されることで、また、挿入される中間命題も外的正当化を得る、というのがアレクシーの理論であった。このような法適用理論に基づけば、行政法学者が裁量の所在論でしばしば言及する「包摂と衡量」の二項対立はなく、衡量は内的正当化における包摂を実質的に基礎づけるものとなる。

さて、上のような法適用モデルは裁判所による行政法の適用である抗告訴訟においても、基本的に妥当するが、行政法の場合には、二つの点で複雑になる。(1) として、行政法の第一次的法適用者は行政庁で、裁判所は第二次的法適用者である、という点がある。そして、(2) として、第一次的法適用者に決定の自由、すなわち行政裁量が認められる場合があり、その場合、裁判所はその判断を代替できないという点がある。

(1) については、まず、覊束行為については、上の法適用モデルが間接的に妥当する。たとえば、申請拒否処分が覊束行為の場合で、取消訴訟において、法定の欠格事由が争点になっているケースにおいては、裁判所は行政の立場と同じ視点で事案を処理する。つまり、裁判所は欠格事由の条文を大前提に、申請案件を小前提にして、行政庁に代わって三段論法を試みる。そして、その後、実際になされた処分と自身の論理を比較して、結論が異なれば、行政処分を違法とし、取消しがなされる。したがって、行政処分という法律効果を裁判所が直接導き出すわけではないが、条文と申請案件を所与として、法的三段論法を行うという点は第一次法適用者である行政庁と同様であることになる。これは実質的に行政判断を裁判所の判断で代置していることになるので、判断代置審査となる。アレクシーはこの審査を積極審査と呼ぶ。

一方で、(2) については、典型的には効果裁量が当てはまる。効果裁量の場合、法的三段論法からは複数の法的効果が、法論理上、すべて合法とされる。したがって、行政決定がその範囲内である限り、裁判所は行政決定を代置することができない。そこで、こうした裁量が認められる場合には、裁量における瑕疵を見出し、それを取消事由にする審査が妥当する。この場合、裁判所は行政庁の判断に瑕疵がないか否かをチェックするものになるので、こちらをアレクシーは消極審査と呼ぶ。

裁量瑕疵にはいくつかあるが、原則、行政処分という結論部分を、すなわち「帰結」を審査しても意味がないので、そこに至る「過程の瑕疵」、または同じことだが、ある特定の判断、たとえばある特定の懲戒処分が選択されたその理由、行政側の正当化の「論証の瑕疵」をみる審査が中心になる。その際、この裁量瑕疵の基準を提供しているのが、先の衡量法則に他ならな

い。裁量権行使は価値判断であるので、価値判断は衡量法則という法原理に基づかなければならない、という論理がここでも活かされている。

　もっとも、行政庁が行う衡量のミスを見出すためには、行政庁の衡量がそもそも明示化されている必要がある。しかし、衡量の場合、衡量瑕疵を見出すための情報、どのような利益をどの程度の重みとして衡量したのか、ある事柄がどのような利益を代表すると判断したのか等の重要な情報は、処分理由等で常に明確にされているというわけではない。そこで裁判所は衡量瑕疵を審査する場合には、まず、衡量法則の型を満たすために、当該事案から対立する利益及びそれらに関する詳細な関連項目を抽出していくという形成的な作業を行う。その後、それと比較できるように、行政庁の判断過程を組み立てていく中で、初めて瑕疵の発見が可能になる。これが本書における消極審査に関する理解である。したがって、裁量審査は消極審査であるとはいえ、行政庁の主張をただ消極的、受け身の姿勢で審査するものではなく、積極的な論理的構成を含む審査である。

2. 科学的判断と行政の優先的判断権

　科学一般の定義を、現象の解明に向かう知的営為であるとすると、科学が目指すのは現象間の必然的な連関を説明する法則を見出すこととなる。その手法は、一般に、観察と実験により、個別的な事象の連関に必然性を見出し、一般的法則にまで高める帰納の作用を含むものである。そうすると、科学的判断とはそうした法則を前提にした現象の説明となる。本書はその典型として、ヘンペル・オッペンハイムモデル＝演繹的法則的モデルを挙げた（第２章）。それは「説明項」に法則及び初期条件を置き、「被説明項」である事実――それは過去でも将来でも構わない――を導き出す推論形式である。つまり、科学的判断は、厳格な意味では、帰納によって獲得された法則を前提にして、初期条件としてある事実やデータを代入することで、帰結として別の事実やデータを演繹する判断であるといえる。

　上のような推論形式を念頭に置くと、科学問題というものの性質もまた明らかになる。それは、論理的には、演繹と帰納の二つの場面での争いという

ことになる。(1) 演繹の局面における争いは、法則には争いがないが、そこに代入される事実に争いがあり、演繹される事実にも争いが生じる場合である。他方で、(2) 帰納の局面における争いは、前提となる法則が争われる場合である。法則は観察や実験から得られた事実及びデータから導きだされるので、そうした事実及びデータ選択の時点での争いがあり、したがって導き出される法則にも争いが発生する。ここではまた、仮に同一のデータから出発しても複数の法則が成り立つこともある。基準地震動をめぐる原発訴訟の多くは (1) の問題を争点とし、もんじゅ裁判でのナトリウム燃焼問題は (2) が争点化されたものである。

　さて、以上のように、科学的判断及び科学問題というものを整理するとき、法律学は伝統的に科学的判断の利用についても、科学問題というものについても、意識してはこなかったといえる。戦前の概念法学は事実から法的な帰結が機械的に推論されるように説明するが、実際にはその推論にとって科学的判断は暗黙の前提とされていた。この点が明確に意識されるようになるのは、特にドイツにおける 1970 年代の議論においてである。ドイツでは司法決定を合理的なものにするという理念から、科学的判断の性質とその法律家の利用を意識的に議論してきた経緯がある。第 2 章のオプの議論はその例であるが、本書がしばしば依拠してきたコッホの行政法理論においても——またドイツ論証理論においても——同様のことがいえる。特にバッホフとは対比的な予測に関するコッホの見解、予測概念論には、科学的判断は司法決定、行政決定を問わず、広く法の適用・執行を基礎づけることができるとする考えが根底にある。こうしたドイツの戦後の傾向は、どのような場合に行政裁量が認められるかという点にも、また科学問題に対して司法はどのように対応すべきか、という点にも反映される。

　まず、一般的にいえば、科学的判断は行政裁量の領域を狭める。行政裁量の重要な根拠の一つに法適用において唯一正しい答えは存在しないという点があるが、科学的判断が客観的な法適用を可能にすることで、この点が崩れるからである。唯一正しい答えが存在しないその典型は、上の 1 で述べた通り、効果裁量、選択裁量であるが、判断余地のように要件判断に異なる行政判断と司法判断が成り立つ場合にも、このことがいえる。この点は第 1 章及

び第4章のウレの議論で確認した。ウレによれば、行政判断と司法判断のどちらも主観的判断であり、ゆえに等価値である時には、より専門的な行政判断は優先され、それを裁判所の判断によって「代置」してはならないという考え、判断代置禁止が妥当するとされる。そうすると、科学的判断の利用により行政判断と司法判断がともに共通の前提に立つ限りで、判断代置禁止は成り立たないことになる。

こうした行政裁量総論を採用すると、それは行政法各論である環境法や科学技術規制に関する法領域においても反映されることになる。そうした法領域では有害物質の認定や損害の蓋然性が規制権限行使の前提になるので、科学的判断に基づき、唯一の正しい規制権限行使があると観念される。したがって、そうした権限行使が抗告訴訟で争われる場合には、裁判所自身が科学的判断に言及し、科学的な問題に決着をつけることも可能であることになる。TA Luft（大気汚染防止技術指針）めぐる当初の判例の考え方がそうであり、ブロイヤーの「予めなされた専門鑑定」という理論（第4章）も、科学的判断と法的な判断とのこうした関係を前提とした上での見解といえよう。

ところで、こうした環境法や科学技術規制に関する法領域における要件裁量を否定するということは、行政行為が覊束行為としてみなされるということを意味するので、行政行為は包摂によって導き出されていることになる。たとえば、許可申請のデータが法則の初期条件に代入されれば、申請案件がもたらす将来の事象が演繹され、その将来の事象は、今度は許可要件に包摂される、あるいはされないことで、唯一の正しい行政処分は自動的に導かれる、となる。この推論形式は行政側にも、裁判所側にも同じように妥当するので、上で述べた判断代置審査・積極審査が可能になる。ファビオ等、リスク行政論者が「包摂」モデルとして批判したのがこうした見解に他ならない。ここには科学的判断、法適用、そして行政の優先的判断権という三つの事柄がどのように論理的に結びつくのかという複雑な問題がある。

たしかに、科学技術規制に関する行政決定を包摂モデルで説明しようとすると、いくつかの困難に直面する。第2章で確認したことだが、法則は実験室ならともかく、現実の場面では100％の確実性でもって現在の事象の因果関係を説明したり、あるいは将来の事象を予測したりすることができない。

その意味では多くは確率の問題を含むものである。また、アメリカの初期のアスベストの規制基準値をめぐる争いにみられるように（第2章）、科学的判断の前提となる規制基準値策定には純粋な医学的判断以外に、産業界との調和の要素も含まれていた。そうすると、有害物質規制は100％の安全性を求めず、ある程度の犠牲を切り捨てる価値判断を伴う。このことはドイツの上記 TA Luft についてもいえることである。したがって、ウレも——TA Luft の有効性をめぐる議論において——科学的な予測ではなく、価値判断が混入する点に、科学技術規制における判断余地の根拠を見出していた（第4章）。つまり、科学的判断が法的決定を基礎づけることは総論的に認めても、科学技術規制をめぐる訴訟において、行政裁量を否定したり、そこで裁判所が唯一の正しい決定を導き出せるということにはならない。

　一方で、また逆に、上のような科学的判断の確率的不確実さや価値判断・衡量が直ちに行政裁量を基礎づけるかというと、それもそうはならない。有害物質規制におけるそうした価値判断は個別の衡量ではないので、法令の解釈からどの程度の健康被害を許容することが立法意思なのかが明確にされる限りにおいて、行政の判断過程での衡量はなくなる、あるいは縮減される。コッホが予測概念で述べた通り、害悪の蓋然性を科学的判断で導き出し、かつその許容度を法解釈から導き出すことができる限りにおいて、科学的判断及び洗練された法解釈に基づき、唯一の客観的な法適用、すなわち行政行為が導き出されることになるからである。また、それが完全にはできない場合でも W. イエリネック由来の三領域説（第1章）を採用することで包摂モデルは維持され得る。いずれにしても、ある判断が科学的判断といえるか否かということと、その判断が行政の優先的判断権に属するのか否かという問題は必ずしも結びつかない。

　以上のような考察を経て、本書では最終的に、科学的判断と行政の優先的判断権との関係について次の通りに結論づけた。科学的判断とはみなされるが、唯一の正しい答えが成立しない、すなわち、客観的な判断が成り立たない場合——ただし、ここでいう「客観的」とはポパーがいう仮説の暫定的通用性に基づく判断という意味に過ぎないが（第2章）——、ここに行政の専門性を尊重する余地がある、と。それは（1）ある科学問題に対して、科学

的判断が複数成り立ち得る場合、あるいは (2) 科学的判断とはいっても、法則を前提にはできない場合——それは典型的には、ジャサノフがいうところの「規制科学」の場合(第3章)——に認められる。

(1) 科学的判断が複数成り立ち得る場合とは、上に挙げたように、帰納の前提となるデータに争いがある場合で、それは実験の方法に争いがある場合等に生じる。これに該当する例として、本書はアメリカにおける「食品、薬品及び化粧品に関する連邦法」の適用場面、サッカリンの有害性に関する科学的判断の事例を挙げた(第2章)。もっとも、このケースでは、立法で実験方法を特定したこと自体が問題視されたのであって、法適用としては、法令で実験方法を特定すれば、その限りで行政の優先的判断権の余地はない。

もう一つの (2) の既存の法則を前提にはできないケースは原発の安全性判断の事例である。原発の設置許可の場合には、「初期条件」は申請される原発施設の設計及び予測される内部・外部事象ということになるが、初期条件の一部は確実ではない上、そのようにして与えられた初期条件と「放射能放出事故」という帰結を直ちに結びつける「法則」も見当たらない。もちろん、物理・化学の複数の法則は、内部あるいは外部事象が発生するメカニズム及びそれに対する施設の反応を導き出すために前提として用いられてはいる。とはいえ、現実の場面では現象の個別性が強く、施設内で発生する物質の燃焼や流体の動きを法則に基づいて正確に導き出すことはできず、それらの予測は限られた実験あるいは仮説に基づいた解析を通してなされるしかない。こうしたことから、原発施設に「固有の法則」などは確立してはおらず、よって「事故の可能性あり」あるいは「事故の可能性なし」という起こり得る帰結を法則から演繹できない。

もっとも、3でみるように、安全性判断は部分判断の集積であるので、部分判断自体は法則あるいは法則に類似するような図や表からの演繹とみなすことはできる。が、そこでの法則については、(1)におけるように、観察や実験方法における争いが生じ得るものであったり、あるいは確実な実験方法がそもそもなく、実証できない場合もあり、ここでも法則に基づく客観的な判断を期待できない。そうすると、そうした科学的判断については、行政の専門性を尊重する余地がある。

3. 原発訴訟における司法審査

　我が国の炉規法は原発の設置許可要件として「災害の防止上支障がない」を、ドイツ原子力法は「災害に対する事前の配慮」を挙げている。許可処分は法適用であるので上の 1 から法適用者は必ず法的三段論法、内的正当化の形式を採用しなければならないことになる。仮に判断過程に「衡量」があっても、それは中間命題挿入という形で内的正当化の形式に還元されなければならない。

　さて、「災害の防止上支障がない」は高度に不確定な法概念であり、その内的正当化には相当数の中間命題を挿入する論理的作業が必要になる。そして、その外的正当化のほとんどが科学的判断に依存する。この点を第 7 章で述べた。すなわち、「災害の防止上支障がない」における「災害」とは典型的には原子炉施設からの放射能放出事故を指す。そして放射能放出事故の防止においては、原子炉施設に発生し得る様々な起因事象に対する対処が必要になる。多重防護の考えの下では、まず事故につながる事態の発生防止の段階でリスクが排除され、加えて、事故拡大防止として、事故が起きてしまうことを前提に、それが最終的に放射能放出という事態に至る可能性が排除されることが求められる。

　このような多重防護の考え方の前提には——2 で述べたことの繰り返しになるが——原発においては個々の段階で事故が完全に排除されるという判断が科学法則上成立しない、という点がある。たとえば、地震の規模を確実に予測できるほど、地震学は確実な法則ないし知見を提供しない。同様のことは、程度の差はあれ、原発施設設計の前提となる各種力学や電気工学にもいえることだからである。したがって、何段階かですべてのリスクが可能な限り排除できて初めて、法が排除を予定する災害の防止、放射能放出事故の防止が実現できたとみなす法解釈が妥当する。つまり、原発設置許可処分の内的正当化の内訳は個々のリスク排除に関する部分判断の集積ということになる

　上のことから、司法審査にとって重要となる二つの点が導き出される。ま

ず、原発の設置許可の判断過程とは上の内的正当化の内訳である部分判断であり、それはリスク排除に関する個々の科学的判断であるという点である。そして、もう一つはそうした部分判断である科学的判断は厳格な証明に耐え得る法則を前提としたものではないので、その判断については行政の優先的判断権が認められるという点である。したがって、原発設置許可の要件充足判断が争点になる取消訴訟では裁量審査が妥当する。つまり、積極審査ではなく、消極審査が妥当することになる。裁判所は炉規法の第一次法適用者である行政庁と同じ立場で、許可要件充足を判断して、結論を導き出し、それと行政庁の結論である行政処分とを比較して、取消しの有無を結論づけることはできないことになる。そうではなく、消極審査は、1で示した通り、行政庁の結論ではなく、過程の瑕疵、論証の瑕疵を見出し、それを取消事由にする審査である。ここまでは裁量瑕疵論総論が原発訴訟において妥当する部分であるが、問題はその後である。そうした瑕疵の発見手法である衡量欠落審査等の総論的な手法がリスク行政の司法審査、原発訴訟の司法審査では役に立たない。

　裁量瑕疵論で述べた「過程の瑕疵」、「論証の瑕疵」は衡量法則があって初めて、「あるべき判断の過程」、「あるべき論証」が導き出され、よって行政側の瑕疵、「衡量欠落」や「衡量不比例」（狭義の比例原則違反）を見出すことができる。しかし、原発訴訟では衡量法則は問題にならない。原発の設置許可の論証の正しさは、原発事故の損害が甚大なことゆえに、衡量の正しさではなく、事故防止の論証における正しさに力点が置かれる。したがって、瑕疵は事故を排除できるとする行政の論証における瑕疵となる。

　こうした事故排除の論証における瑕疵を発見する原理、衡量法則に該当する原理としてドイツの判例が示唆するのが「ベストを尽くした危険除去」である。ちょうど、都市計画策定において、行政側には衡量原則を順守する義務があるのと同様に、原発の許可要件充足判断においては行政側にベストを尽くしてリスクを排除する義務がある。そして、この義務履行のチェックとしてドイツの判例が発展させた審査方式が調査欠落の審査に他ならない。本書では我が国においてもこの審査が妥当すると結論づけた。

　調査欠落審査には以下の特徴がある。まず、この審査方式は、たとえば衡

量不比例の審査のように、過程の瑕疵の審査の中でも、内容上の瑕疵をみる審査（第1章）ではない。原発訴訟のような科学訴訟において、判断過程の審査の名の下で、内容上の瑕疵をみる審査を行えば、それは行政の優先的判断権を否定することになる。上の通り内的正当化という点からみれば、原発設置許可処分の判断過程とは個々のリスクに関する部分判断の集積、つまり科学的判断の集積である。そして、その個々の科学的判断はそれ自体の判断過程をもつ。たとえば原発施設で予測される内圧や表面最大加速度等の設定という部分判断における判断過程とはそれらを導き出した法則や初期条件に他ならない。したがって、判断過程の内容に瑕疵を見出そうとすると、こうした法則や初期条件の正しさをみることになってしまう。が、こうした法則や初期条件の確定は、上の通り、競合する不確実なものの中からの選択であり、行政の専門性が尊重される必要がある。したがって、調査欠落審査は、こうした科学的判断の内容上の瑕疵をみるのではなく、科学的判断を行う際のいわば手続的な瑕疵をみる審査、法則や初期条件を設定する際の調査のあり方に瑕疵をみる審査となる。たとえば、科学的判断をなす際に学説に関する文献調査は十分したのか否か、数値設定において保守性をどのように担保したのか、等の調査方法の瑕疵が審査の対象となる。

　次に、裁判所による調査欠落との認定の意味するところは、行政側の部分判断の否定、「リスクが排除されてはいない」ということではなく、「リスク排除が不明である」という点にとどまることが重要である。たとえば、原発施設周辺のある区域の断層調査に欠落がある場合、実際にその欠落によって施設への地震リスクがあることになるかもしれないし、欠落があったとしても既存の耐震設計で地震リスクは十分排除されているかもしれない。いずれにしても、こうした実際のリスク排除を認定できるのは行政だけであって、裁判所にはそこまで権限がない（第一ミュルハイム・ケルリッヒ判決）。そうすると断層調査に欠落があるという裁判所による認定は、地震リスクについて、まだ、行政側には調査の余地があるということ以上を意味しない。つまり、地震リスクの排除についてはいまだ明確にされる必要がある、という点にとどまるのである。

　ここから、調査欠落審査に基づいて取消判決を下す際に、判決理由がどの

ような論理形式になるのかが導き出される。行政側は、一つ一つの部分判断によって、個々のリスクの排除を積み重ね、それが統合されて原発設置許可の要件充足判断となる。したがって、一つの部分判断に瑕疵があり、リスクの排除が不明ということになれば、全体の安全性判断におけるリスクの排除、放射能放出事故リスクの排除もまた不明ということになる。裁判所は、このことから、部分判断の調査欠落は全体判断の瑕疵になるとし、部分判断の瑕疵を処分の取消事由にすることができる。ただし、部分判断の瑕疵は、あるリスクの排除が不明であることを意味する以上、要件充足を否定する取消判決の意味もまた、放射能放出事故のリスクの排除が不明であるという点にとどまる。したがって、調査欠落審査においては、裁判所は原発の事故蓋然性について触れる必要はなく、また触れてはならないことになる。原発の事故蓋然性判断は行政側だけがすることができ、それを裁判所がすれば、積極審査になるからである。さらに、このことから消極審査の帰結、取消判決の効力もまた限定的になる。取消判決の効力は論証という処分理由に及ぶので、判決の効力は欠落が存するリスク調査のやり直しという「再度考慮機能」になる。以上の点の実際の検討を、本書は第7章もんじゅ裁判において示した。

　最後に、調査欠落審査においては、裁判所の積極的な役割が重要になるという点もまた強調されなければならない。原発における調査は多岐にわたる。地震リスク排除等の部分判断はそれ自体でさらなる部分判断に分解されるので、それにあわせて調査欠落の方も詳細化されていく。そうした詳細化の中において、裁判所はそこに含まれる調査欠落すべてではなく、そこに欠落があれば取消事由になるそのような判断・調査の項目をあらかじめ選定し、かつあるべき調査の在り方の観念をももっておく必要がある。これはもちろん、我が国においては、当事者主義の下でなされ、かつ炉規法及びその関連法令、そして何よりも安全審査指針等の行政規則が基準になるが、その解釈も含め裁判所には形成的な判断が求められる。

　この点はもんじゅ裁判における建物・構築物の健全性判断という部分判断の論証過程、すなわち、その判断を論証するために高裁がナトリウム腐食等のさらなる複数の部分判断を論理的に結合させる仕方にみたところである。

裁判所の部分判断の構成は、仮にそれが行政側と同一でなくとも、尊重されなければならない。このことは1で述べた裁量処分の取消訴訟においては、裁判所は形成的な論理構成を必要とするという点と一致する。

　以上の通り、調査欠落審査においては、行政側の論証の瑕疵を見出す際に、どのような調査項目が取消事由になるのか、という点、また調査対象に対してどのような調査がどこまでそのリスクを明確にできるのかという点をあらかじめ検討しておく必要がある。その検討は取消判決のための裁判所独自の要件化を目的としている。つまり、裁判所は、行政側の許可要件充足判断とは独立に、自身の取消判決のための論理を構築しておくことが不可欠であるといえる。そうしたリスク排除に関する主体的な論理構成は、科学訴訟における裁判所の積極的な役割ということになろう。

参考文献一覧

【外国語文献】
※は訳書を示す。

Alexy, Robert, Theorie der Grundrechte, 1985.
—— Ermessensfehler, JZ 1986, S. 701.
—— Theorie der juristischen Argumentation, 2. Aufl., 1991.
—— Recht, Vernunft, Diskurs : Studien zur Rechtsphilosophie, 1995.
—— On the Structure of Legal Principles, Ratio Juris Vol. 13 (2000), p. 294.
—— Die Abwägung in der Rechtsanwendung, in: Jahresbericht des Instututs für Rechtswissenschaft an der Meijigakuin Universität Tokio Bd. 17 (2001), S. 69.
—— Verfassungsrecht und einfaches Recht : Verfassungsgerichtsbarkeit und Fachgerichtsbarkeit, VVDStRL Bd. 61 (2002), S. 8.
—— On Balancing and Subsumption. A Structural Comparison, Ratio Juris Vol. 16 (2003), p. 433.
Anschutz, Gerhard, Die gegenwärtigen Theorien über den Begriff der gesetzgebenden Gewalt und den Umfang des königlichen Verordnungsrechts nach preussischem Staatsrecht, 1901.
Anschütz, G. / Thoma, R. (Hrsg.), HdbDStR Ⅱ, 1932.
Bachof, Otto, Beurteilungsspielraum, Ermessen und unbestimmter Rechtsbegriff im Verwaltungsrecht, JZ 1955, S. 97.
Black, Julia, Proceduralizing Regulation: Part II, Oxford Journal of Legal Studies, Vol. 21 (2001), p. 33.
Böckenförde, Ernst-Wolfgang, Gesetz und gesetzgebende Gewalt: von den Anfängen der deutschen Staatsrechtslehre bis zur Höhe des staatsrechtlichen Positivismus, 1958.
—— Grundrechte als Grundsatznormen in: ders., Staat, Verfassung, Demokratie, 1991.
Breuer, Rüdiger, Direkte und indirekte Rezeption technischer Regeln durch die Rechtsordnug, AöR 101 (1976), S. 46.
Bullinger, Martin, Das Ermessen der öffentlichen Verwaltung-Entwicklung, Funktionen, Gerichtskontrolle-, JZ 1984, S. 1001.
Carnap, Rudolf, Überwindung der Metaphysik durch logische Analyse der

Sprache, Erkenntnis Bd. 2 (1931), S. 219.

De Witt, Karen, Food Law and the Carcinogen Problem, New York Times, May 9, 1981.

Dreier, Ralf, Deutsche Rechtsphilosophie in der zweiten Hälfte des 20. Jahrhunderts, in: Robert Alexy (Hrsg.), Integratives Verstehen, 2005, S. 215.

Ehmke, Horst, „Ermessen" und „unbestimmter Rechtsbegriff" im Verwaltungsrecht, Recht und Staat in Geschichte und Gegenwart Heft 230/231 (1960).

Engisch, Karl, Die normativen Tatbestandselemente im Strafrecht, in: Karl Engisch (Hrsg.), Festschrift für Edmund Mezger, 1954, S. 127.

―― Die Idee der Konkretisierung in Recht und Rechtswissenschaft unserer Zeit, 2. Aufl., 1968.

―― Einführung in das juristische Denken, 8. Aufl., 1983.

Erichsen, Hans-Uwe und Ehlers, Dirk (Hrsg.), Allgemeines Verwaltungsrecht, 14. Aufl., 2010.

Erichsen, Hans-Uwe und Klüsche, Charlotte, Verwaltungsvorschriften, Jura 2000, S. 540.

Fabio, Udo, Di, Risikoentscheidungen im Rechtsstaat : zum Wandel der Dogmatik im öffentlichen Recht, insbesondere am Beispiel der Arzneimittelüberwachung, 1994.

Faßbender, Kurt, Neues zur Bindungswirkung normkonkretisierender Verwaltungsvorschriften, UPR 2002, S. 15.

Gerhardt, Michael, Normkonkretisierende Verwaltungsvorschriften, NJW 1989, S. 2233.

Graham, R. Loren, Between Science and Values, 1981.

Gusy, Christoph, Administrativer Vollzugsauftrag und Kontrolldichte im Recht der Technik, DVBl 1987, S. 498.

Habermas, Jürgen, translated by Jeremy J. Shapiro, Toward a rational society: student protest, science, and politics, 1970.

―― Between facts and norms : contributions to a discourse theory of law and democracy. translated by William Rehg, 1996.

Hare, Richard, Mervyn, The Language of morals, 1964.

Hill, Hermann, Normkonkretisierende Verwaltungsvorschriften, NVwZ 1989, S. 401.

Hoffmann-Riem, Wolfgang, Eigenständigkeit der Verwaltung in: Wolfgang

Hoffmann-Riem, Eberhard Schmidt-Aßmann, Andreas Voßkuhl (Hrsg.), Grundlagen des Verwaltungsrechts, 2. Aufl., Bd. 1, 2012, S. 679.

Hoppe, Werner, Zur Struktur von Normen des Planungsrechts, DVBL 1974, S. 641.

Horn, Hans-Detlef, Die grundrechtsunmittelbare Verwaltung : zur Dogmatik des Verhältnisses zwischen Gesetz, Verwaltung und Individuum unter dem Grundgesetz, 1999.

Jarass, Hans, Bindungswirkung von Verwaltungsvorschriften, Jus 1999, S. 105.

Jasanoff, Sheila, The fifth branch: science advisers as policymakers, 1990.

——— Science at the bar : law, science, and technology in America, 1997.

Jellinek, Georg, Gesetz und Verordnung : Staatsrechtliche Untersuchungen auf rechtsgeschichtlicher und rechtsvergleichender Grundlage, 1887.

Jellinek, Walter, Gesetz, Gesetzesanwendung und Zweckmässigkeitserwägung : zugleich ein System der Ungültigkeitsgründe von Polizeiverordnungen und - Verfügungen. eine staats- und verwaltungsrechtliche Untersuchung, 1913.

——— Verwaltungsrecht, 3., durchgesehene Aufl., 1931.

Jesch, Dietrich, Unbestimmter Rechtsbegriff und Ermessen in rechtstheoretischer und verfassungsrechtlicher Sicht, AöR 82 (1957), S. 163.

——— Gesetz und Verwaltung: eine Problemstudie zum Wandel des Gesetzmässigkeitsprinzipes, 1961.

Kelsen, Hans, Reine Rechtslehre : mit einem Anhang : das Problem der Gerechtigkeit, 2. Aufl., 1967.

Klatt, Matthias, Contemporary Legal Philosophy in Germany, ARSP 2007, S. 519.

Kloepfer, Michael, Der Vorbehalt des Gesetzes im Wandel, JZ 1984, S. 685.

Koch, Hans-Joachim, Über juristisch-dogmatisches Argumentation im Staatsrecht, in: Seminar „Die juristische Methode im Staatsrecht" : über Grenzen von Verfassungs- u. Gesetzesbindung, 1977.

——— Unbestimmte Rechtsbegriffe und Ermessensermächtigungen im Verwaltungsrecht, 1979.

——— Die gerichtliche Kontrolle technischer Regelwerke Im Umweltrecht, ZUR 1993, S. 103.

——— Methoden zum Recht, 2010.

Koch, Hans-Joachim / Rüßmann, Helmut, Juristische Begründungslehre, Eine Einführung in Grundprobleme der Rechtswissenschaft, 1982.

Laband, Paul, Das Staatsrecht des Deutchen Reiches, 5. Aufl., Bd. 2, 1911.

Larenz, Karl, Methodenlehre der Rechtswissenschaft, 6. Aufl., 1991.

Legator, S. Marvin, The successful experiment that failed, in: Engelhardt and Caplan eds., Scientific Controversies: Case Studies in the Resolution and Closure of Disputes in Science and Technology, 1987, p. 465.

Marcuse, Herbert, One-dimensional man: studies in the ideology of advanced industrial society, 1966.

Maurer, Hartmut, Der Verwaltungsvorbehalt, VVDStRL Bd. 43 (1985), S. 162.

—— Allgemeines Verwaltungsrecht, 16. Aufl., 2006.

Monika, Jachmann-Michel, Die Bindungswirkung normkonkretisierender Verwaltungsvorschriften, Verw 28 (1995), S. 17.

Müller, Friedrich, Juristusche Methodik, 1971.

Nagel, Ernest, The Structure of Science: Problems in the Logic of Scientific Explanation, 2d ed., 1979.

Nowotny, Helga, The Changing Nature of Public Science, in : Helga Nowotny, Dominique Pestre, Eberhard Schmidt-Aßmann, Helmuth Schulze-Fielitz, Hans-Heinrich Trute (Hrsg), The Public Nature of Science under Assault : Politics, Markets, Science and the Law, 2005, p. 7.

O'Brien, M. David, What Process Is Due? Courts and Science-Policy Dispute, 1987.

Omenn, S. Gilbert, The debate over workplace and health, in: Engelhardt and Caplan eds., Scientific Controversies: Case Studies in the Resolution and Closure of Disputes in Science and Technology, 1987, p. 437.

Opp, Karl-Dieter, Soziologie im Recht, 1973.

Ossenbühl, Fritz, Verwaltungsvorschrift und Grundgesetz, 1968.

—— Zur Renaissance der administrativen Beurteilungsermächtigung, DÖV 1972, S. 401.

—— Urteilsanmerkung, DÖV 1982, S. 866.

—— Der Vorbehalt des Gesetzes und seine Grenzen, in: Volkmar Götz, Hans Hugo Klein und Christian Starck (Hrsg.), Die öffentliche Verwaltung zwischen Gesetzgebung und richterlicher Kontrolle : Göttinger Symposion, 1985.

—— Gesetz und Recht —— Die Rechtsquellen im demokratischen Rechtsstaat, in: Josef Isensee und Paul Kirchhof (Hrsg.), HStR Bd. Ⅲ, 1988.

—— Vorrang und Vorbehalt des Gesetzes, in: Josef Isensee und Paul Kirchhof (Hrsg.), HStR Bd. Ⅲ, 1988.

—— Autonome Rechtsetzung der Verwaltung, in: Josef Isensee und Paul Kirchhof

(Hrsg.), HStR Bd. Ⅲ, 1988.

—— Rechtsverordnungen und Verwaltungsvorschriften als Neben- oder Ersatzgesetzgebung?, in: Hermann Hill (Hrsg.), Zustand und Perspektiven der Gesetzgebung : Vortrage und Diskussionsbeitrage der 56. Staatswissenschaftlichen Fortbildungstagung 1988 der Hochschule für Verwaltungswissenschaften Speyer, 1989.

—— 40 Jahre Bundesverwaltungsgericht-Bewahrung und Fortentwicklung des Rechtsstaates-, DVBl 1993, S. 753.

—— Rechtsquellen und Rechtsbindungen der Verwaltung, in: Hans-Uwe Erichsen und Dirk Ehlers (Hrsg.), Allgemeines Verwaltungsrecht, 14. Aufl., 2010.

Pedersen, William, Formal Records and Informal Rulemaking, Yale law journal Vol. 85 (1975), p. 38.

Popper, Karl, Raimund, The Logic of Scientific Discovery, 1959.

※カール・R. ポパー、大内義一・森博訳『科学的発見の論理（上）』恒星社厚生閣（1971）。

Poscher, Ralf, Insights, Errors and Self-Misconceptions of the Theory of Principles, Ratio Juris Vol. 22 (2009), p. 425.

Reuss, Hermann, Das Ermessen-Versuch einer Begriffsklärung-, DVBl 1953, S. 585.

Ross, Alf, Theorie der Rechtsquellen, 1929.

Saurer, Johannes, Verwaltungsvorschriften und Gesetzesvorbehalt, DÖV 2005, S. 587.

Scherzberg, Arno, Wissen, Nichtwissen und Ungewissheit im Recht, in: Christoph Engel, Jost Halfmann, Martin Schulte (Hrsg.), Wissen - Nichtwissen - unsicheres Wissen, 2002, S. 113.

Schlink, Bernhard, Der Grundsatz der Verhältnismäßigkeit, in: Peter Badura / Horst Dreier (Hrsg.), Festschrift 50 Jahre Bundesverfassungsgericht, Bd. 2, 2001, S. 445.

Schmidt-Aßmann, Eberhard, in: Maunz / Dürig (Hrsg.), Grundgesetz, Art. 19 Abs. 4 (2003).

Schönfeld, Walther, Der Traum des positiven Rechts, AcP 135 (1932), S. 1.

Schulze-Fielitz, Helmuth, Neue Kriterien für die verwaltungsgerichtliche Kontrolldichte bei der Anwendung unbestimmter Rechtsbegriffe, JZ 1993, S. 772.

Schwartz, L. Robert, Judical deflection of scientific question: pushing the Laetrile controversy toward medical closure, in: Engelhardt and Caplan eds., Scientific Controversies: Case Studies in the Resolution and Closure of Disputes in Science and Technology, 1987, p. 355.

Seiler, Christian, Der einheitliche Parlamentsvorbehalt, 2000.

Sellner, Dieter, Atom- und Strahlenschutzrecht, in: Eberhard Schmidt-Aßmann, et al (Hrsg.), Festgabe 50 Jahre Bundesverwaltungsgericht, 2003, S. 741.

Selmer, Peter, Der Vorbehalt des Gesetzes, JuS 1968, S. 489.

Sendler, Horst, Normkonkretisierende Verwaltungsvorschriften im Umweltrecht, UPR 1993, S. 321.

Sieckmann, Jan-Reinard, Regelmodelle und Prinzipienmodelle des Rechtssystems, 1990.

Starck, Christian, Empirie in der Rechtsdogmatik, JZ 1972, S. 609.

Trute, Hans-Heinrich, Democratizing Science: Expertise and Participation in Administrative Decision-Making, in: Helga Nowotny, Dominique Pestre, Eberhard Schmidt-Aßmann, Helmuth Schulze-Fielitz, Hans-Heinrich Trute (Hrsg.), The Public Nature of Science under Assault: Politics, Markets, Science and the Law, 2005, p. 87.

Ule, Carl, Hermann, Zur Anwendung unbestimmter Rechtsbegriffe im Verwaltungsrecht, Forschungen und Berichte aus dem öffentlichen Recht, in: Festschrift für Walter Jellinek, 1955, S. 309.

―― Unbestimmte Rechtsbegriffe und Ermessen im Umweltschutzrecht, DVBl 1973, S. 756.

―― Die Bindung der Verwaltungsgerichte an die Immisionswerte der TA Luft, BB 1976, S. 446.

Wahl, Rainer, Verwaltungsvorschriften : Die ungesicherte dritte Kategorie des Rechts in: Eberhard Schmidt-Aßmann u. a. (Hrsg.), Festgabe 50 Jahre Bundesverwaltungsgericht, 2003, S. 571.

Weber, Max, Wissenschaft als Beruf, in: Gesammelte Aufsätze zur Wissenschaftslehre, 1922.

※ヴェーバー、出口勇蔵訳『職業としての学問』（世界の大思想全集；社会・宗教・科学思想篇 21）河出書房（1954）。

―― Wirtschaft und Gesellschaft, 2. Aufl., 1. Halbbd., 1925.

※マックス・ヴェーバー、富永健一訳『経済行為の社会学的基礎範疇』（世界の名著 61）中央公論社（1979）、マックス・ヴェーバー、世良晃志郎訳『支配の諸類

型』創文社（1970）。
Weinberg, M. Alvin, Science and Trans-Science, Minerva, Vol. 10（1972）, p. 209.
Weingart, Peter, Scientific expertise and political accountability: paradoxes of science in politics, 26 Science and Public Policy（1999）, p. 151.
Wolff, Hans, J. / Bachof, Otto, Verwaltungsrecht Ⅰ, 12. Aufl., 2007.

【邦語文献】
〈座談会、資料等〉
小早川光郎・高木光・宍戸達徳・時岡泰・鈴木康之「現代型行政訴訟の検討課題」（座談会）ジュリスト925号（1989）3頁。
「伊方・福島第二原発訴訟最高裁判決をめぐって〈座談会〉（特集　伊方・福島第二原発訴訟最高裁判決）」ジュリスト1017号（1993）9頁。
塩野宏編著「行政事件訴訟法（1962）1」杉村章三郎［ほか］監修『日本立法資料全集5』信山社（1992）。
〈著書、論文等〉
愛敬浩二「リスク社会における法と民主主義」『法哲学年報2009』有斐閣（2010）16頁。
青井秀夫『法思考とパタン：法における類型へのアプローチ』創文社（2000）。
赤間聡「文理解釈の可能性——条文への意味論的アプローチ」青山法学論集40巻3・4合併号（1999）327頁。
——「効果裁量、計画裁量、及び裁量瑕疵に関する基礎的考察（1）——「判断の過程」と「判断の帰結」をめぐって——」高知論叢111巻（2015）71頁。
——「行政法学における法学的方法批判について法律学方法論の側から考える——制御学、参照領域論、法規中心主義批判及び学際的方法に対する若干の疑問——（1）〜（2完）」高知論叢118巻（2020）91頁、119巻（2020）1頁。
——「原子力発電所の安全性と司法審査——地震を中心に」自治研究96巻3号（2020）123頁。
——「原子力発電所の基準地震動策定とそれに対する司法審査——判例分析を中心に——」青山法学論集63巻4号（2022）101頁。
——「原子力発電所の基準地震動策定における過誤欠落」島村健・大久保邦彦・原島良成・筑紫圭一・清水晶紀編『環境法の開拓線』第一法規（2023）402頁。
安部哲夫「ドイツにおける青少年有害図書規制と連邦審査会」獨協法学55号（2001）79頁。
阿部泰隆「原発訴訟をめぐる法律上の論点」判例タイムズ362号（1978）13頁。

――「原発訴訟をめぐる法律問題（3・完）」判例評論321号（1985）182頁。
――『行政裁量と行政救済』三省堂（1987）。
――「教科書検定の裁量と司法審査」法律時報64巻8号（1992）6頁。
――『行政法解釈学・実質的法治国家を創造する変革の法理論』有斐閣（2008）。
石橋克彦「川内原発の審査書案は規則第5号に違反して違法だ――基準地震動策定の驚くべき手抜き」科学84巻9号（2014）942頁。
石村善治「西ドイツにおけるマスコミ法研究の現状と課題（1）」福岡大学法学論叢21巻3・4号（1977）425頁。
板垣勝彦『保障行政の法理論』弘文堂（2013）。
宇賀克也『アメリカ行政法［第2版］』弘文堂（1999）。
ウルフリット・ノイマン著；亀本洋［ほか］訳『法的議論の理論』法律文化社（1997）。
王天華「行政裁量の観念と取消訴訟の構造（1）〜（5完）――裁量処分取消訴訟における要件事実論へのアプローチ――」国家学会雑誌119巻11・12号（2006）54頁、120巻1・2号（2007）62頁、120巻3・4号（2007）1頁、120巻5・6号（2007）1頁、120巻7・8号（2007）41頁。
大石眞「「安全」をめぐる憲法理論上の諸問題」公法研究69号（2007）21頁。
大沢秀介『現代型訴訟の日米比較』弘文堂（1988）。
――「現代社会の自由と安全」公法研究69号（2007）1頁。
大橋洋一『行政規則の法理と実態』有斐閣（1989）。
――『現代行政の行為形式論』弘文堂（1993）。
――「国際ルールの形成と国内法の変容」公法研究55号（1993）55頁。
岡田正則「災害・リスク対策法制の現状と課題（特集　災害・リスク対策の法的課題）」法律時報81巻9号（2009）4頁。
――「先端技術のガバナンス法制をめぐる国内外の動向――企画の趣旨と概要（小特集　先端技術のガバナンス法制をめぐる国内外の動向）」法律時報91巻6号（2019）56頁。
――『行政法Ⅰ　行政法総論』日本評論社（2022）。
乙部哲郎「西ドイツ部分許可と予備決定の法律問題――「多段階的行政手続」と行政行為」神戸学院法学15巻1号（1984）1頁。
――『行政の自己拘束の法理』信山社（2001）。
金子正史「審議会行政論」雄川一郎、塩野宏、園部逸夫編『現代行政法大系7　行政組織』有斐閣（1985）113頁。
金子芳雄「行政裁量」公法研究33号（1971）167頁。

亀本洋『法的思考』有斐閣（2006）。
桑原勇進「環境と安全」公法研究69号（2007）178頁。
交告尚史「大規模施設と司法審査——原発訴訟を念頭に置いて——」公法研究53号（1991）195頁。
──「判批」『平成15年度重要判例解説』（2004）41頁。
──「原子力安全を巡る専門知と法思考」環境法研究1号（2014）1頁。
小早川光郎「裁量問題と法律問題——我が国の古典的学説に関する覚書」法学協会編『法学協会100周年記念論文集第2巻』有斐閣（1983）所収331頁。
──「判批」成田頼明編『街づくり・国づくり判例百選』（1989）120頁。
──『行政法（上）』弘文堂（1999）。
──「行政法講義（下Ⅰ）」弘文堂（2002）。
小林傳司『トランス・サイエンスの時代——科学技術と社会をつなぐ』NTT出版ライブラリーレゾナント（2007）。
斎藤浩「もんじゅ事件残論及び原発行政訴訟における裁量論」立命館法学355巻3号（2014）39頁。
櫻井敬子／橋本博之『行政法［第6版］』弘文堂（2019）。
佐佐木惣一『日本行政法論・総論』有斐閣（1921）。
塩野宏『行政法Ⅰ［第5版］』有斐閣（2009）。
──『行政法Ⅱ［第5版］』有斐閣（2010）。
芝池義一『行政法総論講義第4版補訂版』有斐閣（2006）。
下山憲治『リスク行政の法的構造——不確実性の条件下における行政決定の法的制御に関する研究——』敬文堂（2007）。
白藤博行「「安全の中の自由」論と警察行政法」公法研究69号（2007）45頁。
首藤重幸「もんじゅ原発行政訴訟控訴審判決」法学教室271号（2003）48頁。
須藤陽子『比例原則の現代的意義と機能』法律文化社（2010）。
瀬川信久「裁判例における因果関係の疫学的証明」星野英一・森島昭夫 編『現代社会と民法学の動向 上 不法行為』有斐閣（1992）153頁。
高木光『技術基準と行政手続』弘文堂（1995）。
──『行政訴訟論』有斐閣（2005）。
高橋滋『現代型訴訟と行政裁量』弘文堂（1990）。
──『先端技術の行政法理』岩波書店（1998）。
──「科学技術裁判における無効確認訴訟の意義——「もんじゅ」訴訟差戻し後控訴審判決の検討」三辺夏雄［ほか］編『法治国家と行政訴訟——原田尚彦先生古稀記念』有斐閣（2004）329頁。

――「原子力関連施設をめぐる紛争と行政訴訟の役割〜『もんじゅ』訴訟第 2 次上告審判決の検討」礒野弥生、甲斐素直、角松生史、古城誠、徳本広孝、人見剛編『現代行政訴訟の到達点と展望――宮埼良夫先生古稀記念論文集』日本評論社（2014）57 頁。

――『行政法』弘文堂（2016）。

高橋靖「美濃部裁量理論における二つの不文法――佐々木理論との比較についての通説への疑問」早稲田大学大学院法研論集 22 号（1980）183 頁。

巽智彦「判批」斎藤誠・山本隆司編『行政判例百選Ⅰ（第 8 版）』（2022）144 頁。

田中成明『現代日本法の構図――法の活性化のために――』筑摩書房（1987）。

――『法的思考とはどのようなものか』有斐閣（1989）。

田中二郎『行政争訟の法理』有斐閣（1954）。

――『行政法総論』有斐閣（1957）。

――『新版行政法上巻全訂第 1 版』弘文堂（1964）。

――『司法権の限界』弘文堂（1976）。

田村悦一『自由裁量とその限界』有斐閣（1967）。

――『行政訴訟における国民の権利保護』有斐閣（1975）。

冨永猛「ドイツにおける排水課徴金（AbwA）のシステム論――その規範的実体と問題点――」高岡法学 6 号（1994 年）1 頁。

――「ドイツにおける排水課徴金法（AbwAG）の現状――"第 3 次改正法"をめぐって（1〜2）」高岡法学 3 号（1992 年）73 頁、6 号（1995 年）63 頁。

――『環境税の理論と実際』有斐閣（2000）。

中川丈久「判批」淡路剛久、大塚直、北村喜宣編『環境法判例百選』（2004）202 頁。

野口貴公美「行政立法――「裁判規範性」に関する――分析」磯部力、小早川光郎、芝池義一編『行政法の新構想Ⅱ』有斐閣（2008）25 頁。

原田尚彦『訴えの利益』弘文堂（1973）。

――「東海原発訴訟第一審判決の意味（昭和 60. 6. 25 水戸地判）」ジュリスト 843 号（1985）72 頁。

――『行政判例の役割』弘文堂（1991）。

ハリー・コリンズ、訳・解題 和田慈「科学論の第三の波 ――その展開とポリティクス――」思想 1046 号（2011）27 頁。

ハンス＝ヨアヒム・コッホ 編 岡田正則 監訳『ドイツ環境法』成文堂（2012）。

人見剛『近代法治国家の行政法学：ヴァルター・イェリネック行政法学の研究』成文堂（1993）。

平井宜雄『法政索学』有斐閣（1987）。

平岡久「ボン基本法下における行政規則に関する学説（1～3）」阪大法学99号（1976）103頁、102号（1977）123頁、106号（1978）87頁。

──「行政規則の法的拘束性（1～2）」法学雑誌26巻3・4号（1980）363頁、27巻1号（1980）1頁。

福士明「アメリカ原発訴訟における司法審査範囲論の一断面（1）──ヴァーモント・ヤンキー事件を中心に〈資料〉」札幌法学3巻1号（1991）67頁。

藤田宙靖『行政組織法（新版）』良書普及会（2001）。

──『行政法Ⅰ（総論）［第4版］』青林書院（2003）。

藤原静雄「ドイツ行政規則論のためのノート」南博方・関哲夫・鈴木庸夫編『行政紛争処理の法理と課題──市原昌三郎先生古稀記念論集』法学書院（1993）239頁。

藤原淳一郎「高速増殖炉「もんじゅ」の設置許可に違法があるとはいえないとされた事例」判例評論571号（2006）184頁。

堀田牧太郎「放射性廃棄物と原子力発電所」早稲田法学62巻2号（1984）71頁。

堀内健志『ドイツ「法律」概念の研究序説』多賀出版（1984）。

松原光宏「ドメスティック・グローバルモデルとしての比例性原則── R. アレクシー基本権理論をめぐる現代の論争──」『法哲学年報2010』有斐閣（2011）176頁。

松本充郎「原発訴訟からみた電源多様化の展望」友岡史仁、武田邦宣 編著『エネルギー産業の法・政策・実務』弘文堂（2019）284頁。

松本三和夫「テクノサイエンス・リスクを回避するために考えてほしいこと──科学と社会の微妙な断面──」思想1046号（2011）6頁。

南博方『行政法第6版』有斐閣（2006）。

美濃部達吉『行政裁判法』千倉書房（1929）。

宮田三郎『行政裁量とその統制密度』信山社（1994）。

──「行政規則の拘束力について」朝日法学論集27巻（2002）1頁。

森田寛二「行政裁量と解釈作法（上）（下）」判例評論327号（1986）172頁、328号（1986）176頁。

柳瀬良幹「自由裁量に関する疑問」（刑部荘編『野村教授還暦祝賀公法政治論』有斐閣（1938）。

──『行政法の基礎理論（下）』弘文堂書房（1967）。

──『行政法教科書　再訂版』有斐閣（1969）。

山下義昭「「比例原則」は法的コントロールの基準たりうるか？──ドイツにおけ

る「比例原則」論の検討を通して——（1）〜（3完）」福岡大学法学論叢36巻1・2・3号（1991）139頁、38巻2・3・5号（1994）189頁、39巻2号（1995）243頁。

——「裁量瑕疵の体系について——ドイツにおける裁量瑕疵論の一局面（1）〜（2完）」福岡大学法学論叢39巻3・4号（1995）451頁、40巻2号（1995）223頁。

山下竜一「行政法理論における原発訴訟の意義——もんじゅ訴訟差戻控訴審判決を素材にして」ジュリスト1251号（2003）82頁。

山田洋「行政手続きへの参加権：西ドイツ連邦憲法裁決定をめぐって」一橋研究6巻3号（1981）112頁。

山田幸男「行政裁量」田中二郎［ほか］編『行政法講座《行政法の基礎理論》第2巻』有斐閣（1964）125頁。

——「リスク管理と安全」公法研究69号（2007）69頁。

山本隆司「リスク行政の手続法構造」城山英明、山本隆司編『環境と生命（融ける境　超える法5）』東京大学出版会（2005）3頁。

——「日本における裁量論の変容〈報告〉（日本におけるドイツ年記念——日独行政法シンポジウム　行政裁量とその裁判的統制（2））」判例時報1933号（2006）11頁。

渡辺洋三『現代国家と行政権』東京大学出版会（1972）。

亘理格「原子炉安全審査の裁量統制論——福島第1原発事故から顧みて」論究ジュリスト3号（2012）26頁。

《事項索引》

ア 行

曖昧性（＝法概念の曖昧性）………30-32, 36, 38
アスベスト集団訴訟………………………………99
阿部泰隆（＝阿部説）……243, 244, 245, 246, 247, 248
予めなされた専門鑑定（antizipiertes Sachverständigengutachte)……140, 158, 160, 161, 162, 163
アレクシー…………………25, 26, 27, 76, 78, 91, 257
　――の一般的実践的討議………………43-45
　――の外的正当化………………46, 61, 317
　――の規範衝突論…………………………52-53
　――の衡量論……………………………49-57
　――の裁量瑕疵分類論…………………67-75
　――の内的正当化……46, 50, 61, 63, 69, 70, 71, 317
　――の法的議論…………………………45-49
アンシュッツ（Gerhard Anschütz）…………192
安全性判断（原発における）…141, 243, 245, 247, 248, 257, 258, 259, 272, 274, 279, 281, 298
　――の具体化の論理……………………282-283
　――の性質……………………………253-256
イェリネック（Walter Jellinek）…20-21, 31, 36, 222, 315
伊方原発最高裁判決（＝伊方最判）……128, 140, 151, 152, 230, 248, 251, 255, 256, 283, 286, 288, 297, 301
意味論（意味論規則、意味論的論拠を含む）
　………………………28, 29, 30, 31, 32, 36, 47, 49
ウレ（Carl Hermann Ule）……21-22, 34, 37, 50, 180-181, 212, 224
ヴァインガルト（Peter Weingart）……117, 121, 125, 129
ヴィール判決……140, 161-164, 169, 170, 173, 175, 198-199, 226, 227, 252, 266-268, 269, 280
ヴェーバー（Max Weber）……113, 114, 115, 117
ヴォルフ（Hans J. Wolff）……………………23, 29
エームケ（Horst Ehmke）……………………24
エンギッシュ（Karl Engisch）…17-19, 178-180
オッセンビュール（Fritz Ossenbühl）……13, 14, 15, 52, 225
　――の行政規則分類論…………………170-173
　――の法源論……………………………205-207
　――の法律の留保論……………………207-210
オプ（Karl ― Dieter Opp）………88, 89, 90, 91
オブライエン（David M. O'Brien）……100, 105, 112

カ 行

概念法学…………………………86, 88, 240, 313
科学技術社会論……………………111, 113, 126, 135
科学者諮問委員会……………………132, 133, 134, 135
科学者の政治化……………………………………118
科学訴訟……2, 9, 87, 91, 109, 119, 147, 263, 309
科学的因果関係（因果関係を含む）……36, 86, 88, 99, 161, 227, 244, 246, 258
科学的判断………………………………………92-94
　――の不確実性………………………105, 119, 122
科学問題……85, 95, 100, 107, 113, 121, 133, 141, 142, 243, 244, 275, 300
瑕疵
　過程の――………………………69, 70, 135, 257, 259
　帰結の（＝結論の）――………69, 70, 71, 74, 259
　形式上の（構造上のを含む）――………74, 273, 274
　衡量――………………………71, 72, 73, 77, 79, 257
　内容上の――………73, 74, 75, 152, 273, 274, 275,

336　事項索引

298, 302, 303
　　包摂―― 71, 81
　　論証―― 69, 70, 257, 273, 276, 278, 283, 301
価値概念（＝規範概念）.... 18, 19, 21, 22, 23, 37-39, 179, 180, 223, 224
価値中立（Wertfreiheit）........ 114, 115, 117, 119
カルカー決定 128, 199-203, 204, 280
カルナップ（Rudolf Carnap）..................... 37, 38
危険の防止（＝危険防止）............. 123, 190, 227
記述概念 17, 18
規制科学（regulatory science）........... 131, 132
羈束行為 40, 41, 65, 68, 69, 75, 76, 77, 233, 235, 236, 239, 256, 258, 279
基本権保護義務論 120, 121
客観的一般律（田中二郎の学説における）.... 236, 254, 280
行政規則
　　――一般論 153-158
　　――の外部拘束力 156, 157, 166, 169, 173, 184, 198, 203, 205, 208, 209
　　解釈―― 170, 171, 173, 174, 175, 199, 203
　　規範具体化――（判例にみる）.......... 158-169
　　規範具体化――（行政規則分類論からみる）
　　　　... 169-175
　　裁量指導的―― 171, 173, 174, 175, 185
行政の責任・権限論 169, 170, 190
グジ（Christoph Gusy）............ 176, 177, 182, 183
呉市学校施設使用不許可事件 79, 80
計画裁量 72, 75, 229, 238, 257
ケルゼン（Hans Kelsen）............ 15-16, 177, 210
ゲルハルト（Michael Gerhardt）........... 175, 178
限界事例（Grenzenfällen）...... 180, 181, 182, 224
現代型訴訟 91, 112
効果裁量（効果裁量説を含む）..... 52, 66, 68, 70, 75, 135, 172, 185, 229, 232
神戸高専剣道実技拒否事件 79, 80, 81
衡量欠落 73, 74, 75, 79, 264, 279
衡量法則（衡量原則、比例原則を含む）.... 54-57,

63, 72, 73, 78, 79, 152, 311, 312, 318
コッホ（Hans‐Joachim Koch）........ 25, 46, 86, 139, 173, 225, 292
　　――の法的推論形式 27-29

サ　行

裁量行為 40, 41, 74, 75, 76, 136, 208, 224, 231, 239, 240, 256
裁量踰越 67, 68, 69, 70, 71, 74, 237
裁量濫用 67, 69, 151, 235, 237, 239
佐佐木惣一（佐々木説を含む）.......... 15, 231, 232, 233
シェーンフェルト（Walther Schönfeld）...... 177
事故蓋然性（＝事故の蓋然性）...... 227, 258, 259, 281, 283, 285, 286, 291, 295, 297, 298
事故シナリオ 228, 249
ジャサノフ（Sheila Jasanoff）........ 131, 133, 134, 135, 136
シュミット―アスマン（Eberhard Schmidt―Aßmann）....................................... 226, 257
自由裁量（＝自由裁量論）....... 218, 219, 222, 231, 232, 233, 234, 235, 236, 237
消極審査 65, 66, 72-81, 257, 264
初期条件 89, 92, 110, 254, 274, 275, 276, 277, 278, 280
食品医薬品局（＝FDA）... 94, 95, 97, 98, 130-136
スペリオル湖汚染裁判 101-106
政策的裁量 218, 247, 255, 257
説明項（explanans）.................................. 89
積極審査 65, 66, 75, 76, 77, 91, 256, 259
専門技術的裁量 218, 219, 230, 240, 241, 245, 247, 248, 252, 255, 257
ゼンドラー（Horst Sendler）.... 163, 176, 177, 183

タ　行

大気汚染防止技術指針（＝TA Luft）.... 139, 140, 161, 166, 181
高木光（＝高木説）... 247, 248, 249, 251, 253, 254,

筆者紹介

赤間　聡（あかま　さとし）

1961 年　神奈川県生まれ
1990 年　青山学院大学法学部私法学科卒業
1996 年　青山学院大学大学院法学研究科博士後期課程単位取得退学
現在　　高知大学人文社会科学部准教授

主要業績

「国家権力が法律に拘束されるということ――H.J.Koch の法律拘束性理論を中心に――」『法哲学会年報 1999』有斐閣（2000）
「専門技術的裁量と科学技術的判断に関する行政の優先的判断権の論理」青山法学論集第 53 巻第 2 号（2011）
Interdisciplinary studies for integrated coastal zone management in the region along Kuroshio, livre publishing（2022、共著)
『環境法の開拓線』第一法規（2023、共著）

科学訴訟と司法審査
——裁判所は科学問題にどのように向き合うべきか——
高知大学経済学会研究叢書　第 12 号

2025 年 3 月 25 日　初　版　第 1 刷発行

著　者　　赤　間　　聡
発行者　　阿　部　成　一

〒 169-0051　東京都新宿区西早稲田 1-9-5
発行所　　株式会社　成　文　堂
電話 03(3203)9201(代)　Fax (3203)9206
https://www.seibundoh.co.jp

製版・印刷　シナノ印刷　　　　製本　佐抜製本
©2025 S. Akama　Printed in Japan
☆乱丁・落丁本はおとりかえいたします☆
ISBN 978-4-7923-0739-4　C3032　　検印省略

定価（本体 7000 円＋税）